北庭学研究

（第三辑）

中国文史出版社

图书在版编目（CIP）数据

北庭学研究 . 第三辑 / 北庭学研究院编 . —北京：
中国文史出版社，2021.11
ISBN 978-7-5205-3852-7

Ⅰ . ①北… Ⅱ . ①北… Ⅲ . ① 吉木萨尔县—地方史
Ⅳ . ① K294.54

中国版本图书馆 CIP 数据核字 （2022） 第 201881 号

责任编辑：窦忠如

出版发行：中国文史出版社
社　　址：北京市海淀区西八里庄路 69 号院　　邮编：100142
电　　话：010-81136606　81136602　81136603（发行部）
传　　真：010-81136655
制　　版：北京方舟正佳图文制作有限公司
印　　装：廊坊市海涛印刷有限公司
经　　销：全国新华书店
开　　本：710×1100　1/16
印　　张：27.5
字　　数：366 千字
版　　次：2023 年 3 月北京第 1 版
印　　次：2023 年 3 月第 1 次印刷
定　　价：98.00 元

北庭城遗址鸟瞰图

北庭故城遗址考古工地

铸牢中华民族共同体以实际教育培训现场

鼓浪屿与北庭牵手结为"友好世界文化遗产地（点）"

第五届新疆北庭学术研讨会暨北庭城遗址考古四十周年研讨会参会代表合影

第六届"一带一路"沿线世界文化遗产的传承互动与可持续发展研讨会参会代表合影

《北庭学研究》第三辑
编委会

发 刊 词

郭　旃[*]

　　"北庭"是一个由来已久的历史地理概念，其名称源于中国唐朝的北庭都护府、北庭大都护府、北庭节度使、北庭道；其人文历史可追溯到距今3000多年前诸多游牧民族的繁衍生息，交融往返，以及和中国中央政权的关系，自西汉神爵二年（前60年）设立西域都护府，开启了管辖西域的朝代绵延和更替；其历史的地理范围被学者们大致认定为东起伊吾，西至咸海到巴尔喀什湖一线，北抵额尔齐斯河，南至天山的广大地区，乃至一些相邻区域；其物质的文化遗存以现存于新疆昌吉回族自治州吉木萨尔县境内北庭故城的庞大废墟和丰富埋藏为核心，广泛分布于广大的历史范围内，并为不断的考古发现所证实；其历史的辉煌和恒久的影响闪现在浩瀚的历史文献档案和现实生动的经济、文化生活中。

　　"北庭"居于人类两大文明——农耕文明和游牧文明交汇的辽阔地带，东西方文明对话往来之路——丝绸之路荟萃繁荣的要冲。全面深刻地认识、研究"北庭"的历史和文化，进一步科学发掘"北庭"的历史史料和古代埋藏，花力气保护和展示"北庭"珍贵的文化遗址、遗迹和文物遗存，弘扬"北庭"文化所蕴含的人类文明精神，愈来愈显示出特别的意义及必要性和迫切性。

　　学术的支撑是"北庭学"的基础，不可有片刻延宕和懈怠。前人和当代学者积聚而成的成果早已具学科的丰盈态势，正式宣示

---

* 作者系北庭学研究院院长，中国文物学会副会长兼世界遗产研究会会长。

"北庭学"的形成已是势在必行，甚或要称为迟来的盛举。在"一带一路"成为世界范畴的愿景，在"北庭故城"作为重要的节点和区域代表被列入中国、哈萨克斯坦和吉尔吉斯斯坦三国的跨国世界遗产——"丝绸之路：长安—天山廊道路网"之后，尤其是如此。中国文史出版社独具慧眼，及时协助编纂出版《北庭学研究》，可敬可贺！

孟凡人先生提出，北庭学的研究，要"以今新疆吉木萨尔县北庭故城为基地和学术平台，用现代眼光和全新的学术视角，在过去成果的基础上，重新审视，全方位梳理，系统研究北庭故城和古代北庭地区的历史和文化，全面复原北庭故城和古代北庭地区的历史、物质文化史、自然地理、人文、生态环境的面貌"。这是非常贴切的界定。

毫无疑问，以新的视角系统整理和研讨已有的史料，统合考古学、民族学、历史地理学、军事学、世界史和中国史等诸多方面的成就，并不断探求新的线索和考古发现，形成完整的体系，这将始终是"北庭学"建立和发展的基础。

同时，重新认识"北庭学"的历史地位和当代意义，是新时代的呼唤。特别要关注的是，北庭文化在人类多元文明相互交融促进的过程中，在人类最伟大的文化线路——丝绸之路中的历史地位和当代意义。

北庭描画出中华文明的波澜壮阔和兴盛辉煌，也展现出文明因交流而多彩，文明因互鉴而丰富。文明交流互鉴，是推动人类文明进步和世界和平发展的重要动力。北庭的历史和文化遗产是确凿的实证。

文化线路反映了交互式的、动态的以及演变的人类文化间联系的过程，展示了不同的人群对于人类文化遗产多样性的贡献。因而，文化线路被看成民族团结的象征。沿着文化线路不同的民族曾经分享特定价值和知识，这种历史的纽带，也应该能够促进今天民族和社区间新的合作项目的开展。中国、哈萨克斯坦和吉尔吉斯斯坦三国丝绸之路联合申遗成功一周年学术会议上，国际同行发表了"一带一路—历史"的演说，为文化线路的地位和作用做了生动的诠释。

"一带一路"全球愿景和行动内在的需求离不开最重要的民心相通。以北庭文化区域作为核心区段和内容之一的丝路自然而然地见证着历史的记忆、文化的渊源、共享的遗产、情感的纽带，预示着前进的方向和路径的必然。对当代的意义，还在于不仅限于传统的历史路线。绵亘万里、延续千年的古丝绸之路，积淀了以和平合作、开放包容、互学互鉴、互利共赢为核心的丝路精神，成为当今世界全人类文明的宝贵遗产。

这种精神在新的世界格局和现代条件下，将有助于发展更加宏阔的国际交流平台和交通网络，发展新时代全球范畴的和平之路、繁荣之路、开放之路、创新之路、文明之路。

自打《世界遗产公约》在全世界推广，并与各国国情融会发展以来，人们注意到，世界遗产的申报、保护、管理和展示利用，总是人们对自己的家乡和历史，对与生俱来、司空见惯的身边的建筑、遗址和环境，以及现有的历史认知的再认识过程，也是从人类文明进程和全世界社会可持续发展的角度、广度、深度、历史沿革和对比研究中，建立新的阐释与展示体系的过程。这无疑也适用于对北庭学的研究和弘扬。

《世界遗产公约》40周年时，曾提出四个基本话题：

1．世界遗产是否为增进和平做出了贡献？

2．世界遗产是否为遗产地贫穷中的民众提供了某种依赖和保障？

3．世界遗产是否促进了对文化多样性的了解和理解？

4．世界遗产是否造福于全球环境的未来？

这应该也可以作为建设和发展"北庭学"的参照。

与以往类似的学科创立相比，"北庭学"研究还体现出考古与保护和展示的密切结合；有形（物质）和无形（非物质）文化遗产的统筹；不可移动和可移动文化遗产，田野遗址、遗迹与博物馆工作的关联；保护、管理、监测和展示工作的多学科合作和新技术手段的稳妥利用。《北庭学研究》首辑汇聚的篇篇深耕细耘之作初步展现了这种世纪的文化遗产学术新声和新貌。

对北庭学进一步的深入研究和对北庭文化遗产的可持续保护、展示和传承，将为曾经演绎过无数惊天动地历史风云和激情感人文化篇章的北庭历史，以及当代国际社会的合作发展繁荣增添新的动力，也将进一步验证历史的经验，标示多元文化合作发展、共同繁荣的前进道路。

祝愿《北庭学研究》辑辑出彩，一路璀璨。

目录
CONTENTS

经典文存

北庭高昌回鹘寺遗址发掘四十周年回顾与感言二则

中国社会科学考古研究所　孟凡人

　　二十世纪七十年代中后期"文化大革命"行将结束，考古所全体同仁正准备迎接考古事业的春天之际，我所于 1978 年复建了新疆考古工作队。1979 年夏天，复建后的新疆考古队全体队员怀着为新疆考古事业大干一场、奋斗终生的雄心壮志来到了新疆，准备到南疆选点进行发掘。但是，由于代步的汽车临时出现故障，不得已试运行至吉木萨尔县北庭故城遗址。此时听说解放军挖猪圈发现壁画，我们急忙赶到现场，当解放军挖去回填土后露出了精美的壁画、供养人像和回鹘文题记时，在场者无不惊叹，经初步审视，我们已经确定这是一座高昌回鹘佛寺遗址。鉴于这座被当地群众称作大土墩和烽火台的大遗址已遭严重破坏，我们立即向夏鼐所长汇报了该遗址的情况，后经国家文物局批准，于 1979 年 7 月中旬至 10 月底、1980 年 7 月中旬至 9 月底进行了两次发掘。主要发掘了遗址北部正殿东面上下两层洞龛，正殿南面的五座配殿及其配套的庭院、平台、库房和僧房等遗址，并清理出正殿的轮廓，正殿北面和西面上下两层洞龛的轮廓，基本搞清了整座寺院遗址的布局和结构。至此，在国家文物局和新疆文化厅文物处的要求下，发掘告一段落，暂停发掘工作。

　　新疆吉木萨尔县北庭高昌回鹘佛寺遗址考古发掘，是新疆首次由国家主管部门正式批准的大规模、规范化的科学考古发掘，也是新疆首次将回鹘佛寺遗址作为唯一对象的重大考古发掘，从而将新疆考古发掘提升到一个新的发展阶段，并正式拉开了新疆回鹘佛教考古和回鹘考古学发掘研究的序幕。北庭高昌回鹘佛寺遗址规模巨大，遗址底周约 250 米，残高约 14.50 米，清理后遗址南北残长 70.50 米，宽 43.80 米。遗址北部以正殿为主体建筑群，外观呈方塔形，南北 45.60 米，东西 43.80 米。正殿南北长 15 米，东西宽 11 米，残高 14.30 米。正殿四周环筑洞窟式大龛，除南面仅上层筑洞龛外，其余三面各残存上下两层洞龛。正殿之南，以正殿踏道口、庭院、平台为中轴线，左右对称配置佛殿，以及库房和僧房等附属建筑。该组配殿建筑群北依正殿建筑群南缘，东西长 43.80 米，南北残宽 24.70 米。北庭回鹘佛寺遗址正式发掘前就像小山一样的大土堆，面对这座大土堆我们遇到了前所未有的困难。第一大困难，以前的发掘都是地平向下层层发掘，北庭佛寺遗址是一座立体的大土堆，这是中国考古发掘很难碰到的特殊情况。加之土堆表面全身虚土，无任何与遗址遗迹有关的现象露出，遗址的形制、结构、布局、内涵茫无所知，对于这样一个遗址我们应该如何寻找有关的遗迹现象，寻找发掘突破口、需要采取什么样的对路的可行的发掘方法才可下手，对此我们当时打开思路，做了许多设想，大费周折。第二大困难，遗址规模大，发掘工期紧，需同时用大量发掘工人，工人的来源、培训、根据工地不同部位的需要如何筛选用工、工人的管理等也是一大难题。第三大困难，遗址正式发掘后土坯建筑、塑像和壁画应该如何进行现场保护。第四大困难，发现的大量造像如何测绘，大面积的壁画如何临摹，洞龛佛殿狭窄的三维空间如何取景照相。第五大困难，在缺乏任何设备和手段的情况下，立体的高大遗址如何测绘，如何照相取全景。第六大困难，个别遗迹现象难以判断，无从下手。如有的佛殿内倒塌的土坯整体黏结无任何缝隙，平整得像一堵墙一样的横立在殿内，两侧与殿内侧壁连为一体，一时很难判断是殿内完整的墙体结构，还是倒塌后形成的现象，调研了好长时间才清理解决。上述困难在考古队同仁群策群力、绞尽脑汁、创造条件、土法上马的情况下，终于迎刃而解。首先，从解放军挖猪圈处可知，遗址本体是大土坯垒砌的，遗址上覆盖的虚土层是遗址土坯经几百年来风吹雨打太阳晒逐渐风化所致，因此只有去掉遗址表层虚土，露出遗址本体，发现遗迹现象，方可走出发掘的第一步。于是，我们以解放军在遗址东面挖猪圈处为坐标点，以遗址东面为突破口，先从遗址东面顶端向下逐渐清除虚土。虚土很厚，最厚处可没过脚脖子，清除时尘土飞扬，十分呛人。清除遗迹上部虚土后，从上往下逐渐露出遗址土坯建筑本体，并显露出遗址上层一排洞龛和洞龛前的路面。据此不断探索分析，摸着石头过河，步步为营试着前行，终于掌握了遗址遗迹现象和遗址建筑布局的规律，进而制定出遗址发掘方案及应采取的发掘步骤和方法。使考古发掘工作走上符合遗址具体情况和考古发掘规范的正确的运行轨道，从而保障了该遗址发掘顺利进行，高质量的完成了第一阶段的发掘任务。其次，下面再以第四、第五技术性、专业性最强，现场缺乏应有的设备和手段的最大困难为例，略作说明。大量塑像按考古绘图规范绘制，大面积壁画按壁面和分单元用透明度很高的塑料布蒙上摹绘，在室内整理阶段两者均与可按比例缩放塑像、壁画的现场照片相结合，进行线图技术加工。当考古所技术室绘图专家审查如此绘制的线图时，认为塑像壁画线图线条流畅、有力度，线图的比例准确、构图形神兼备，可达到复原遗址塑像壁画效果，给予了较高的评价。照遗址全景相，采用捆绑多根杉篙垂直相接，高度超遗址残高，深埋立起，照相须爬到顶端。为防止攀爬时过度晃动，在立起杉篙有关部分分别拴大绳，攀爬时有专人指挥各条大绳何时拉动、拉动的方向、拉动的力度以求杉篙立杆的基本平衡点，尽量减小晃动的幅度。虽然如此，在攀爬和照相过程中，大家还是提心吊胆，最终这个险招取得成功，遗址全景照片得到考古所技术室照相专家的首肯。遗址整体立面、平面、断面图测量，采用大平板辅以多种土办法测绘。考古所技术室考古测量权威郭义孚先生看到测量图后说："我看到这个测量图之前，不认为这么复杂的大规模立体遗址考古所除我以外还有第二个人能测。"指出测量图完全符合要求。

　　除上所述，遇到的第七大困难是气候方面的问题。吉木萨尔县七八月白天烈日当空，紫外线十分强烈，炙热的阳光像火烤一样，发掘工地露天无树，无任何遮阳设备。在如此恶劣的环境中，我们全天八小时盯在工地，并不时在十余米高的遗址上跑来跑去，监督指导工人规范发掘，同时还要亲自清理重要遗址现象，身体的负荷已达极限。在如此长时间的暴晒下，有的同志甚至紫外线过敏，奇痒难忍，仍不下"火线"。就这样，我们坚持两个年度的发掘，高质量的完成了第一阶段的发掘任务。其间，考古学泰斗宿白教授曾到工地参观指导，肯定了遗址的发掘质量，并同意我们对遗址的认知和看法。新疆考古界的同行也多次到工地参观指导，同样对发掘质量给予了很高的评价。1980年发掘收工后，1981年全队转入室内整理，编写发掘报告。1982年底发掘报告整理编写完毕，经所内初审认为报告的文字、线图、照片达到了复原遗址已发掘部分原貌的目的，结语有力度和深度，写的较好，符合考古发掘报告的要求。此后即送北大宿白教授审稿，并顺利通过。报告审查通过后其出版很不顺利，这是因为有些出版社要的出版费过高，考古所难以负担，故拖了好几年。最后经人介绍到辽宁美术出版社，该社审查报告书稿后认为水平高，符合美术出版社要求，并将其列为该社开创新领域的品牌项目。为此该社领导还专程到京与考古所领导会面，商讨出版事宜，只要了很少的出版费，顺利的签订了出版合同。1990年出版了《北庭高昌回鹘佛寺壁画》（图录），1991年出版了《北庭高昌回鹘佛寺遗址》发掘报告，该报告在出版界和社科院均获奖。北庭高昌回鹘佛寺遗址发掘和两本书的出版，鉴于当时的情况均未作任何宣传，但仍在国内外的同行中产生了较大的影响。

　　上面借纪念北庭高昌回鹘佛寺遗址发掘四十周年之机，向青年朋友简单介绍了当年发掘成果来之不易未为人知的情况。本来我发言稿的题目是《北庭高昌回鹘佛寺遗址发掘四十周年的回顾和展望》，但写完回顾后发现已"过气"的耄耋老翁写"展望"不太合适。展望应是意气风发年轻学者的事，我们这些老头子提展望恐怕有落伍和桎梏学术发展之嫌，于是删去"展望"，改从前面介绍的花絮中悟出感言二则，对青年朋友说说或有裨益。

第一则感言，"献身事业，艰苦奋斗，团结向上，勇往直前"的团队精神，是我们顺利完成发掘和编写发掘报告任务之本。二十世纪七十年代末"文化大革命"刚刚结束，我们这些人大学毕业后在科研道路上失去了十年的大好时光，所以在正式恢复考古发掘研究工作之后大家都憋足了劲儿，一定要在考古学的学术平台上干出一番事业来，这就是义无反顾的献身考古事业的事业心。这种强烈的事业心是我们永恒的精神支柱，有了这种精神支柱我们就能在科研的道路上筚路蓝缕，敢想敢闯，百折不挠，从不气馁，永不言败；就能艰苦奋斗，苦在其中，乐在其中，就会相信事在人为，最大限度地发挥出没有条件创造条件也要上的时代精神。有了这种精神支柱，在事业上大家就能心往一处想，发挥团结向上、勇往直前的团队精神。当年面对非常规考古领域的北庭回鹘佛寺遗址的复杂情况和生疏的程度，我们敢于接手；面对前面提到的种种困难我们能一一克服，顺利完成发掘研究任务，靠的就是上述的精神支柱和团队精神。如今北庭回鹘佛寺遗址发掘过去了四十年，遥想四十年前的 1979 年深秋我登上了北庭高昌回鹘佛寺遗址之巅，极目远望，北疆壮丽山川的景象尽收眼底。在苍穹之下，我立于国保遗址的顶端度过了四十岁生日，是时精神焕发、激情满怀、顿然省悟，原来我事业新的起点就在脚下。北庭乃是我最初实现理想的福地，从此与北庭不解之缘的强烈事业心，永远是激励我在学界披荆斩棘，一往无前，取之不尽，用之不竭的原动力和精神支柱。

第二则感言，"业精于勤，又博又专，厚积薄发，旨在创新"，这就要求我们必须以高度的敬业精神，有目的地不断刻苦学习与发掘对象有关的各种知识，熟悉与发掘对象有关的各种资料，重在积累，有的放矢，学以致用，悟出真谛。这是支持我们顺利完成北庭回鹘佛寺遗址发掘和报告编写任务永系于心，并不断付诸实施的理念。这个理念是在北大当学生时逐渐形成的，此后不断发展变化，终生受用。由于有这个基础，所以当我们偶遇北庭高昌回鹘佛寺遗址被挖掘部分露出后来编为 S105 殿八王分舍利壁画、回鹘供养人像和涅槃塑像时，对这个非考古常规领域，属于佛教考古中较为特殊的回鹘佛寺遗址能较快识别，立即对遗址残存壁画的内涵、艺术水平、遗址的时代和性质、遗址的重要性和学术价值，以及遗址保存状况等向夏鼐所长作了准确的汇报。这是获夏所长和国家文物局迅速批准发掘的重要原因，充分体现出所谓机会是给予有准备者的正确性。我们接手发掘后，对这座特殊的遗址能很快找到发掘的切入点和入门的门槛，能很快形成与遗址情况相适应的发掘方法，逐一解决前面提到的几大困难；遗址发掘质量受到好评，以及在考古所率先在大遗址发掘后两年内编写出合格的发掘报告等，都是基于前述理念的结果。

如今时过境迁，北庭回鹘佛寺遗址发掘过去了四十年，其间我在科研道路上一直遵循对事业的献身精神和业精于勤、厚积薄发、不断创新的理念，这是我能取得一些科研成果的根源所在，因而在长达四十年的时间里我一直"念兹在兹"，永不忘怀。今天之所以将这二则感言拿出来老调重弹，一是基于北庭佛寺遗址发掘的体验和四十年来自身的体会，深感其对考古工作者的重要性。二是在新的形势下，二则感言仍不过时，只是其内涵、表现形式和实施方法具有新的时代特点而已。现在将二则感言拿出来，是希望老一代和年轻一代考古工作者在此基础上分享和共勉，进而希望年轻学者长江后浪推前浪，将二则感言不断创新，为考古发掘研究事业作出不负时代期望的重要贡献。最后，还想就此借机对北庭故城、北庭高昌回鹘佛寺遗址、北庭学的发掘研究者和保护者谈点想法。

第一，关于北庭故城问题。

今新疆现存的古城遗址以高昌故城、交河故城、北庭故城保存状况相对较好，规模最大，生存时间最长。其中，北庭故城当年长期是北疆的政治、军事、宗教和交通的中心，并曾是西突厥的牙庭之一，北庭回鹘的都城、高昌回鹘的陪都，地位最为重要。其管辖地域最广，今天山以北地区向西直至吉尔吉斯斯坦伊赛克湖流域，今哈萨克斯坦巴尔喀什湖地域均属北庭都护府辖境。今北疆乌苏以东则属唐朝庭州政府直辖的金满、浦类、轮台和西海四县境域。历史上庭州和北庭辖境是众多游牧民族驻牧地和驰骋的疆场，对古代西域史影响最大。其中，北庭地区的乌孙、大月氏、匈奴、西突厥举族西迁，途经北庭地区的契丹和蒙古的西征，对当时的中亚、西亚和东欧的历史产生了巨大的冲击，可以说北庭是中世纪民族大迁徙和民族征服史最大影响源的核心区，在世界历史中占有独特的地位。其次，从遗址保存状况和可进行考古发掘的情况来看，北庭故城则是今新疆地区适于考古发掘规模最大、可出成果最多的古城遗址；更是今后最有价值、最值得发掘的古城遗址。

第二，北庭高昌回鹘佛寺遗址问题。

北庭高昌回鹘佛寺遗址停止发掘已达四十年，尚有一半遗址未发掘，这是今后回鹘佛教考古学主要的生长点，弥足珍贵。从该遗址的规模、性质、价值，未发掘部分所占比重和停止发掘时间之长来看，其很可能是全国单项规模最大、最重要、未发掘部分拖延时间最长的考古发掘的"烂尾工程"。北庭高昌回鹘佛寺遗址是新疆目前仅存的、规模最大、形制最完整、内涵最丰富的高昌回鹘王家寺院遗址，是新疆晚期佛寺遗址、高昌回鹘佛寺遗址和高昌回鹘佛教考古与回鹘考古学标志性和最具代表性的遗址，在国内外有重要影响。因此，现在给北庭高昌回鹘佛寺遗址摘掉"烂尾工程"的帽子事不宜迟。早日恢复发掘，还北庭高昌回鹘佛寺遗址一个完整的本来面貌（包括其附近可能存在的附属建筑），是考古界的热切期盼。

第三，北庭学研究院问题。

北庭学研究院的成立是目前新疆各地诸"学"研究院中最晚的一个，但"北庭学"却是其中历史年代延续最长，涉及空间范围最广，对古代西域史、中亚史、西亚史和东欧史有深远影响的学科。同时，其还与吐鲁番学内在联系密切，两者在新疆诸"学"中是唯一相辅相成可构成姊妹学科者，加之"北庭学"本身的内涵就是跨国界，具有国际性和世界性的学科，故其特质在新疆已有的诸"学"研究院中是独一无二的。北庭学研究院的成立，是将北庭故城、北庭高昌回鹘佛寺遗址，北庭地区所有的遗迹遗物，北庭地区的历史、政治、经济、军事、宗教、民族、交通、文化艺术等所有内涵均包括在内，并将其提升到学科的高度，使之成为统领北庭一切研究的学术平台。因此，该研究院的成立乃是北庭学研究开始走向规范和成熟的标志。其次，由于北庭学将北庭和高昌（吐鲁番）共有的密不可分的回鹘佛教考古和回鹘考古学发掘研究提到日程上来，故使北庭学与吐鲁番学紧密结合在一起，从而北庭学研究院的成立又开创了两者合作共赢的局面，并成为两个学科协力共同发展的里程碑。

鉴于上述情况，吉木萨尔县早已适时成立文物局和博物馆，文物管理保护人员均已就位，走向正轨。现在北庭故城、北庭高昌回鹘佛寺遗址已被评为国保单位，被批准建国家遗址公园，被列为世界文化遗产名录，这些硬件是吉木萨尔县人民和考古文保人员的金饭碗，新成立的北庭学研究院则是吉木萨尔县和北庭地区的金字招牌，古代丝路唐代北庭至碎叶之道路段与现代"一带一路"相结合就是古今的金光大道。如此看来，北庭学考古文保工作者无疑是站在"北庭学研究院"金字招牌的屋檐下，走在古今丝路的金光大道上，手捧着北庭故城、北庭高昌回鹘佛寺遗址的金饭碗。在这种得天独厚的条件下，我殷切希望北庭考古文保工作者能继承前述北庭考古发掘团队的传统，以"献身事业，团结向上，勇往直前"的团队精神锤炼队伍，以"业精于勤，厚积薄发，不断创新"的敬业理念武装队伍，最大限度地发挥出光和热。使北庭故城、北庭高昌回鹘佛寺遗址正常的发掘研究和文保工作规范地运转起来，让金饭碗迸发出金色的光芒，熠熠生辉。使北庭学研究院摆脱一些"学"研究院惯于坐而论道，重在空谈，裹足不前的陋习，真正有计划、有目的、有实质内容地运转起来，出实际效果，让北庭学这个金字招牌沿着古今丝路的金光大道大放异彩，普照北疆大地，再现北庭昔日的辉煌。如此，承载着北庭厚重历史文化底蕴和现代能源基地重镇的吉木萨尔县，以北疆历史文化之都为内核，以现代发达的光鲜的文明城市饰其表，两者内外结合，古今优势互补，相得益彰，因而在古今丝路上声名再次鹊起，并成为现代"一带一路"上耸立的具有鲜明时代感的新地标，成为令人神往的朝觐往古史迹之圣地的愿景，必将指日可待，让我们为此而努力奋斗吧！

四十年前北庭访古的感悟

柴剑虹

为了更好地阅读、理解唐代边塞诗人岑参描写唐北庭都护府的诗作，1979 年 8 月至 1980 年 9 月间，趁中国社会科学院考古所新疆队在北庭故城遗址附近发掘回鹘佛寺（西大寺）之便，我两次赴当地考察。当时的一些实际情形，我在《新疆北庭故城考察十日记》中有简要记述（请参见《剑虹日记》，青岛出版社，2019 年 1 月版第 121—132 页），兹不赘述；1979 年时拍摄的一些黑白照片及所附简略的说明文字，也已在去年初提供给郭物研究员参考。我还看到腾讯网上有一组"旧影阁"发布的多尔贝热夫 1908 年拍摄的北庭故城遗址照片，可以看出 20 世纪初故城的旧貌，也值得参考。40 年过去，逝者如流水，记忆若烟云，这次会上仅谈谈自己思考的一些问题和粗浅感受，请各位方家指正。

一、"浮图城"名称由来，与当地主政民族的宗教信仰是否有关

关于"浮图城"名称由来，众说不一。据《汉书》"西域传"补注："车师后国治务涂谷：浮图即务涂之转音。"后来也有学者认为与当地的千佛洞有关。岑仲勉《汉书西域传地里校释》有各家解释的考辨。史籍中的"可汗浮图城"应与汉唐之际的西突厥密切相关，但

该城名究竟起始于何时的问题，并未得到解决。

《旧唐书·地理志》及该书《高昌传》的基本史料是：贞观十三年，侯君集讨高昌，西突厥屯兵于浮图城，与高昌相响应。"初，西突厥遣其叶护屯兵于可汗浮图城，与高昌为响应，至是惧而来降，以其地为庭州"（唐置庭州在贞观二十年，即646年，平高昌六年之后）。

这里的"初"具体指何时，并不确切，是否系唐前西突厥即因"务涂"讹为"浮图"亦不可知。这当然还牵涉到西突厥及后来的高昌回鹘的宗教信仰由摩尼教改为佛教的具体时间。隋唐之际的回纥著名领袖名"菩萨"，是否与汉人史家翻译有关而与其时该民族的宗教信仰无关？刘义棠编著的《维吾尔研究》（台北"国立政治大学丛书"之一，正中书局印行）中对菩萨此人有专节考论，认为其本族名为"活颉利发"（Quch iltäbir），系英勇领袖之义（称"并未见其有可汗之称"）；至于"菩萨"是否为梵语转音，是否与佛教信仰相关，也无确证。冯家昇等先生编著的《维吾尔史料简编》（上册）中所附《维吾尔族大事年表》记载：贞观元年（627）菩萨率五千骑破东突厥十万骑，高宗永徽二年（652），回纥五万骑又助唐军大破西突厥，收复北庭。据下引裴矩所撰《西域图记》，隋代时此城名已是"突厥可汗庭"。这里也涉及北庭高昌回鹘佛寺（西大寺）与同地区佛寺建造的年代。《宋史·高昌传》引宋太平兴国六年（981）至雍熙初年（984）间王延德使高昌所述：当时"度岭一日至北庭，憩高台寺"，"又明日游佛寺，曰应运泰宁之寺，贞观十四年造。"延德所见应为隋、唐时所建"旧寺"，似未见有此回鹘佛寺。上举冯著及其"年表"讲"高昌、于阗在十世纪中，甘州、龟兹在十一世纪中，佛教盛行。"（见该著民族出版社1981年版第83页）该书"年表"中仅提及回鹘奉摩尼教简况及"11世纪中龟兹奉佛教"，并未说明高昌回鹘在北庭的佛教信仰"始行"或"初行"于何时（参见该书第163—168页）。《大正新修大藏经》"史传部"收《悟空入竺记》云：贞元五年（780）九月入朝，取回鹘路，"为单于不信佛法，所斋梵夹不敢持来，留在北庭龙兴寺藏"，可见 8 世纪晚期虽回鹘主政者不信佛，但也证明北庭已有佛寺；13 世纪初，长春真人丘处机西游经行鳖思马城（即北庭之后称别失八里），记述"有龙兴、西寺二石，刻载功德，焕然可观，寺有佛书一藏"。亦证明北庭龙兴佛寺绵延已久，其"西寺"是否即为回鹘佛寺则无据可查。1980 年考古队发掘西大寺期间的 9 月 1 日，《新疆日报》曾刊登署名为"辛涉"的文章，讲该寺可能是唐贞观十四年（640）下令建造的"大宁应运寺"（应即王延德所说的"应运泰宁之寺"），似无多少依据。中国社会科学院考古研究所编著的该佛寺遗址考古报告认为高昌回鹘"至公元十世纪初或此后不久，才改奉佛教"。"该佛寺始建的时间在十世纪八十年代之后不久的可能性较大"（见《北庭高昌回鹘佛寺遗址》，辽宁美术出版社 1991 年版第 173 页）。高昌回鹘主政北庭地区的确切年代是否与西大寺的创建密切相关，也是一个可以继续研讨的论题。

二、北庭故城在丝路北道的地位

《隋书》"裴矩传"引《西域图记》述丝路北道："发自敦煌，至于西海，凡为三道，各有襟带。北道从伊吾经蒲类海、铁勒部突厥可汗庭，渡北流河水至拂菻国，达于西海。"裴矩认为，伊吾（今哈密地区）为丝路北道门户；这里的蒲类海即今巴里坤湖，"铁勒部"系指西突厥治下的回纥（《旧唐书》"回纥传"："回纥，其先匈奴之裔也，在后魏时，号铁勒部落。……依托高车，臣属突厥"）。西突厥可汗驻地称"突厥可汗庭"，是否其时亦称"可汗浮图城"呢？"北流水"即额尔齐斯河。是中国唯一流入北冰洋的河流，源出中国阿尔泰山西南坡山间两支源头喀依尔特河和库依尔特河，汇合后成为额尔齐斯河，自东南向西北奔流出中国，一路上汇入其他支流后，流入哈萨克斯坦境内斋桑湖，再向北经俄罗斯的鄂毕河注入北冰洋。

由此可见，至迟在隋代，北庭故城所在地已是丝路北道经行的重要城池，且很可能是丝路廊道陆路与水道的一个分界点，所以 2014 年 6 月，作为"丝绸之路：起始段和天山廊道的路网"中一处遗址，被列入"世界文化遗产名录"理所应当；只是这条大通道在古代的实际应用情形，则语焉不详，还需要进一部挖掘中外相关资料而加以充实。如拂菻是我国史籍中对东罗马帝国（见拜占庭帝国）的称谓，出北疆至东罗马帝国的道路漫长，所经行之地有中亚七河流域斯基泰、粟特和西亚阿拉伯文明的经贸、文化、艺术等，通过北庭与华夏的交流尚缺乏研究。可见"北庭学"作为又一门与丝绸之路文化艺术密切关联的新兴学问，对它的研究对象、丰富的学科范围、内涵、学科理论及重要的文化价值的阐发和深入研究等，还需要积极推进。

三、北庭故城考古发掘史

北庭故城考古发掘史作为一个研究课题，大概可以分为三个阶段：（一）晚清时期我国流寓新疆的文人、学者的相关记述和探究（如嘉庆二十五年徐松曾调查北庭城址，发现金满县残碑。又如 19 世纪末萧雄在《西疆杂述诗》中的相关咏叹与记述）；以及自 19 世纪下半叶至 20 世纪初西方考察队、探险家及日本大谷探险队对我国西北地区开展频繁考察、发掘活动，其中涉及北庭遗址的部分。（二）以 1927 年组成的中瑞西北科学考察团的联合科学考察活动为主的科考涉及北庭遗址的详情（1928 年，西北科考团对故城进行过调查发掘）。（三）1949 年中华人民共和国成立后，中外考古工作者对北庭遗址的考察与发掘情形。这里还包括整个 20 世纪故城遗址内遗迹测绘、文物出土及整理、农田垦植状况等。据悉，20 世纪 50 年代后考古工作者曾对北庭故城遗址进行过多次调查和测图，出土有陶器、土铜、铁器、钱币等文物。这些在自治区博物馆、档案馆及相关机构是否存有历史档案和考古资料？故城遗址面貌的演变蕴含着丰富的历史信息。这里需要特别指出的是，我于 1979 年、1980 年走访北庭故城遗址时，有不止一位当地村民提及苏联考古队曾于 20 世纪 30 年代发掘过故城西北端地区，并运走过几车发掘品；有的还说曾出土并运走过一个唐代的木乃伊（个头高大）；又听说 50 年代初苏联人还来北庭进行过发掘，他们究竟在北庭遗址发掘过几次？带走了哪些文物？如新疆本地没有资料可寻，是否可以通过与俄罗斯及哈萨克斯坦的学术文化交流获得较确凿有用的信息？（我曾几次参观圣彼得堡的爱尔米塔什博物馆、东方文献研究所均未发现有关资料，关键是要了解当时的苏联考古队隶属于哪个单位，是否是当时哈萨克斯坦加盟共和国的考古队？）

2018 年 5 月底，中国新闻网曾报道：经过中国社会科学院考古研究所新疆工作队最新考古发掘，在北庭故城遗址内城西城门附近发现不同时期的城墙体、唐代开元通宝、马骨、铠甲以及各类文物残片。该报道引述郭物研究员的话："我们根据一些不同的路面和土坯建筑发现，这个城市有一个发展变化的过程。它有唐代的北庭，到后来蒙元时期。通过我们的工作，能把不同阶段的特点还有其历史给揭示出来，后面会有更多精彩、重要的发现。"一部完整的北庭考古史的确需要更多、更新的资料支撑。我们期待着北庭考古研究掀开新篇章，开拓北庭学研究的新局面。

四、回鹘佛寺遗址文物对研究新疆维吾尔族历史与文化艺术的价值和现实意义

2018 年 9 月，有这样一则新闻报道："为深入研究北庭历史文化，吉木萨尔县于 2016 年 6 月 26 日成立了'北庭学研究院'，聘请国内 15 名专家学者担任研究员，开展'北庭学'研究工作，其主旨就在于证明新疆自古以来就是祖国不可分割的一部分，'北庭学'在诠释国家主权和新疆历史方面有重要历史研究价值和现实意义。"

多年来，我一直认为北庭故城遗址的科考工作，尤其是回鹘佛寺遗址文物的展陈和研究，对研究新疆的历史与文化艺术，包括维吾尔

民族的信仰文化与特色艺术有着不可忽视的珍贵价值，对促进新疆地区的长治久安和经济繁荣有着重要的现实意义。几年前，我曾经带着乌鲁木齐一些老学生参观了北庭故城遗址公园和北庭高昌回鹘佛寺遗址博物馆，可谓"旧地重游"，感触颇多。

申遗成功之后，故城遗址的保护工作进入了一个新阶段，这是很可欣慰的。遗址公园景区的建立，往昔的放松管理导致的农田化和荒废可以得到有效的遏制，但是如何在加强保护的基础上进行科学开发利用，恐怕还应该创新思维。我们乘电瓶车游览景区时，当时游客很少（售票处工作人员讲一天就几十位），并无讲解员导引解说，遗址内文字宣传牌很少，使人仿佛进入了一处荒园。

我们参观"北庭高昌回鹘佛寺遗址博物馆"，同样参观者极少，也没有讲解员陪同解说。其中的佛寺"大土墩"（北庭回鹘王家寺院遗址），虽然 1988 年列为全国重点文物保护单位后"已得到妥善保护"（遗址宣传语），现在已被大保护棚笼罩起来，但显然仍难避风沙侵扰，满地灰土，也少有文字说明。我询问得知，这么重要的高昌回鹘时期的王家寺院遗址，为研究古代维吾尔民族的宗教文化、语言文字、绘画雕塑艺术、建筑技术等，提供了极为珍贵的实物资料，却极少有维吾尔民族的人士前来参观，说明我们的工作实在还有欠缺之处。

西大寺得到考古工作者发掘面世四十年来，尤其是申遗成功后，各级领导与学术界的重视是在不断加强的，相应的学术研究也在推进之中，"北庭学"与"北庭学研究院"的建立与五届研讨会的举办即是明证。当然，我认为我们的研究视野还应该进一步拓展，研究方法还应该予以更新，例如对回鹘佛寺壁画图像资料与柏孜克里克、库木吐拉、克孜尔、敦煌壁画的比较研究还有很多文章可做，这也是补充与完善中国美术史所不可或缺的。（我曾与古丽比亚副研究员写过一篇对回鹘佛寺中"八王分舍利"图像分析的小文章。举几种供养像及他们的服饰图像与敦煌壁画图像比较为例，应该可以看出民族文化艺术交融的特征。）

　　我认为，加强对北庭高昌回鹘佛寺在维吾尔民众与干部中的宣传、引导，也会有利于他们对信仰文化的认识，增强他们对民族文化的自信和多民族统一祖国的热爱。

试析北庭故城遗址发现的
"悲田寺"刻字陶器残片

中国社会科学院考古研究所　郭　物

2021 年 5 月以来，中国社会科学院考古研究所、新疆文物考古研究所与北庭学研究院组成的北庭故城考古队又开启了新的发掘季，发掘对象是北庭故城子城西南部的 10 号、11 号遗址。7 月 27 日，考古队在北庭故城 11 号遗址中发现了几片陶器底部的残片，内侧有刻画的汉字，考古工作人员娄朋飞经过现场拼对，发现陶器底部原来刻有三个字，辨认确认为"悲田寺"。11 号遗址现在是高于周围的一个台地，

图 1　北庭故城遗址以及 11 号遗址位置示意图

图 2　刻画"悲田寺"陶器底部残片（左：器底内侧　右：器底外侧）

面积约 1200 平方米，位于北庭故城子城的西南部，不在子城的中心部位，但在整个北庭城中是一个比较重要的位置，台地南部现在还残存一道夯筑的围墙。城址废弃后，遗址已经被严重破坏，大部分区域已经暴露出原生土，台地及周边被挖了不少坑和沟。遗址出土了大量残破的瓦片、砖块和陶片，差不多都是这个遗址原来的建筑构件和器物，其中就包括这几片刻字的陶片。

一、从"悲田"思想到"悲田养病坊"

"悲田"是佛教用语，"三福田"之一。南京大学哲学系圣凯法师曾以"悲田养病坊和居养院"介绍了唐宋佛教救济事业，悲田养病坊是设置在寺院之内的一种半官半民的疗养所，包括悲田院、疗病院、施药院三院，相当于今日免费住宿诊疗所、养老院、孤儿院，是一种对贫困者、孤独者、疾病者免费诊视、收容助救的设施。这种设施后来逐渐演变为寺院的慈善事业，包含了救济贫困、疗养疾病、施药、抚慰孤独等功能。宋代政府更为重视慈善事业，先后设置了居养院、安济坊、慈幼局、漏泽园等机构，有针对性地对老弱、疾病、孤幼、死者进行救助，其计划之详尽、规模之宏大、设施之齐全、内容之广泛，在中国历史上是空前绝后的。①

中国古典传统文化中早就有关心帮助社会中的极弱势群体的思想，利用民间和国家力量，对丧失家庭支撑的极困难人群开展救济既是社会理想也是各个朝代努力完成的工作，比如孔子有"老有所终，壮有所用，幼有所长，鳏寡、孤独、废疾者皆有所养"的仁政思想（《礼记·礼运》）。《管子·入国》记载的慈幼、恤孤、养老和问疾等事，显然包括了养老保健等诸多方面的内容。《礼记·王制》记载："夏后氏养国老于东序，养庶老于西序；殷人养国老于右学，养庶老于左学。"这里提到的"序"与"学"，就是夏殷时代养老的最初机构，也兼有教育下一代的职能。西汉初期，国家刚刚恢复安定，皇帝就颁布了养老诏令，凡80岁以上老人均可享受"养衰老、授几杖，行糜粥饮食"的待遇。汉文帝诏曰："老者非帛不暖，非肉不饱。今岁首，不时使人存问长老，又无布帛酒肉之赐，将何以佐天下子孙孝养其亲？今闻吏禀当受鬻者，或以陈粟，岂称养老之意哉！具为令。"② 很多汉画像石和考古发现都能证明汉朝的确授予老人鸠杖。比如，1959 年，甘肃武威磨嘴子18 号墓出土了一根木杆鸠杖，木杖上还系着 10 枚东汉明帝时期颁发的《王杖诏书令》木简，其中规定年七十以上者"赐王杖"，"年六十以上"、无子女的鳏寡老人，如果经商，可以免交一切捐税。愿意领养孤寡老人的家庭，可以得到政府的物质帮助。③

随着佛教传入中国，并在中国逐渐扎根，为救济事业在国家层面和民间的广泛实施提供了一个方便之门。西晋以降，中国出现敬田、

---

① 王卫平：《唐宋时期慈善事业概说》，《史学月刊》2000年第 3 期。2011 年 10 月 18 日，第十届"觉群文化周"会在上海玉佛禅寺隆重举行。南京大学哲学系圣凯法师在文化周期间发表题为《从悲田养病坊到居养院——唐宋佛教的救济事业》的论文，详细阐述了唐宋时期佛教救济事业的体制及其发展变迁。

② 潘春华：《略说古代养老院》，《文史知识》2018 年 1 期。

③ 朱红林：《汉代"七十赐杖"制度及相关问题考辨——张家山汉简〈傅律〉初探》，《东南文化》2006 年第 4 期。郭浩：《汉代王杖制度若干问题考辨》，《史学集刊》2008 年第 3 期，第 94—99 页。王晓轩：《近十年来汉代王杖制研究综述》，《洛阳师范学院学报》2011 年第 1 期。

恩田、悲田等观念，敬田是指佛、法、僧三宝，恩田是指父母师长，悲田是指贫穷者，苦田是指牲畜。敦煌莫高窟第 296 窟和第 302 窟的两幅壁画《福田经变》为此提供了形象的佐证，北周第 296 窟北坡上段中部的《福田经变》采用上下并列的横卷式构图，绘有"广施七法"五件事中的第三件事是"病则医药救"，画面为一患重病者由二人扶坐，一人正在给病人喂药，身后有人用药臼捣药，正是《福田经变》中"常施医药，疗就重病"的体现。信仰佛教的统治集团率先开始实践福田的修行，北魏孝文帝太和二十一年（497），令将司州、洛阳两地贫病老者别坊居住，备有药物，给以衣食，宣武帝设馆收容近县内外的疾病者。齐文惠太子和其弟竟陵王子良共同设立六疾馆，收容病人。各种相似设施的建立可从齐文帝《给孤独园记》、竟陵文宣王《福德舍记》《施药记》等文中看出。南朝梁武帝普通二年（521）正月，梁武帝萧衍下诏宣布："凡民有单老孤稚不能自存，主者郡县咸加收养，赡给衣食，每令周足，以终其身。又于京师置孤独园，孤幼有归，华发不匮。若终年命，厚加料理。"（《梁书·武帝本纪》）梁武帝创设的"孤独园"，既收养无家可归的孤儿，也收养无人赡养的老年人，并且负责为收养的老年人料理后事。这与梁武帝萧衍是一个既笃信道教佛教也提倡儒学的皇帝有很大关系。他在江南制礼作乐，连北朝的东魏权臣高欢也说："江东有萧衍老翁，专讲究文章礼乐，中原士大夫南望羡慕，认为正统所在。"对于老年人的专门救济收养机构，自得到梁武帝的提倡创立，就成为后世仿效的榜样。佛寺也兼具医院的功能，远路来治病的患者可以留宿寺中，直到痊愈为止。南朝陈朝的大市寺，设有"大药藏"，就是药房。

6 世纪时流行的经典《像法决疑经》，对福田思想有更进一步的阐释。经中以布施在六度、四摄中的重要地位，阐明布施为成佛的法门。同时，经中更特别强调布施贫穷孤老的"悲田"，远胜于施予佛法僧的"敬田"："善男子，我于处处经中，说布施者，欲令出家人、在家人修慈悲心，布施贫穷孤老乃至饿狗。我诸弟子不解我意，专施敬田，不施悲田。敬田者即是佛法僧宝，悲田者贫穷孤老乃至蚁子。此二种田，此田最胜。"这些认识直接推动了佛教徒从事慈善事业。唐代高僧法藏的《华严经探玄记》卷八认为，福田总有恩田、敬田、德田、悲田、苦田五种。如来及塔、菩萨、知识并父母等为恩田亦敬田，圣僧二乘为德田亦敬田，其余乞食及贫人为悲田亦苦田。

唐代的悲田养病坊应当是自孤独院和疾馆发展而来。隋末唐初，南方有寺庙设立了疠人坊，专门收容麻风病人。二者不同之处在于唐代悲田养病坊的经办权是在唐政府和佛教寺院之间频繁更迭，唐代悲田养病坊最初的设立，是佛教界主办，但是也得到政府的支持。汤用彤先生曾在《隋唐佛教史稿》中提到，唐代曾置专司救济贫病，并恒设病坊，因悲田养病本于释教，故病坊多分置于诸寺，曰"悲田坊"。武则天长安年间，开始创办悲田养病坊，并设置悲田使，监督寺院病坊的工作，确立了"寺理官督"的悲田管理体制。这标志着释门悲田社会救助功能的成熟。[①]悲田养病坊先在长安、洛阳开办，后来渐及诸道诸州乃至全国。唐朝前期，"悲田院"主要收养病人，发展到唐朝中期，除了病人之外还包括了孤儿和乞丐，有史记载："成都乞儿严七师，幽陋凡残，涂垢臭秽不可近，居西市悲田坊。"开元二十二年（734），唐玄宗下令"京城乞儿，悉令病坊收养，官以本钱收利给之"，朝廷赋予养病坊收容乞儿的责任，养病坊成为官办孤儿院，虽仍由寺僧操理，但经费由国家官本放贷之利息提供。寺院可以用官府给的钱放贷收利。[②]敦煌文书中，有几份唐天宝时代（744—758）敦煌郡会计账（P2862背），记载了唐代官府利用病坊安置乞丐的真实状况。这时寺院同时具备了官方同意的收容乞丐、治疗病患的功能。[③]韦应物曾有《同德精舍养疾寄河南兵曹东厅掾》一诗，写到自己罢官后在同德寺养病之事：

① 张弓：《汉唐佛寺文化史》，中国社会科学出版社，1997年版，第1037页，第1031—1039页。
② 杜正乾：《唐病坊表徵》，《敦煌研究》2001年 第1期。
③ 葛承雍：《唐代乞丐与病坊探讨》，《人文杂志》1992年 第6期，第89—91页。

逍遥东城隅，双树寒葱茜。

广庭流华月，高阁凝馀霞。

杜门非养素，抱疾阻良宴。

孰谓无他人，思君岁云变。

官曹亮先忝，陈躅惭俊彦。

岂知晨与夜，相代不相见。

缄书问所如，酬藻当芬绚。

　　这些记载也透露了悲田坊在城市中的位置，比如西市、东城隅，一个在闹市，一个在僻静之处，北庭的悲田寺在子城西南隅，可以说是在一个僻静的地方。

　　唐肃宗至德二年（757），又于两京市各置普救病坊，由官府经办。唐末武宗时，僧尼敛财，寺庙经济严重挤占国家田地和财政，因此武宗下诏灭佛，勒令天下僧尼还俗。"会昌法难"后，为了让养病坊有稳定资金粮食来源，李德裕奏请每坊给田五顷至十顷，其他诸州由观察使视贫病者多少而定，田产以充被收济者之粥食。李德裕的《论两京及诸道悲田坊状》载："诸道僧尼尽已还俗，悲田坊无人主管，必恐病贫无告……缘悲田出于释教，并望更为养病坊。其两京及诸州……拣一人有名行谨信为乡间所称者，专令勾当。其两京望给寺田十顷，大州镇望给寺田七顷，其他诸州望委观察使量贫病多少给田五顷、三二顷，以充粥饭。加州镇有羡馀官钱，量与置本收利最为稳便。"李德裕的奏状获准后，武宗专门颁布诏令，规定长安、洛阳两京的悲田院，由国家拨给相当的没收的寺院田产作为赈济开支来源，地方各州府则分别拨给本地悲田院七顷到十顷田地，以供开支，并由各地长官选派年高德劭的一名老年人负责日常事务（《旧唐书·武宗纪》）。因此，悲田院成为国家救济机构的代称。

　　唐宣宗以后，甚至连县里的佛教寺院也都有了悲田养病坊，在全国形成了一个庞大的半官半民的释门悲田网络。《全唐文》卷八十四载有关于养病坊的敕文。据敕文来看，全国收容贫儿多的养病坊由政府给米十石，少者按比例给七石、五石、三石。负责管理的僧人在有道行的僧人中挑选，每三年轮换一次。如遇风雪日，病人不能出外行乞求食，则取养病坊基金的利息买米煮粥，以供饥饿病人。对患疾病者，买药治疗，其费用从官署户部省领取。从敕文中我们可以知道的是，全国州县内大多数的养病坊都由僧尼经营，作为一种佛教社会福利事业，有半官半民的性质，费用虽有国家负担，但国家的负担费用只是养病坊经营的部分补助，实际经营仍由养病坊自己筹措。如无风雪之日，收容者需要自己出外求食，或由僧尼出外行乞，以供食需。比如，四川成都的收容者每日持具在街头巷尾捡拾废铁维持生计；陕州龙光寺洪昉禅师自己行乞以养龙光寺附设养病坊的收容者。以此看来，政府对养病坊的补助只是一部分，养病坊大都由寺院本身独自经营。尽管如此，仍然有僧人自置病坊，收容贫病。但是，唐末佛教寺院所经办的悲田养病坊已经无法重现以前的宏观局面。总之，悲田养病坊是唐代的慈善机构，其经历了贞观时的雏形，武后时的初创，玄宗时期的系统化，肃宗、武宗、宣宗时的网络化，懿宗时的法律化，最后随着社会的动荡而消亡。①

隋唐时期还出现了许多以治病而著称的神僧，其中比较有名的有法进、波颇、法喜、神智等人，他们本身就有非常精湛的医术，同时又能通晓梵文，这样一来，他们就把天竺的"医方明"介绍到中国，并和中国的传统医学结合起来，在佛教寺院里或者是民间的村落之间行医，为病人解除痛苦。这些治病救人的医僧在民间的影响很大，以至于在唐玄宗开元年间就开始流传"药王菩萨"的传说。②

中国对于悲、敬二福田供养惠施的文化也影响到了东瀛日本，日

---

① 綦中明：《浅论唐代的悲田养病坊》，《西安文理学院学报》（社会科学版），2006年第1期。陈靖华：《略论唐末时期佛教的医疗救济慈善机构"悲田养病坊"》，《湖南科技学院学报》2012年第1期。周湘雁翔，龙浩：《略议佛教悲田养病坊》，《五台山研究》2012年第3期。
② 王晓丽：《浅谈隋唐佛教寺院的公益活动》，《烟台师范学院学报》（哲学社会科学版）2005年第3期，第24—25页。

本多处设有悲田院、敬田院。圣德太子创立的大阪四天王专设有敬田院、悲田院、疗病院、施药院四院。鉴真和尚曾在扬州大明寺设立悲田院，会见过鉴真和尚的日本光明皇后也在奈良建立了悲田院，同样用于收留无家可归且生活贫苦的老年人。现在日本的大阪地区有悲田院街，京都東山区有一座"悲田院"。

二、北庭故城遗址"悲田寺"刻画残陶器发现的意义

公元 630 年，东突厥汗国灭亡，唐太宗获得了"皇帝天可汗"的地位，成为农牧世界的共主。唐王朝为有效管理西域，公元 630 年设立伊州。公元 640 年收复今天的吐鲁番地区和昌吉州后，唐太宗李世民力排众议，亲自决策，设立西州、庭州，伊州、西州、庭州三州均按中原地区唐制进行统治。它是唐朝在天山北麓、北疆草原设立的第一个行政权力机构，下辖金满、轮台、蒲类（西海）三县。

龙朔三年（663）十月以后，金山都护府创立，金山都护府是朝廷任命的唐军正式建置，与安西都护府有了密切的行政关系，天山北麓的防务因此大为加强。长安二年（702），随着突骑施、吐蕃、东突厥威胁的加剧及重新出现，武则天为了进一步巩固西北边疆，改庭州为北庭都护府，无论军政均进行了大幅度升级，主要负责天山以北地区的防卫，由此与安西都护府一起，成为唐朝维护西域繁荣安稳、丝绸之路畅通的中流砥柱。[①]

北庭是唐代天山以北的中心城市，除了承担最主要的军政功能以外，宗教文化的功能也是其有机的构成，自唐至高昌回鹘时期，各大宗教都曾流行于此。[②]北庭佛寺的历史主要根据悟空、王延德和丘处机

---

① 刘子凡：《瀚海天山：唐代伊、西、庭三州军政体制研究》，中西书局，2016 年版，第 145-154 页，第 219-220 页。

② 荣新江：《唐代北庭都护府与丝绸之路》，《文史知识》2010 年第 2 期，第 25-31 页。

的相关见闻,《悟空行纪》中留有龙兴寺名[①],宋使《王延德行纪》中留有高台,应运大宁两座寺名,丘处机《长春真人西游记》中留有龙兴、西寺两座寺名,因此北庭城内外至少存在四座佛寺,即应运大宁寺、龙兴寺、西寺、高台寺。1908年10月14日,日本大谷探险队的野村荣三郎率人在北庭古城西北隅一处遗址挖掘时,获得16块碑刻残块,其中有刻有"龙兴寺"的碑刻残块,始建于神龙元年(705)的龙兴寺的位置大致可以确认。[②]中国社会科学院考古研究所1979—1980年对西大寺的发掘,西寺的位置也得以确认(图3)。[③]

图3　北庭诸佛寺位置推测示意图

---

① 杨建新主编:《古西行记选注》,宁夏人民出版社,1987年版。

② [日]上原芳太郎 编:《新西域记》,有光社,1937年,第491页。[日]香川默识编辑:《西域考古图谱》,学苑出版社,据日本国华社1915年版影印,1999年版,第214页。[英]奥雷尔·斯坦因著;巫新华等译:《亚洲腹地考古图记》(第二卷),第795页。郭富纯,王振芬著:《旅顺博物馆藏西域文书研究》,万卷出版公司,2007年版,第250页。彭杰:《唐代北庭龙兴寺营建相关问题新探——以旅顺博物馆藏北庭古城出土残碑为中心》,《西域研究》2014年第4期,第63-72页。

③ 中国社会科学院考古研究所编:《北庭高昌回鹘佛寺遗址》,辽宁美术出版社,1991年版。

现在需要寻找的是应运大宁寺和高台寺的位置。太平兴国六年（981）王延德、白勋率领的北宋使团出访高昌回鹘王国，记载其地佛教很隆盛。"佛寺五十余区，皆唐朝所赐额，寺中有《大藏经》《唐韵》《玉篇》《经音》等"。王延德一行"度岭一日至北庭，憩高台寺"，从吐鲁番翻越天山出地道以后，用时一天到达北庭后，憩高台寺。七月，王延德等受到师子王的热情接待，"其王烹羊马以具膳，尤丰洁"。接见盛况更是空前，"其王及王子、侍者皆东向拜，受赐。旁有持磬者击以节拜，王闻磬声乃拜，既而王之儿女亲属皆出，罗拜以受赐，遂张乐饮宴，为优戏至暮。""明日泛舟于池中，池四面作鼓乐。""又明日游佛寺，曰应运泰宁之寺，贞观十四年造。"这些记载大致反映了王延德一行到达北庭，与高昌回鹘王会面进行的相关活动，共三天。王延德一行在北庭停留的时间不短，在天山以北看到的寺院主要是高台寺和应运大宁寺，没有看到西寺，说明西寺可能还没有建设。[1] 有学者认为王延德一行在高台寺住宿一夜，推测这座寺院位于今天吉木萨尔县的千佛洞一带，其根据如下："清乾隆三十五年（1770）有民人拾柴山上，土崩见洞[2]。初发现时"门里甚黑暗，取烛照之，洞形如半月，见一卧佛，身长丈六，金面跣足，衣服颜色如新，又有铜佛，大、小不计其数，自尺余至三五寸不等，土花锈锈蚀者极多"，其后集资盖庙。首任乌鲁木齐都统索诺木策凌曾将此洞发现的铜佛九尊，作为贡品进献北京。故宫中有可能保存其原始藏品。索诺木策凌本人也曾于乾隆四十九年（1784）利用巡阅营伍之便，来过此洞。此后香火日盛，庙会渐兴。佛洞门为半月形，内有赤脚大卧佛一尊，身长一丈六尺。还有众多铜佛像，大者尺余，小者三五寸。这里出土佛像以千佛为主，具有鲜明的藏传密宗色彩，应为唐时所建，

---

① 孟凡人：《北庭高昌回鹘佛寺遗址的初步研究》，《北庭高昌回鹘佛寺遗址》，辽宁美术出版社，1991 年版，第 172–173 页。文献见《宋史》卷四九〇《高昌传·王延德使高昌记》。

② 薛宗正：《北庭春秋》，新疆人民出版社，2006 年版。吴江吴丰贻校订本《乌鲁木齐事宜》（边疆丛书续编之六）中详细记叙了这一千佛洞的发现经过。

同治之乱，这里似属于孔才所部汉族民团的势力范围，千佛洞并未遭到任何破坏，光绪四年（1879）于千佛山重建一座集庙、观、殿、阁为一体的宏大寺院，每年农历六月初六开始举办历时半个月的千佛洞诵经大会，善男信女、僧俗人等云集寺院，祈福禳灾。1933 年寺庙毁于马仲英之乱，但古洞卧佛等仍存。1937 年，募捐重修了部分建筑。1958 年仍有佛像出土，1967 年千佛洞及其建筑均遭毁灭性破坏。有不少小铜佛流入奇台，被变卖为废铜。现今当地居民又重修此窟，再绘壁画，但已非复旧观了。这座千佛洞的位置正在南通泉子街山口，北通县城的要道上，翻山即达吐鲁番，宋使王延德自高昌北上，必途经此洞，依此判断，应即王延德憩足的高台寺故址。且其建置地点正是在一高台之上，与寺名完全相合。"

由于有新的考古发现，我们认为这个推测有一些值得仔细斟酌的地方。首先，从他地道出天山北麓山口至北庭，比较顺畅的路线是沿现在的吉木萨尔河向北直达北庭，或者是顺泉子街东面的吾塘沟北行，这两条道路今天仍是吉木萨尔县城到车师古道的主要道路，大约50 公里，在古代一天刚好能完成这一段路程。如果要到千佛洞，则要向西偏离主线，略微绕路。其次，王延德一行是大规模的使团，处于山间谷地的佛寺要完成接待任务，可能有一定难度。再其次，现在的千佛洞已经面目全非，近年周围建设了较大规模的现代古建筑群，我曾现场踏查，可能这是有一个以洞窟为主体的佛寺，但没有发现大规模佛寺的遗迹，在近现代佛寺的位置的确还残留有一座中心柱窟，前厅、中心柱窟及廊道比较清楚，这个窟可能就是清代发现的洞窟，可惜近年又被重新粉饰一遍，因此只能看到残留的中心柱窟的结构。总之，王延德使团达到北庭时，也许这个洞窟还在使用中，但是这个以洞窟为主的佛寺的时代、规模和形制布局现在还不清楚。从公布的材料看，除了这个中心洞窟外，其它的都非常简陋，可能这个佛寺的规模并不大。由于这个以洞窟为主的佛寺的确是在山谷台地之上，因此，可能是高台寺，王延德一行也可能在此憩息。不过，根据新的考古发现，我们还有一种新的看法，即高台寺很有可能是北庭外城南门内的 5 号、6 号佛寺遗址构成的佛寺。理由如下：

从迄今的考古发现看，地面还保留 5 号、6 号遗址，5 号遗址是八角形的佛塔，遗址曾出土了不少高规格的建筑构件、佛教塑像。6 号遗址是一座高台佛殿，即在夯土高台之上用土坯修筑佛殿。东西残长 24 米，南北残宽 21 米，残高 6.5 米。北侧、西侧探沟发现半环绕佛殿遗址的人工池子，深 1—5 米，西侧还发现一段夯土墙，可能是佛寺的院墙。出土文物有釉彩龙身建筑构件、塑像残块、瓷片等。6 号建筑基址与之前发掘的 5 号佛塔遗址构成了北庭故城外城南门内一个规模较大的重要佛寺遗址，时代可能属于高昌回鹘时期。在高台佛殿的北侧和西侧有取土以后留下的环绕水坑，这种佛寺特点在后来建设的西寺得到发扬光大。因此，这个佛寺可能是高昌回鹘王国改信佛教以后，在北庭新筑的一座佛寺，而且位于南门内侧，因此，作为王延德在北庭的住宿地比较合适，由于书中也没有提到别的住处，本文推测，王延德一行在北庭停留的时间不短，可能一直都住在这个佛寺。由于主佛殿建于夯土高台之上，可能也因此被命名为高台寺。根据佛寺规模和时代，在西寺建成以前，这座佛寺很可能是高昌回鹘王国北庭佛教团体最高领袖"都统"的驻锡寺院。①

1221 年，全真派道士丘处机受成吉思汗征召，途经鳖思马大城（即北庭故城），丘处机在北庭停留时间不长，可能是八月二十八日到，九月二日离开，《长春真人西游记》的相关记载是："王官士庶僧道教数百，具威仪远迎。僧皆赭衣，道士衣冠与中国特异。泊于城西葡萄园之上阁，时回纥王部族劝葡萄酒，供以异花杂果名香，且列侏儒伎乐，皆中州人。士庶曰益敬，侍坐者有僧、道、儒，因问风俗。乃曰：此大唐时北庭端府，景龙二年，杨公何为大都护，有德

---

① 付马：《丝绸之路上的西州回鹘王朝：9—13 世纪中亚东部历史研究》，社会科学文献出版社，2019 年 5 月，第 189 页。

政，诸夷心服，惠及后人，于今赖之。有龙兴、西寺二石刻在，功德焕然可观，寺有佛书一藏。唐之边城，往往尚存。"①丘处机在北庭停留了4天，实际参观休息的时间是2个整天，时间是非常充分的，具体参观了哪些地方不得而知，看了几座佛寺也不知道。通过《长春真人西游记》记载可知，确切的是看到龙兴寺和西寺的石刻，这透露两个信息，除了龙兴寺，新出现了西寺，说明的确是有龙兴寺和西寺。问题是丘处机看到的是二石刻，但也提到"寺有佛书一藏"，而且"侍坐者有僧"，因此，有可能有一座寺院已废弃，仅存石刻。总之，由于文字记载太少，我们只能猜测这个时候可能西寺尚存，龙兴寺仅剩石刻了。奇怪的是他没有提到我们推测的高台寺。有学者根据丘处机所提示：道士衣冠与中国特异，推测这些所谓的道士可能是摩尼教徒。②我们曾在5号、6号佛寺附近探沟中发现也里可温教（景教）十字架，2021年在属于北庭下辖的蒲类县城的奇台县唐朝墩子遗址发现了也里可温教寺院，说明这个时期也里可温教在北庭地区还比较盛行。因此，有可能原来的高台寺已经部分改为也里可温教寺院，"侍坐"的道士也可能是也里可温教教徒。

1768年至1771年间，纪昀谪戍乌鲁木齐，曾因故前往吉木萨，调查了北庭古城。他踏查了一座佛寺遗址，"寺已圮，尽石佛，自腰以下陷入土，犹高七八尺。铁钟一，高出人头。四围皆有铭，锈涩模糊，一字不可辨识，唯刮视字棱，相其波磔，似是八分书耳。"③寺中铁钟上的文字连纪晓岚都不认识，很可能是高昌回鹘时期流行的回鹘文。由于西寺早已掩埋于土，不为人知，因此，这个佛寺最有可能是外城南门内侧被废弃的高台寺。当然，也可能是被高昌回鹘沿用的唐代旧寺遗址，比如应运大宁寺、龙兴寺等。

---

① （元）李志常：《长春真人西游记》，杨建新主编：《古西行记选注》，第201—202页。

② 薛宗正：《北庭历史文化研究：伊、西、庭三州及唐属西突厥左厢部落》，上海古籍出版社，2010年版，第557页。

③ 纪昀：《阅微草堂笔记》，上海古籍出版社，1986年版，第319页。

根据这些文献记载和以前的考古发现，可以确知的是，北庭城内及周围先后有应运大宁寺（贞观十四年建，公元 640 年）、龙兴寺、高台寺和西寺。北庭故城新发现的"悲田寺"刻字陶器残片证明北庭城核心区还曾经有一座"悲田寺"，这是北庭考古的一个重要新进展，在全国也是第一次在唐代遗址中通过考古发掘发现与"悲田养病坊"相关的文物。考虑到悲田养病坊设置的历史背景，北庭的这个悲田寺有可能是安置在原有佛寺之中。[①] 这座佛寺很有可能就是公元 640 年在设置庭州之初，建于子城内的应运大宁寺。当然，悲田寺也可能安置在其他性质的建筑中，应运大宁寺也有可能在庭州城的其它位置，迄今尚未发现。[②] 总之，这样两种推测都有待将来考古新发现的证实。

结语

原中国佛教协会会长赵朴初生前曾经说过：在古代"佛教为救济贫病，每有福祉事业之设施，如隋唐之悲田院、养病坊、施药坊等，慈济为怀，具载史册。降及近世，佛徒更以'庄严国土，利乐有情'为己任，利济人群之事方兴未艾。举凡扶助伤残、救济灾荒、敬老慈幼、施医舍药等。莫不尽心尽力，广作饶益。"北庭故城新发现的"悲田寺"刻字陶器残片可能和武则天长安年间，开始创办悲田养病坊并在全国推广的历史背景有关系。这说明，即使在西北边疆，这一政策

---

① 邵佳德、王月清：《从借医弘道到悲田养病——试论汉唐之际中国佛教医学的发展及其贡献》，《医学与哲学：A》2009 年第 30 卷第 10 期。

② 比如，据孟凡人先生所述，根据一些出土文物的特点，在子城东北部的北墙外，内城城墙之内，可能有一座佛寺遗址。如果这里的确有一座佛寺的话，因为在庭州城内，因此，也可能是应运大宁寺。孟凡人：《论别失八里——兼论北庭故城遗址的形制布局》，《北庭史地研究》，新疆人民出版社，1985 年版。收入氏著《北庭和高昌研究》，商务印书馆，2020 年版，第 183、186 页。从发现的佛像残块和壁画的风格看，可能是高昌回鹘时期的佛寺，而且这个位置在子城北墙和内城北墙之间，空间比较狭窄，不适合建造大型的佛寺，因此，这座佛寺可能是高昌回鹘时期新建的一座小型佛寺。

还是得到了很好的贯彻和落实，而且命名为"悲田寺"。把"悲田寺"安置在北庭最重要的子城内部，充分体现了武周和大唐在国力强大时，无论是在都城还是在边疆，通过国家力量，对社会中孤老贫病等极弱势人群的帮扶照顾，这既反映了佛教福田思想对中国文化的充实与影响，也是中国古代社会追求小康社会与天下大同理想的充分体现。

　　另外，通过对相关文献的梳理和对考古发现的分析，本文对北庭早晚存在的佛寺以及大致的位置进行了一些推测，特别是对高台寺和应运大宁寺的位置进行了新的讨论，认为外城南门内的5号高台佛殿、6号佛塔遗址为组合的佛寺可能是王延德一行在北庭期间憩息的高台寺，11号遗址及其周围可能是应运大宁寺所在，"悲田寺"一度设置于此（图3）。

历史研究

北庭西海县新考

中国社会科学院历史研究所　刘子凡

　　北庭都护府扼守东天山北麓，是丝绸之路的重要节点，同时也与安西都护府一起成为唐朝控制西域的军政中心，在唐代西域经营史上具有十分重要的地位。然而关于北庭属县的设置情况，目前学界尚未形成统一而清晰的认识。尤其是肃宗上元二年（761）前后出现的西海县，虽有史料和文书中出现惊鸿片羽，但关于其实际地点与性质仍是十分模糊，松田寿男、吴震等先生都曾发表高论，讨论北庭新置西海县的地理位置，但都无法得出确切的结论，致使西海县成为唐代西域史上的一大谜题[①]。本文拟提出一种新的想法：北庭都护府之西海县原即蒲类县，只是肃宗元年改易了县名。以此说反观各种史料，其中的扞格之处便可迎刃而解。同时由此出发，宝应元年西州、北庭等地的县名改易情况及其背景也成为一个值得关注的问题。故不揣鄙陋就此申论，以求证于方家。

---

① ［日］松田寿男：《古代天山の历史地理学的研究》（增补版），早稻田大学出版部，1974 年版，第 309–311 页。吴震：《唐庭州西海县之建制及相关问题》，《新疆社会科学》1989 年第 2 期，第 95–104 页。戴良佐《唐庭州西海县方位初考》，《新疆文物》1995 年第 2 期，第 52–53 页。王旭送：《唐庭州西海县考》，《昌吉学院院报》2013 年第 6 期，第 8–12 页。

一、关于西海县的史料及种种旧说

关于北庭的属县，《通典·州郡典》《元和郡县图志》《旧唐书·地理志》皆载北庭有金满、蒲类、轮台三县，唯有《新唐书·地理志》载：

县四。金满，（下。）轮台，（下。有静塞军，大历六年置。）后庭，（下。本蒲类，隶西州，后来属，宝应元年更名。有蒲类、郝遮、咸泉三镇。特罗堡。）西海。（下。宝应元年置。）[①]

在《新唐书》中北庭三县变成了北庭四县，这也是史书中唯一一处出现北庭西海县的地方。当然，《新唐书》的这段记载有严重的错讹，首先是将由金满县改名而来的后庭县单独列出，其次是错记蒲类县曾隶属西州。清代以来的西北史地学者就已经注意到了史书中金满、蒲类、蒲昌的混淆[②]。值得注意的是《新唐书》中有所谓西海县"宝应元年（762）置"，致使学者普遍认为北庭在金满、蒲类、轮台三县外，又曾于宝应元年新置西海县，于是推定西海县的位置就成了一个重要话题。目前所见，大致有如下几种说法：一是今里海或黑海说。清乾隆年间编修的《西域图志》推测西海县之西海为雷翥海，即今里海或咸海[③]。二是今玛纳斯流域说。清末陶保廉提出西海县可能在阿雅尔淖尔，即今玛纳斯湖[④]。松田寿男进一步认为，西海县是由唐代清海军升格而来，城址在今玛纳斯河附近的阳巴乐噶逊旧城[⑤]。

---

① 欧阳修，宋祁：《新唐书》卷四〇·中华书局，1975 年版，第 1047 页。
② 陶保廉：《辛卯侍行记》，甘肃人民出版社，2000 年版，第 397-398；松田寿男：《古代天山の历史地理学研究》（增补版），早稻田大学出版部，1974 年版，第 311-314 页。
③ 《皇舆西域图志》卷十《疆域三》，清文渊阁四库全书本。
④ 陶保廉：《辛卯侍行记》卷六。
⑤ ［日］松田寿男：《古代天山历史地理学研究》，第 310-311 页。

王旭送也认为西海县在玛纳斯河流域，玛纳斯湖即唐代"清海"①。三是乌鲁木齐东南盐湖说。吴震认为宝应元年前后北庭被吐蕃占领，北庭节度使迁至西州，故析轮台东南之地置西海县，具体位置在乌鲁木齐东南柴窝铺至达坂城之间的盐湖一带②。四是额敏河流域说。戴良佐也认为西海县与清海军有关，但将其位置考证在今额敏河北岸的古城遗址③。

纵观上述诸说，里海、咸海、额敏河流域都远离北庭在天山东部的统治重心，置县的可能性很小。玛纳斯河流域以及盐湖都靠近唐代的轮台县（今乌鲁木齐附近）。不过这里有一个关键的问题，安史之乱爆发后安西、北庭先后有两批援军入关勤王，肃宗初年整个西域地区的留守唐军不足半数④。在这种情况下，宝应元年（762）前后的北庭显然没有力量通过新设县来拓展其控制区域。尤其是这一时期对唐朝威胁最大的吐蕃、回鹘等势力，其威胁方向都是在北庭的东面，此时北庭没有必要加强西面轮台县附近的军政力量。故而松田寿男、戴良佐、王旭送等先生提到的西海县由北庭以西的清海军升格而来，恐怕不能成立。

吐鲁番文书也验证了西海县的存在，《唐宝应元年五月节度使衙榜西州文》⑤有：

1. 使衙　　　榜西州

2. 诸寺观应割附近百姓等

3. 右件人等久在寺观驱驰，矜其勤劳日久，遂与僧道

4. 商度，并放从良，充此百姓。割隶之日，一房尽来，不能有魄

① 王旭送：《唐庭州西海县考》，第8—12页。

② 吴震：《唐庭州西海县之建制及相关问题》，第94—104页。

③ 戴良佐：《唐庭州西海县方位初考》，第52—53页。

④ 吴玉贵：《杜甫"观兵"诗新解——唐乾元二年西域援军再次入关史实钩沉》，朱玉麒主编：《西域文史》，科学出版社，2018年版，第35—43页。

⑤ 《吐鲁番出土文书》图版本肆，文物出版社，1996年版，第328页。

5. 于僧徒。更乃无厌至甚，近日假託，妄有追呼。若信此流，

6. 扰乱颇甚。今日以后，更有此色者，当使决然。仍仰所由

7. 分明晓喻，无所踵前，牓西州及西海县。

8. 以前件状如前

9. 建午月四日

10. 使御史中丞杨志烈

又，《唐庭州西海县横管状为七德寺僧妄理人事》①文书有：

1. 西海县横管　　状上

2. 本县百姓故竹伯良妻竹慈心 妄理人西州七德寺僧惠宽 法允

前件文书中的御史中丞杨志烈无疑是节制伊、西、庭三州的北庭节度使，这里的"使衙"即是北庭节度使的使衙。结合两件文书的内容看，大致是节度使与西州寺观商量放寺观的家人奴婢从良，充当百姓。后件文书中的竹伯良等就是放良后被安置在了西海县，由此推测牓文中的"充此百姓"很可能就是指充西海县百姓。之后又发生了西州僧人惠宽等将放良奴婢托词"追呼"回去之事，于是节度使衙就向西州、西海县两地下发牓文，张贴于寺观，要求不再发生此事②。这件牓文的时间是"建午月四日"，按肃宗上元二年（761）废去年号，但称"元年"，以建子月（十一月）为岁首，月皆以所建为数③。二年（762）建巳月甲子（四月十五日），改元宝应，恢复旧月数④。则此文书中的建午月当是指肃宗无年号的二年五月，此时北庭应当还未接到改元宝应的诏书。由此可知《新唐书·地理志》关于宝应元年置西海县的说法并不准确，西海县的出现实际上是在北庭得知改元宝应之前。同时可以看到，就在当年北庭节度使是割附了相当数量的西州寺

---

① 《吐鲁番出土文书》图版本肆，第324页。
② 相关研究见雷闻《牓文与唐代政令传布》，荣新江主编：《唐研究》第19卷，北京大学出版社，2013年版，第68—70页。
③ 《资治通鉴》卷二二二，中华书局，1956年版，第7116页。
④ 《资治通鉴》卷二二二，中华书局，1956年版，第7123页。

观依附人口给西海县，以加强西海县的军政力量。

吴震正是据此牓文认为宝应元年（762）前后北庭节度使的使衙在西州，从而落实了《旧唐书·地理志》关于北庭上元元年（760）陷于吐蕃的记载，进而推测西海县是在这一背景下析轮台县而设置[①]。然而现在我们可以很明确的说北庭的陷落是在唐德宗贞元时期，而且吐鲁番出土《高耀墓志》也并未提及北庭曾有肃宗上元元年陷落之事[②]。前引牓文只是由使衙下发给西州，并不能看出使衙本身就在西州。故而吴震关于西海县的推论也不能成立。

总体来看，虽然有《新唐书·地理志》与吐鲁番出土文书的相互印证，但此前学者对于西海县的种种推测都无法令人信服。尤其是无法圆满解释安史之乱后北庭在兵力空虚的情况下新设西海县的意图。这样就需要考虑另外一种可能性，北庭的西海县可能并非宝应元年（762）新置，而是由北庭此前的属县改名而来。

二、西海县即蒲类县改名而来

1.《新唐书·地理志》中有西海县而无蒲类县

要解决西海县的问题，首先要考察唯一一处记载了西海县县名的《新唐书·地理志》。然而如前文所述，传世史书中对于蒲类、蒲昌与金满三地名的记载产生了极大的混淆，《新唐书·地理志》错乱尤甚。此前学者已注意到这一问题，但为了理清北庭属县，这里需要再梳理一下史书错乱的来龙去脉。

《通典》和《旧唐书·地理志》只是将西州蒲昌县东南的蒲昌海错写为蒲类海。而在比《通典》稍晚成书的《元和郡县图志》中，混

---

① 参见吴震《唐庭州西海县之建制及相关问题》，《新疆社会科学》，1989年第2期，第95—104页。
② 参见柳洪亮：《唐北庭副都护高耀墓发掘简报》，第65页。王小甫：《安史之乱后西域形势及唐军的坚守》，第59页。

淆情况比较明显：

> 西州……
>
> 蒲昌县，（中下。西南至州一百八十里。）贞观十四年置。本名金蒲城，车师后王庭也。
>
> ……
>
> 庭州……
>
> 后庭县，（下。郭下。）贞观十四年于州南置蒲昌县，长安二年改为金蒲县，宝应元年改为后庭县。
>
> 蒲类县，（下。南至州一十八里。）贞观十四年置，因蒲类海为名。先天二年为默啜所陷，开元十四年复置。
>
> 轮台县，（下。东至州四十二里。）长安二年置。[①]

这里就首次将西州的蒲昌县与北庭的金满县（后庭县）混淆了。我们知道汉代车师后国王庭即是后来的可汗浮图城，亦即唐代庭州以及后来的北庭都护府的治所金满县，宝应元年（752）改名为后庭县。《后汉书》所记"后王部金蒲城"[②]亦是唐代金满县之地。则《元和郡县图志》是先把西州蒲昌县错认为汉代"金蒲城"，在此基础上继而把庭州的金满（蒲）县（后庭县）认为是原名蒲昌县，将蒲昌与金蒲混淆起来。这样就造成了蒲昌县与后庭县似是一县，但分属两州的矛盾现象。

《新唐书·地理志》更是在《元和郡县图志》的基础上更进一步，试图解释其中的矛盾，但却乱上加乱。我们再引用《新唐书》相关段落如下：

---

① 《元和郡县图志》卷四〇，中华书局，1983 年版，第 1032-1034 页。

② 《后汉书》卷九，中华书局，1965 年版，第 720 页。

西州……蒲昌，（中。本隶庭州，后来属。）

北庭大都护府，本庭州，贞观十四年平高昌，以西突厥泥伏沙钵罗叶护阿史那贺鲁部落置，并置蒲昌县……金满，（下。）轮台，（下。有静塞军，大历六年置。）后庭，（下。本蒲类，隶西州，后来属，宝应元年更名。有蒲类、郝遮、咸泉三镇。特罗堡。）西海。（下。宝应元年置。）①

这些看似随意的改写，实际上都可以找到受《元和郡县图志》影响的踪迹。首先是引文中所谓贞观十四年（640）庭州"并置蒲昌县"，按《通典》《唐会要》《册府元龟》皆在记载贞观十四年平高昌时提到"以其地（可汗浮图城）为庭州，并置蒲类县"②，意即除庭州附郭县、金满县外，另于庭州设立蒲类县。唯有《新唐书》将"并置蒲类县"改成了"并置蒲昌县"，这很应当就是出自《元和郡县图志》在"庭州·后庭县"下所载"贞观十四年于州南置蒲昌县……改为后庭县"。显然也正是参考了《元和郡县图志》的这一条记载以及所谓蒲昌县"本名金蒲城，车师后王庭也"，《新唐书》将西州蒲昌县记为"本隶庭州，后来属"。至于《新唐书》所谓后庭县"隶西州，后来属"，看似无理，实际还是源自《元和郡县图志》将后庭县等同于蒲昌县，又将蒲昌县列在了西州。这样西州蒲昌县"本隶庭州"、庭州后庭县"本隶西州"，来了个乾坤大挪移③。可见《新唐书》此处是参考《元和郡县图志》进行了一些编排。

值得注意的是，如果完全参照《元和郡县图志》蒲昌县＝金蒲县＝后庭县的体系，《新唐书·地理志》在后庭县下应标注"本蒲昌"才对，实际上却是"本蒲类"。这或许是来自《通典》所载"后

① 《新唐书》卷四〇，中华书局，1975 年版，第 1047 页。
② 《通典》卷一九一，第 5206 页。《册府元龟》卷四二九，凤凰出版社，2006 年版，第 4867 页。
③ 冯承钧：《高昌城镇与唐代蒲昌》，《中央亚细亚》1942 年第 1 期。

王国理务涂谷，[即今（金）蒲城，今北庭府蒲类县也。]"①但这明显又与《元和郡县图志》将后庭县与蒲类县并列不合。出现这种情况很可能是因为《新唐书》要勉强自圆其说，而不能打破北庭原有的州县结构。从《通典》《元和郡县图志》到《旧唐书》《太平寰宇记》，无论州县之下的注释如何错乱，州县的大致框架是一致的，即庭州（后改为北庭都护府）的属县为金满县（后庭县）、轮台县、蒲类县。《元和郡县图志》便是注释乱却不乱州县结构，才会自相矛盾。《新唐书》同样面临困境，在蒲昌县＝金蒲县＝后庭县的体系中没有金满县和蒲类县，这就需要合理安排他们的位置。关键是与金蒲类似的金满县被单列为一县，而与蒲昌类似的蒲类则并到了后庭县之下。

如果我们把《新唐书·地理志》中的金满县与后庭县合并的话，实际上就是又回到三县：金满（后庭）、轮台、西海。凭空出现的西海县刚好取代了蒲类县的位置。联系到前文在"并置蒲昌县"处特意抹去蒲类县，可以考虑西海县的出现与蒲类县的消失有所关联。我们或许可以进一步假设西海县本是蒲类县，只是宝应元年（762）改名。至少根据上文讨论可以知道，《新唐书·地理志》为自圆其说而进行过细致却混乱的编排，北庭属县之间的关系有重新考量的空间。

2. 蒲类海在唐代可称为西海

很难找寻西海县的一个重要原因就是比定"西海"。实际上在汉晋时期，西海并不是一个非常固定的称谓，居延海和青海都曾称作西海，汉代亦曾在青海湖东北侧设有西海郡②。而在唐代，西海的范畴也十分宽泛，中原以西的大型湖泊似乎都可被称作广义上的西海。《初

---

① 《通典》卷一九一，第5202页。
② 王迹：《西海、西海郡考索》，《青海社会科学》，1983年第2期，第107–111页。王子今：《秦汉人世界意识中的"北海"和"西海"》，《史学月刊》2015年第3期，第26–30页。

学记》卷六《地理中·海第二》载：

> 按西海大海之东，小水名海者，则有蒲昌海、蒲类海、青海、鹿浑海、潭弥海、阳池海。[1]

又，《白孔六帖事类集》卷二《海》载：

> 西海（类海、潮海、蒲昌海。《西域传》蒲昌海一名壇泽。）[2]

这大概就是唐人眼中比较著名的西海。其中的"类海"应即蒲类海，在今巴里坤湖；蒲昌海即今罗布泊，鹿浑海在今鄂尔浑河与土拉河流域，潭弥海与阳池海据《广志》所载是在"羌中之西"[3]。从地理来看，显然只有蒲类海更接近北庭。《唐大诏令集》卷一一六《喻安西北庭诸将制》中有"踰流沙，跨西海，□蒲类，破白山"云云，"西海"与"蒲类"并举，此处虽然只是文学修辞，但还是可以大致看出当时人是将蒲类海看作西海的代表性意象。所以如果要从西海入手找寻西海县的话，大可不必舍近求远，蒲类就可以说是唐人眼中的西海。以蒲类县比定为西海县，至少从名称上是合适的。

3. 西海县在北庭以东更符合当时的军事形势

如前所述，天宝十四载（755）安史之乱爆发后，数量众多的安西、北庭将士赴中原靖难，直到代宗广德元年（763）年才彻底平定。然而，同年吐蕃便一度攻入长安，同时趁河西、陇右防御空虚，自西向东大举攻掠州县。河陇诸州相继陷落，广德二年（764）凉州失守

---

① 徐坚：《初学记》卷六，中华书局，2004年版，第115页。
② 《白孔六帖事类集》卷二。
③ 同上。

后，安西、北庭更是逐渐成为一片飞地，赶赴中原的部队无法返回，西域唐军只能继续坚守。

西海县出现的宝应元年（762）前后，正值安史之乱平息前夕的关键时刻，吐蕃的威胁又隐隐在侧，朝廷肯定无暇顾及边疆的军政建设。北庭继续向西拓展军事实力恐怕也是力有不逮，当务之急还是要加强东线。一是吐蕃采取先攻掠河陇的战略，威胁来自北庭的东面。二是唐朝平定安史之乱依赖于回纥，无论是联络还是防范，北庭都要重视与回纥的关系。而蒲类县与蒲类海正是从北方草原进入天山北麓地区的军事要冲，《元和郡县图志》即载：

郝遮镇，（在蒲类东北四十里。当回鹘路。）

盐泉镇，（在蒲类县东北二百里。当回鹘路。）

特罗堡子，（在蒲类县东北二百余里。四面有碛，置堡子处周回约二十里，有好水草，即往回鹘之东路。）①

蒲类县附近的三个重要镇戍，都处在"回鹘路"这条交通要道上，突显出蒲类在北庭东面防御体系中的重要地位。前引《唐宝应元年五月节度使衙榜西州文》中，北庭节度使杨志烈与西州寺观商量将依附人口放良，在西海县入籍为百姓，无疑是含有加强西海县力量的意味。若是联系到当时的军事形势，西海县在北庭东面的蒲类显然更加合理。

4.宝应元年前后西北边疆县名改易是一个普遍现象

宝应元年（762）西海县出现的同时，西州与北庭的两个附郭县、高昌县与金满县，也分别改名为前庭县与后庭县，显然是用了汉代车师前王庭、车师后王庭的典故。值得注意的是，现存敦煌博物馆《大

---

① 《元和郡县图志》卷四〇，第1034页。

唐都督杨公纪德颂》刻于宝应元年之前不久，碑文首行载：

> 冥安县丞□□□○支度判官杨□撰。①

唐代史书并未见有名为"冥安"之县，然而唐代的瓜州晋昌县即是汉代冥安县之地②，大致晋昌县在宝应元年曾改名为冥安县，同样是用的汉代古地名。可见宝应元年前后西北边疆有多个县改了县名，说明这并不是一个偶发现象。

其中有一个值得关注的线索，前引《大唐都督杨公纪德颂》中的杨公应当是曾任瓜州都督的杨预，他转任北庭节度后瓜州当地为其立此碑③。根据碑文所载，杨预在安史之乱的危机时刻赴行面见肃宗，奉命完成了"宣慰四道"、征兵西北的使命，即所谓"西聚铁关之兵，北税坚昆之马"。之后又被肃宗招至长安任命为北庭节度使，应是深受肃宗的信任。而宝应元年（762）正在北庭节度使任上的杨志烈，与杨预有着十分密切的关系，薛宗正甚至怀疑杨志烈就是杨预，只不过是因为避代宗的讳而改名④。杨志烈本人也是对朝廷忠心耿耿，广德二年（764）仆固怀恩叛乱时，时任河西节度使的杨志烈派出劲卒五千袭击仆固怀恩后方，以解长安之困，后因赴北庭征兵而遇害⑤。无论杨预和杨志烈是否同一人，他们与朝廷的关系都是十分密切的。而前文提到的晋昌县改冥安县、高昌县改前庭县、金满县改后庭县，以及可能的蒲类县改西海县，都是在他们的任上完成的。孙英刚指出，上元二年（761）九月肃宗实行去尊号、去年号、改正朔等一系列较为极端的

---

① 吴景山、张洪：《〈大唐都督杨公纪德颂〉碑校读》，《西域研究》2013年第1期，第16—18页。

② 《元和郡县图志》卷四〇"陇右道·瓜州·晋昌县"载："晋昌县，本汉冥安县，属敦煌郡，因县界冥水为名也。晋元康中改属晋昌郡，周武帝省入凉兴郡。隋开皇四年改为常乐县，属瓜州，武德七年为晋昌县。"第1028页。

③ 刘子凡：《杨志烈之死》，朱玉麒主编：《西域文史》第10辑，2015年。

④ 薛宗正：《安西与北庭——唐代西陲边政研究》，黑龙江教育出版社，1990年版，第285页。

⑤ 《资治通鉴》卷二二三，第7168页。

措施，这些做法并无谦逊之意，反而是含有"复旧维新"的"革命"意味，是确立其地位的政治手段①。考虑到杨预、杨志烈与肃宗的关系，西北边疆的一系列县名改易有可能就是对肃宗"复旧维新"的响应。

综上所述，可以认为《新唐书·地理志》以及出土文书中所见的西海县，很可能就是北庭蒲类县在宝应元年（762）前后改名而来。不过大概是与代宗即位后废止肃宗去年号等复古措施有关，西海县的县名可能行用不久就废弃了，以至于我们在文献中很少能见到它的身影。

---

① 孙英刚：《无年号与改正朔：安史之乱中肃宗重塑正统的努力——兼论历法与中古政治之关系》，《人文杂志》2013 年第 2 期，第 74—75 页；收入氏著《神文时代：谶纬、术数与中古政治研究》，上海古籍出版社，2015 年版，第 394—396 页。

唐北庭诸城镇在回鹘时代的发展

北京大学历史学系　付　马

一　唐朝对天山北道的控制

天山北道在唐朝的经营之下得到了重要的发展。7 世纪上叶，唐朝先后在哈密盆地、吐鲁番盆地和准噶尔盆地东南部设置伊、西、庭三正州，开始了其对东部天山地区的直接统治[1]。7 世纪中叶，唐朝攻灭西突厥阿史那贺鲁的反叛势力，将军事势力辐射整个东部天山地区。唐朝随即开始在西域地区建立起一套适用于定居文明的交通体系。《唐会要》记："显庆二年（657）十一月，伊丽道行军大总管苏定方大破贺鲁于金牙山，尽收其所据之地，西域悉平。定方悉命诸部，归其所居。开通道路，别置馆驿。"[2] 贞观二十二年（648）贺鲁率部内属唐朝时，最初被置于庭州下。永徽二年（651），他率众西迁，于双河和千泉建帐，自立为沙钵罗可汗，统摄西突厥咄陆、弩失毕十姓。贺鲁势力在天山北麓地区称霸，数度侵扰西蕃诸部，并进寇唐庭州[3]。为剿灭贺鲁势力，唐朝先后发动三次西征，主要行军线路和交战地点均在天山北麓。永徽三年（652），梁建方、契苾何力为弓月道行军总

---

① 荣新江、文欣：《"西域"概念的变化与唐朝"边境"的西移——兼谈安西都护府在唐政治体系中的地位》，《北京大学学报》2012 年第 4 期，第 113–119 页。

② 《唐会要》卷七三，上海古籍出版社点校本，1991 年版，第 1567 页。

③ 《旧唐书》卷一九四《突厥传》，第 5186 页。

管，率唐府兵、回鹘兵与贺鲁属部作战。行军涉及天山北麓的处月、处密、处木昆等部所在和牢山、凭洛水等地[①]。永徽七年（656），程知节葱山道行军讨击贺鲁，唐军在鹰娑（今巴音布鲁克）与贺鲁部交锋。显庆二年（657），唐朝发两路大军，分别从天山北道和阿尔泰山南麓向西进攻贺鲁牙帐[②]，最终攻灭贺鲁势力。因此，唐朝在击破贺鲁势力，收服西突厥地面后，为保证其军事控制而"开通道路，别置馆驿"的措施，应是在天山北麓地区展开的。

692年，唐朝从吐蕃手中夺回安西四镇，发三万汉兵驻守安西，标志着唐朝西域镇兵化时代的开始。702年，又改庭州为北庭都护府，从此形成安西、北庭两大军区防御东部天山和塔里木盆地的局面。随着唐朝屯重兵在东部天山地区，为了满足征人日常生活和驻防的需要，大规模的基础设施建设在当地铺开。天山北道正处在北庭都护府的防卫、经营之下[③]，它逐渐从一条几乎无迹可寻的草原之路蜕变成一条有着明确的道里、完善的路政设施和严密的驻防体系的"阳关大道"。《新唐书·地理志》记北庭的情况如下[④]：

> 北庭大都护府，本庭州……县四。有瀚海军，本烛龙军，长安二年置，三年更名，开元中盖嘉运增筑。西七百里有清海军，本清海镇，天宝中为军。南有神山镇。自庭州西延城西六十里有沙钵城守捉，又有冯洛守捉，又八十里有耶勒城守捉，又八十里有俱六城守捉，又百里至轮台县，又百五十里有张堡城守捉，又渡里移得建河，七十里

① 参见［日］松田寿男《古代天山の歴史地理学的研究（増补版）》早稻田大学出版部，1970年版，第331-341页；《古代天山历史地理学研究》（汉文本），陈谋俊译，中央民族学院出版社，1987年版，第396-408页。

② 参见［日］松田寿男《古代天山の歴史地理学的研究（増补版）》早稻田大学出版部，1970年版，第341-351页；松田寿男：《古代天山历史地理学研究》（汉文本），第409-421页。

③ 荣新江：《7—10世纪丝绸之路上的北庭》，陈春生主编：《海陆交通与世界文明》，商务印书馆，2013年版，第64-73页。

④ 《新唐书》卷四〇，第1047页。

有乌宰守捉，又渡白杨河，七十里有清镇军城，又渡叶叶河，七十里有叶河守捉，又渡黑水，七十里有黑水守捉，又七十里有东林守捉，又七十里有西林守捉。又经黄草泊、大漠、小碛，渡石漆河，逾车岭，至弓月城。过思浑川、蛰失蜜城，渡伊丽河，一名帝帝河，至碎叶界。又西行千里至碎叶城，水皆北流入碛及入夷播海。

金满，下。

轮台，下。有静塞军，大历六年置。

后庭，下。本蒲类，隶西州，后来属，宝应元年更名。有蒲类、郝遮、咸泉三镇，特罗堡。

西海。下。宝应元年置。

很明显，唐朝沿着天山北道建立起一套严密的防御体系和路政设施。一系列大小城镇沿途设立，用以屯兵、供给行人。各城之间的距离里程明确，这说明这时天山北道的道路已经明确固定下来。唐代天山北道不但连接着草原地带，更一跃成为中原进出中亚的首选道路[①]。

二　回鹘时代各种文献所见的北庭诸城镇

755 年，安史之乱爆发，唐陇右道各地精兵入内地勤王，吐蕃帝国趁机攻占河西，经河西走廊进入中原的道路被切断。790 年，北庭失陷，唐朝失去对天山北道的控制。在回鹘汗国与吐蕃的争夺中，回鹘汗国最终获得了天山南、北两道的控制权。此后，天山北道进入回鹘人统治的时代。840 年，漠北回鹘汗国崩溃，西迁至东部天山地区的回鹘余部逐渐统一在新兴的西州回鹘政权之下。在随后近 4 个世纪的时

---

① 参见王炳华《唐置轮台县与丝绸之路北道交通》，《唐研究》第 16 卷，北京大学出版社，2010 年版，第 151–168 页。

间内，天山北道在今新疆境内的大部分地段由西州回鹘控制、经营，直到蒙元时代。12—13世纪，西州回鹘先后受西辽和蒙古汗国的统治，但天山北道的实际经营者仍是回鹘人。回鹘时代的天山北道地理信息不再被中原王朝轻易掌握，因此长期失落于正史的系统记载之外。在元代的汉文史料中，散见一些东部天山地区的地名，可据此向前回溯西州回鹘时代的地理。关于这些地名的考证，迄今最为全面的研究当属刘迎胜先生的相关论作①。关于蒙元时代天山南北两道的驿站交通，先有党宝海先生的系统研究②，最近又有西方学者的最新研究，③也是我们回溯回鹘时代天山地区交通地理的基础。关于回鹘时代天山南麓重镇西州（高昌）的地理信息及其交通东西南北的道路，日本学者松井太充分利用吐鲁番出土回鹘文书做出一系列研究成果④。下面笔者将按照唐代天山北道从北庭向西行进的路线，讨论北庭都护府辖下各城镇戍堡在回鹘时代的发展情况。

1. 沙钵

唐沙钵守捉城在庭州西延城以西60里，其遗址被比定为今昌吉

---

① 参见刘迎胜《元代维吾尔地名及其沿革》，《西域研究》1992年第4期，第17–30页；同氏《察合台汗国史研究》，上海古籍出版社，2006年版，第576–619页。

② 参见党宝海《蒙古察合台汗国的驿站交通》，《西域研究》2004年第4期，第15–22页；同氏《蒙元驿站交通研究》，昆仑出版社，2004年版。

③ M. Vér, *The Postal System of the Mongol Empire in Northeastern Turkestan*, Ph. D. Dissertation, University of Szeged, 2016.

④ 参见松井太「西ウイグル時代のウイグル文供出命令文書をめぐって」『人文社會論叢』（人文科學篇）24、弘前大學人文學部、2010、25–53頁；松井太「古ウイグル语文献にみえる"宁戎"とベゼクリク」『内陸アジア言語の研究』26、2011、141–175；D. Matsui, "Ürümçi ̇ ve Eski Uygurca Yürüngçin Üzerine", in: Yalım Kaya Bitigi. Osman Fikri Sertkaya Armağanı, Ed. H. User, & B. Gül, Türk Kültürünü Araştırma Enstitüsü, Ankara, 2013, pp. 427-432; D. Matsui, "Old Uigur Toponyms of the Turfan Oases", in: E. Ragagnin und J. Wilkens, hrsg., Kutadgu Nom Bitig: Festschrift für Jens Peter Laut zum 60. Geburtstag, Wiesbaden, 2015, pp. 275-303.

回族自治州吉木萨尔县庆阳湖乡双河村东北的古城[①]。《钢和泰卷子》于阗文地名表的第17—24行列有西州治下城市的名目，反映925年前后西州回鹘的疆域。地名表第21行记有Śaparä城，学者普遍认为是"沙钵"。

《资治通鉴》胡三省注最早提出沙钵守捉原为莫贺城，向为后世学人遵从，但为岑仲勉先生质疑[②]。唐贞观二十二年（648）四月"乙亥，贺鲁帅其余众数千帐内属，诏处之于庭州莫贺城"[③]。知贺鲁所统突厥部落活动的中心正是莫贺城，而其时贺鲁已称泥伏沙钵罗叶护（*niwar išbara yabγu），该城因贺鲁所据而改称沙钵城颇有可能。莫贺为伊朗语词汇，意为神，很早便被操古蒙古语（鲜卑）和突厥语的草原民族所借用，成为一种贵族称号。因此，此城名可能来自突厥语baγa（借自古伊朗语 *baga），亦有可能来自粟特语βγ-。唐灭高昌以前，庭州为西突厥所据，称可汗浮图城。突厥部族以游牧为生，本无城居的传统。统治者虽在浮图城立帐，其部众很可能多在城外结庐帐而居。因此，可汗浮图城旁的小城莫贺城不似因突厥统治者入住而得名，它最初更可能是一座由粟特人建造、命名和居住的小城。如前所述，在7世纪初叶，粟特商人依托突厥汗国的庇护，沿天山北麓开拓出往来河西走廊的通商衢道。粟特商人在原属草原之路的天山北麓建城殖民。630年，伊吾地区的粟特人首领石万年率七城来降唐[④]，可知伊州地面全为粟特胡人依城而居，则其西庭州地面的情况可想而知。综上，笔者认为沙钵城最初应为粟特商人所建，以粟特语βγ-命名，后来因唐朝以此城纳置西突厥泥伏沙钵略叶护阿史那贺鲁而改成沙钵

① 新疆维吾尔自治区文物局编：《新疆维吾尔自治区第三次全国文物普查成果集成·新疆古城遗址》，科学出版社，2011年版，第402–403页。

② 岑仲勉：《西突厥史料编年补阙》，氏著《西突厥史料补阙及考证》，中华书局，1959年版，第26—27页。

③ 《资治通鉴》卷一九九《唐纪》十五。

④ 据英藏敦煌写本S.367《光启元年（885）沙州伊州地志》，录文参见郝春文主编：《英藏敦煌社会历史文献释录》第2卷，176页

城。唐北庭时代以此小城置沙钵守捉守御北庭西走之道路。唐以后，此城址为回鹘人继承使用。

2. 冯落

唐沙钵守捉城以西有冯落守捉。一般认为此城遗址即昌吉吉木萨尔县三台镇冯洛村古城遗址[①]，东距沙钵城遗址直线距离约13.5公里。《钢和泰卷子》于圆文部分第21行记有"hä：nä bihä：rakä"城，伯希和以此对音"冯洛"[②]。

成书于希吉来历372年（982—983）的波斯语地理著作《世界境域志》（Hudūd al-Ālam）第12节详细记载了托古兹古斯（Toghuzghuz）人的国家和疆域[③]，米诺尔斯基（V. Minorsky）考证此托古兹古斯即为西州回鹘[④]。此节中记秦城（高昌）附近山后有5城，分别写作：kūzārk、jmlkath、panjīkath、bārlugh、jāmghar[⑤]。panjīkath 即 "五城" 在伊朗语中的对译，无疑正是西州回鹘的都城北庭。bārlugh 可还原作突厥语 barlï γ ~barslï γ "有虎的"，其地处高昌山后、北庭附近，无论对音还是地望都可以与唐冯落守捉城相对[⑥]。唐代的凭洛守捉城在10世纪已经从一个小型军事据点发展成为天山北道一个重要的城市聚落。

志费尼所著《世界征服者史》成书于13世纪60年代，记载作者在蒙古国所见所闻。此书第2部第28章《阔儿吉思》记："他的出生

① 新疆维吾尔自治区文物局编：《新疆维吾尔自治区第三次全国文物普查成果集成·新疆古城遗址》，第400页。

② 伯希和：《塞语中之若干西域地名》，冯承钧：《西域南海史地考证译丛续编》，商务印书馆，1933年版，第53—54页。

③ V. Minorsky, Ḥudūd al-'Ālam—The Regions of the World, pp. 94-95.

④ V. Minorsky, Ḥudūd al-'Ālam—The Regions of the World, p. 265.

⑤ V. Minorsky, Ḥudūd al-'Ālam—The Regions of the World, p. 94.

⑥ 据蒲立本对汉语中古音的重构（E. Pulleyblank, A Lexicon of Reconstructed Pronunciation in Early Middle Chinese, Late Middle Chinese and Early Mandarin, Vancouver, 1991），"冯落"的唐朝音可以还原作 /pɦiəŋ lak/，则其西北方音应近似 /pɦiə lak/，与 barlïy 可以堪同。

地是个叫八儿里黑（Barligh）的小村子，离别失八里四帕列散远，在畏吾儿国西部，旅客经过该地的道路上。651年（1253—1254），我们从世界皇帝蒙哥可汗的斡耳朵返回时，暂时在该地停留作午休。"①"八儿里黑"一名在波斯文原文的不同写本中，或作 yrlygh，或作 brlygh。英文译者波伊勒据《世界境域志》中曾出现过 bārlugh 而取 brlygh 这种拼法②。刘迎胜先生认为此地的原本写法也有可能作 yrlygh，还原作突厥语"yarlïγ"，对应唐代地名"耶勒"③。据原文所记道里推断，笔者赞同波伊勒的读法，此地应是冯落。帕列散（parasang）为波斯人传统的计量里程的单位（即阿拉伯语和后来的新波斯语中作 farsakh"法尔萨赫"）。根据属于前伊斯兰时代的历史记载和考古证据，一帕列散的距离在 4.48 公里到 5.35 公里之间④。在现代的词典中，一帕列散或法尔萨赫的长度有 5.49 公里、6.24 公里、6 公里等不同说法⑤。可见，这一里程单位在不同历史时期、不同具体地区的使用中有过一定变化。本质上，"帕列散"这一单位反映 1 小时之内行人步行的里程，志费尼时代的数值应当与上述数值范围差距不大。笔者权且取上述数值中的极值 4.48 公里和 6.24 公里计算，则此地应在别失八里以西约17.92—24.96 公里处。据上引《新唐书·地理志》记："自庭州西延城西六十里有沙钵城守捉，又有冯洛守捉；又八十里有耶勒城守捉"。则冯洛城据别失八里至少 60 里，而耶勒城距别失八里至少有 140 里。唐代里有大里和小里之分，一大里约合 531 米，一小里约合 442.5

---

① ［伊朗］志费尼著：《世界征服者史》，波伊勒英译，何高济译，商务印书馆，2016 年版，第 548 页。

② ［伊朗］志费尼著：《世界征服者史》，第 558 页，尾注 1。

③ 刘迎胜：《察合台汗国史研究》，第 597 页。

④ 参见 A. D. H. Bivar，"Weights and Measures in Pre-Islamic Period"，in: *Encyclopaedia Iranica*, online version, 2010. http://www.iranicaonline.org/articles/weights-measures-i.

⑤ 《波英大词典》"farsakh"条（F. J. Steingass, *A Comprehensive Persian-English dictionary, including the Arabic words and phrases to be met with in Persian literature,* London: Routledge and K. Paul, 1892, p. 918）作："即 1 帕列散，相当于 1 里格（league），约 18000 英尺（feet）"；则约为 5.49 公里。《波斯语汉语词典》（商务印书馆，2012 年版，第 1706 页）"farsakh"条下作 6.24 公里。《简明波英词典》（*Concise Persian-English Dictionary*）farsakh 条下作 6 公里。

米①。姑且按小里算，冯洛城已在别失八里以西26.5公里开外，尚与波斯史料所记里程相差不远；但耶勒城则至少在别失八里西61.9公里开外，与波斯史料中所记里程数差距太大。则此地不应是耶勒，而应是冯洛，志费尼原文所记应当是brlygh。在13世纪中叶，唐代的冯洛守捉城所在之处不但仍然扼守着天山北道从北庭向西走的道路，而且已经发展成为一个居民聚落。在冯洛城遗址地表所采集的器物残片属于唐代至元代器物②，印证了文献所反映的情况。

3. 耶勒

唐冯洛守捉以西80里有耶勒城守捉。其遗址被认定为位于昌吉州阜康市滋泥泉子镇北庄子村的"北庄子古城"③，据上述冯洛村遗址直线距离约25公里。唐代以后，此城名还见于《海屯行纪》中。小亚美尼亚王海屯1254—1255年间取漠北草原之路转经天山北道西行，该段行程路线由哈密屯（J. Hamilton）做过精当考证④。海屯从准噶尔盆地东缘的横相乙儿沿路南下，在北庭以东的白拔烈（独山城）西转，再沿天山北道西行。依次经过北庭、Yarh leγ、Kullug、Yengaγ、 Jambaleγ、Xut'ap'ay、Yangibaleγ、T'urk'asdan、Yergop'rug、Tingabaleγ、P'ulad⑤。过北庭之后的Yarh leγ应当就是唐代耶勒城。哈密屯正确指出耶勒一名语出突厥语yarlïγ，字面之意为"有崖之地"。唐代耶勒守捉城直到13世纪中叶仍然正当天山北

① 胡戟：《唐代度量衡与亩里制度》，《西北大学学报（哲学社会科学版）》1980年第4期，第39—40页。

② 新疆维吾尔自治区文物局编：《新疆维吾尔自治区第三次全国文物普查成果集成·新疆古城遗址》，第400页。

③ 新疆维吾尔自治区文物局编：《新疆维吾尔自治区第三次全国文物普查成果集成·新疆古城遗址》，第448页。

④ J. R. Hamilton, "Autour du manuscrit Staël-Holstein", pp. 145-149.

⑤ J. R. Hamilton, "Autour du manuscrit Staël-Holstein", pp. 145-149；乞拉可思·冈扎克赛著：《海屯行纪》，何高济译，中华书局，2002年版，第13—18页。

道要冲。

考古调查显示，当地出土器物皆为唐元之间遗物①，与文献记载耶勒城繁荣的年代可相印证。

4. 俱六

从唐耶勒城守捉在向西（南）80里有俱六守捉。上文所引海屯西归路线中紧接耶勒之后的 Kullug 即为俱六。位于昌吉州阜康市九运街镇六运村的六运古城被学者认为是唐俱六守捉城遗址②。考古调查显示，古城始建时间不晚于唐代，沿用至清代，宋元时期是其鼎盛时期。这体现了唐代的守捉城在回鹘时代发展成为城市聚落的过程。六运古城距离北庄子古城直线距离44公里，与《新唐书·地理志》所记80里距离大致相符。

5. 轮台（乌鲁木齐）

从唐俱六守捉城再向西南走100里到达轮台县城。轮台是唐庭州治下一县，说明其已是一处重要居民点；唐朝在此置有静塞军，因此轮台同时也是北庭都护府驻防系统中的重镇。轮台城遗址应是今乌鲁木齐市南郊乌拉泊古城，其地正当天山北道东西行走的要津，又扼守着西州、北庭间南北交通要道白杨沟的北面，是东部天山地区的十字路口③。866年，北庭回鹘首领仆固俊崛起，占领天山南北西、庭二州之地，以此为基础建立西州回鹘王国。《资治通鉴·唐纪》咸通七年（866）条记："春，二月，归义节度使张义潮奏北庭回鹘固俊

---

① 新疆维吾尔自治区文物局编：《新疆维吾尔自治区第三次全国文物普查成果集成·新疆古城遗址》，第448页。

② 新疆维吾尔自治区文物局编：《新疆维吾尔自治区第三次全国文物普查成果集成·新疆古城遗址》，第446页。

③ 关于轮台在唐代丝绸之路交通上的重要作用，参见王炳华：《唐置轮台县与丝绸之路北道交通》，第151—168页。

克西州、北庭、轮台、清镇等城"。[①] 清镇即北庭城以西 700 里左右的清镇军城，是北庭都护府下清海军的驻地。当地人口规模在 8 世纪中期时就已经发展到县一级别。宝应元年（762），唐朝曾在此置西海县。可见清镇既是唐北庭都护府在天山北道西部的驻防中心，也是庭州西部地区最大的居民点。分析上引史料可知，在西州回鹘崛起之初，仆固俊势力从北庭发兵，沿天山北道出兵，先攻下轮台。再由轮台西出，继续沿天山北道攻城略地，直到北庭治下最西端的军事重镇清镇；另一面由轮台南下，进入吐鲁番盆地，控制西州。在 866 年，西州回鹘立国之时，他们手中掌握的是包括原唐庭州、西州两州治下的广大地区。

轮台自 866 年落入西州回鹘之手以后，其名再不见于史乘，直到蒙古时代。1221 年，长春真人丘处机追寻着成吉思汗西征的脚步来到天山北道重镇鳖思马大城（别失八里），得知当地"唐之边城，往往尚存。其东数百里，有府曰西凉。其西三百余里，有县曰轮台"[②]。到 13 世纪初，轮台之地、之名、之建制仍然保留，说明在 9—13 世纪之间的西州回鹘时代，这里仍然是天山北道上的一个重镇。

在属于回鹘时代的胡语材料中未尝见有"轮台"之名。《钢和泰卷子》于阗文部分第 22 行记有 Yirrūṃcinä 城，学者据读音推断此名应即 Ürümči（乌鲁木齐）。在德国吐鲁番探险队所获回鹘文书 *U9241（TM 69）[③] 第 2 行结尾出现地名 ywrwnkcyn，阿拉特曾将其读作"urumçi"[④]。松井太将此名读作"yụrüŋčin"，指出其词源为突厥语 ürüŋ~yürüŋ"白色"结合汉语"镇"之音写 čin，实来自汉语地名"白水镇"。他进一

---

① 《资治通鉴》卷二五〇，中华书局点校本，2011 年版，第 8235–8236 页。

② （元）李志常：《长春真人西游记》，王国维校注，载谢维扬、房鑫亮主编：《王国维全集》第 11 卷，浙江教育出版社、广东教育出版社，2009 年版，第 573 页。

③ 此文书原件在"二战"中丢失，现仅存照片藏于伊斯坦布尔大学图书馆，系阿拉特（R. Arat）在柏林留学时所摄，编号为 199/50。

④ R. Arat, "Eski Türk Hukuk Vesikaları", *Journal de la Société Finno-Ougrienne* 65, 1964, p. 36.

步指出，回鹘人可能最初以此名指称白水镇，后来用以指称白水镇及其旁近的轮台城所在的一片区域[①]。则回鹘文语境中的"乌鲁木齐"就对应汉文语境中的"轮台"。

6. 张堡（彰八里、昌吉）

从唐轮台县再向西北行 150 里有张堡城守捉。一般认为其遗址为今昌吉市附近的花园古城（昌吉古城），古城曾出土约 1370 枚窖藏蒙古汗国钱币（主要为察合台汗国银币）[②]，一直沿用到察合台汗国时代。张堡城在突厥语中作 čambalïq，čam 对音"张"，balïq 对译"堡"，其在元代汉文史料中作"彰八里""昌八剌"。

《突厥语大词典》（*Divanü Lugati' t-türk*）"回鹘（Uyɣur）"词条下记："此公国由五座城组成，此五城之民乃异教徒中最为悍勇者，是最好的射手。这五城是：唆里迷（Sulmi），由 Ḏu-l Qarnayn 所建；然后是高昌（Qōčo）；然后是彰八里（Janbaliq）；然后是别失八里（Bēš baliq）；然后是仰吉八里（Yangi baliq）。"[③]《突厥语大词典》成书于 11 世纪 70 年代，可知唐代的张堡城已经从一个军事戍堡发展成为与高昌、北庭、唆里迷等量齐观的大型城市，成为西州回鹘在天山北道的重镇。

13 世纪初，东部天山地区归入蒙古汗国版图。1221 年长春真人沿天山北道西行行经此地，"其王畏午儿与镇海有旧，率众部族及回纥僧皆远迎"。从此地"西去无僧，回纥但礼西方"[④]。在当时，彰八里

---

① D. Matsui, "Ürümçi ve Eski Uygurca Yürüngçin Üzerine", p. 428.

② 古城调查报告，参见新疆维吾尔自治区社会科学院考古研究所《昌吉古城调查记》，《文物资料丛刊》1981 年第 4 期。古城出土察合台银币的相关研究参见陈戈《昌吉出土的蒙古汗国银币》，《新疆社会科学》1981 年第 1 期，第 55—74 页；刘迎胜：《察合台汗国史研究》，第 588 页。

③ Mahmud al-Kašyari, *Compendium of the Turkic Dialects*, eds. and trans. by R. Dankoff, vol. 1, Harvard University printing house, 1982, pp. 139-140.

④ （元）李志常：《长春真人西游记》，第 575 页。

是天山北道佛教世界的西界。在呼和浩特万部华严经塔（白塔）第 7 层北面内壁西侧有蒙元时代回鹘佛教徒巡礼此塔时所留题记，作者留名作"彰八里人也先（čam balïklïγ äsän）"[①]。

上引《海屯行纪》所记 1254—1255 年间的天山北道的交通线路中也出现了彰八里，作 Jambaleγ[②]。《元史·地理志》"西北地附录"记有："至元十五年（1278），授朵鲁知金符，掌彰八里军站事。"[③]元朝在彰八里所设的驿站为军站。这种驿站由枢密院调派军户驻守维护，供输服役[④]。这反映了当时彰八里是元朝西北交通线路上的重要一站。

7. 乌宰（古塔巴、呼图壁）

从张堡城守捉向西，渡里移得建河，70 里处有乌宰守捉。在今昌吉市有两河流经，一为其东的头屯河，另一为其西的三屯河。三屯河在昌吉古城以西，应为里移得建河。乌宰守捉在渡里移德建河后 70 里处，约合 37 公里（按唐大里算）或 31 公里（按唐小里算）。今日从昌吉市过三屯河后西北行约 37 公里正是呼图壁县，应是唐乌宰守捉之所在。

乌宰守捉为唐北庭都护府辖下扼守天山北道的一处军事据点，在史乘中仅见于上引《新唐书·地理志》。经过回鹘时代，它同北道的许多唐代的军事据点一样，发展成为城市。此地在《元史·地理志》"西北地附录"和《经世大典图》中作"古塔巴"。在《海屯行纪》中位于彰八里以西的下一站，作"Xut'ap'ay"。

德藏吐鲁番出土回鹘文书 U5265 内容系某回鹘商人借长行驴外出

---

① 松井太：《蒙元时代回鹘佛教徒和景教徒的网络》，白玉冬译，载徐忠文、荣新江主编：《马可·波罗、扬州、丝绸之路》，北京大学出版社，2016 年版，第 286 页。

② J. R. Hamilton, "Autour du manuscrit Staël-Holstein", pp. 145-149.

③ 《元史》卷六三，中华书局标点本，1976 年版，第 1570 页。

④ 参见党宝海《论元代的站户制度及其性质》，《元史论丛》第 10 辑，2005，第 155-172 页。

经商的契约，文书学特点显示其创作年代属蒙元时代，其1—8行记有：

1yunt yïl altïnč ay on yaŋïqa 2maŋa saraŋučqa uzunqa barɣu 3äšäk ulaɣ kärgäk bolup qïbrïdu4-nuŋ äšäkin onarqa// toquz otuz5-luq büzgäk（？）tärkä altïm 6qutabatïn yanmïšta bu äšäk7-ni täri birlä köni birür8-män.......①

丑年六月初十，我撒兰古赤（saraŋuč）因需要驮驴（äšäk ulaɣ），以每10日付29（匹）棉布（？）的租金从九利奴（qïbrïdu）处借驴一头。待我从古塔巴（qutaba）返回之时，将此驴并租金一齐送还。

在蒙元时代，有高昌地区的回鹘商人前往古塔巴（呼图壁）一带从事贸易活动。其行商线路应当是从高昌北出白杨沟至轮台，由此入天山北道，向西北行至古塔巴。此地名目前尚未见于13世纪以前的史料之中。此词在词形上与阿拉伯语之Qutbah"呼图白"相近，本意为"演讲"，引申为宣讲教义之讲词。每周五聚礼前及开斋节、宰牲节会礼后，伊斯兰教士会对教众宣讲教义，即念"呼图白"。7世纪白衣大食威震中亚的名将屈底波并波悉林（Qutaybah ibn Muslim）之名Qutaybah也与之近似。公元893年，大食从白水城向东攻取突厥人的怛逻斯城。据《不花剌史》记载，当时位于怛逻斯城中的基督教教区主教堂被改为清真寺，取名呼图白（Khutuba）②。如前所述，13世纪彰八里以西已经是穆斯林世界，而彰八里向西的第一座城正是古塔巴。"古塔巴"一名或许就来自阿拉伯语Qutbah，为此地伊斯兰化以后的地名。可能原属于西州回鹘的乌宰城被突厥穆斯林攻占，成为穆斯林在天山北麓的前哨。穆斯林以"呼图白"命名此城，有向更远处

---

① 山田信夫著，小田寿典、ペーター・ツィーメ、梅村坦、森安孝夫编《ウイグル文契约文书集成》卷2，大阪大学出版会，1993年，第81页。

② 参看华涛《西域历史研究——八至十世纪》，上海古籍出版社，2000年版，第156-157页。

宣教扩张之含义。

8. 清镇

从唐乌宰守捉（呼图壁）向西，"又渡白杨河，七十里有清镇军城，又渡叶叶河，七十里有叶河守捉"。今呼图壁县以西有呼图壁河，渡呼图壁河后西行约 40 公里可达塔西河畔。唐 70 大里约合 37 公里，则清镇军城当在塔西河东岸某处，"叶叶河"当为塔西河。

上文已提到，唐代北庭都护府所护天山北道西部最大的军事和民用据点即清镇军城。866 年仆固俊崛起之时曾沿天山北道自北庭打到清镇。但清镇之名以后不见于史册。

9. 仰吉八里

上引《突厥语大词典》"回鹘条"所记西州回鹘五座大城中有 Yangi balïq（yaŋï balïq），突厥语意为"新城"。此即后来元代史料中的仰吉八里（《经世大典图》《元史·地理志》）。10 世纪 70 年代，此城已经是西州回鹘在天山北道最西端的大城。前引《海屯行纪》中记仰吉八里（Yangibaleγ）在古塔巴之西。刘迎胜先生认为此城遗址为玛纳斯河东岸的阳八勒噶逊古城。阳音译突厥语"yaŋï"，八勒噶逊音译蒙语"balγasun"，意为"城"（等同于突厥语 balïq）[1]。

仰吉八里在西州回鹘立国初期就已经出现在天山北道。中国文化遗产研究院藏 xj222—0661.09 号回鹘文献创作于 13—14 世纪蒙元时代[2]，所记内容为 9 世纪后半叶西州回鹘前两任可汗建国、扩张的历史

---

[1] 刘迎胜：《察合台汗国史研究》，第 590 页。

[2] 文书由张铁山、茨默（P. Zieme）刊布，参看 Zhang Tieshan and P. Zieme, "A Memorandum about the King of the On Uygur and his Realm", *Acta Orientalia Academiae Scientiarum Hungaricae*, Vol.64 (2) 2011, pp.129-159；汉译本《十姓回鹘王及其王国的一篇备忘录》，白玉冬译，沈卫荣主编《西域历史语言研究集刊》第 5 辑，科学出版社，第 157–176 页；文书照片见：赫俊红主编《中国文化遗产研究院藏西域文献遗珍》，中华书局，2011 年版，第 276–277 页。

过程①。现根据张铁山、茨默（P. Zieme）的编辑和转写，节录文书第 R—W 节并汉译如下：

alqatmïš on uyɣur eli turɣ（a）lïrtïn bärü ïraqtïn adï ešidilür： qïtay elkä sanlïɣ altï tatar bodun törüp 此 elkä yaɣumadïn toquz buqa bägär： 王 birlä adïnčïɣ ïduq alp xanïmïznïŋ atïn čavïn ešidip tapïnu ögr（ä）nmiš elin xanïn taplamatïn qodup ornanmïš yurtïn turuɣïn oq šarča titip udan ïduq känimizkä bodun bolup küč bergü tïltaɣïntïn qoŋrulu {qutluɣ} köčüp kälip qutluɣ ïduq täŋrikänimiznïŋ qurïŋa quurlaɣïŋa sïɣïnu kälip qudï bay taɣ： qum säŋirkä-tägi qonup yurtlapläri oŋ（a）y kögüzläri qanmïš täg ädäm（lä）r üküš ayta artuq ïduqkänniŋ üdräglig käntläriŋä känt bolup ičikdilär ornašdïlar： öŋ tegit siravil taysi oɣlanï

turdï taysi： 七 buqa čaŋšï bašïn b（a）nt（ä）gi tegitlär： yurtlaɣu tüz yurtlarïn nä qodup yurtča örkä kälip ketip yaŋï balïq altïn-ïn yurtlap qonup： eltä tuɣmïš bodunta artuq ičikdilär ornašdïlar

　　自十姓回鹘立国以降，其威名远扬。属于契丹国的六姓鞑靼人出现了，当他们听到托古兹不花王的威名和我们神勇的可汗的威名，他们离开了原来服从的王，成为我们圣天可汗兀单王的子民。尽管他们仍深深眷恋着故土，但还是离开家乡，成为我们的圣天可汗兀单的子民。他们放弃了对故土的统治，迁徙至此，投奔我们有福的圣天可汗的羽翼之下。他们驻扎在从巴依塔格到横相乙儿之间的地方。他们心满意足，随后的很多月里，他们陆续涌入我们圣天可汗繁荣的城市群，把它们当作自己的城市并定居下来。前来归投的头领们归皇子斯

① 文书所记史事的年代比定及历史学研究，参看付马《西州回鹘王国建立初期的对外扩张——中国文化遗产研究院藏 xj222-0661.09 号回鹘文书的历史学研究》，第 145—162 页；付马：《丝绸之路上的西州回鹘王朝——9-13 世纪中亚东部历史研究》，社会科学文献出版社，2019 年版。

拉菲尔太子、其子吐尔迪太子、长史也地不花统领。离开他们的故地之后，他们迁徙到这里定居，住在仰吉八里的下方。他们的人数比当地原著居民还要多。

9世纪中叶西州回鹘立国之初，其疆域囊括天山北麓原唐北庭都护府控制范围和天山南麓的吐鲁番盆地。文书所记反映了当时有大批草原游牧部落归附西州回鹘王国，由漠北草原移居到天山北麓草原的情况。六姓鞑靼部从漠北草原地区迁徙到巴依塔格（bay taγ）、横相乙儿（qum säŋir）一带，再迁至仰吉八里下方，在此驻牧。"bay taγ"在突厥语中意为"富贵山"，其地位于今新疆昌吉回族自治州东北角，今称"北塔山"。北塔山以北直到阿尔泰山东南部两山脉之间的豁口正是准噶尔盆地进出蒙古高原的孔道，为唐"回鹘道"的咽喉，在各个历史时期都曾为草原游牧民族所使用。"qum säŋir"在突厥语中有"沙角"之意，地在准噶尔盆地古尔班通古特沙漠东缘、乌伦古河河曲附近[①]。此地在13世纪中叶数次见于历史记载。《元朝秘史》中作忽木升吉儿。《元史·定宗本纪》记：元定宗贵由汗"三年（1248）戊申春三月，帝崩于横相乙儿之地。"[②]《世界征服者史》第1部36章《贵由汗登上汗位》记："当他抵达距别失八里一周之程的横相乙儿境内时，大限已到，不给他片刻时间从该地向前进一步。"[③] 此地是海屯从漠北草原到天山北道间重要一站，在《海屯行纪》抄本中作Gumsghur[④]。可见一直到蒙元时代，经此地沿准噶尔盆地东缘南下的道路都连接漠北草原和天山北麓的重要通道。文书中所谓"我们圣天可汗繁荣的城市群"很可能是指天山北道诸城。所谓"仰吉八里的下

[①]　P. Pelliot et L. Hambis, *Histoire des campagnes de Genghis Khan*：*Cheng-wou ts'in-tcheng lou*, Leiden: Brill, 1951, pp. 315-316.

[②]　《元史》卷二，第39页。

[③]　[伊朗]志费尼：《世界征服者史》，第284页。

[④]　J. R. Hamilton, "Autour du manuscrit Staël-Holstein", p. 146.

方"，应当指玛纳斯河北流下游的草原地带，在仰吉八里的北部。可知在西州回鹘王国建立之初，大量漠北地区的游牧部族沿准噶尔盆地东缘南下，进入西州回鹘治下的天山北道，散布于北道诸城附近，在天山北麓北流河水下游草场驻牧。

三 从游牧带到城市带：回鹘时代天山北道的文化转型

通过上文的讨论可见，唐代确立的沿天山北麓前往伊犁河谷的官道"弓月道"，在回鹘时代依然发挥着重要的作用。唐代沿此路修建一系列城镇戍堡，受北庭都护府管辖，其初衷是用作守卫天山北道的军事据点。在 8 世纪末，唐朝在西域地区的统治彻底终结，以回鹘为主的游牧部族开始迁入天山北道，他们并未将唐朝留下的城镇戍堡等基础设施弃置，反而以此为中心形成聚落。到 9 世纪中叶西州回鹘王国建立初期，迁居东部天山地区的回鹘人已将这些城镇作为行政中心。上引 xj222—0661.09 号回鹘文历史文献记当时草原游牧民族迁入东部天山地区的情势道："他们驻扎在从巴依塔格到横相乙儿之间的地方。他们心满意足，随后的很多月里，他们陆续涌入我们圣天可汗繁荣的城市群，把它们当作自己的城市并定居下来。前来归投的头领们归皇子斯拉菲尔太子、其子吐尔迪太子、长史也地不花统领。离开他们的故地之后，他们迁徙到这里定居，住在仰吉八里的下方。"其进入西州回鹘境内的迁徙的路径，是从位于准噶尔盆地东缘的横相乙儿、巴依塔格，到位于其南缘、天山北麓的仰吉八里一带，则文献所谓"我们圣天可汗繁荣的城市群（ïduq 天 känniŋ üdräglig käntläri）"一定是位于这片区域中。显然，这些城市的基础就是唐朝在天山北道沿线修筑的以北庭都护府为中心的一系列城镇戍堡。

前引《资治通鉴》所记 866 年"北庭回鹘仆俊克西州、北庭、轮台、清镇等城"之事亦可说明，迁入东部天山地区的回鹘势力之间相互争夺的焦点，正是唐代留存的城镇。其后不久，仆固俊势力遭遇重大挫折。前引国图藏敦煌文书 BD11287 记当时的情形作："城悉皆残破。回鹘狼性，绥抚甚难。仆固俊独守西（州），兵（力）甚寡，百姓离散，拾不壹存，虫蝗为灾，数年荒歉"。这反映了当时在东部天山地区的回鹘势力以城市为中心的生存方式。仆固俊治下的城市皆是战争双方争夺的焦点，并因此受到破坏。而他在形势危急之时仍然选择坚守西州城。文书还反映了其势力陷入低谷的一个重要原因："虫蝗为灾，数年荒歉"，说明他治下民众的主要食物来源已经是农业产品。

唐代在天山北道留下的城镇戍堡等基础设施促进了新迁入的回鹘等游牧部族的定居化；另一方面，随着游牧部族的定居化和更多的游牧部族的迁入，天山北道的文化生态也发生了变化，唐代以军事防御为主要功能的城郭逐渐变成了定居聚落的政治、商业和文化中心，一条城市带沿着唐朝的故道发育成型。

到了 11 世纪中叶，天山北道的文化生态已经发生了根本性的改变。前引《突厥大辞典》"回鹘条"记载，当时西州回鹘的五座大城为北庭、高昌、唆里迷、彰八里、仰吉八里。其中，北庭、彰八里和仰吉八里三座城市位于天山北道。自西汉张骞凿空西域以来漫长的历史时期中，东部天山地区一直以天山为界大致划分为南北两片不同的文化区域：天山南麓绿洲农业定居文明和天山峡谷及其北麓的草原游牧文明。到此时，位于天山北麓的大城的数量已经超越了天山南麓，这标志着西州回鹘的治理下天山北道文化生态转型的完成。

天山北麓地区文化转型的物质基础是唐代为交通与军事目的建设的一整套基础设施，但促成这一转型的动力则是回鹘人口的迁入。在唐代，已有大量汉地定居人口被征发至天山北麓地区，并在北庭等城市形成较大的定居聚落，但当时天山北麓的居民主体仍然是操突厥语、受唐朝羁縻统治的游牧部族。继突厥后在蒙古高原建立汗国的回鹘人也属突厥语族游牧民族，但与其他游牧部族相比，回鹘人的一个显著特点在于对于城市定居生活和农业生活的熟悉和适应。回鹘人是漠北草原帝国中第一个建立大型城市聚落的族群，考古和文献资料显示，回鹘汗国在鄂尔浑谷地建筑的牙帐城规模宏大，以其为中心的地区显示出丰富的定居文明因素。除此之外，回鹘人还在蒙古高原草原地带建有富贵城等城市。普遍认为，这些城市—农耕定居文明因素由回鹘统治下的粟特人和汉人引入，但回鹘人对此表现出极为热情的接受，尤其是其统治阶级。

除了下令在草原地带修建大城定居之外，回鹘统治者还将农业和农产品视作本部经济的重要内容。回鹘第二任可汗葛勒可汗的纪功碑《塔利亚特碑》西面第4行记有："在八（条河流）之间，那里有我的草场和耕地。色楞格、鄂尔浑、土拉（等）八（条河流）使我愉快。"[1]

早在回鹘汗国建立初期，其在蒙古高原的核心地带就有了相当重要的农业生产，且受到了统治者的重视。回鹘人在漠北时代对于城市—农耕定居文明的熟悉、接受，可以在逻辑上解释其西迁进入东部天山地区之后对于唐代遗留的基础设施的全面继承和使用。

小结

丝绸之路天山北道的发展，经历了唐代和回鹘时代两个关键的历史时期。唐朝对东部天山地区的统治，将原本属于草原游牧文化系统的天山北麓地区纳入到了定居文明的控制之下。唐朝利用其大一统国家的强大动员能力，在天山北麓地区开拓出一套服务于定居文明生产生活的军政、民政、路政设施，并向当地迁徙汉地农业人口，引入定居文明因素。8世纪末叶以降，回鹘取代唐朝成为东部天山地区的主导势力。本属游牧文化系统的回鹘人全盘接收了唐朝兴建的基础设施，并以这此为中心发展定居文明。回鹘人口以唐朝城镇为中心的定居化

---

[1] 耿世民：《古突厥文碑铭研究》，中央民族大学出版社，2005年版，第208页。

进一步改变了天山北麓地带的文化生态。到西州回鹘王国时代，唐朝遗留下的城镇戍堡体系已经发展成为一片定居城市聚落，天山北麓地区真正展现出相当体量的城市定居文明因素，这不正是丝绸之路天山北道沿线经济渐渐发展的明证么？盛世大唐，武功军威，在天山北麓草原打通一线天地。而西州回鹘则在后来的四百年间，悄然继承着唐代的遗产，并将这条征兵戍守的道路，变成了一片繁荣的城邑群落。

北庭故城与西域边疆防御体系的构建及影响

中央民族大学民族学与社会学学院　史浩成

历史研究

　　新疆地区自汉代张骞出使后，便称为西域，一直受中原王朝的管理与统治。但由于西域地区地处中原王朝的西北边缘，加之多民族政权林立，致使其受北方草原民族的不断侵袭，并且地区内部政权频繁更换，以至于中原王朝都对西域地区不断进行管理与控制，即方便与中亚、西亚各国贸易往来，也是对西北边疆进行有效的防御，以抵御北方民族的侵扰。自唐朝以来，便在西域设立北庭都护府，后期将其职能扩大，以其管理整个天山北麓及新疆东部地区的军政事务。在此地区以北庭都护府为中心，下设有地方王城、军事防御城镇及边防军事设施，形成四级边疆防御体系，以此来保卫新疆北部及东部的军事安全。本文将以北庭故城为中心，探讨边疆防御体系的整体层级构成，并研究其在整个边疆防御体系所处的作用及地位，以期了解北庭故城对整个边疆防御体系的影响。

一、基本概况

　　19 世纪末 20 世纪初，外国探险家逐渐开始对新疆地区进行考察，这是新疆最早的考古活动。在之后的一百年的时间，新疆考古发现与研究不断进入考古学者的视野。在整个西域地区就存在有许多的军事防御遗存，并且有许多学者都对新疆地区的考古发现进行相关整理，在此之中有不少对西域古城及军事遗存的调查与发掘，其中就有天山北麓的北庭故城，东部吐鲁番地区的交河、高昌故城，北庭治下的城镇如乌拉泊古城、吐虎玛克古城，以及边疆的烽燧遗址群。这些古城极具军事防御功能，并且分布于丝绸之路新北道之上，成为重要的边疆防御体系。

北庭故城是唐朝北庭都护府之所在，为古代丝绸之路北道的必经之路，是天山北麓防御的中心，但也通过其丝路古道将天山南北的军事防御设施联系起来，形成一体的边疆防御体系。天山南部的交河、高昌故城为其重要的军事防御王城，其防御等级高于一般的军事城镇，且具有完整的自我防御体系。北庭治下的县城位于丝绸之路要道与边疆的烽燧遗址群相互配合，形成西域边疆防御体系的最外层。由此，以北庭故城为中心的四级边疆防御体系从而构建而成，成为整个西域防御体系中的重要一环。本文就以北庭故城为研究中心，通过此中心点向外辐射，从而探讨其他三级边疆防御层级与北庭故城之间的关系，进一步研究北庭故城对整个西域边疆防御体系的影响及地位，以此为基础来看，西域边疆防御体系对于丝绸之路的作用及地位。

二、防御体系构建

（一）最高军事中心——北庭故城

北庭故城遗址位于今新疆吉木萨尔县北部约 12 公里，南依天山，北望沙漠，是丝绸之路北线的东西交通要道。此城以丝绸之路为纽带，东连奇台、木垒、哈密，西通阜康、乌鲁木齐，与天山南麓的交河、高昌故城相望，形成天山南北防御网。故城有内外两重城墙，平面呈不规则长方形。内城位于外城中部偏北，城墙之上存有马面、敌台和角楼，内城南、北、西三面皆有护城壕作为防御之用。外城之北存有羊马城，其城墙之上有密集的马面、敌台，四角之上皆有角楼，其北城门为瓮城，外城外存有护城壕与东、西两侧的古河道形成天然

图 1　北庭故城平面图

的防御屏障[①]（图 1）。

通过上述材料可知，北庭故城极具军事防御能力，是天山北麓的军事防御中心，以此为中心向外辐射形成整个边疆防御体系。由于北庭故城所处的地理位置较为特殊，处于丝绸之路的要冲之地，以其为中心与米泉古牧地、乌鲁木齐轮台古城、昌吉古城这三座唐朝古城为掎角之势，形成相互联系的西域边疆防御网。因此北庭故城历来是中原王朝必须管理与控制的地方，也是通过北庭故城将散落于天山南、北的军事城镇及沿途的烽燧遗址相连接，从而构建出西域边疆防御体系中较为重要的部分——天山军事防御体网，故此北庭故城在西域边疆防御体系中成为不可缺少的中心点。

---

① 孙秉根、陈戈、冯承泽：《新疆吉木萨尔北庭古城调查》，《考古》1982 年第 2 期，第 169—179、233—235。

（二）地方防御王城——交河、高昌故城

天山南部存在大量的军事遗存，其中交河、高昌故城的军事防御性极强，因其原为西域古国的都城，在西域边疆防御体系中为第二层级的地方防御王城，并且受上一层级的管理。在天山南麓二者为其军事中心，管理着天山南部四镇、守捉城及其他军事城镇，通过丝绸之路与天山北部的北庭故城向呼应，构成整个天山军事防御网。

1. 交河故城

交河故城位于吐鲁番是西 10 公里处，且处于雅尔果勒村西侧台地之上。此台地东连吐鲁番腹地，扼守丝路要冲，极具有重要战略价值。交河故城平面呈柳叶形，东、西两侧有二道沟和三道沟环绕于台地四周，此台地地势高耸，悬崖峭壁，崖边筑有胸墙以作防御之用。故城现存东、南、北三门，其中东门极具防御性，内有环形交叉口且有瓮城，交叉口上有中心环岛，构成东门环岛防御。城内的南北向主干道将其分为东西两部分，区域划分明显，以交错的街巷为骨干，构成复杂的交通网络，且城门交错而置，官方建筑集中配置，城中建筑皆以高墙院落为主，由此可以看出，这些建筑设施及城市布局规划，都反映出交河故城强大的军事防御性[1]（图 2、图 3）。

由上述可知，交河故城所处的地理位置，恰好位于火焰山与盐山之间的山口出，向北越过天山，沿"他地道"可直抵北庭故城，向西北沿盐山北麓向西可以达到唐代的轮台城，向西北方向可以达到塔里木盆地，交河故城可以说是新疆东部丝绸之路上的十字路口，具有重要的军事战略地位。交河故城的地理位置及城市建筑设施，对于外来敌人的入侵，都起到警戒与阻击的作用，并且当战局不利时，亦可退居故城内进行防守。在现今的故城周围依然存在用于警戒之用的烽火台遗址，通过烽火台将敌人的信息传递给下一级的边疆防御层级——

---

[1] 孟凡人：《交河故城形制布局特点研究》，《考古学报》2001 年第 4 期，第 483–508。

图 2　交河故城平面图

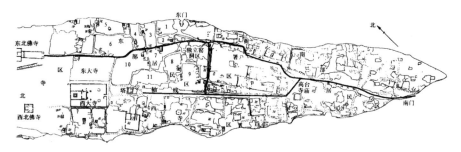

图 3　交河故城建成区干道与区划平面图

军事防御城镇，以此达到防御一体化的效果，并且以天山北部的北庭故城相联系，形成统一的边疆防御网络。

2. 高昌故城

高昌故城位于吐鲁番市东南 40 公里处火焰山南麓，是回鹘时期唐代的高昌城改建而成，平面呈不规则的斜方形。城址可分为外城、内城和宫城三部分，外城四面有弧线的城墙，外筑马面，西城门尚有曲折的瓮城，城外有护城壕。内城中部偏北有一处堡垒建筑，其内部存在高台建筑。城内道路街巷纵横交错且功能区划分明确，形成较为统一的交通网络。以上这些城市设施，都反映出高昌故城作为地方防御王城的重要军事防御功能[①]（图 4）。

高昌故城自汉代修建而成，历经唐代、高昌王国，直至明代

---

① 闫文儒：《吐鲁番的高昌故城》，《文物》1962 年第 2 期，第 2、28－32 页。

图 4　高昌故城平面图

一直作为丝绸之路的重要城市，这与其所处的地理位置有极大的关系。由高昌故城向东南方向可至达鲁克沁柳中城、唐代蒲昌城，向东出发可以达到敦煌，向北过天山可至北庭故城，向西可至交河故城，可以说是极具战略地位。高昌故城通过其地理位置可以四面与相关的军事城镇进行信息交流，遇到敌人侵袭时，也可以通过自身的防御设施进行防御反攻，亦可通知周围的城镇请求支援，在整个天山南部的防御网中起到不可替代的作用，并且高昌故城与交河故城一东一西，形成横向防御网，为整个天山防御网提供重要据点，此二城与天山北部的北庭故城一同形成三角形的天山防御网，以此防御网为基础，与其他军事城镇、烽燧相互联动，共同构成纵横交错的西域边疆防御体系。

（三）军事防御城镇——北庭治下县城

北庭治下的军事防御城镇主要以天山北部的城镇为主，其中包括天山北部的守捉城及一些小型城镇。天山北都的守捉城受其北庭都护府的管理，早期有金满、轮台、蒲类（又称"后庭"）、西海四县，后期下设有十一座守捉城，目前有独山：木垒哈萨克自治县油库古城①、沙钵：（吉木萨尔县沙钵守捉遗址②）、冯洛：（吉木萨尔县冯洛守捉遗址③）、耶勒：（阜康市北庄子古城④）、乌宰：（玛纳斯县楼南古城⑤），其中七克台古城又称赤亭守捉，是最为重要的交通枢纽，位于鄯善县东七克台乡政府东南5公里处，地势险要，居于丘陵制高点上，是控制伊州进入西州的门户，以此为防御点可以进行有效地反击，阻击敌人前进的步伐。这些守捉城都是通过各自的防御系统以中心的北庭故城为枢纽，对整个天山北部的地方城镇进行有效的军事管控，保障丝绸之路上贸易往来的安全，也通过这些守捉城才将地方防御网络的节点联系起来，组成一个庞大的天山防御网。

相对于以上的守捉城，北庭治下的一些小型军事防御城镇在整个天山防御网中也起到不可替代的作用。根据目前的考古勘探调查，现存有13座古城，其中位于伊犁河谷地区的有7座城址，分别为伊宁县吐鲁番于孜旧城⑥、巩留县达尔堤城⑦、特克斯县博斯坦古城遗址⑧、

---

① 新疆维吾尔自治区文物局：《新疆维吾尔自治区第三次全国文物普查成果集成：木垒哈萨克自治县卷》，科学出版社，2011年版。

② 新疆维吾尔自治区文物局：《新疆维吾尔自治区第三次全国文物普查成果集成：吉木萨尔县卷》，科学出版社，2011年版，第44—45。

③ 新疆维吾尔自治区文物局：《新疆维吾尔自治区第三次全国文物普查成果集成：吉木萨尔县卷》，科学出版社，2011年版，第42—43。

④ 新疆维吾尔自治区文物局：《新疆维吾尔自治区第三次全国文物普查成果集成：吉昌市、阜康市卷》，科学出版社，2011年版，第142—143。

⑤ 新疆维吾尔自治区文物局：《新疆维吾尔自治区第三次全国文物普查成果集成：呼图壁县、玛纳斯县卷》，科学出版社，2011年版，第153—155。

⑥ 新疆维吾尔自治区文物局：《新疆维吾尔自治区第三次全国文物普查成果集成：伊宁县卷》，科学出版社，2011年版，第8—10。

⑦ 新疆维吾尔自治区文物局：《新疆维吾尔自治区第三次全国文物普查成果集成：巩留县卷》，科学出版社，2011年版，第10—11。

⑧ 新疆维吾尔自治区文物局：《新疆维吾尔自治区第三次全国文物普查成果集成：特克斯县卷》，科学出版社，2011年版，第10—12。

新源县阿勒吞古城遗址 ①、昭苏县波马古城遗址、夏塔古城、胡土尔城堡 ②，其中胡土尔城堡位于重要的交通位置，与天山南部相连，东西与夏塔沟相通，可以说此城堡作为一处比较重要的军事城堡，用以控制往来与天山南北的人群。而其余 5 座城址分别为北道桥遗址 ③（图5）、唐朝墩古城 ④、吐虎玛克古城 ⑤（图 6）、乌拉泊古城 ⑥ 以及达勒特古城 ⑦。这些古城都极具军事防御性，其城址均有一至两重城墙，并且城墙上附有马面、敌楼、烽火台一类的军事防御设施，其城门外设有瓮城，城外有护城壕以作防御之用。

由上述材料可知，这些军事防御设施的建立，可以说明这些城镇都有十分重要的军事防御功能，并且这些城镇所处的地理位置，皆位于天山北部的丝绸之路或与天山南部相连的交通要道之上，以便于与天山南部的地方防御王城——交河、高昌故城相联系，共同构成天山防御网，而以北庭都护府为中心的天山北部防御中心，通过这些地方军事城镇，形成明显的层级管理，由最高级的北庭都护府到地方一级的守捉城，直至小型的军事防御城镇，由此构成统一的纵贯南北的天山防御网。

---

① 新疆维吾尔自治区文物局：《新疆维吾尔自治区第三次全国文物普查成果集成：新源县卷》，科学出版社，2011 年版，第 14-15。

② 新疆维吾尔自治区文物局：《新疆维吾尔自治区第三次全国文物普查成果集成：昭苏县卷》，科学出版社，2011 年版，第 10-14、17-18。

③ 新疆维吾尔自治区文物局：《新疆维吾尔自治区第三次全国文物普查成果集成：奇台县卷》，科学出版社，2011 年版，第 99-101。

④ 新疆维吾尔自治区文物局：《新疆维吾尔自治区第三次全国文物普查成果集成：奇台县卷》，科学出版社，2011 年版，第 106-108。

⑤ 新疆维吾尔自治区文物局：《新疆维吾尔自治区第三次全国文物普查成果集成：奇台县卷》，科学出版社，2011 年版，第 111-113。

⑥ 新疆维吾尔自治区文物局：《新疆维吾尔自治区第三次全国文物普查成果集成：乌鲁木齐县卷》，科学出版社，2011 年版，第 31-33。

⑦ 新疆维吾尔自治区文物局：《新疆维吾尔自治区第三次全国文物普查成果集成：博乐市卷》，科学出版社，2011 年版，第 14-15。

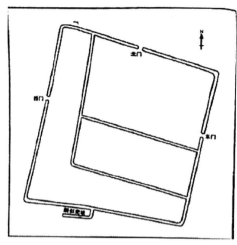

图 5　北道桥遗址

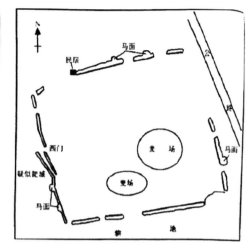

图 6　吐虎玛克古城

（四）边防军事设施——烽燧遗址

西域地区的烽燧汉代时期主要是用于防御匈奴，设置数量并不多，仅设置两线分别为北线：以若羌、尉犁、轮台、库车为中心的北线烽燧带；南线：以若羌县和且末县为中心的南线烽燧带，此外西域地区很少见其烽燧遗址。直至唐代，丝绸之路逐渐繁荣，此时西域地区的烽燧带为南、中、北三条，北线东起伊吾，经哈密、巴里坤、奇台、阜康，至玛纳斯；中线东起哈密，经吐鲁番、和静、焉耆，西至疏附；南线东起若羌，经和田，西至塔什库尔干。根据目前考古发掘，现存唐代丝绸之路中线烽燧遗址共105座，这些烽燧的平面呈正方形或长方形，剖面为梯形，其构筑材料皆就地取材，主要以土筑、石砌、土石混筑为主，由于这些材料的特殊性，使得烽燧十分结实耐用，经得住时间考验。

西域地区的烽火台遗址分布较为集中，主要分布于吐鲁番地区、古龟兹地区以及丝路新北道沿线。吐鲁番地区的烽火台遗址是以天山南部的高昌故城为中心，向四周扩散，形成庞大的烽燧网络，目前有19条烽燧带，基本经过高昌故城，可见高昌故城在整个天山南部地区的重要地位，是诸多烽燧带的中心枢纽。古龟兹地区的烽燧带主要以边防功能为主，分布于较为偏远的地区并且以地方军事城镇相联系，目前有四条烽燧带，分别为东线、西北线、南线、西南线，这些烽燧带与高昌地区以及丝路新北道地区的烽燧带相互联系，形成整个西域边疆防御体系中最为基础，也是最为重要的一环——烽燧防御系统。由于北庭故城所处天山北麓的枢纽位置，起到沟通天山南北、联动东西的作用，而此地区所处丝路新北道之上烽燧遗址较天山南部及古龟兹地区都要少，主要以巴里坤烽燧遗址群①和北庭及守捉城烽燧遗址群为主，目前巴里坤烽燧遗址群共有8座烽燧遗址，北庭及守捉城烽燧遗址群共有8座，其中巴里坤烽燧群位于丝绸之路要道，主要掌控伊吾至北庭的要道，以及中原通往西域的第一道关口，是十分具有战略价值的烽燧群。北庭及守捉城烽燧群主要的作用是替邻近城镇守望，进而构建一体的防御体系，可以迅速地应敌。

由于西域地区处于远离中原的地域，且气候干旱、人口稀少，修建大规模的烽燧遗址及军事设施是几乎不可能之事，但西域属于边疆地域不仅有丝绸之路，而且直通中原地区，因此修建军事防御设施不仅是为了与中亚、西亚等国家的贸易往来，也是为防止北方草原民族通过西域进入中原。西域地区由于地域广阔、沙漠绿洲相间，因此在修建烽燧时充分考虑到此种因素，造成烽燧之间的距离往往不规整，或长或短，在选址上参考因地制宜的原则，选择交通要道、地势险峻之地，进行设置。通过三大地区的烽燧群将整个西域边疆的各个城镇连接起来，形成北有北庭，南有高昌的庞大烽燧带体系，并且以北庭故城为中心由各个烽燧点到烽燧带，再到整个边疆防御体系构建。北庭故城在此过程中，都发挥着极为重要的作用。

---

① 新疆维吾尔自治区文物局：《新疆维吾尔自治区第三次全国文物普查成果集成：巴里坤县卷》，科学出版社，2011年版，第66—89。

三、防御体系影响

（一）城址及烽燧的继承与发展

西域地区的城址、烽燧自汉代设立以来，其中部分一直沿用至唐代，唐代在汉代的基础上对其部分进行修整，而烽燧部分也一直持续使用至清代。边疆地区的城址及烽燧的继承与发展，这也是对西域边疆防御体系有的继承与发展。各个朝代对西域地区的军事遗存之所以能存在很长时间，一部分原因是丝绸之路持续使用，各个王朝为了管理丝绸之路的贸易往来，所以需要对其城址、烽燧进行修整完善。汉代的丝绸之路主要沿塔里木盆地分布，此时大部分的军事遗存也是据此进行修建，大都分布于阿尔金山、昆仑山北缘的丝路南线，以及天山南麓的丝路北线，到了唐代，由于丝路南线的环境气候变化较大，致使此时期对于汉代原有的城址、烽燧部分继续使用，而大部分在天山北麓的丝绸之路新北道地区进行发展，这也说明唐代不仅继续沿用汉代的城址、烽燧，而且也新增许多城址和烽燧。到明清时期，中原王朝不仅局限于对丝绸之路沿线的控制，也加强对边疆防御的功能，在此基础上也继承唐代许多的城址和烽燧，对整个新疆地区进行相关防御。

由此不难看出，西域地区的城址、烽燧是不断的继承与发展，这也使得整个西域边疆防御体系处于不断变化发展的状态，但总体来说，整个防御体系的层级基本上是不发生变化的，只是防御层级中的各个军事防御城镇，由于各个朝代对于丝绸之路的控制力度不同，这些军事城镇有的继续使用，有的废弃，但大体上整个西域地区的防御体系均与北庭故城有所联系。通过北庭故城向四周辐射，南至天山北麓的交河、高昌故城，西至古龟兹地区，北至丝绸之路新北道地域，由此形成整个以北庭故城为中心，不断变化发展的西域边疆防御体系。

（二）管理制度的继承与发展

西域地区实行以都护府为最高机构的军政合一的管理制度，自汉代设立西域都护府，掌管西域各地事物，到唐代依旧沿袭汉制，先后设立安西都护府、北庭都护府、碛西都护府一起管理西域事物，此时主要以安西都护府、北庭都护府为主，分别管理天山南北的军政大事，因此整个西域地区的重心为天山地区，通过两大都护府建立起横贯天山南北，纵跨丝绸之路的天山防御网。无论朝代更迭，西域地区依旧以都护府为其管控防御制度，只不过随着时代的变化，所设立的都护府的名称及地点有所改变，但总体来说，基本是以北庭都护府及安西都护府为主。

因此整个西域边疆防御体系的中心即天山防御网，实行都护府为中心的军政管理制度，这种制度不仅保障西域边疆地区的和谐安定，也使得各个少数民族可以依照本民族的习俗进行生活，只是通过都护府对地方进行一定的军事管控，以达到稳定边疆防御的效果。以北庭都护府为中心的天山北部的管理与控制，关乎整个丝绸之路新北道的贸易往来，因此北庭都护府在整个西域边疆防御体系中起到不可或缺的作用，通过北庭都护府所构建起的天山防御网，凭借独特的防御模式，带动西域其他地区的军事防御网的构建，使得多个军事防御网相互交织重叠，最后形成完整且庞大的西域边疆防御体系。

四、总结

北庭故城在整个西域边疆防御体系的构建过程中都发挥着不可替代的作用，以北庭都护府为中心，到地方王城的交河、高昌故城，再到各个地区的城址、戍堡及烽燧形成统一的军事防御体系，由点及面的防御模式以各地的城址、烽燧相连接，并且通过丝绸之路为主线，由丝绸之路上的驿站、城址、烽燧等设施共同组成庞大的防御网络，这是中原王朝对于西域边疆地区最为重要的控制手段，并且也取得十分显著的效果。北庭都护府是整个西域边疆防御体系的管理中心之一，通过北庭都护府传达中央的政策命令，也是以北庭都护府构建起的边疆防御体系才可以有效运转，稳定西域边疆的繁荣与和谐。因此，北庭都护府在整个西域边疆防御的历史中，以其突出的地位及功能，维持着新疆地区乃至丝绸之路沿线的繁荣稳定。

历史研究

北庭军镇体系的发展

——敦煌 S.11453、S.11459 瀚海军文书再探讨

中国社会科学院古代史研究所　刘子凡

　　唐代的边疆军事防御体系曾发生显著变化，唐初仅是在边疆地区构建起以镇、戍为主的兵力有限的防御体系，而在高宗、武后以后则逐渐形成了以军镇、守捉为主的具有较大规模的军镇体系，至玄宗时代日趋完备[①]。由于传世史书的记载不够详尽，我们很难深入了解军镇体系从建立到发展的一些具体细节。幸运的是，敦煌所出 S.11453、S.11459 瀚海军文书等出土文献中见有关于瀚海军诸守捉的记载，《元和郡县图志》《新唐书·地理志》关于北庭的记载也相对完整，借此便可以北庭为视角来考察唐代军镇体系的一些特点。此前学者已经对这些文献中出现的军镇、守捉的具体位置进行了详细研究[②]。不过关于北庭的军镇体系仍然有一些关键问题需要讨论，最值得关注的是，上述几种传世史料与出土文献中所见诸镇、守捉的名称和数量并不完全对应，这实际上体现了不同时期北庭军事防御体系的差异。孙继民先生

---

① ［日］菊池英夫：《唐代边防机关としての守捉城镇等の成立过程について》，《东洋史学》第27辑，1964年，第31—57页。孟宪实：《唐前期军镇研究》，北京大学博士论文，2001年，第58页。

② 相关研究主要有孟凡人：《北庭史地研究》，新疆人民出版社，1985年版，第134—166页。陈戈：《新疆古代交通路线综述》，《新疆文物》1990年第3期。戴良佐：《唐代庭州七守捉城略考》，载《历史在诉说——昌吉历史遗址与文物》，新疆青少年出版社，1993年版，第31—41页。薛宗正：《丝绸之路北庭研究》，新疆人民出版社，2010年版，第233—240页。李树辉：《丝绸之路"新北道"中段路线及唐轮台城考论》，《中国边疆史地研究》2019年第3期，第52—64页。

提出北庭瀚海军战斗序列名称是从守捉变为镇①。不过此观点恐怕未必正确，尚需重新梳理考证。本文即拟结合传世史料与出土文献，考察北庭军镇体系的演变，以期进一步了解唐代前期军事制度变化的实态。

一、敦煌 S.11453、S.11459 文书及史书中所见北庭军镇体系

英藏敦煌 S.11453、S.11459 文书揭自两个经帙，共计 11 件，见有"瀚海军之印"。荣新江先生介绍了这组文书，并定名为《唐瀚海军典抄牒状文事目历》②。孙继民先生又将其分为五组，分别定名为《唐开元十六年正月瀚海军残牒尾》（S.11459H）、《唐开元十五年十二月瀚海军兵曹司印历》（S.11459G、S.11459E、S.11459D）、《唐开元十五年九月？瀚海军勘印历（甲）》（S.11453H、S.11453I）、《唐开元十五年九月？瀚海军勘印历（乙）》（S.11459C、S.11459F）、《唐开元某年某月瀚海军请印历》（S.11453J、S.11453L、S.11453K）③。大致这批文书皆为开元十五年、十六年前后与瀚海军相关的牒文事目。其中多见有瀚海军与诸守捉往还之文书事目，相关内容有：

S.11459G

5.牒东道守捉为置□子事。

S.11459E

1.牒东道行营为同前事。牒车坊为收扶车兵范晔事。

6.牒东道守捉为给翟□宾等手力事。

---

① 孙继民：《敦煌吐鲁番所出唐代军事文书初探》，中国社会科学出版社，2000年版，第259—260页。
② 荣新江：《英国图书馆藏敦煌汉文非佛教文献残卷目录（S.6981—13624)》，新文丰，1994年版，第210—214页。
③ 孙继民：《敦煌吐鲁番所出唐代军事文书初探》，第242页。

17.牒东道行营为小作兵胡遇事。

S.11459D

6.牒中军为长行马子王忽梁事。

7.牒轮台守捉为准前事。

S.11459H

14.牒俱六守捉为马两疋付领讫申事。

S.11453I

7.牒西北道为尹寿京北碛官马死事。

11.牒东道为医人史伏力依旧例所由收领事。

13.牒西北道为收领杨爽事。

16.牒河西市马使为马群在东西守捉牧放事。

S.11459C

2.牒西北道为张□力死马肉钱纳官事。

3.牒轮台守捉为侯山等死马肉钱不到事。

5.牒轮台守捉为彭琮等欠肉钱事。

6.牒耶勒为不支冀□替马事。牒沙钵为高场同前事。

7.牒北庭府为年支□军中马料事。牒为轮台行营中

10.牒俱六马两疋十一月不食料事。

13.十七日：牒虞候为□卫□已后□事。牒孔目司为同前事。

14.牒解默、牒神山守捉、牒轮台守捉、牒俱六守捉、

15.牒俱六行营、牒耶勒守捉、牒沙钵守捉、牒西北道守

16.牒东道守捉行营、牒蕃馆、牒作坊、牒瓦窑、牒□□

S.11459F

5.牒左一军为收西北道车牛事。牒西北道为同前事。

7.牒安家生为造秋冬马帐事。牒左一军等六军为同前

8.牒衙前为同前事。牒和副使衙为同前事。

9.牒阴副使衙为同前事。牒沙钵守捉，牒西北道守

10.牒耶勒守捉，牒俱六守捉，牒轮台守捉，

11. 牒解默为七群，牒东道守捉，牒神山守捉，

12. 牒南营并未同前事。

14. 牒轮台守捉为张□健儿张□等死马皮筋□。

15. 牒市为供西北道马药事。

S.11453J

2. 阴都护状为东道烽堠数事。淳于雅

S.11453L

7. 董仵朗状为覆贼纵马付所由讫请公验事。马仁

8. 十二日判牒东道守捉勘讫。典马仁，？，琼

17. 西北道状为送狼一头事。张慎

上引文书中出现了沙钵守捉、耶勒守捉、俱六守捉、轮台守捉、西北道守捉、神山守捉、东道守捉共 7 个守捉，另有轮台、俱六、东道三行营。除了用守捉全称外，也见有"耶勒""沙钵"等，应即耶勒守捉、沙钵守捉的省称。尤其值得注意的是，S.11459C 所载十七日瀚海军为同一件事下牒 6 个守捉、2 个行营，而在 S.11459F 中瀚海军又为造秋冬马帐事同时下牒 7 个守捉。由此可以推测，开元十五年、十六年间瀚海军统辖的守捉大致就是这 7 个。

不过这组文书中反映的瀚海军守捉体系，与传世史料的记载并不完全对应。《元和郡县图志》卷四〇《庭州》载：

清海军，在州西七百里。旧名镇城镇，天宝中改名清海军。

俱六镇，在州西二百四十里。当碎叶路。

凭落镇，在府西三百七十里。

神仙镇，在府南五十里。当西州路。

沙钵镇，在府西五十里。当碎叶路。

蒲类镇，在蒲类县西。

郝遮镇，在蒲类东北四十里。当回鹘路。

盐泉镇，在蒲类县东北二百里。当回鹘路。

特罗堡子，在蒲类县东北二百余里。四面有碛，置堡子处周回约二十里，有好水草，即往回鹘之东路。[①]

如果算上清海军的前身"镇城镇"，这里一共记载了 8 个镇和 1 处戍堡，而不见有"守捉"。又，《新唐书·地理志》"北庭大都护府"条下载有：

县四。（有瀚海军，本烛龙军，长安二年置，三年更名，开元中盖嘉运增筑。西七百里有清海军，本清海镇，天宝中为军。南有神山镇。自庭州西延城西六十里有沙钵城守捉，又有冯洛守捉，又八十里有耶勒城守捉，又八十里有俱六城守捉，又百里至轮台县，又百五十里有张堡城守捉，又渡里移得建河，七十里有乌宰守捉，又渡白杨河，七十里有清镇军城，又渡叶叶河，七十里有叶河守捉，又渡黑水，七十里有黑水守捉，又七十里有东林守捉，又七十里有西林守捉。又经黄草泊、大漠、小碛，渡石漆河，逾车岭，至弓月城。过思浑川、蛰失蜜城，渡伊丽河，一名帝帝河，至碎叶界。又西行千里至碎叶城，水皆北流入碛及入夷播海。）金满，（下。）轮台，（下。有静塞军，大历六年置。）后庭，（下。本蒲类，隶西州，后来属，宝应元年更名。有蒲类、郝遮、咸泉三镇，特罗堡。）西海。（下。宝应元年置。）[②]

这里详细记载了庭州以西诸守捉的里程，是确定诸守捉位置的最重要的依据。《新唐书·兵制》载："瀚海、清海、静塞军三，沙钵等守捉十，曰北庭道。"[③]细数上引《新唐书·地理志》，也刚好对应

① 《元和郡县图志》卷四〇，中华书局，1983 年版，第 1034 页。

② 《新唐书》卷四〇，中华书局，1975 年版，第 1047 页。

③ 《新唐书》卷五〇，中华书局，1975 年版，第 1328 页。

此十守捉之数量。

除此之外，吐鲁番出土《唐开元十一年状上北庭都护所属诸守捉屯田顷亩牒》中见有"俱六守捉""凭落守捉"和"神山守捉"[①]。同墓出土的《唐北庭诸烽屯田亩数文书》中见有"耶勒守捉"[②]。日本京都藤井有邻馆藏 2 号文书中见有"轮台守捉"，40 号文书中见有"俱六守捉"。

根据上述史料的记载，北庭的军、镇、守捉主要分布天山北麓，是以北庭为中心，以东、西、南三个方位布置。由于北庭以西防线较长，又可以轮台为界将其分为两部分。这样我们大致可以将北庭的防区分为四个区域。一是北庭以西至轮台，即北庭以西的北天山东段区域。包括沙钵守捉（今吉木萨尔庆阳湖乡双河街上村北）、凭洛守捉（今吉木萨尔县三台镇冯洛村）、耶勒守捉（今阜康市紫泥泉乡北庄子古城）、俱六守捉（今阜康市九运街镇六运古城）、静塞军（轮台守捉，今乌鲁木齐南郊乌拉泊古城）等，扼守碎叶路。二是轮台以西，即北天山西段区域，包括张堡城守捉（今昌吉市昌吉古城）、乌宰守捉（今玛纳斯县头工乡楼南古城）、清海军（清海镇，今玛纳斯河以西）、叶河守捉、黑水守捉、东林守捉、西林守捉，同样是扼守碎叶路。三是北庭以南，有神山守捉（神山镇），扼守通西州之路。四是北庭以东，有蒲类镇（今奇台县城附近）、郝遮镇（今奇台东北北道桥古城）、咸泉镇、特罗堡等，扼守通往北方草原的回鹘路[③]。

以下将 S. 11453、S. 11459 瀚海军文书与《元和郡县图志》《新唐书·地理志》中的所载北庭军、镇、守捉列表表示，以示对照。

---

① 唐长孺主编：《吐鲁番出土文书》图录本肆，文物出版社，1996 年版，第 92 页。
② 唐长孺主编：《吐鲁番出土文书》图录本肆，文物出版社，1996 年版，第 102 页。
③ 关于诸守捉的今地，或尚有争议，此处暂且使用学界的一般说法。

	《元和郡县图志》	S. 11453/ S. 11459	《新唐书》	其他文书
北庭	瀚海军	瀚海军	瀚海军	
北庭以西至轮台	沙钵镇 凭落镇 俱六镇	沙钵守捉 耶勒守捉 俱六守捉 轮台守捉	沙钵城守捉 冯洛守捉 耶勒城守捉 俱六城守捉 静塞军	凭洛守捉 （72TAM226：83） 耶勒守捉 （72TAM226：65） 俱六守捉 （72TAM226：83、有邻馆40） 轮台守捉（有邻馆2）
轮台以西	清海军 （镇城镇）	西北道守捉	张堡城守捉 乌宰守捉 清海军（清海镇） 叶河守捉 黑水守捉 东林守捉 西林守捉	张（石？）堡守捉（有邻馆13）
北庭以东	蒲类镇 郝遮镇 盐泉镇 特罗堡子	东道守捉	蒲类镇 郝遮镇 咸泉镇 特罗堡	
北庭以南	神仙镇	神山守捉	神山镇	神山守捉 （72TAM226：83）

从上表可以清楚地看到各种史料中记载的军、镇、守捉的对应关系。其中一些镇或守捉的名字稍有差异，如"凭落镇""冯洛守捉""凭洛守捉"，显然是同一处地点。在繁体字中"馮"与"憑"字形相近，或是在抄写过程中产生讹误。"神仙镇"与"神山镇""神山守捉"也是如此，或是"山"字讹为"仙"。

表中所见各种史料的记载有两处关键的不同。一是"镇"与"守捉"的称呼。在《元和郡县图志》中记载的诸军事机构除了清海军外，皆称为某某镇，而在 S. 11453、S. 11459 文书及《新唐书·地理志》中，北庭以西的诸军事机构都称为守捉。至于北庭以东、以南的军事机构，《元和郡县图志》《新唐书》都称为镇，S. 11453、S. 11459 中则有守捉。二是数量不对应，尤其是《新唐书·地理志》所载轮台以西的诸守捉不见于其他史料。三是 S. 11453、S. 11459 文书中出现了西北道守捉和东道守捉，亦不见载于《元和郡县图志》与《新唐书·地理志》。这些史料记载的差异，需要从北庭军镇体系发展的角度来理解。

二、从镇到守捉：北庭军镇体系的建立

关于北庭的"镇"与"守捉"的问题，孙继民先生提出 S. 11453、S. 11459 瀚海军文书中的诸守捉之名，是开元十五年（727）前后瀚海军战斗序列名称的反映，《元和郡县图志》则可能是此后情况的反映[1]。这对于认识各种史料之间得关系无疑是个重要的提示，但这一结论恐怕不能成立。孙继民的一个重要证据是吐鲁番出土《唐开元十九年□六镇将康神庆抄》[2]，认为其中的"□六镇将"代表着当时俱六守捉已转为俱六镇。不过敦煌出土《唐天宝七载敦煌郡给某人残过所》中见有"悬泉勘过，守捉官镇将靳崇信"[3]，说明守捉官可以由镇将担任，出现镇将并不能说明该军事机构一定是镇。因此，说俱六守捉变为俱六镇的依据并不可靠。

据菊池英夫先生研究，镇、戍是北魏以来既有的一种边疆防御机

---

① 孙继民：《敦煌吐鲁番所出唐代军事文书初探》，第 259 页。

② 唐长孺主编：《吐鲁番出土文书》图录本肆，第 412 页。

③ 见敦煌文物研究所考古组：《莫高窟发现的唐代丝织物及其它》，《文物》1972 年第 12 期，第 58 页。

构，而守捉很可能是起源于行军，其作为固定的边疆军事机构也是与行军的镇军化有关①。从行军到镇军是唐前期军事体制的一大变革，唐初的对外战争主要是以临时集结的行军为主，在边疆只保留有限的防御力量，而随着吐蕃崛起等边疆形势的变化，唐朝开始在边疆长期大规模驻军，逐渐转变为以镇军为主。可以说，守捉的大量设置是军镇体系建立的重要特征，传统的以都护府或都督府统领镇、戍为主的有限防御模式，被以节度使统领军镇、守捉为主的大规模驻军模式所替代。

最能反映这一现象的是吐鲁番阿斯塔那 226 号墓出土的一组与营田相关的文书，大致是开元十年、十一年前后瀚海军、伊吾军、西州都督府上北庭支度营田使的牒文。如前所述，这组文书中出现了瀚海军所属的"俱六守捉""凭落守捉""神山守捉"和"耶勒守捉"。此外还见有伊吾军所属的"纳职守捉"。而西州都督府所属则是"赤亭镇""柳谷镇""白水镇""银山戍"②，其时西州尚未置军，仍然是都督府治下的镇、戍体系。而置军的北庭、伊州则是军镇、守捉为主。这里的"镇"与"守捉"名称的区别，显然就代表了军镇体系建立前后的不同。而当军镇设立之后，该地原有的镇、戍也必然会有一些升为守捉。如上述文书中的西州"赤亭镇"在《新唐书·地理志》中已称为"赤亭守捉"，这应当就是代表了开元十五年（727）西州设立天山军以后的情形③。

对于北庭来说，至少有沙钵、凭落、俱六、神山这 4 个军事机构有"镇"与"守捉"的称谓变化，这样一种情况就是反映了瀚海军设立后从镇到守捉的过渡。而《元和郡县图志》中整齐划一的诸镇，应当代表了庭州时代以镇、戍为主的防御体系情况。《通典》卷一九一

---

① ［日］菊池英夫《唐代边防机关としての守捉·城·镇等の成立过程について》，《东洋史学》第 27 辑，1964 年版，第 31—57 页。

② 唐长孺主编：《吐鲁番出土文书》图录本肆，文物出版社，1996 年版，第 101 页。

③ 关于天山军设立的时间，见刘安志：《唐代西州天山军的成立》，朱玉麒主编：《西域文史》第 2 辑，科学出版社，2007 年版，第 89—99 页。

《边防典·西戎》中所谓"以其地为庭州，并置蒲类县。每岁调内地更发千人镇遏焉"①，即与此相关。不过并不是所有的镇都会转化为守捉，北庭以东的蒲类镇、郝遮镇、盐泉镇，在《新唐书·地理志》中就依然以镇为名。这应当代表了北庭优先增强了北庭以西的军事力量，也提示我们在军镇、守捉系统建立之后，有些原有的镇也会继续保留并发挥作用。无论如何，从《元和郡县图志》的"镇"到S.11453、S.11459 文书及《新唐书·地理志》中的"守捉"，体现的是北庭军镇体系的建立。

三、北庭军镇体系的加强与拓展

在辨明《元和郡县图志》所载为早期的庭州镇防体系之后，还需要解决 S.11453、S.11459 瀚海军文书与《新唐书·地理志》关于诸守捉记载的差异问题。两种文献在北庭至轮台段的记载基本相同，只是瀚海军文书中少了凭落守捉，不过根据前引吐鲁番出土的营田相关文书来看，至少在开元十一年（723）北庭就已经设有凭落守捉。二者最大的不同在于北庭以东及轮台以西两段的守捉设置，S.11453、S.11459 瀚海军文书中不见有北庭以东的诸镇以及轮台以西的诸守捉，但是却多出了其他文献所未见的东道守捉与西北道守捉。

关于轮台以西的诸守捉问题，孙继民先生认为《新唐书·地理志》记载的军事单位不止瀚海军，还包括清海军、静塞军，轮台以西诸守捉肯定不在瀚海军的防区之内②。不过《元和郡县图志》和《新唐书·地理志》明确记载，清海军原名镇城镇或清海镇，在天宝年间才设立。至于轮台的静塞军，《旧唐书·代宗本纪》载大历六年（771）

---

① 《通典》卷一九，中华书局，1985 年版，第 5205—5206 页。
② 孙继民：《敦煌吐鲁番所出唐代军事文书初探》，第 259 页。

九月"戊申，于轮台置静塞军。"① 所以在 S.11453、S.11459 瀚海军文书所在的开元十五年、十六年前后，还没有设立清海军与静塞军，北庭只有瀚海军一军。那么这组瀚海军文书中没有出现轮台以西的守捉，只能解释为当时如乌宰、叶河、黑水等西面的守捉尚未设立。根据前文探讨的军镇与守捉的关系来看，轮台以西诸守捉很可能是随着天宝年间清海军的设立才一并设置的。

另一方面，从清海军的前身为镇城镇或清海镇来看，在轮台以西诸守捉设立以前，这一地区设有镇。同样，在北庭以东也是蒲类、郝遮、咸泉三镇的设置。可以说跟据 S.11453、S.11459 瀚海军文书，开元十五年、十六年前后也就是北庭瀚海军设立的早期，主要是在北庭至轮台一线设立了大量的守捉，而东、西两侧则是以级别相对较低的镇为主。至此或许也可以提出一个推论，S.11453、S.11459 瀚海军文书中所见的两个具有泛称性质的守捉——东道守捉和西北道守捉，极有可能就是分别统御北庭以东及轮台以西诸镇。从前引 S.11453、S.11459 文书的内容来看，瀚海军与西北道守捉和东道守捉的往来牒状十分频繁，数量远远超过了与俱六、轮台等各守捉之间的牒文，其内容涉及兵士、官马、车牛等各种事宜，足见西北道守捉与东道守捉在瀚海军的军镇体系中占据重要的位置。这或许正是与这两处守捉分别负责北庭东西两端较大范围的防御有关。

综上所述，《元和郡县图志》代表了早期庭州镇戍体系的情况，S.11453、S.11459 文书反映了开元中期即北庭军镇体系建立初期的情况，而《新唐书·地理志》则是记载了天宝以后北庭军镇体系的面貌。三种材料对比来看，北庭军镇体系发展大致可以分为两个阶段。

第一阶段即北庭军镇体系建立之初，重点加强了北庭至轮台的军事力量，在这一区域设立了大量的守捉。然后由东道守捉和西北道守捉分别负责北庭以东及轮台以西的军事防御。值得注意的是，S.11453、

---

① 《旧唐书》卷一一，中华书局，1975 年版，第 298 页。

S.11459 文书中还出现了俱六行营、轮台行营和东道守捉行营。孙继民先生认为这三个行营是各自守捉派出兵士组成的①。无论如何，行营的出现说明这三个守捉的军事力量在北庭诸守捉中是比较强的。从有邻馆藏第 40 号文书来看，俱六守捉总兵额可能达到了 550 人，相当于府兵制中的 2—3 个团，确实是一个军力很强的守捉②。俱六守捉和轮台守捉所在的位置（即今乌鲁木齐至阜康一带），刚好是碎叶路的一个重要路口，若是自碎叶路西来，经轮台守捉可以沿白水涧道抵达西州③，经俱六守捉可以通往北庭。北庭在军镇体系建立之初，优先加强北庭至轮台的力量，尤其是提升轮台与俱六的军力，显然也是与控制碎叶路这条至关重要的军事及贸易路线有关。

　　第二阶段为天宝以后，在维系北庭至轮台的核心区域以外，在轮台以西设立了清海军及乌宰、叶河、黑水、东林、西林等诸守捉，大大拓展了北庭在北天山西段的军事力量。这一举措大致也与天宝年间唐朝在西域不断取得战果是同步的。按天宝三载（744）安西节度使夫蒙灵察击斩突骑施莫贺达干，其后唐朝册突骑施骨咄禄为十姓可汗；天宝六载安西副都护、四镇都知兵马使高仙芝攻破小勃律，擒其王及吐蕃公主；天宝九载安西节度使高仙芝攻破朅师、讨平石国，擒石国王及突骑施可汗。唐朝在这一时期对突骑施取得了决定性的胜利，同时在一定程度上限制了吐蕃在葱岭一带的渗透。北庭军镇体系的向西推进，显然是对这一系列军事行动的配合。

　　总之，通过传世史书与出土文献的对比分析，还是可以大致勾勒出北庭军镇体系从建立到拓展的大致脉络。相对于史书中的平面化的记载，这种视角可以更加立体地审视北庭军镇体系的特点。同时，北

---

① 孙继民：《敦煌吐鲁番所出唐代军事文书初探》，第 250–254 页。

② 刘子凡：《唐前期兵制中的队》，王振芬、荣新江主编《丝绸之路与新疆出土文献：旅顺博物馆百年纪念国际学术研讨会论文集》，中华书局，2019 年版。

③ 白水涧道见于敦煌 P.2009《西州图经》，录文可参考唐耕耦、陆宏基编：《敦煌社会经济文献真迹释录》第 1 辑，第 55 页。

庭军镇体系的发展过程，又是唐前期边疆防御体系发展的一个重要的实例，体现了从都护府统领镇、戍到节度使统领军镇、守捉的转变过程中的一些重要细节，如军镇、守捉设立的阶段性以及守捉与镇的统属关系等等，都是进行军镇研究值得重视的方向。

唐朝羁縻府州时期漠北地区城址研究

中国社会科学院研究生院历史系　徐　弛

　　贞观二十年（646），太宗在漠北置六府七州，以回纥部为瀚海府，以多览葛为燕然府、仆骨为金微府、拔野古为幽陵府、同罗为龟林府、思结为卢山府，浑部为皋兰州、斛萨为高阙州、阿跌为鸡田州、契苾为榆溪州、跌结为鸡鹿州、阿布思为蹛林州、白霫为置颜州、以结骨为坚昆府，其北骨利干为玄阙州，东北俱罗勃为烛龙州。[①] 关于羁縻府州的研究，国内学者方面主要还是主要集中于通过文献进行考订，包文胜《唐代漠北铁勒诸部居地考》重新考订了铁勒各部的居地[②]；陈恳考订了羁縻府州时期漠北瀚海都督府的回纥牙帐[③]；王静、李青分对拔野古部的位置进行了考订[④]；路虹、杨富学对铁勒浑部在内亚腹地的游移做了考辨[⑤]。正如包文胜所说，铁勒诸部是游牧部落，其居地不像中原定居民族那样有较稳定的界限。所以，考证铁勒

---

① 《旧唐书》卷一九五《回纥传》，中华书局点校本，1975年，第5196页；又见《资治通鉴》卷一九八，唐太宗贞观二十一年正月丙申，中华书局2011年点校本，第6244页。

② 包文胜：《唐代漠北铁勒诸部居地考》，《内蒙古社会科学（汉文版）》2013年第1期，第49—54页。

③ 陈恳：《漠北瀚海都督府时期的回纥牙帐——兼论漠北铁勒居地的演变》，《中国边疆史地研究》2016年第1期，第137—149页。

④ 王静，李青分：《铁勒拔野古部研究》，《内蒙古大学学报（哲学社会科学版）》2016年第2期，第9—16页。

⑤ 路虹，杨富学：《铁勒浑部及其在内亚腹地的游移》，《宁夏社会科学》2018年第3期，第166—173页。

诸部居地时不能把某个部落始终不变地定位于某地，也不能在过于狭小的空间里进行考虑。考证铁勒诸部居地只能围绕某个地理坐标指出其大致活动范围，而不能具体明确地指出其界限。[①] 但是，既然唐朝在漠北正式设立了都督府，则应该有都督府的建制，且有为数众多的汉官在此居住。如《旧唐书》所述："太宗为置六府七州，府置都督，州置刺史，府州皆置长史、司马已下官主之"。[②] 这些汉官需要有处理事务的官署，以及居住用的房屋。这些汉人活动的痕迹，即体现在直接在漠北修筑的都督府城址中。结合近几年蒙古国的考古发现，笔者尝试将这一时期唐朝在漠北的活动，做出尽可能的还原。

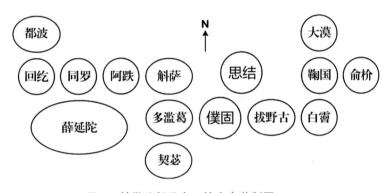

图 1　铁勒诸部分布，铃木宏节制图

通过考古发现来研究突厥时代的历史，国外学者较为擅长，J.Kolbas 依据查干苏木古城（Цагаан сүмийн балгас）北墙提取的木材样本的碳 14 测年，将该遗址的时间定为唐朝羁縻统治时期。[③] 这是一座保存完好的城址，位于和同特苏木（Khotont sum）的查干苏木河上

---

① 包文胜：《唐代漠北铁勒诸部居地考》，《内蒙古社会科学（汉文版）》2013 年第 1 期，第 49 页。

② 《旧唐书》卷一九五《回纥传》，中华书局点校本，1975 年版，第 5196 页。

③ Kolbas, J. Khukh Ordung, A Uighur Palace Complex of the Seventh Century, *Journal of the Royal Asiatic Society*, Vol. 15, No. 3, pp. 303-327.

游。铃木宏节依据最新释读的哈拉郭勒碑上的汉文，考证出羁縻府州时期思结部卢山都督府的位置，位于蒙古国色楞格省蔓达勒一带。[①] 华裔学者王国豪在综合考古学家的成果基础上，探讨了羁縻府州时期的建筑，他认为这一时期的城址和墓葬对之后的第二突厥汗国以及回鹘汗国的建筑及墓葬均造成了很大影响。[②] 相较而言，中国学者利用蒙古的考古资料进行研究则较为少见，冯恩学将和日木·登吉古城比定为唐朝北方羁縻州之一金微州的都督治所，并认为该城后被契丹沿用，应该是辽代的镇州城。[③] 他的观点得到了大部分学者的认同，是将中文史料与蒙古考古资料结合进行研究的有益探索。但蒙古目前已经发现了多座与和日木·登吉古城类似的城址，如果我们能将这几座城与羁縻时期的都督府一一对应，将考订铁勒居地与城址的考古发现相结合，将是对铁勒居地以及漠北羁縻府州研究的有力补充。

国外学者一般认为蒙古国境内的古城最早始于回鹘汗国时期。1996—1998 年，蒙古考古学家 Д.巴雅尔（Д.Баяр）和日本学者白石典之等学者对色楞格河流域的白八里古城（富贵城）进行调查，他们对三座城址进行了测量，并绘制了城址平面图，Д.巴雅尔在调查报告中详细介绍了城址的尺寸和采集遗物，包括石狮、铜钱、建筑构件以及陶器碎片等；[④] 从 1999 年开始，蒙古国科学院考古研究所和德国考古研究院波恩分院、波恩大学联合实施考古合作计划，并签署了"KAR-1"和"KAR-2"两个项目，他们制作了哈刺和林古城的数字地图，将城内街道和遗迹清楚地展现出来，并对古城的一些建筑遗迹进行了发

① ［日］铃木宏节：《唐の羁縻支配と九姓鉄勒の思結部》，《内陸アジア言語の研究》第 30 辑，2015 年，第 223-255 页。

② Lyndon Arden-Wong, "Tang Governance and Administration in the Turkic Period", *Journal of Eurasian Studies*, Vol. 6, No. 2, 2014, p.9.

③ 冯恩学：《蒙古国出土金微州都督仆固墓志考研》，《文物》2014 年第 5 期，第 88 页。

④ Д.Баяр. Уйгурын Байбалык хотын тухай тэмдэглэл. Археологийн судлал, Tomus XXI, Fasciculus 9. Улаанбаатар, 2003, pp.93-109. 转引自宋国栋：《回纥城址研究》，山西大学博士学位论文，2018 年，第 12 页。

掘，取得了很多重要的发现。2005年，德国蒙古联合考古队对额尔德尼召寺院的墙基进行了发掘，发现了寺院墙基下面还叠压着更早的墙基，发掘者推测早期城墙的年代为13世纪。[①]2011年，白石典之发表了《额尔德尼召之下发现的回纥时期文化遗存》，指出额尔德尼召下面存在回纥文化遗存。[②]敖其尔等人对和日木·登吉古城进行了考古发掘。他们发现在位于遗址中心位置城址的东西两侧，并列着六座或有土筑城墙或不见城墙的城址。这些城址与中心城址可能是主城与附城的关系、由此可知，和日木·登吉古城是由主城与附城构成的较大规模的城址。[③]蒙古考古学家巴图宝力道对蒙古的考古遗址非常熟悉，他将和日木·登吉古城上溯到回鹘时期，依据类似城址的考古发现及土拉河附近的城市外形，认为和日木·登吉古城是具有回鹘样式的城市。[④]

国内首先对这些城址进行综合研究的是宋国栋。他总结了国内外考古资料，对蒙古、俄罗斯境内的回鹘汗国时期城址进行了总结研究，他通过分析古突厥文碑铭中的内容，将哈剌巴剌嘎斯古城、博尔巴任古城、查干苏木古城、祁连古城确定为铭文中记载的汗庭类城址。他认为回纥汗国时期，除了统治阶层和哈剌巴剌嘎斯古城城郊的一些居民以土木结构建筑为住所之外，绝大多数回纥人仍以毡帐为居室。即便是在城市之内，毡帐也是主要的居住形式，土木结构建筑仅供少数地位高贵的统治阶层使用。回纥城址朝向东南，以东南为尊，

---

① Ханс-Георг, уламбаяр Эрдэнбат. Хар Балгас ба Харахорум-Орхоны хөндий дэх хожуу нүүдэлчдийн суурьшмал хоёр хот. Улаанбаатар, 2011. 转引自宋国栋：《回纥城址研究》，山西大学博士学位论文，2018年，第13页。

② Noriyuki Shiraishi. Trace of Life in Uighur Period Found Beneath Erdene Zuu Monastery. *The International Conference on "Eedene-Zuu": Past, Present and Future*, Ulaanbaatar, 2011, pp.93-95. 转引自宋国栋：《回纥城址研究》，山西大学博士学位论文，2018年，第13页。

③ A. Ochir, A. Enkhtor 著，滕铭予译：《和日木·登吉古城》，《边疆考古研究》第五辑，科学出版社，2006年版，第187-194页。

④ Батболд, Мартагдсан Пугу Аймаг, Улаанбаатар, 2017, p.200.

城内的主轴线为东西向。哈剌巴剌嘎斯古城主城的"日"字形平面结构，本来是仿唐朝的宫城和皇城而建，但在回纥汗国的汗庭类城市中得到推广，祁连古城、查干苏木古城都采用了这种结构。回纥汗庭类城址在外观、结构、规划理念、建造技术、建筑构件造型及图案纹饰等方面，受到了唐朝都城制度的全面影响。唐代已形成了一个遍及东亚的的建筑文化艺术圈，长安城和洛阳城即是其中的核心。[①]他的研究对漠北地区的城址研究具有开创性作用，为我们进一步研究这些城址打下基础。但他基本沿袭了国外学者的观点，即这些城址始建于回纥汗国时期。笔者结合文献记载与最新的考古发现综合研究，认为这种"日"字形城址应始于唐朝羁縻府州时期。

一、和日木·登吉古城

笔者在蒙古国考察了五个"日"字形城址城址，和日木·登吉古城、哈拉巴拉嘎斯古城、查干苏木古城、祁连古城、哈拉和林古城（额尔德尼昭）。首先要介绍的"日"字形城址为和日木·登吉古城（Хэрмэн дэнжийн балгас）。和日木·登吉古城位于蒙古国中央省的扎马尔苏木，东经104° 40' 102"、北纬47° 58' 723"，图勒河东岸的阿格伊图山与图木斯特山间宽阔谷地的南部。因附近仆固乙突墓的发现，和日木·登吉古城被部分学者认定为唐朝羁縻府州时期的金微都督府城。敖其尔等人对和日木·登吉古城进行了考古发掘。在位于遗址中心位置城址的东西两侧，并列着六座或有土筑城墙或不见城墙的城址。这些城址与中心城址可能是主城与附城的关系，由此可知，和日木·登吉古城是由主城与附城构成的较大规模的城址。[②]

---

① 宋国栋：《回纥城址研究》，山西大学博士学位论文，2018年，第168-170页.

② A. Ochir, A. Enkhtor 著，滕铭予译：《和日木·登吉古城》，《边疆考古研究》第五辑，科学出版社，2006年版，第187-194页。

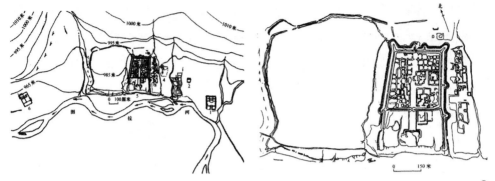

图2　和日木·登吉古城平面图①　　　　图3　和日木·登吉古城主城（第5城）②

　　由图2、图3所示，和日木·登吉古城主城城内可以分为三区。大体上可分为东西两部，与东部西侧城墙直接相连的低矮堤防将该城址划分为东西两区，东区内可由一道东西向的隔墙再划分为南北两区。东部的北城墙最高，根据从南门向正北方向的通路可将城内划分为左右两部分。现存城墙高度为4—9.5米，城墙基部宽25—32米，上部宽3—6米。北墙中心部发现有缺口，可能是后期城墙坍塌的结果。从城墙上可以观察到的夯层可知，每层黏土的厚度为14—20厘米，经夯实后再进行下一层的夯筑。为了加固城墙，在夯土中放置与城墙厚度相同长度的横木。横木已朽、在城墙上留下了大量的空洞。东部的城墙上建筑有高台，经确认有8处。东部的北城，西墙360米、北墙310米、南墙380米、东墙330米，整体上近方形。将东部划分为南北两区的城墙的中心处，有宽15米的大型的城门址。东侧的北城中心有南北向的大路，宽8—10米，长34米。左右两侧有一些长宽不等的小路汇集到大路。在大路两侧有较多的建筑遗迹，其中也有一些建筑遗迹

① 图片来源：A. Ochir, A. Enkhtor 著，滕铭予译：《和日木·登吉古城》，《边疆考古研究》第五辑，科学出版社，2006年版，第188页。
② 图片来源：A. Ochir, A. Enkhtor 著，滕铭予译：《和日木·登吉古城》，《边疆考古研究》第五辑，科学出版社，2006年版，第190页。

历史研究

周围有小规模的土墙，很多都与城墙相连。东侧南城的西墙长 200 米、东墙长 230 米、北墙长 380 米，南侧没有城墙，东西两侧的城墙直接向着图勒河的谷地，发现有两条可能是通向图勒河的道路，两条道路间隔 34 米，在道路终止处都修建了土丘。东侧南城内的遗迹明显少于北城。沿着东侧的南城、北城北墙以及东南墙的外侧都有沟，宽 1.5—3.5 米、深 0.5—0.7 米，沟外侧有高 0.5—1 米的堤防。西城的堤防高 0.5—1 米，北墙和西墙外侧的壕沟深 0.5—0.6 米、宽 2—3.5 米。可能在修建壕沟时，用挖出的土修建了堤防。西城的北墙长 780 米，西墙长 760 米。在城墙上有 13 处凸起的高台。南墙长 640 米，大部分的堤防已坍塌。在西城内没有发现建筑遗迹，只是在中央发现一个大型的土台，可能是搭建帐篷一类临时性住所的地方。[①]

将和日木·登吉古城比定为唐朝北方羁縻州之一金微州的都督治所的人是中国学者冯恩学。[②]冯恩学将和日木·登吉古城比定为唐朝北方羁縻州之一金微州的都督治所，主要还是依靠附近的仆固乙突墓进行的推测。但笔者在知道四个类似形制城址的前提下，又找到了一些证据。

2010 年，蒙古国考古学家在和日木·登吉古城发掘时，发现了一些瓦当残片。在和日木·登吉城址北部的 2 号发掘点和南部 3 号的发掘点都发现了这种瓦当残片（图 4）。瓦当的直径约 12 厘米，厚度为1.2—2.3 厘米，瓦当整体为莲瓣纹，下边沿较宽，上边较窄，中央有一个大凸起，周围有连珠纹，Крабин 等学者认为，这种在中央凸出的瓦当是唐朝的特征，与突厥时期的遗址有一定关联。[③]王国豪（Lyndon A.

---

① A. Ochir, A. Enkhtor 著，滕铭予译：《和日木·登吉古城》，《边疆考古研究》第五辑，科学出版社，2006 年版，第 189—190 页。

② 冯恩学：《蒙古国出土金微州都督仆固墓志考研》，《文物》2014 年第 5 期，第 88 页。

③ Н.Н. Крабин, А.Л. Ивлиев, А. Очир, С.А. Васютин, Л.Эрбэнэ, "Результаты Исследования Городища Хэрмэн Дэнж В 2010 г", Древние культуры Монголии и Байкальской Сибири. Выпуск 2. Год издания：2011, pp.434-435.

Arden-Wong）等学者在广泛研究了突厥、回鹘时期漠北地区的多个城址、墓葬出土的大量瓦当后发现，和日木·登吉发现的瓦当是一种唐朝早期形制的瓦当，不同于毗伽可汗陵、阙特勤墓出土的瓦当，与回鹘时期城址中发现的瓦当更是有较大差异。[①] 通过城内出土的唐朝早期风格瓦当，结合附近的仆固乙突墓判断，该城应该为唐代羁縻府州时期的城址。

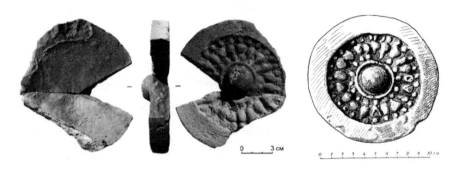

图 4　和日木·登吉出土的瓦当（左图）与温格图墓出土的瓦当（右图）

2011 年，蒙古 - 哈萨克斯坦联合考古队在蒙古国布尔干省巴彦诺尔苏木东北乌兰和日木地区的希润本布格尔遗址（Шороон бумбагар，英文名：Shoroon Bumbagar）发现了一座未经扰动、按唐墓规制建造的大型壁画墓。该遗址位于北纬 47° 57' 792"，东经 104° 30' 887"，在乌兰巴托西北 295 公里，图勒河（Tuul Gol）南岸，海拔约 1000 米。中国学界通常将该遗址称为"巴彦诺尔壁画墓"或"巴彦诺尔墓"。墓内共发现唐代风格的壁画 40 余幅，陶俑、木俑 141 件，萨珊银币仿制品、拜占庭金币及仿制品共 40 余枚，各式金属器具 400 余件。虽然该

---

① Lyndon A. Arden-Wong, Irina A. Arzhantseva, and Olga N. Inevatkina, Reflecting on the Rooftops of the Eastern Uighur Khaganate: A Preliminary Study of Uighur Roof Tiles, *Sino-Platonic Papers, Number 258,* 2015, p.59.

墓没有出土墓志，但其种种迹象表明，这是一座初唐时期的墓葬。[1] 根据笔者考证，墓主人为初唐时期仆固部领袖，首任金微都督仆固歌滥拔延。[2] 与仆固乙突墓类似，该墓与和日木·登吉古城相距不远。虽然该墓与和日木·登吉古城隔图勒河相望，但直线距离仅 10 公里。巴彦诺尔墓和仆固乙突墓的发现，共同证明了和日木·登吉古城为唐朝在漠北羁縻统治时期仆固部的活动中心。

二、哈拉巴拉嘎斯古城

同为"日"字形城址的回鹘都城哈拉巴拉嘎斯（Xap Балгас，又称斡耳朵八里），同样可以追溯到唐朝羁縻府州时期。哈拉巴拉嘎斯城位于鄂尔浑河流域，是闻名东西方的草原城市。其地理位置为东经 102° 39′ 37″、北纬 47° 25′ 43″，哈拉巴拉嘎斯遗址西依杭爱山，鄂尔浑河从山脚下自东北向西南流过，哈拉巴拉嘎斯城就建立在鄂尔浑河西岸的平原上。[3]

该城作为回鹘时期的都城，学界早已达成共识。最近德国 - 蒙古考古队又在此城发现了新的证据。在近几年的考古发现中，德国 - 蒙古考古队发掘了哈拉巴拉嘎斯城东南角的子城。在这里，他们发掘出一口水井，井中埋有玉册残片、铜钟等物。[4] 德国考古队工作人员在考古现场向笔者展示了一系列玉册残片，分属不同可汗。残片中有"於

---

[1] 林英、李丹婕等学者均持类似观点。见林英，萨仁毕力格：《族属与等级：蒙古国巴彦诺尔突厥壁画墓初探》，《草原文物》2016 年第 1 期，第 124—129 页；李丹婕：《初唐铁勒酋长政治身份的多重表达》，《艺术史研究》第 19 辑，2017 年，第 143—168 页。

[2] 徐弛：《蒙古国巴彦诺尔壁画墓墓主人考》，《暨南史学》第二十辑，2020 年，第 1—20 页。

[3] 陈海玲：《回鹘汗国哈喇巴拉嘎斯都城遗址及周边墓葬研究》，内蒙古大学硕士学位论文，2017 年，第 10 页。

[4] Chrstina Franken, Hendrik Rohland, Ulambayar Erdenebat, Tumurochir Batbayar. Karabalgasun，Mongolei. Die Ausgrabungen im Bereich der Zitadelle der alten uighurischen Hauptstadt. Die Arbeiten der Jahre 2015, bis 201, *FORSCHUNGSBERICHTE DES DAI* ,2018, Faszikel 2, pp.99-105.

天下气无"，以及年号"宝历元年"，还有代表回鹘可汗的尊号"没密施"等。笔者认为，可能是由于黠戛斯攻破都城，仓促之间扔进去的。[1] 这些新的发现，毋庸置疑地证明了哈拉巴拉嘎斯古城即为回鹘汗国的都城。

自谭其骧先生的《中国历史地图集》开始，大部分中国学者均将羁縻府州时期的回纥部居地瀚海都护府（安北都护府）定位在鄂尔浑河流域的哈拉巴拉嘎斯古城附近。但一直以来，没有直接证据证实第二突厥汗国之后的回鹘都城哈拉巴拉嘎斯古城即为几十年前的唐朝羁縻时期的瀚海都护府。但日本学者石见清裕和森安孝夫发现了一个重要证据，即古城附近发现的《大唐安西阿史夫人壁记》。"大唐"二字说明唐朝曾对此地进行过有效管辖，这令我们想到羁縻统治时期的瀚海都护府。

壁记内容如下：

1. 大唐安西阿史 壁記

2. 夫人 為造覆停之所心玄万里

3. 身住幽停在於西門三代王孫到此

4. 他郷無人知記在身居家理治庭

5. 外兢越有夫人雍庸膿調雅志合

6. 万招賢納客至性温柔人皆欽仰賢

（裏面）

7. 夫見任國之棟樑武略

8. 居備宿夜惺懈已事一人

9. 功之忠也時卯年三月日史氏

10. 立此覆停镌石為記永為不朽 [2]

---

① 徐弛：《白居易撰文玉册重现世间——中国学者关注亚洲内陆历史变迁》，《人民日报（海外版）》2019 年 11 月 25 日，第 11 版。

② ［日］石见清裕，森安孝夫：《大唐安西阿史夫人壁記の再読と歴史学的考察》，《内陸アジア言語の研究》1998 年第 13 期，第 95 页。

石见清裕和森安孝夫对该壁记进行了考证，他们认为文中的
"卯年"说明壁记书于7世纪晚期，书于乾封二年（667）或调露元
年（679）的可能性最高。书写者中国古典文学造诣相当高，可能为
漠北的汉官所书。他们对墓主和配偶的身份进行了三种猜测，第一
种是墓主阿史夫人为突厥人，其配偶为汉人；第二种是墓主与其配
偶均为突厥人；第三种是墓主为突厥人，其配偶是突厥系粟特人。①
实际上还有一种可能，铁勒贵族与突厥贵族从葬俗、文化都十分相
似，因此阿史夫人的配偶亦有可能是回纥部贵族。依据《资治通
鉴》记载，

> 龙朔三年（663）春正月，左武卫将军郑仁泰讨铁勒叛者馀种，悉
> 平之……二月，徙燕然都护府于回纥，更名瀚海都护。②

都护府中的都护与副都护均为汉官，为了处理繁多的军务，还
有更多的基层文官驻扎于此，可见书于乾封二年（667）或调露元年
（679）的壁记应为此时精通中国古典文学的汉官所写。依据该壁记的
内容，也可推测附近的哈拉巴拉嘎斯城可能为此时统治漠北六府七州
的瀚海都护府。可见哈拉巴拉嘎斯城规模宏大的原因，可能不仅是回
鹘时期扩建的缘故。在羁縻统治时期，其规模应该就比其他各羁縻都
督府更大了。

回纥初居于娑陵水（色楞格河）沿岸，据包文胜考证，回纥人消
灭第二突厥汗国后，从贝加尔湖之南迁徙至此。③回纥南迁于此地的时
间也并非如包文胜所述是在消灭第二突厥汗国后迁于此，而更可能是
在其击灭薛延陀后，就迁居于此。据《旧唐书》记载："回纥酋帅吐

---

① ［日］石见清裕，森安孝夫：《大唐安西阿史夫人壁記の再読と歴史学的考察》，《内陸アジア言語の研究》1998 年第 13 期，第 104 页。

② 《资治通鉴》卷二一○，高宗龙朔三年二月，中华书局，2011 年版，第 6447 页。

③ 包文胜：《唐代漠北铁勒诸部居地考》，《内蒙古社会科学（汉文版）》2013 年第 1 期，第 52 页。

图 5　哈拉巴拉嘎斯航拍，徐弛摄

迷度与诸部大破薛延陀多弥可汗，遂并其部曲，奄有其地。"① 很难想象，回纥可汗吐迷度占领了水草丰美的薛延陀故地鄂尔浑河流域、且吞并薛延陀的部队以后，还会将汗庭迁回苦寒的色楞格河流域。另一条史料也可佐证笔者的推测，薛延陀首领率残部四处辗转后，南下进入唐境归降，唐朝置溪弹州以安排余众。② 永徽三年（652）六月，另一支薛延陀残部归降唐朝，唐朝"发薛延陀余众渡河，置祁连州以处之。"③ 可见薛延陀部的百姓多数已迁移到唐境，辗转数年仍未回到原居地，其中最重要的原因可能就是回纥部已占领薛延陀部故地鄂尔浑河流域。

三、　祁连古城

祁连古城（Чилэн балгас）位于杭爱山东麓的鄂尔浑河谷地。地理位置为东经 102° 38' 37"、北纬 470° 45' 24"。古城位于后杭爱省奥给诺

① 《旧唐书》卷一九五《回纥传》，中华书局，1975 年版，第 5196 页。
② 《旧唐书》卷一九九下《铁勒传》，中华书局，1975 年版，第 5349 页。
③ 《资治通鉴》卷一九九，高宗永徽三年六月，第 6391 页。

尔苏木塔米尔河与鄂尔浑河交汇处，东南部可见祁连湖。城址较小，约百米见方。城墙高3—4米，四角有角楼。城门位于南城墙正中。东北角可见一50米见方、高约10米的夯土台基，台基西侧城墙凹下处为门道所在。[1]

将祁连古城与多滥葛部的居地——燕然都督府首先联系到一起的是蒙古国学者巴图宝力道，他通过中文史料对铁勒诸部位置的记载，认为该遗址是多滥葛部的居地燕然都督府。[2]

笔者认同巴图将此城比定为燕然都督府的观点。依据《通典》的记载："多滥葛在薛延陀东界，居近同罗水"[3]，据岑仲勉考证，同罗水即蒙古国境内的哈拉河上源之通勒河。[4] 依据我们的现场考察，祁连古城城址北部为塔米尔河，其发音与史书中记载的"同罗水"差距较大。但今仍有祁连古城及祁连湖，"祁连"与"同罗"二者是否一致，有待进一步考证。我们在考察中，被这条河挡住了去路，没能实地勘察这座城址，只用无人机拍摄了这座城址的航拍图片。

另一个证明该城为燕然都督府的证据是该地与仆固部居地的相对位置。依据《通典》对仆固部的描述："仆骨，铁勒之别部，习俗与突厥略同。在多滥葛东境。"[5]，根据笔者的测量，该城在仆固乙突墓以西150公里处，正与史料中记载的仆固部与多滥葛部的相对位置一致。

① 中国内蒙古自治区文物考古研究所，蒙古国游牧文化研究国际学院，蒙古国国家博物馆编：《蒙古国古代游牧民族文化遗存考古调查报告（2005–2006年）》，文物出版社，第216页。

② Батболд, Мартагдсан Пугу Аймаг, Улаанбаатар, 2017, p.210.

③ 《通典》卷一九九《多滥葛》，中华书局，1988年版，第5468页。

④ 岑仲勉：《突厥集史》，中华书局，2004年版，第771页。

⑤ 《通典》卷一九九《仆骨》，中华书局，1988年版，第5466页。

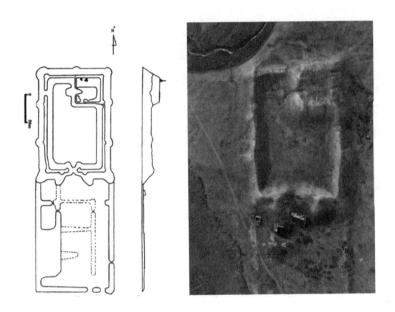

此外，祁连古城与和日木·登吉古城、哈拉巴拉嘎斯古城、查干苏木古城的形制相近，祁连古城古城的东北角有一高台，与哈拉巴拉嘎斯古城最为类似。我们在前面已经证明，哈拉巴拉嘎斯可以追溯至唐朝羁縻统治时期，因此该城址同样很可能为羁縻府州时期建立，在回鹘时期亦经历过改建。

该城址位于漠北诸部居中的地区，唐朝最初设置的管辖漠北铁勒诸部的燕然都护府就与多滥葛的都督府名称相同，多滥葛首领燕然都督的品级与位次也相当高，仅次于回纥首领瀚海都督，[②] 非常适合作为漠北地区的政治中心。因此陈恳认为，不排除唐朝在羁縻统治漠北初期的某个时段曾将燕然都护府的治所设在漠北的燕然都督府即多滥葛

---

① 图片来源：Батболд, Мартагдсан Пугу Аймаг, Улаанбаатар, 2017, p.102.

② 《旧唐书》卷一九五《回纥传》，中华书局，1975年版，第5196页；又见《资治通鉴》卷一九八，唐太宗贞观二十一年正月丙申，中华书局，2011年版，第6244页。

牙帐处，只是史籍阙载。① 笔者赞同他的观点。《蒙古国古代游牧民族文化遗存考古调查报告（2005—2006 年）》一书中将其称为"祁连回鹘古城遗址"，虽然该城仍未出土能够证明其为羁縻府州时期城市的证据，但结合史料记载，我们猜测该城可能是回鹘人在唐朝羁縻时期城址的基础上修缮而成。

四、查干苏木古城

查干苏木古城（Цагаан сγмийн балгас，又名 Khukh Ordung）是一座保存完好的城址，位于和同特苏木（Khotont sum）的查干苏木河上游。该城址由两个矩形部分组成，在平面图中可见，西部城址比东部城址包含更多的结构，后者比第一个部分展现出更多的开放空间。西边的建筑群被三面墙包围，这三面墙形成了一个外部广场、一个过渡区和一个内部广场。西侧城址为正方形，最外层的城墙每边约 75 米，现有 2 米高；沿着每一侧有一个略大于 50 米的主墙，形成了另一圈围墙；第二堵墙有 8—10 米高。尽管整面墙已经磨损，但大部分，特别是北墙仍然保留完好。城墙顶部大约有 2.5 米宽，表面相对平坦，便于行走。四个角是圆形的，与外墙相隔 8 米。第二堵墙和第三堵墙之间形成了很多侧室，侧室的墙很低，大约半米高，与主墙平行。第三堵墙包围着内广场，墙长约 38 米。内广场有一个低的中央平台。几乎相等大小的东侧城址被一条宽阔的走廊与西部主区域隔开。两侧城中间可能存在一条过道，其轮廓由非常轻微的凸起路缘石构成，从东面延伸至延伸北墙中间的走廊。东侧城址主墙长 75 米，与西部城墙的外侧相匹配。西端宽 50 米，东端宽 33.5 米。②

---

① 陈恳：《漠北瀚海都督府时期的回纥牙帐——兼论漠北铁勒居地的演变》，《中国边疆史地研究》2016 年第 1 期，第 146 页。

② Kolbas, J. Khukh Ordung, A Uighur Palace Complex of the Seventh Century, *Journal of the Royal Asiatic Society*, Vol. 15, No. 3, pp. 303-327.

　　J. Kolbas 依据从该城北墙提取的木材样本碳 14 测年，并将该城址与龟兹与北庭的城址比对，发现该城是公元 595 年到 665 年间建造的概率为 91.9%，更进一步，为公元 617 年到 654 年建造的概率为 86.2%。[1] 根据碳 14 的测年数据，该城可以追溯至唐朝羁縻统治时期。由于他难以熟练运用中文史料，因此很难进一步对该遗址进行考证。萨仁毕力格认为，该城应为回鹘可汗贵族的行宫。[2] 笔者认为，该遗址可能为羁縻统治时期的狼山都督府。狼山都督府并非在铁勒故地修建，也非贞观二十年（646）确定的“六府七州”之一，而是在唐高宗永徽元年（650）九月，为安置车鼻可汗余众设立的。据《旧唐书》记载，唐廷“处其余众于郁督军山，置狼山都督以统之。”[3] 该城恰位于杭爱山（郁督军山）内的山谷中，与史料相合。《旧唐书》记载：“颉利可汗之败，北荒诸部将推为大可汗，遇薛延陀为可汗，车鼻不敢当，遂率所部归于薛延陀……贞观二十三年（649），遣右骁卫郎将高侃潜引回纥、仆骨等兵众共击之。”[4] 由此观之，其居址本就在漠北铁勒诸部附近。唐廷把其余众置于薛延陀故地郁督军山中并置都督府，可见其余众人数较多。而史书中记载的时间，恰与 J.Kolbas 依据碳 14 检测做出的推断相合。因此我们认为，该城址为安置车鼻可汗余众的狼山都督府，之后可能在回鹘汗国时期，重新修缮使用。

　　根据我们的调查，在查干苏木东南 2 公里处还有一座子城，城墙坍塌严重，非常低矮，城墙上杂草丛生。城门向东，四角似有角楼痕迹，南墙的中部有较大的土包，与和日木·登吉古城、富贵城附近的

① Kolbas, J. Khukh Ordung, A Uighur Palace Complex of the Seventh Century, *Journal of the Royal Asiatic Society*, Vol. 15, No. 3, pp. 303-327.

② 萨仁毕力格等：《“古代回鹘考古学文化研究国际学术研讨会”会议纪要》，《内蒙古文物考古》2009 年第 2 期，第 134–141 页。

③ 《旧唐书》卷一九四上《突厥上》，中华书局，1975 年版，第 5165 页。

④ 《旧唐书》卷一九四上《突厥上》，中华书局，1975 年版，第 5165 页。

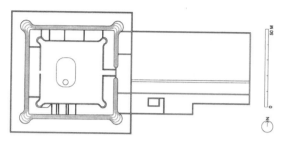

图 8　查干苏木古城示意图，J. Kolbas 制图

图 9　查干苏木古城航拍，徐弛摄

图 10　查干苏木东南子城，徐弛摄

子城类似，可能为回鹘汗国时期新建。

　　此外，哈剌和林古城亦为"日"字形，可以追溯至回鹘时期，但目前仍未发现更早期的证据。哈剌和林（Xap Xopym）城址位于蒙古国前杭爱省哈剌和林苏木，古城向西3千米即是鄂尔浑河和杭爱山脉。古城废墟上建有额尔德尼召。这座古城的形状为北宽南窄的不规则形，四周有城墙，南北长约1480米、东西宽555—1115米。城墙用黄土夯筑。[①]1995年，白石典之对哈剌和林古城废墟南侧额尔德尼召寺庙内的一处洼地进行了发掘，第七层发现了回纥风格的陶器残片，在寺院南门附近进行发掘时也发现了回纥风格陶片，出土动物骨骼的碳14

––––––––––––––
① 宋国栋：《回纥城址研究》，山西大学博士学位论文，2018年，第31–32页。

111

测年数据为 779—831 年和 837—869 年，由此他认为额尔德尼召下面存在回纥文化遗存。[①] 蒙德考古队对额尔德尼召寺院围墙墙基进行解剖之后，发现下层的城墙与寺院围墙的位置和走向基本一致。德国考古学家 Ernst Pohl 对额尔德尼召和东侧城址进行了测绘，从测绘图上可以明显地看到一组"日"字形结构城垣，这种形制与哈剌巴剌嘎斯古城完全相同。[②] 德国学者 Eva Becker 注意到这种相似性，并进行了详细的数据比对，结果显示额尔德尼召和东侧城址的总占地面积略大于哈拉巴拉嘎斯古城，她认为回鹘城市的这种布局结构已经模式化，很多回纥城址都是以这种城垣结构模式建造的。[③]

笔者认为，Becker 的观点仍有待商榷。虽然可以确定"日"字形城址目前均能够上溯至回鹘时期，但实际上回鹘时期的城址形制并不统一。回鹘时期的城市既有"日"字形，也有方形。根据《磨延啜碑》记载："我于鸡年让粟特人、汉人在色楞格河流域建设了富贵城。"[④] 笔者实地考察后发现，富贵城这座可以明确为回鹘时期新建的城市为方形；此外，位于俄罗斯图瓦地区的博尔巴任古城亦为方形。而上述几个此前被认为是回鹘城市，但现在可以追溯至羁縻府州时期的城址均为"日"字形。因此，将"日"字形城址统一视为回鹘时期并不可靠，这种统一修建为"日"字形的形制，应该来源于更早的唐朝。

① Noriyuki Shiraishi. Trace of Life in Uighur Period Found Beneath Erdene Zuu Monastery. *The International Conference on "Eedene-Zuu": Past, Present and Future*，Ulaanbaatar，2011，pp.93-95. 转引自宋国栋：《回纥城址研究》，山西大学博士学位论文，2018 年，第 96 页。

② Ernst Pohl. Interpretation without Excavation – Topographic Mapping on the Territory of the first Mongolian Capital Karakorum. *Current Archaeological Research in Mongolia*, Großburgwedel，2009，pp.505-533. 转引自宋国栋：《回纥城址研究》，山西大学博士学位论文，2018 年，第 97 页。

③ Eva Becker. Karakorum - Questions about the city layout. Published by academia.edu, 2013. 转引自宋国栋：《回纥城址研究》，山西大学博士学位论文，2018 年，第 98 页。

④ 耿世民：《古代突厥文碑铭研究》，中央民族大学出版社，2005 年版，第 210 页。

历史研究

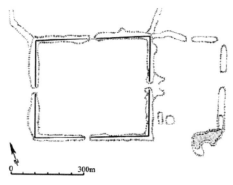

图 11 额尔德尼昭及东侧城址测绘图，Ernst Pohl 制图

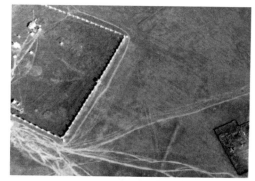

图 12 额尔德尼昭及东侧城址航拍图，宋国栋摄

图 13 白八里城（富贵城）航拍，张筱舟摄

图 14 博尔巴任遗址三维高程模型，Культурного фонда 制图

结论

根据实地调查并结合史料考证，我们认为蒙古草原上的筑城传统应该是从唐朝羁縻统治时期开始的。在羁縻统治以前，第一突厥汗国的墓葬就已经受到了来自中原王朝的影响，但筑城这一新的形式则是因唐朝的羁縻统治而兴盛，并且之后一直影响着居住在漠北的游牧族群。在和日木·登吉古城、查干苏木古城、哈拉巴拉嘎斯均发现了较为确凿的证据可以将"日"字形城址上溯到唐朝羁縻统治时期。特别是和日木·登吉古城附近发掘的《仆固乙突墓志》、初唐风格的巴

彦诺尔壁画墓以及回鹘都城哈拉巴拉嘎斯附近出土的《大唐安西阿史夫人壁记》，通过明确的文字证据，将不同地区的"日"字形城址的年代追溯到唐朝羁縻统治漠北的时期，很可能为派驻漠北的唐朝文官书写。目前所知的几座回鹘样式的城址，大多可以追溯到羁縻统治时期的都督府城，这种"日"字形城址并非回鹘时期的固定模式，而是唐朝羁縻统治时期的城址修筑模式。根据考证，我们确定了漠北四个都督府的位置——金微都督府、瀚海都督府、燕然都督府、狼山都督府，并根据新发现的城址，将史料中的地点与考古发现一一对应。除了这四个都督府之外，我们还可依据哈喇郭勒碑的发现和释读，确定羁縻府州时期的思结部卢山都督府的位置，并通过石碑上的汉文，进一步了解了卢山都督府的历史。总之，这些新的发现，将使我们对唐朝在漠北的羁縻统治有更深入的认识。此前认为，在回鹘汗国时期，漠北草原的居民突然开始建造城市。实际上，筑城在漠北草原的发展有一个长期的过程。哈拉巴拉嘎斯（斡耳朵八里）的回鹘城市，并非漠北地区城市的开始，而是城市发展的高峰。[①] 在羁縻时期之后，这种"日"字形城址，也被回鹘人重新修缮并使用。

余论

本文虽然论证了漠北地区"日"字形城址为唐朝建造，但仍存在一些问题。例如，大多唐代城址为方形，但漠北的羁縻时期城址却为"日"字形。笔者猜测，这是一种因地制宜的建筑方式。综合来看几个"日"字形城址，他们的共性为一侧房屋基址众多，而另一侧房屋基址很少。笔者推测，这可能是为了满足游牧贵族和汉人官员的不同需求而特意修建的。房屋基址较多的地方为官员的工作区和汉人官员

---

① Lyndon Arden-Wong, "Tang Governance and Administration in the Turkic Period." *Journal of Eurasian Studies*, Vol. 6, No. 2, 2014, p.17.

的居住区，房屋较少的一侧是身为游牧部落首领的各都督府都督的居住区。因此他们可能居住在城址的另一侧，另一侧的零星房屋基址即为唐朝为他们修建的府邸。笔者在研究巴彦诺尔壁画墓时发现，墓葬壁画中的门楼、汉人官员、牵马人、列戟，虽然题材上与唐高宗时期的关中壁画大致类似，但壁画内容中的不同细节，实际上反映了金微都督府的现实情况。[①] 因此，笔者认为在羁縻府州时期，唐朝已经为金微都督修筑了汉式的府邸。虽然我们无法弄清都督们是否如唐朝预想的那样，住进了特意为他们修建的汉式住宅中，但哈拉巴拉嘎斯城东南角建筑基址中发现的埋有玉册、铜钟等物的水井，即可证明此处应为回鹘可汗的宫殿。可见，到了回鹘时期，可汗显然已经适应了木构建筑中的生活。根据城址的俯视图看，这些府邸一般修筑在"日"字形城址房屋基址较少一侧的某个角落。但府邸旁还有大片的空地，他们也可以居住在传统的毡帐中，同时他们的亲兵、扈从可以按照游牧民的生活方式生活在这里。

① 徐弛：《唐代羁縻体制与草原丝绸之路：蒙古国巴彦诺尔壁画墓的文化意涵》，中国社会科学院研究生院博士论文，2020年7月，第112页。

天山北路城市建设述论 ①
——以农耕文化和游牧文化的矛盾、冲突、交流和融合为视角

新疆农业职业技术学院　董红玲

城市的形成是社会经济发展到一定程度的产物，它有一个从城池发展到城市过程。但在不同地区、不同自然环境中，城市的发展进程千差万别。历史上，天山北路主要为游牧地区。汉代，为了适应丝绸之路贸易的需要，该地区开始建城，至唐代城市建设发展显著。可是，历经辽宋元明时期的变迁，至准噶尔时期，天山北路城市几乎湮没无闻。清朝政府统一新疆以后，在二十几年间，北路城市却迅速崛起，并形成了伊犁、乌鲁木齐两个城市群。

本文拟就天山北路城市的历史演变过程及清代城市崛起的原因做一探讨，不妥之处，请各位专家、学者批评指正。

一、汉唐时期天山北路城市的形成与发展

从地形、地貌来看，天山山脉把新疆大地分隔成了两个部分，即天山北路和天山南路。② 由于彼此环境、气候、物产判然有别，城市发展的进程，也呈现出不同的轨迹。

---

① 本文为2018年国家社科基金西部项目《清代新疆驿站交通研究》（批准号：18XZS038）阶段性研究成果。

② "天山北路""天山南路"是清代前期使用的地理概念，现在一般称为"北疆""南疆"。实际上，南路与南疆地理范围基本相近，而北路与北疆区别较大，北路包括了巴尔喀什湖以东以南广大地区。以天山北路的地理范围论述城市发展，更符合历史沿变过程。

汉代，天山南路已经形成诸多城市。据《汉书·西域传》所载，西域"本三十六国，其后稍分至五十余，皆在匈奴之西，乌孙之南"。[①]在天山南路，既有鄯善、于阗、莎车、疏勒、姑墨、龟兹等人口上万的大国；也有人口仅数百的小国，如且末、小宛、精绝、戎卢等，但均被称为"城郭诸国"，以经营农业为主。其国都大多为城，如已经发现的圆沙古城、尼雅古城、楼兰古城等。

而在天山北路则有不同，居民逐水草迁徙，"穹庐为室兮旃为墙"。[②]除先后游牧于伊犁河流域的塞人、月氏和乌孙外，从今奇台到玛纳斯的天山北麓地区，分布着车师后国、车师后城长国、且弥国、卑陆国、郁立师国、单桓国等十国，均被称为"行国"。人数多者4000余人，少者仅194人。甚至到汉代，当地土著是否建有都城，学术界意见也有分歧。

有的学者认为，车师后国建有都城，且"城内出现了以制陶业为主的手工业"。[③]这里所说的城在今吉木萨尔县泉子街镇小西沟村西，遗址南北长188米、东西宽124米。内有大量遗物，以陶片为最多。陶片明显分为二类。一类多为夹沙红陶，胎质薄，均为手制。器形有钵、杯、带耳罐、壶等，其年代大致在春秋战国时期。另一类陶器多为夹砂红、灰陶，胎质厚，为轮制，结实坚硬，器形有瓮、罐等，为典型的唐代遗物。[④]从考古调查资料分析，其规模难以称为都城，聚落而已。其年代也不吻合，更何况文献记载车师后国，（王）治务涂谷，没有都城。所以，把吉木萨尔县泉子街镇小西沟村西遗址视为汉代车师后国都城，且作为天山北路出现城镇的标志，有些牵强。

《汉书·西域传》说："单桓国，王治单桓城"。但其人口仅有

---

① 《汉书》卷96《西域传》上。

② 《汉书》卷96《西域传》下。

③ 阚耀平：《历史时期新疆北部城镇的形成与发展》，载《人文地理》2001年第4期。

④ 新疆维吾尔自治区文物局编：《新疆维吾尔自治区第三次全国文物普查成果集成.昌吉回族自治州卷》第25页，科学出版社，2011年11月。

27 户、194 人，称其王驻地为城，更难以成立，且目前并没有发现相应的文化遗存。

汉代，天山北路开始建城，均与汉朝政府有关。当时，建城有三：金满城、疏勒城和赤谷城。

金满城，在今吉木萨尔县城北，应建于西汉末、东汉初。元始中（3），西汉戊己校尉徐普欲开车师后部新道，当地应有汉朝戍兵驻守。永平十七年（74），东汉政府任命耿恭为戊校尉，屯驻金满城。[1] 时值东汉一绝一通西域，当年冬天就可以进驻城中，说明原来已经有城。

疏勒城，遗址在今奇台县半截沟镇麻沟梁村。古城东西长约 260 米，南北长约 400 米，总面积 8 万平方米。[2] 耿恭进驻金满城后第二年，北匈奴便攻破车师后部，杀其王，进而围攻金满城。耿恭考虑到金满城水源不足，难以长期驻守，遂移兵于"有涧水可固"的疏勒城。[3] 疏勒城依崖体而建，内依托北面和西面城墙而建有子城，涧底麻沟河蜿蜒流过，地形险要，所以始终未被匈奴攻下。直到建初元年（76）三月，汉朝派军救回耿恭，疏勒城遂弃。

金满城、疏勒城为戍兵驻守之城，具有显著的军事性质，只能称为"城池"。赤谷城与之有所不同，为乌孙大昆弥驻地。遗址在今吉尔吉斯斯坦伊塞克湖东南边上，大部分已经被湖水淹没。元封中（前 108—前 107），江都王刘建的女儿细君以公主名义嫁乌孙昆弥，为右夫人。至其国后，"自治宫室居，岁时一再与昆莫会"。[4] 乌孙以游牧为生，应无城郭。所以，赤谷城的建立，和细君公主的"自治宫室"有关。

---

① 《后汉书》卷 19《耿恭传》讹为"金蒲城"。
② 新疆维吾尔自治区文物考古研究所：《奇台县石城子遗址考古发掘》，《文物考古年报》2013—2014 年。
③ 《后汉书》卷 19《耿恭传》。
④ 《汉书》卷 96 下《西域传》下。

汉代，在天山北路建立的三座城池，不管其性质如何，可视为农耕文化突破边际，向游牧文化区域发展的一次尝试。至魏晋时期，其影响逐渐显露出来。《三国志》附《魏略·西戎传》说：三国时，东且弥国、西且弥国、卑陆国、单桓国，皆并属车师后部。其王"治于赖城，魏赐其王壹多杂守魏侍中，号大都尉，受魏王印"。[①] 我们虽然不能确定于赖城的具体位置，但在车师后部王兼并天山北麓诸部后，已经成为大国，建立都城应该是顺理成章的事。

南北朝时期，先后有柔然、高车、突厥等游牧民族驰骋于天山北路。始平元年（506），伏图继位为柔然可汗，纳豆崘之妻候吕陵氏，大兴佛法，于天山北路建立可汗浮图城，屯驻重兵，与高车对峙。突厥兴起以后，可汗浮图城为贪汗可汗牙庭。一般认为，可汗浮图城与汉代金满城相近。可以说，它是由游牧民族在天山北路建设的第一座较大规模的城市。

隋末唐初，可汗浮图城有了新的发展。开皇三年（583），突厥分为东、西两部分，该地成为西突厥东部要塞。贞观二年（628），东突厥拓设阿史那社尔镇抚漠北九姓不利，"遂率其余众，保于西偏，依可汗浮图"。[②] 后复入西突厥，乙毗咄陆可汗遣其叶护屯兵于可汗浮图城。贞观十四年（640），西突厥叶护降，唐以其地为庭州。

除可汗浮图城以外，弓月城也是由游牧民族建立起来的城市。弓月城，本为西突厥弓月部旧居，并以其部落而得名。新中国成立以后，考古人员在今伊宁市吐鲁番圩子发现有紧连大小两个唐代古城遗址，东西长约1800米，南北约4500米，正当婆里科努山出峡南下的路上，学界多认为其为弓月城遗址。[③]

永徽元年（650），阿史那贺鲁叛唐，唐以梁建方、契必何力为弓

① 《三国志》卷30附《魏略·西戎传》。
② 《旧唐书》卷109《阿史那社尔传》。
③ 西北文化局新疆省文物调查工作组：《新疆伊犁区的文物调查》，《文物参考资料》1953年第12期。

月道行军大总管，率军平叛。到显庆二年（657），阿史那贺鲁终为伊丽道行军大总管苏定方等抓获归案。永淳元年（682），阿史那车薄率十姓部落反唐，围攻弓月城。金山都护王方翼之战于热海（今伊塞克湖），取得胜利，平定了叛乱。天授二年（691），突骑施乌质勒败后突厥，"稍攻得碎叶，即徙其牙居之，谓碎叶为大牙，弓月城伊丽水为小牙"。① 这些都说明弓月城是当时伊犁地区的政治、军事中心。另外，在一份吐鲁番出土的一份文书中指出：有人一次就在弓月城采买了二百七十五匹练去龟兹，② 说明这里的商业也比较发达。

唐朝统一新疆以后，天山北路城市建设进入了一个快速发展的时期。其标志：

其一，是形成了一个以北庭为中心的的城市体系。根据考古调查资料，庭州遗址位于今吉木萨尔县北庭镇古城村，南北长约 1666 米，东西宽约 959 米，面积约 130 万平方米。③ 庭州下辖金满、轮台、蒲类三县，各县驻地自然有县城。一般认为，金满县与庭州同治，蒲类县遗址即今奇台县奇台镇唐朝墩古城，轮台县在今乌鲁木齐市南乌拉泊古城。宝应元年（762），还设置有西海县，其具体方位当在今乌苏至精河一带。④ 除了四县城以外，东面还有大河古城，在今巴里坤县大河乡，为唐代伊吾军驻地。这样，沿天山北麓就形成了一个以北庭为中心的城市体系。

其二，是伊犁地区城市兴起。除弓月城以外，伊犁地区还有今昭苏县的夏塔古城、波马古城，特克斯县的博斯坦古城，巩留县的达尔

---

① 《新唐书》卷 315 下《突厥传下》。

② 新疆维吾尔自治区博物馆出土文物展览工作组：《关于〈高昌县上安西都护牒〉残纸》，载《文物》1972 年第 1 期。

③ 新疆维吾尔自治区文物局编：《新疆维吾尔自治区第三次全国文物普查成果集成.昌吉回族自治州卷》，科学出版社，2011 年 11 月，第 50 页。

④ 孟凡人：《北庭史地研究》，新疆人民出版社，1985 年 4 月，第 67-68 页。

提古城，新源县的阿勒吞古城等。① 在这些古城遗址中，采集到不少陶片及板瓦、琉璃瓦等建筑材料。陶器上的刻花纹、卷草纹与弓月城遗址所见相似，素面布纹里板瓦则与北庭所出相同，可以断定这些古城为唐代文化遗址。这就说明，唐代伊犁地区也是一个城市开始兴起的地区。

其三，从阿尔泰山经塔城到伊犁的交通，是草原丝绸之路的一个组成部分。唐代，在这条交通要道上，开始建有城市。达勒特古城，俗称"破城子"，位于今博乐市东南27公里的地方。古城分外城、内城、及城外东部遗址。外城南墙长约650米，东、北面临河，西墙外筑三个马面。城外东部有一遗址，与古城隔河相望，长约1000米，宽约300米。有的学者认为，该城为唐代双河都督府治所。② 如此，达勒特古城就是金山南道上出现的最早的城市。

在唐代建设的城市中，碎叶比较特殊。该城位于今吉尔吉斯斯坦托克马克，遗址称为"阿克贝希姆古城"。本为粟特人所建，后为西突厥牙庭。唐平定阿史那贺鲁叛乱以后，遣阿史那步真为继往绝可汗兼濛池都护，驻节其地。阿史那步真去世后，吐屯李遮匐代领其众，据碎叶反唐，与阿史那都支分治西突厥故地。调露元年（679），唐遣裴行俭以安抚大食使之名，平定李遮匐、阿史那都支之乱。其副将安西都护王方翼重建碎叶城，"面三门，纡还多趣以诡出入，五旬毕。西域胡纵观，莫测其方略，悉献珍货"。③ 随之，以其代替焉耆为"安西四镇"之一。但由于碎叶地处北道咽喉，长安二年（702）改隶北庭都护府管辖。

汉代，天山北路的城市多为戍堡、城池，有城无市，军事性质显

① 新疆维吾尔自治区文物局编：《新疆维吾尔自治区第三次全国文物普查成果集成·新疆古城遗址（下册）》，科学出版社，2011年11月，第332—341页。
② 新疆维吾尔自治区文物局编：《新疆维吾尔自治区第三次全国文物普查成果集成·新疆古城遗址（下册）》，科学出版社，2011年11月，第438页。
③ 《新唐书》卷111《王方翼传》。

著。到了魏晋南北朝时期，游牧民族开始在这一地区建城。至隋唐时期，城市数量增多，商业性质也凸显出来，城市的功能逐渐完备。如果说，汉代是天山北路城市发展的初始时期，那么唐代就是形成发展时期。在这一时期，农耕文化不仅突破边际，向游牧文化区域发展，在天山北路建立起了不少城市，而且将郡县制推行到了游牧地区，设置庭州及其下属四县。这一变化，应该是不同民族、不同经济区域、不同文化交流、交融的标志性事件。

二、蒙元明时期天山北路城市的衰落

从唐末五代始，历经辽宋金蒙元明，到准噶尔时期，是游牧民族及其主导的游牧文化控制新疆历史进程的时期。但游牧文化对天山北路城市建设的影响，并没有立即反映出来。

唐开成五年（840），回鹘汗国受到黠戛斯攻击，部众溃散。其中一部分西迁至今吐鲁番地区，建立高昌回鹘王国。其都城最初就设在北庭，名别失八里。9世纪末，高昌回鹘王国虽然迁都高昌，这里仍然是高昌回鹘亦都护经常居住的地方。宋太平兴国六年（981），王延德出使高昌，亦都护就是在北庭接待他的。

别失八里，突厥语，意为"五城"。《旧唐书·地理志三》说，金满，"胡故庭有五城，俗号'五城之地'"。 学术界有一种观点认为，"五城"是指"别失八里是由外城、外城北面的子城、西面的'延城'、内城、内城中的小城五个部分组成"。[1] 而《突厥大词典》说，五城为唆里迷、高昌、彰八里、别失八里、仰吉八里。[2] 实际上，这里说的是高昌回鹘王国中有五个城市。但是，不管哪一种说法，都可以认为，自从回鹘迁入其地，一直到蒙元时期，别失八里始终是天山北

---

① 孟凡人：《北庭史地研究》，新疆人民出版社，1985年4月，第197页。

② 穆罕默德·喀什噶里：《突厥语大词典》（汉文译本），民族出版社2002年2月，第122页。

路的政治、军事中心。

《突厥大词典》提到的五城中，唆里迷（哈密）、高昌、别失八里是原来就有的城市，而彰八里、仰吉八里二城是新建或扩建的。

彰八里，又名昌八剌、昌八里等。有人认为，其地当为唐代张堡城守捉，[①] 在今昌吉市城东。城垣尚存，呈长方形，南北长约1100米，东西宽约600米。出土有瓮藏1370枚察合台汗国银币，大部分银币有铸钱年代和地点。与银币同时出土的有夹沙红陶三耳瓶、瓮、罐等。[②]

仰吉八里，有学者认为遗址大概在今新疆玛纳斯县西，玛纳斯河东里许处。[③] 而考古调查资料表明，在今玛纳斯县头工乡楼南村东北有一古城遗址，称"楼南古城"。古城呈长方形，南北长620米，东西宽520米。地面散落夹砂红、灰陶片和石杵、石磨盘、动物骨骼等。陶器有缸、罐、瓮、盆等典型唐代遗物。另外，出土有宋代铜镜，宋、西辽和元朝时期的大型灰陶瓮、罐和一些玉、石器等。[④] 从古城时间、规模、遗物分析，楼南古城有可能为仰吉八里。

辽宋金时期，在今塔城地区还建有新城。辽保大四年（1124），辽朝垂危，皇族耶律大石率众西走，在唐北庭都护府境内之叶密立之地建城。遗址在今额敏县东北17公里处，东西长2426米，南北138—242米。在发掘过程中，出土有陶器、铁器、兽骨等物。另外，在今和布克赛尔蒙古自治县密特克乡有一遗址，称"道尔本厄鲁特森木古城"。遗址呈方形，边长410米，面积16.8万平方米。有残墙城垣，其上有筒瓦、瓦当、莲花纹方砖等。有人认为，此城可能始建于西

---

① 薛宗正：《唐轮台名实校正》，载《新疆社会科学》1983年第4期。
② 新疆维吾尔自治区文物局编：《新疆维吾尔自治区第三次全国文物普查成果集成.新疆古城遗址（下册）》，科学出版社，2011年11月，第438页。
③ 高文德主编：《中国少数民族史大辞典》，吉林教育出版社，1995年12月，第801页 。
④ 新疆维吾尔自治区文物局编：《新疆维吾尔自治区第三次全国文物普查成果集成·新疆古城遗址（下册）》，科学出版社，2011年11月，第414页。

辽。①辽宋金时期，伊犁河流域的城市有废弃的，也有新建的。根据考古调查资料，唐代建立的城市，如今伊宁市的弓月城、昭苏县的夏塔古城、波马古城，特克斯县的博斯坦古城，巩留县的达尔提古城，新源县的阿勒吞古城等，至蒙元时期逐渐消失。而位于今霍城县的阿里麻里城、索伦城、磨河城，位于今察布查尔县的海努克城，位于今伊宁县的布拉克巴什城、阿布那什城，位于今巩留县的别斯萨拉城，位于今尼勒克县的喀拉苏城、赛普勒城，位于今昭苏县的苏吾城等，则逐渐兴起。所以，这一时期伊犁河流域城市虽有兴废，但其作为天山北路城市中心之一的地位，并未改变。

蒙元时期，别失八里初为高昌回鹘亦都护的驻地。由于卷入蒙古宫廷斗争，亦都护萨仑的斤被杀后，其领地不得不缩小到高昌一带，而别失八里则成为从窝阔台汗国分化出来的合丹汗的领地。为了加强对该地区的控制，蒙哥汗置别失八里等处行尚书省，任命亲信纳怀、塔剌海、麻速忽（即马思忽惕）等行尚书省事。特别是在平定海都、都哇之乱以后，元朝政府先后设置北庭都护府、别失八里宣慰使司、北庭都元帅府等，设立驿站，迁居各族军民，大兴屯田，使该地保持了当时天山北路政治、军事、文化和商贸中心的地位。

蒙元时期，在伊犁河流域兴起的城市中，阿力麻里最为著名。耶律楚材《西游录》说："西人目林檎曰阿里马，附郭皆林檎园，故以名。附庸城邑八、九，多葡萄、梨、果，播种五谷，一如中原"。西辽时，该城曾经是葛逻禄部首领驻地。元太祖二十年（1225），成吉思汗将东起畏兀儿地面，西到不花剌、撒麻耳干的中亚地区分封给次子察合台。察合台便以该城为斡耳朵驻地，因而逐渐成为当时中亚政治、经济、文化中心。其遗址在今霍城县农四师 61 团 2 连开阔

---

① 新疆维吾尔自治区文物局编：《新疆维吾尔自治区第三次全国文物普查成果集成·新疆古城遗址（下册）》，科学出版社，2011 年 11 月，第 445 页。

的农田间，周长约 25000 米，出土有陶片、石刻、金银钱币等。磨河古城、索伦古城、三宫古城等，很有可能就是阿力麻里的"附庸城邑"。①

元太祖二十年（1225），成吉思汗分封诸子时，将乃满部落的牧地和西辽的部分领土，即额尔齐斯河上游和巴尔喀什湖以东地区分封给了三子窝阔台。窝阔台以叶密立为都城，形成窝阔台汗国。窝阔台继任蒙古大汗位后，将汗国领地封给其子贵由。贵由继任大汗以后，又将领地封给其子。直到至大三年（1310），窝阔台汗国被并入察合台汗国，叶密立始终是汗国的政治、军事、经济中心。

除叶密立城外，当时在阿勒泰到伊犁的途中，还有"不剌城"和"霍博"。

不剌，今译为博尔塔拉，不剌城遗址即达勒特古城。当年，耶律楚材随成吉思汗西征，就经过此城，并记述下来。霍博，即今和布克赛尔，也是窝阔台汗国重要城市之一。

应该说，蒙元时期，天山北路城市变化不大，还略有发展。但到元末明初，情况发生了根本变化，绝大多数城市变为废墟，天山北路城市建设迅速衰落。

也先时期（1407—1454），瓦剌北服乞儿吉思，西征中亚，南破哈密，遂与东察合台汗国歪思汗发生冲突。他们之间进行了 61 次战争，歪思汗只有一次获得胜利，且两次被俘。② 为了躲避瓦剌的攻击，歪思汗被迫将首府迁往伊犁流域的亦力八里，别失八里则成为一片废墟。

阿力麻里，作为蒙元时期的名城，也难逃厄运。先是因东察合台汗国分裂为东、西两部分而倍受战争的摧残，在阿里麻里，蒙兀尔军

---

① 张玉忠：《伊犁河谷新发现的古城堡及相关遗迹》（下），《文博》1991 年第 6 期。

② 米尔咱·穆罕默德·海答儿：《中亚蒙兀儿史——拉失德史》第一编第 248 页，新疆人民出版社1983 年版。

队不顾当地的饥荒，竟然用小麦喂马。阿里麻里等大城市遭到严重破坏，大片耕地、果园、菜园，甚至整座城市整座农庄被开辟为牧场。[①]后来，随着察合台后王回鹘化并退居南疆，阿力麻里城逐渐荒废。

别失八里和阿力麻里两座中心城市的消失，是天山北路城市发展过程中的重大挫折。

到 16 世纪末 17 世纪初，准噶尔统治天山北路的时候，几乎没有什么城市。所以有的学者指出：这时，在额尔齐斯河上游河谷、伊犁河谷、乌鲁木齐、塔尔巴哈台地区有零星的农业耕作区，但还没有发现这些地区有城市的记载。[②]巴图尔浑台吉时期（？—1653），为了促进准噶尔地区农牧业和手工业的发展，在和布克赛尔地方修建寺院、货栈、住房等。据明崇祯十六年（1643）出使准噶尔的俄使伊林报导： 和布克赛尔"系由三五个小镇构成，但这里所谓小镇仅指一、两幢砖房，通常只是一座喇嘛庙。几个小镇很分散，彼此相距都是一日路程"。[③]所以，这里根本算不上什么城市。噶尔丹策零时期（1695—1745）也修建的伊犁河之北固勒扎（金顶寺），河之南海努克"。（银顶寺），均系喇嘛庙，虽然规模较大，金顶寺盛时供养喇嘛6000余人，但和城市还是有区别的。

至于天山北路城市的衰落，究其原因，有政治的，经济的，军事的，但根本的深层次的原因是文化，是农耕文化与游牧文化的矛盾、冲突。

法国学者雷纳·格鲁塞在谈到成吉思汗征服中亚时说：耕地的退缩和农民的被屠杀或被驱逐而使农业有系统地被消灭或是倒退，这是游牧的胜利者有意追求的目标之一。1220—1221 年，成吉思汗和拖雷对呼罗珊和阿富汗采取了残破方法：城市被夷为平地，农村人口被用

---

① 李进新：《新疆伊斯兰汗朝史略》，宗教文化出版社，1999 年版，第 107 页。
② 王希隆：《准噶尔时期新疆天山北路的农业生产》，《西域研究》1992 年第 4 期。
③ ［英］约·弗·巴德利：《俄国·蒙古·中国》（下）第一册，商务印书馆，1981 年版，第 1129 页。

心消灭，河道被变为壅塞或变为浑沼，水井被用尽方法填满，粮仓和储藏的种子被焚烧，土地和水流概被灭绝。当成吉思汗进军甘肃的时候，他的将领们建议他像处理东伊朗地区一样，"杀尽所有农民使荒芜之地再回到草原状态，为牧畜事业造成独尊地位。"这个计划，只是由于耶律楚材的反对才被取消。格鲁塞认为，"蒙古人的毁灭行为，是由于他们不了解农业经济，更不了解城市经济"。他庆幸成吉思汗听从了耶律楚材的意见，认为"他是一个有自信心的政治家，聪明，头脑冷静，事理通达。"他尤为称赞忽必烈，认为他在位时，"一直在那里重建和保持他伟大祖父所破坏过的或是曾想要破坏的事物。"蒙元时期，天山北路城市能够保持不变，除政治原因外，当然和忽必烈的政策有关。但在忽必烈以后，他建立起来的"有尊严外表的行政机构，不到几年就被摧毁"了。[①] 尤其是在察合台汗国，由于农耕文化与游牧文化的矛盾、冲突，导致汗国分裂，致使天山北路城市迅速衰落。

察合台后裔经历了两次大的分裂。一次在至正八年（1348），秃黑鲁·帖木儿成为东察合台汗国的第一任汗，察合台汗国正式分裂为东、西两大部分。东部通常被称为"蒙兀儿斯坦"，以游牧经济为主；西部通常被称为马维兰纳赫尔（即河中），以农业为主。有的学者指出：自至元五年（1268）"以海都为首的蒙古游牧贵族叛乱以来，中亚窝阔台系和察合台系的诸宗王，长期坚持生活在草原上，拒绝信仰伊斯兰教和定居从事农业。这一事实和不断进行的内战所造成的后果，导致突厥斯坦（指与河中相区别的七河一带）原已有所发展的农业与城市陷于荒废"。[②] 第二次分裂，是在明成化四年（1468）羽奴斯即汗位之初，"蒙兀儿人全部沿袭古俗，居住在蒙兀儿斯坦。他们避开一切城市与农村，极其厌恶这些地方"。羽奴斯汗认为，"除非他

① 雷纳·格鲁塞：《蒙古帝国史》，商务印书馆，1996年9月，第275—277页。
② 王治来：《中亚通史》古代卷（下），新疆人民出版社2004年2月，第237页。

们安身定居于农村或城镇中，否则就永远不能成为真正的穆斯林。因此，他极力设法使他们定居下来"。[1] 结果，引发蒙兀儿人的反抗，导致汗国分裂。喜欢定居生活的蒙兀儿人退居南疆绿洲，而留在天山北路的蒙兀儿人过着游牧生活，各城市逐渐荒废。

所以说，生产、生活方式，即文化，成为这一时期天山北路城市衰落的根本原因。

三、清朝天山北路城镇的崛起

乾隆二十年（1755），清朝政府平定准噶尔政权，紧接着又平定阿睦尔撒纳和大小和卓叛乱，统一新疆，实现了中国历史上农耕经济区和游牧经济区的大统一，天山北路迎来了城市迅速发展的时期。

早在雍正七年（1729），为反击准噶尔袭扰吐鲁番、哈密，清朝政府任命岳钟琪为宁远将军，进驻巴里坤，筑城屯兵。城周长八里，高二丈，城门四。初以安西同知驻防，后成为镇西府治。[2] 这是清代天山北路兴建最早的城市。

伊犁地区，是清代天山南、北两路总会之地，环山带河，袤延数千里，形势扼要，为边陲锁钥。自乾隆二十六年（1761）起至四十五年，清朝政府在这里先后建立了惠远、绥定、塔勒奇、宁远、广仁、拱宸、瞻德、熙春、惠宁九城。各城建立的时间及分布和规模如下表：

---

① 米尔咱·穆罕默德·海答儿：《中亚蒙兀儿史——拉失德史》第二编，新疆人民出版社，1983年版，第 11 页。

② 《西域图志》卷 9《疆域二》。

历史研究

伊犁九城一览表 [①]

城镇名称	所处位置	修建时间	城周	驻扎官员	备注
惠远城	伊犁河北岸	乾隆二十八年	九里三分	将军府、参赞大臣、领队大臣衙署	大城、满城
绥定城	在伊犁河北之乌哈尔里克	乾隆二十七年	四里三分	绿营屯镇中营，置总兵、巡检、仓员等官	汉城
塔勒奇城	惠远城西北30里	乾隆二十六年	一里五分	绿营屯镇、守备、仓员等官	汉城
宁远城	地处伊犁河北之固尔扎	乾隆二十七年	四里七分	总理回务领队大臣、各级伯克	回城
广仁城	伊犁河北之乌克尔博罗素克	乾隆四十五年	三里六分	游击、守备，千总、把总等官	汉城
瞻德城	伊犁河北之察罕乌苏	乾隆四十四年	三里六分	都司、守备，千总、把总等官	汉城
拱宸城	地处霍尔果斯河东岸	乾隆四十五年	三里七分	绿营屯镇参将	汉城
熙春城	伊犁河北之哈喇布拉克	乾隆四十五年	二里二分	从陕、甘两省抽调携眷汉人官兵300名	汉城
惠宁城	伊犁河北岸之巴彦岱	乾隆三十五年	六里三分	设领队大臣、巡检、仓员等官	满城

从表中不难看出，九城都是在不到二十年的时间里建立起来的。城大者，如惠远、惠宁、宁远、绥定，均为将军、领队大臣或绿营屯镇总兵驻扎之地。九城建立之后，在伊犁地区形成了一个城市群，并迅速成为新疆的政治、军事、经济中心。

---

① 此表根据《西域图志》卷12《疆域五》、《西陲总统事略》卷5《城池衙署》制作。

与此同时，天山北路东部以乌鲁木齐的迪化城、巩宁城为中心也相继建成一批城市。其建立的具体时间及分布和规模如下表。

天山北路东部城镇建设一览表 [1]

城镇名称	所处位置	修建时间	城周	驻扎官员	备注
迪化城	乌鲁木齐河之滨、红山南侧	乾隆三十年	四里五分	乌鲁木齐提督及其属下参将、守备等官	汉城
巩宁城	乌鲁木齐河西	乾隆三十七年	九里三分	乌鲁木齐都统、领队大臣、印房、粮饷等官	满城
孚远城	乌鲁木齐东四百六十里古城	乾隆四十年	四里	领队大臣、佐领、协领、防御、骁骑校等官	满城
靖宁城	乌鲁木齐东七站	乾隆四十一年	二里七分	知县、训导、典使等官	汉城
恺安城	吉木萨	乾隆三十七年	二里二分	县丞，有义学、仓廒、草厂各一所	汉城
保惠城	吉木萨，与恺安城相连	乾隆四十二年	一里	参将、千总、把总等官	汉城
阜康城	乌鲁木齐东东一百三十里	乾隆二十八年	三里五分	知县、训导、典史、千总、把总等官	汉城
辑怀城	古牧地	乾隆二十七年	二里七分	驻绿营官兵	汉城
宁边城	乌鲁木齐北七十里	乾隆二十七年	三里五分	知县、训导、典史、千总、守备、把总等官	汉城
景化城	呼图壁	乾隆二十九年	三里五分	设领队大臣、巡检、仓员等官	汉城
康吉城	阳巴勒噶逊	乾隆四十二年	三里六分	知县、训导、典史、千总、守备、把总等官	汉城

---

① 此表根据《西域图志》卷10《疆域三》、《三州辑略》卷2、《乌鲁木齐政略·城堡》、《乌鲁木齐事宜·城池》制作。

续表

城镇名称	所处位置	修建时间	城周	驻扎官员	备注
绥宁城	阳巴勒噶逊，与康吉城毗连	乾隆四十二年	三里六分	都司、守备、千总、把总	汉城
庆绥城	库尔喀喇乌苏	乾隆四十八年	三里一分	领队大臣、粮员、千总等官	满城
安阜城	晶河东岸	乾隆四十八年	二里二分	粮员、都司、千总等官	汉城
会宁城	巴里坤	乾隆三十七年	六里三分	领队大臣、佐领、协领、防御、骁骑校等官	满城
镇西城	巴里坤	乾隆四十一年扩建	八里	府、县、总兵、守备、游击等官	汉城

从上表可以看出，天山北路东部城市也是在二十年左右的时间内，迅速建立起来的，各城市呈线状自东边巴里坤到西边晶河，沿天山北麓一字摆开，形成了以乌鲁木齐为中心的城市群，其发展速度前所未有。另外，除本城以外，不少城市周围还修建了一些城堡。如迪化，就有惠徕堡、屡丰堡、宣仁堡、怀义堡、乐全堡、宝昌堡，孚远有育昌堡、时和堡，奇台有古城堡、木垒堡，玛纳斯有绥来堡，库尔喀喇乌苏有遂成堡，晶河有丰润堡，等等。有的城堡墙高一丈多，周长一里多，内有衙署、仓廒、兵房等，实际就是一个小城。

在准噶尔盆地的北缘，这一时期的城市建设也有了新的进展。其中主要是肇丰城和绥靖城的修建。

肇丰城，在雅尔地方（今哈萨克斯坦之乌尔扎尔），建于乾隆二十九年（1764）。有城门四，驻塔尔巴哈台参赞大臣，移兵屯田。三十二年，以冬天雪大，交通不便，难以驻守，另在其东二百里之楚呼楚地方筑城。

绥靖城，在楚呼楚地方，建于乾隆三十二年（1767）。城高一丈八尺，周长二里七分，城门四。移驻塔尔巴哈台参赞大臣，领队大臣及满洲、绿营官兵，有衙署、仓厫、兵房等。①

不计土堡，清代前期天山北路共有大小城 27 个，都兴建于乾隆二十七年（1762）到乾隆四十八年（1783）之间。这些城市建成以后，随着经济的发展和人口的不断增加，很快就分别成为所在地区的政治、经济中心城市。

但是，清代天山北路城市的发展是后也遭遇过重大挫折。特别是从同治三年（1864）时起，新疆发生了长达十余年的社会动荡，天山北路城市在战火中几乎损毁殆尽。光绪初年，当清军收复北路各城市时，到处都是残垣断壁，一片废墟。乌鲁木齐经过百余年的发展，本已成为塞外一大都会，这时"汉城仅剩颓垣，满城已同平地"。②阜康城荒毁已久，更是"榛莽丛杂，不便行走"。③作为新疆主要商业都市和军事重镇的奇台，"城垣及民房官舍被焚毁，荡然无存"。④惨遭"苏丹"政权"长期盘踞和沙俄侵占的伊犁九城，同样破烂不堪。曾经是伊犁将军驻地的惠远城"西、南两面城垣均已被水冲坏，城内仓库、官廨、兵房，荡然无存"。其周围的惠宁、拱辰二城"坍塌尤甚"；绥定、塔勒奇、瞻德三城"亦多损坏"；熙春、广仁二城"城垣楼橹坍塌不堪"。⑤所以，当清朝政府从沙俄手中收回伊犁的时候，已是满目疮痍，形同焦土。西北边防重镇塔尔巴哈台难逃劫数，绥靖城被焚毁，"昔之崇墉巍焕者，仅存瓦砾"。⑥所以，清朝政府收复新疆以后，采取各种措施，在恢复和发展社会经济的同时，修复和重建天山北路

---

① 永保：《塔尔巴哈台事宜》卷一；吴丰培校订，中央民族学院图书馆 1982 年。

② 《陕甘新方略》卷 305，第 2 页。

③ 《陕甘新方略》卷 300，第 5 页。

④ 杨方炽《奇台县乡土志》，载片冈一忠《新疆乡土志三十种》，中国文献研究会 1986 年 8 月。

⑤ 《陕甘新方略》卷 314，第 24—25 页。

⑥ 额尔庆额《重建塔尔巴哈台绥靖城碑记》，光绪十七年岁次辛卯。碑现存塔城地区红楼博物馆。

城市。

光绪六年（1880）六月底，经乌鲁木齐都统荣镗奏准，移建巩宁城于迪化城东北原。十二年，经刘锦棠奏请改建满城（巩宁城）和汉城（迪化城），于满城东南隅起接至汉城南门止展筑城基，使二城合二为一，并将旧城三面城墙增高增厚。改建后的新城周长2074丈5尺，有七个城门。①

同时，修建抚臣衙署、藩司衙署，升直隶州为迪化府，以适应建省后形势的需要。

同治十年（1871），乌鲁木齐都统景廉率军西来，即在孚远古城东北修筑二堡，并委知县在此署理县务。百姓、商贩依附其间，逐渐聚集。不久，北面一堡便扩建为古城巡检治所，南面一堡增筑为孚远新城。光绪十年（1884），在古城西关地段创修城桓，次年又续修孚远城。十五年移巡检于旧县，徙县治于古城。二十一年，展古城西、南两墙与孚远城相接，周长1458丈，高2丈5尺，有城门六。②奇台城修复之后，人口大量增长，手工业迅速发展，商贾云集，商贸兴隆。

自光绪四年（1878）始，阜康城重建衙署，增仓廒，修筑东、西、南城垣，改修文庙、武庙，创建义学，招徕商民，至十二年城中已经"略具街市规模"。③

同治战乱，昌吉宁边城陷，及至克复，"城垣雉堞，坍塌不堪"。光绪十五年（1889），"署驻防抚标左营游击朱正和承修城垣，规模如旧"。④

与此同时，呼图壁景化城、玛纳斯的康吉、绥宁二城，相继修复。而库尔喀喇乌苏则在旧城基址上重修土城。"城高一丈六尺，雉

① 《新疆图志》卷1《建置一》。

② 《新疆图志》卷1《建置一》。

③ 巨国柱：《阜康县乡土志》，片冈一忠：《新疆乡土志三十种》，中国文献研究会，1986年8月。

④ 佚名：《昌吉县乡土志》，片冈一忠：《新疆乡土志三十种》，中国文献研究会，1986年8月。

堞六百八十九，周以营造，尺计三里一分，门三"。^①

伊犁九城中，惠远城原为伊犁将军驻地，是新疆的政治军事中心，历经战乱，又为河水所浸，渐就颓圮。光绪八年（1882），在旧城北十五里修筑惠远新城。新城周长十里，中心为钟鼓楼，四条大街分通四个城门。伊犁将军、领队大臣及新旧满营官兵仍驻扎于此。伊犁地区其余八城，也先后修复。其中，绥定变化最大。将军金顺督兵驻绥定，办理善后，设同知。十四年，议定伊犁设置道府厅县，绥定为伊犁府治，遂成为该地区首邑。^②

塔尔巴哈台绥靖城的复建颇费周折。光绪十年（1884），先在额敏河北岸多尔博勒津地方修筑土堡一座，并建文武衙署十余处。但是，该地虽然膏腴，但"毫无厄塞"，且距旧城甚远。十四年，参赞大臣额尔庆额查得距绥靖旧城一里左右的一个地方，"负山带河，天然雄胜"，^③遂请于此处修建新城。十五年四月兴工，十七年八月告竣。门三，东曰绥靖，南曰雍熙，西曰怀德。其庙宇、衙署、兵房等逐步落成，是为绥靖新城，驻参赞大臣。与此同时，又将旧城重加修葺，移驻屯防、副将及通判分驻，是为汉城，亦曰老城。

总之，新疆建省前后十余年里，遭受战乱损毁的天山北路各城镇又得以修复和重建，从而奠定了今天北疆地区城市的分布格局。

清代前期，天山北路城市为什么能够在比较短的时间内集中建立起来？后期在遭战乱毁坏之后，为什么能够迅速得以恢复？对此，学术界已经作了较为深入的探讨。有的学者指出："一是国家的行政机制是清代中期新疆北部农垦区和城市兴建的主要动力，城市发展是一种嵌入式的模式；二是清代中期北部城市多被纳入商业市场网络当中，形成了以古城为中心的新城市体系，其中内地商业化

---

① 佚名：《库尔喀喇乌苏直隶厅乡土志》，片冈一忠：《新疆乡土志三十种》，中国文献研究会，1986 年 8 月。

② 萧然奎：《绥定县乡土志》，片冈一忠：《新疆乡土志三十种》，中国文献研究会，1986 年 8 月。

③ 佚名：《塔城直隶厅乡土志》，片冈一忠：《新疆乡土志三十种》，中国文献研究会，1986 年 8 月。

浪潮向边疆地区的推进起了重要作用"。[①] 还有的学者认为：政治稳定，国家统一是清代新疆城镇得到较大的发展的政治条件，同时，清代政府在新疆地区的移民屯田开发以及内地边疆地区的商业贸易也极大地推动了绿洲城市的发展。[②] 但这些都不是深层次的原因，深层次的原因是文化。

众所周知，早在春秋战国时期，我国内地就以长城为界，形成了两个经济区域：一个是长城以南的农耕区，一个是长城以北的游牧区，并由此形成了定居农耕文化与草原游牧文化。以天山为界，新疆也形成了两个经济区域。当西汉设置河西四郡，并将长城修到玉门关以后，又连城而西，修建烽燧亭障，使长城与天山连接在了一起。天山以南的绿洲农业通过河西走廊与中原农耕区结为一体。而天山以北的游牧区则与蒙古草原联系在了一起。因定居文明与草原文明的矛盾、冲突、碰撞而引发的战争，从东向西，逐步展开，因而就出现了汉朝与匈奴、唐朝与突厥在西域的争夺与战争。[③] 汉代至隋唐时期，先后冲破农耕与游牧文明的文化边界，在天山北路开辟交通，修建城市，将农耕文明推行到这一地区。但是，这种局面并没有得到巩固和发展。尽管元朝曾有过短暂的大统一，但蒙元明时期，游牧民族一直主导着新疆的政治演变，游牧文化不仅在天山北路继续存在，而且扩大到了南路的和阗农村，那里也按照游牧社会的万户、千户、百户组织形式建立各级政权。[④] 天山北路的城市不仅没有发展，反而出现挫折和反复。至 16 世纪末、17 世纪初，天山北路已经没有什么城市了。

清朝政府统一新疆，结束了两千多年以来中国农耕文化与草原游牧文化的矛盾、冲突，巩固和发展了统一的多民族国家。随着内地大

---

① 黄达远：《清代中期新疆北部城市崛起的动力机制探析》，《西域研究》2006 年第 2 期。

② 郭雪飞：《"大一统"视角下的清代新疆城市发展研究》，《新疆大学学报》2012 年第 1 期。

③ 参见苗普生：《匈奴统治西域述论》，《西域研究》2016 年第 2 期。

④ 米尔咱·马黑麻·海答尔：《中亚蒙兀儿史——拉史德史》第二编，新疆人民出版社 1983 年 6 月，第 215 页。

量农业人口迁移到北疆屯垦，改变了天山北路的民族结构，大片农垦区开始出现并不断扩展。天山北路的蒙古人也同时改变了"逐水草迁徙"的习俗，开始了"亦农亦牧"的生产方式。在"18—19世纪的蒙古人当中，可以看到畜牧业与农业结合的各种各样的形式"。[①]在各民族大规模迁徙、兼并、融合的过程中，农耕文化与草原游牧文化在交流中不断调适，互相借鉴，融合并衍生出新的多元一体的中华民族文化。正是在这种交流互补、迁徙汇聚、冲突与融合中，各民族对中华民族的认同、对中华文化的认同逐渐增强，中华民族的共同体意识日益凸显，成为推动天山北路城市迅速发展的主要动力。

制度是文化的重要内容。郡县制是秦统一全国后实行的行政管理制度，是农耕文化的一部分。隋唐时期，农耕文化不仅突破边际，向游牧文化区域发展，而且将郡县制推行到了天山北路地区，设置了庭州及其下属四县。这是两种文化深度交融的一次重要尝试。历经辽宋金、蒙元明的曲折和反复，至清朝政府统一新疆以后，结束了我国两千多年来农耕文化和游牧文化的矛盾、冲突，天山北路形成了以农为主、农牧兼营的经济区域。清朝政府首先在天山北路东部地区实行郡县制，设置镇迪道。镇迪道之下，设迪化直隶州，辖昌吉、阜康、绥来三县；设镇西府，下辖宜禾、奇台二县。光绪十年（1884）新疆建省以后，清朝政府进一步加强和完善天山北路东部地区的郡县制，改迪化直隶州为迪化县，添设迪化府为省治。迪化府辖迪化、昌吉、绥来、阜康、奇台五县。十二年，又置乌苏直隶厅，隶迪化府。与此同时，设置伊塔道，将郡县制扩大到伊犁、塔城地区。十四年，置伊犁府，附府设绥定县，以广仁、瞻德、拱宸、塔勒奇四城隶之；设宁远县，以惠远、熙春两城隶之。同时设霍尔果斯分防厅和精河直隶抚民厅，改塔尔巴哈台理事通判为塔城直隶抚民厅。[②]同农耕地区不断扩

---

① ［苏］符拉基米尔佐夫：《蒙古社会制度史》，中国社会科学出版社，1980年3月，第294页。
② 《新疆图志》卷1《建置一》。

张一样，郡县制的全面实现本身就是农耕与游牧文化交融的结果。同时，它也为清代天山北路城镇建设的发展和巩固奠定了基础。

　　纵观两千多年来天山北路城镇建设的进程，我们不难发现，它的发展始终受到我国历史上农耕文化与草原游牧文化矛盾、冲突、碰撞、交融形势的制约和影响。汉唐时期，农耕文化突破边际，在天山北路驻兵屯田，修筑城市，设置郡县，迎来了天山北路城市建设的第一次高潮。但到辽宋金蒙元明时期，北方游牧民族控制着新疆历史的进程，天山北路城镇逐步衰落。直到清朝政府统一新疆，结束了我国历史上农耕文化与草原游牧文化的矛盾、冲突，天山北路城市才得以迅速崛起，并不断发展和巩固，成为我们统一的多民族国家不断发展、巩固的标志。但是近代以后，城市的近代化问题凸显，天山北路城市的建设和发展仍然任重而道远！

天山北路驿站交通述论

新疆农业职业技术学院　董红玲

古人云："邮骑传递之馆在四方者，谓之驿"。[1] 驿站，是古代传递军事情报的官员途中食宿、换乘的场所，与交通密切相关。汉代，为了适应丝绸之路贸易的需要，开始在西域开辟驿道，设置驿站，至清朝统一新疆后，驿站交通建设达到顶峰。至清末，迅速衰落下来，最终为邮政所代替。

一、汉唐时期天山北路驿站交通体系的形成

从地形、地貌来看，天山山脉把新疆大地分隔成了两个部分，即北路（北疆）和南路（南疆）。[2] 历史上，内地进入西域的主要驿路有四条，即丝绸之路南道、中道、北道和大北道。[3]

南道和中道在天山以南，天山以北包括北道和大北道。其中，北道从哈密（伊吾）越天山，经巴里坤（蒲类海）、吉木萨尔（车师后国），然后沿天山北麓往西，到达伊犁河流域。所谓"大北道"，就是我们经常说的草原丝绸之路。它从长安北上，到达鄂尔浑河、土拉

---

[1]　（宋）王应麟：《玉海》卷172，第16页。

[2]　关于南北两路其称谓之含义，可参看王启明《天山廊道：清代天山道路交通与驿传研究》（西安：陕西师范大学出版社，2016年）一书，第158—159页。

[3]　陈戈：《新疆古代交通路线综述》，《新疆文物》1990年第3期。

河流域，然后沿杭爱山西行，经科布多，穿越阿尔泰山，或向东南，到达奇台；或向西南，经塔城、博尔塔拉，到达伊犁河流域。

《后汉书·西域传》载：汉政府"立屯田于膏腴之野，列邮置于要害之路，驰命走驿，不绝于时月，商胡贩客，日款于塞下"。这里所反映的主要是丝绸之路南道和中道设置驿站的情况。而天山以北地区为匈奴阻隔，战争连绵不断，因而驿站设置的比较晚。汉成帝时，西域都护段会宗遭到乌孙军队围攻，曾经"驿骑上书"[①]段会宗驿骑上书所走路线，是经龟兹北越今木扎尔特达坂，进入天山山谷后，一路向西，到达乌孙的游牧地伊犁河流域。这一段道路应该是丝绸之路中道（汉北道）向天山北路的延伸，说明天山廊道之中已有驿道并设有驿站。

北道或者称"新北道"开发的时间比较晚。西汉元始中（公元1—5年），戊己校尉徐普了解到"车师后部王国有新道，出五船北，通玉门关，往来差近"，[②]欲开通之。结果，遭到车师后部王的反对，此事也就不了了之。东汉时期，西域"三绝三通"，北匈奴呼衍王一直驻牧于蒲类海（今巴里坤湖）周围地区。东汉军队多次讨伐匈奴蒲类王，走的就是从今哈密向北越天山松树达坂，到巴里坤，然后沿天山北麓到今奇台、吉木萨尔（北庭）这条通道，并留下过遗迹。[③]所以，开通新道，应该在东汉元嘉元年（151）敦煌太守司马达彻底打败北匈奴呼衍王以后。因此，《三国志·魏书》附《魏略·西戎传》说："从敦煌、玉门关入西域，前有二道，今有三道"。

大北道，即草原丝绸之路，是欧亚草原古代游牧民族迁徙的大通道，通行比较早。前49年（西汉黄龙元年）匈奴郅支单于兼并乌揭、丁零、坚昆，经巴尔喀什湖以东地区，西奔康居，以及后来北匈奴的

---

① 《汉书》卷70《陈汤传》。
② 《汉书》卷96下《西域传》下。
③ 松树达坂处曾立有"任尚碑"、《裴岑纪功碑》。

西迁，都是走的这一通道。但是，由于天山北路的草原地区为"行国"，游牧民族逐水草而迁徙，毡房扎营，随时搬迁，因此，汉代草原丝绸之路上还没有见到设立驿站的记载。

总之，汉代天山北路驿道交通已经初露端倪。历经魏晋南北朝到隋唐时期，丝绸之路空前繁荣，天山北路驿站交通开始全面发展。其主要标志有三。

第一，伊北道开通。伊北道，是指从伊州（今哈密）经蒲类（今巴里坤）到达北庭（今吉木萨尔）的通道。《魏略·西戎传》载："从玉门关西北出，经横坑，辟三垅沙及垅堆，出五船北，到车师界戊己校尉所治高昌，转西与中道合龟兹，为新道。"多数学者认为，这里所说的"新道"就是西汉末戊己校尉徐普欲开的新道，并称其为"伊吾路"。[①]新道虽然乏水草，行走不易，但避开了三垅沙及垅堆，且"往来差近"，所以至魏晋南北朝时期，"商客往来，多取伊吾路"。[②]

然而，伊吾路并不是真正意义上的北道，充其量仅是北道发展过程中的一个过渡阶段。北道的完全开通，应该是南北朝后期的事，因此《隋书·裴矩传》说："北道从伊吾经蒲类海、铁勒部、突厥可汗庭，度北流河水至拂林国"。南北朝后期，伊北道的开通，是丝绸之路不断发展的结果，更是天山北路驿站交通建设的一个里程碑。

第二，碎叶路的开通。碎叶路是指北庭至碎叶的道路。汉代，人们就知道："（车师）后部西通乌孙"，[③]魏晋时亦说车师后部"转西北则乌孙、康居"，但都没有说明道路的具体走向，估计此路交通不畅、行人稀少。所以，人们仍然从高昌"转西与中道合龟兹"，[④]但到隋唐时期，情况发生重大变化。前引裴矩《西域图记》说，经铁勒可以到达突厥可汗庭，而西突厥可汗"多在乌孙故地"，也就是说，

---

① 余太山：《汉魏通西域路线及其变迁》，《西域研究》1994 年第 1 期。

② 《北史》卷 97《西域传》。

③ 《后汉书》卷 88《西域传》。

④ 《三国志》卷 30 附《魏略·西戎传》。

从当时的可汗浮图城（今吉木萨尔）到伊犁河流域的交通完全建立起来了。贞观十四年（640）唐灭高昌，在可汗浮图城置庭州。显庆二年（657），伊丽道行军大总管苏定方平定阿史那贺鲁叛乱，"诸部落各归所居，通道路，置邮驿"。[①] 这样，从庭州到伊犁河流域的弓月城，再到碎叶的道路便畅通无阻了。唐朝诗人岑参在《北庭西郊候封大夫受降回军献上》诗中写道："驿马从西来，双节夹路驰"[②] 正是碎叶路畅通的真实写照。

伊北道与碎叶路的开通，使天山北麓驿站交通完全连成一线，"伊吾之右，波斯之东，职贡不绝，商旅相继"。[③] 这是真正意义上的丝绸之路北道。

第三，回鹘路的开通。唐代回鹘路也称参天可汗道，是草原丝绸之路的一部分。大致分为南段和西段，南段为长安到漠北回鹘牙帐斡耳朵八里（即鄂尔浑河上游哈喇巴喇哈逊故城）的通道，西段为斡耳朵八里到北庭的通道。贞观二十年（646），唐灭薛延陀，漠北之地进入唐朝版图。次年，漠北铁勒诸部酋长，请开"参天可汗道"，"置六十八驿，各有马及酒肉以供过使，岁贡貂皮以充租赋，仍请能属文人，使为表疏。上皆许之"。[④] 太宗贞观二十一年。天宝十四年（755），唐朝发生"安史之乱"以后，吐蕃占据河西走廊，交通受阻。驻守在西域的唐朝军政官员入奏朝廷，只有"道出回鹘"，[⑤] 才能回到长安。在吐蕃占领河西时期，回鹘控制下的草原丝路，成了维系内地与西域交通的基本通道。

从汉代到唐代，经过 600 余年的发展，天山北路的驿站交通体系终于形成，并日趋完备。其特点主要是：

---

①　《唐会要》. 卷 73《安西都护府》。

②　（唐）岑参：《岑嘉州诗集笺注》卷 1，中华书局，2004 年版，第 23 页。

③　《册府元龟》卷 985。

④　《资治通鉴》卷 198。

⑤　《新唐书》卷 180《李德裕传》。

一、驿站与烽燧、守捉并举，保障交通道路安全。北道开通后，沿线驿站、烽燧、守捉星罗棋布。伊北道上主要有独泉、东华、西华、驼泉、罗护岭，赤谷、长泉、龙泉、独山、郝遮、蒲类等驿站、军镇、戍堡至庭州。[①]北庭以西有沙钵、俱六城、张堡城、乌宰、黑水、东林等守捉，直至碎叶城。[②]沿线驻有伊吾军、瀚海军、静塞军、清海军。这些交通路线与驿站、烽燧、驻军相结合，构成了严密的军事防御网，拱卫着天山北路的交通安全。

二、严格管理制度。唐朝建立了专门的交通运输管理机构——长行坊，负责公务车马长途运输。都护府、都督府或州级及县级均有长行坊机构，其任务是供官吏及一般人员和家属乘载，不承担大宗运输任务。

唐朝规定，通过关、戍、守捉时，必须持有通行证明，称为"过所"。过所文书一般由都督府、州颁发，有正、副两份，加盖官印，判官、通判签名。正本由本人使用，副本交刑部司门司或户曹档案保存，三年一拣除。[③]在吐鲁番阿斯塔那墓地就出土有唐西州户曹发给石染典的过所文书，可以为证。

三、在北庭地区实行州县制。贞观十四年（640），唐朝平定高昌后，在可汗浮图城（今吉木萨尔北庭故城）设庭州，下辖蒲类、金满、轮台、西海四县。庭州的设置使农耕文化突破了游牧文化的边界，推行到了天山北路。长安二年（702），北庭大都护府设立后，对天山北路进行统一管辖，西域各民族对中原王朝的向心力不断加强，出现了"华夷一家""胡汉一体"的局面，进一步加强了西北边疆的安全与稳定，发展和巩固了统一的多民族国家。

---

① 《新唐书》卷40《地理志四》伊州纳职县。

② 参见《新唐书》卷40《地理志四》。

③ 参见《吐鲁番出土的几件唐代过所》，收入《华山馆丛稿》，中华书局，1987年4月。

二、蒙元时期天山北路驿站交通拓展

蒙元时期，是天山北路驿站交通全面发展的时期。蒙古人以游牧为主，产品大多为畜牧和军用产品。当时，由于阿拉伯商人"穿过森林地区，开拓了贸易通路"①使蒙古贵族接触到许多新奇的商品。所以，在统一蒙古以后，随着成吉思汗对外军事征服范围的扩大和商业贸易的需要，蒙古人开始在辖境内设立驿站。天山北路是草原丝绸之路的重要通道，成吉思汗率领大军是从蒙古经过这里攻入中亚、西亚甚至欧洲的，以后又逐渐形成了钦察、察合台、窝阔台、伊利四个汗国。随之，从蒙古草原经天山北路，到中亚、西亚，直至欧洲，建立起了一个系统完整的驿站交通网络。

首先拓展了交通驿道，蒙元时期，从漠北草原蒙古汗廷哈刺和林过阿尔泰涧道，进入天山北路，虽然可以行走，但并不畅通。扈从成吉思汗西征的耶律楚材说：成吉思汗十四年（1219），蒙古大军西征，"道过金山，时方盛夏，山峰飞雪，积冰千尺许，上命凿冰为道以度师"。②三太子窝阔台"出军，始辟其路"。经此拓展，阿尔泰涧道成为坦途。

另外一个隘路是果子沟。这里崎岖、险峻，阻碍交通。以往到达伊犁河流域，或从今塔城进入哈萨克斯坦，然后南下，或从今精河以西的婆里科努山峡间往西南，抵达阿里麻里。蒙古西征时，由二太子察合台在果子沟"凿石理道，刊木为四十八桥，桥可并车"。③不仅使草原丝绸之路经今塔城，直接进入伊犁地区，而且使碎叶路不再经过今精河以西的的婆里科努山峡谷，而在果子沟以北与草原丝绸之路

---

① 《马恩全集》卷27，人民出版社，1974年10月，第17页。

② （元）耶律楚材：《西游录上》，中华书局，1981年版，第1页。

③ （元）李志常：《长春真人西游记》，中国旅游出版社，1988年版，第64页。

汇合，就可抵达阿力麻里。① 其次，构建了以天山北路为枢纽、连接中亚、西亚的驿站交通网络。成吉思汗西征后，从漠北越阿尔泰山，或经塔城到达伊犁地区到达中亚、西亚的草原丝绸之路都得以疏通。南宋端平二年（1235），拔都西征，很快将欧亚大陆辽阔草原纳入蒙古帝国统治之下。为了加强与各领地之间的联系，窝阔台决定开辟一条从哈剌和林经察合台汗国到拔都辖境的驿道，察合台完全赞同，说"我从这里相迎，把驿站相接通。我再从这里派使者去到巴秃（即拔都）那里，让巴秃也把他那里的驿站相迎着接通起来"。② 之后，窝阔台、察合台、拔都皆派特使，选立地点，设置驿站。不久，教皇英诺森四世派遣方济各会修士约翰·普兰诺·加宾尼出使蒙古，就是经过钦察汗国、巴尔喀什湖以南、叶密立（今额敏县），向东过乌伦古河，越阿尔泰山，进入蒙古高原，到达哈剌和林的。南宋淳祐十二年（1252），旭烈兀攻灭了盘踞波斯北部诸山寨的"木剌夷国"，接着攻陷报达（今伊拉克巴格达），灭黑衣大食（阿拔斯王朝），建立伊利汗国。南宋开庆元年（1259），常德奉命西使波斯，面觐旭烈兀，从哈剌和林出发，西行越阿尔泰山，再西北行，过乞则里八寺海子（今乌伦古湖），经业瞒城（即叶密立）、孛罗城（即不剌），过铁木儿忏察关口（今果子沟），到达阿里麻里，继续西行，经塔剌寺（今哈萨克斯坦之江布尔）、樽思干（今乌兹比克斯坦之撒马尔罕），到达殢扫儿城（今伊朗东北霍腊散之泥沙不儿）。③ 常德能够顺利到达波斯，说明从哈剌和林到察合台汗国，再到伊利汗国的交通是畅通的。所以，文献记载说："凡在属国，皆置驿传，星罗棋布，脉络相通"。④ 这样，以天山北路为枢纽、连接中亚、西亚的驿站交

① 隋唐时期的北道是从今精河以西的的婆里科努山峡谷向西南抵达阿力麻里的，参见陈戈《新疆古代交通路线综述》，《新疆文物》1990年第3期。
② 《蒙古秘史》（余大钧译本），河北人民出版社，2001年，第279节。
③ （元）刘郁：《西使记》，载杨建新编《古西行记》，宁夏人民出版社，1987年版，第231-236页。
④ 《永乐大典》卷19416，引《经世大典》站赤一究集刊》第一辑。

通网络就建立起来了。最后，建立专门机构，完善驿站设置。在平定海都、都哇之乱的过程中，忽必烈建立专门机构，加强对天山北路的驿传系统的管理。至元十五年（1278），忽必烈"授八彻察里虎符，掌别失八里畏兀儿城子里军站事"。"授朵鲁知金符，掌彰八里军站事"。①1281 年，因"旧站消乏"，忽必烈听从镇守西北诸地的蒙古宗王阿只吉的请求，下诏在太和岭（山西雁门关北）到别失八里之间"置新驿三十"；②1282 年，在塔城设置"塔尔八合尼（即塔尔巴哈台）驿"；③1283 年设"畏兀儿四处站"；二十二年四月，复"置畏兀驿六所"。④ 所设驿站，多分布在天山北路。由于建立了专门的机构，专人进行管理，进一步完善了驿站设置，海都、都哇之乱时期也未能阻断天山北路驿站交通。

毫无疑问，蒙元时期，天山北路驿站交通的全面发展有利于中央政府政令、军令畅通，有利于疆域的开拓和社会稳定，是西域交通史上值得浓墨重彩的一笔。

三、清朝前期天山北路驿站交通的全面发展

清代，天山北路驿站交通建设是与平定准噶尔的战争相联系的。当时，从北京到达天山北路的交通路线主要有两条，称为北路和西路。北路出京城向西北过张家口，到外蒙古乌里雅苏台、科布多，越阿尔泰山，进入新疆。西路分为南北两线：南线从北京出发，经直隶（今河北）、山西、陕西、甘肃等省省会，到达嘉峪关，然后经哈密越天山，到达巴里坤；北线自张家口和南线分道，一路向西，经今山西、陕西、甘肃各省北部及内蒙古的额济纳旗等地，到达巴里坤。

---

① 《元史》卷 63《地理六》。
② 《元史》卷 11《世祖纪八》。
③ 《元史》卷 12《世祖纪九》。
④ 《元史》卷 14《世祖纪十一》。

清初，漠西蒙古雄踞天山北路。其首领噶尔丹为了进一步统治蒙古诸部，于康熙二十七年（1688）五月领兵三万出科布多进犯漠北喀尔喀蒙古，二十九年，他又以追击土谢图汗为名，侵入内蒙古乌尔会河以东的乌兰地区，"乘胜长驱而南，深入乌兰布通"，[①]直接威胁京师。为应对噶尔丹进犯，清政府开始设置张家口至四子部落五处台站。五十四年，清军将北路前沿据点推进到位于阿尔泰山东北方向的鄂尔斋图呆尔和莫代察罕搜尔，并在这两地筑城驻兵。五十八年后，兵部尚书范时崇奉命自杀虎口至和莫代察罕搜尔先后共安设四十七站。这样，北路台站已见雏形。雍正九年（1731），清朝政府修建科布多城，对北路台站进行调整，"自张家口至乌里雅苏台军营，凡四十七站，十六腰站"。[②]

乾隆十九年（1754）三月，清朝政府进剿准噶尔，清军由科布多越阿尔泰山进入新疆，北路台站终于延伸到了天山北路。

西路与北路台站设置几乎是齐头并进，相辅相成。康熙三十五年（1696），在取得"昭莫多战役"胜利后，"理藩院、兵部遵谕议西路设驿"。[③]五十四年，准噶尔侵扰哈密，清朝政府在布隆吉尔、巴里坤驻兵，"自嘉峪关至哈密，安设十二站，每台各分车二百五十辆"，[④]运送粮食，叩开了进入新疆的大门。接着，"大学士甯安奏设哈密、巴里坤军台"。[⑤]雍正七年（1729），清朝政府在巴里坤筑城，把台站修到了木垒地方，已经深入到了天山北路。

清乾隆时期，西路自哈密越天山，经巴里坤、木垒、吉木萨尔、乌鲁木齐、昌吉、库尔喀喇乌苏、精河，然后穿越果子沟，到达伊

① （清）魏源：《圣武记》卷3。
② （清）方观承：《从军杂记》，（清）王锡祺辑《小方壶舆地丛抄》第二帙，杭州古籍书店1985年版。
③ 《清圣祖朝实录》卷169，康熙三十六年正月癸末。
④ 《清圣祖朝实录》卷267，康熙五十五年正月辛酉。
⑤ （清）钟广生：《新疆志稿》第3卷。

犁的台站道路最终完成。据《清高宗实录》卷四九二、乾隆二十年（1755）秋七月庚辰条记载"伊犁至哈密……具设台站"。又开辟了一条自库尔喀喇乌苏至塔尔巴哈台的路线，自奇台至科布多的路线也有了新的拓展。北路自科布多，越阿尔泰山，渡额尔齐斯河，经塔尔巴哈台、博尔塔拉，到达伊犁。

乾隆二十四年（1759），清朝在平定了准噶尔政权和大小和卓叛乱以后，统一新疆。1762年设置伊犁将军，驻惠远城，统领新疆军政事务，管辖今新疆包括巴尔喀什湖以东以南广大地区。由于清朝以伊犁为中心，采取"以北制南"的统治策略，特别重视天山北路的驿站交通建设，使其得以全面发展。

清朝统一新疆以后，在天山北路"遍设驿站"。"军台以营员及笔帖式领之，……其驻兵多寡，视其地大小简要为差，驼马车夫，分别安设"。①其台站设置具体情况是：西路自哈密或巴里坤，经肋巴泉、木垒河、奇台、吉木萨、阜康等地，到达乌鲁木齐，共25处台站，计1500里；另自奇台北，经古城、素毕口、噶逊布拉克、苏吉等地，至鄂伦布拉克，入科布多界，再经察罕通古、达布苏、博罗浑台等，至科布多城，共14处台站，计1430里。自乌鲁木齐向西，经洛克伦、呼图壁、玛纳斯、库尔喀喇乌苏、精河，西至伊犁所属之胡素图布拉克，共21处台站，计1390里；另自库尔喀喇乌苏西北行，经库尔和台、沙拉乌苏、鄂伦布拉克，至塔尔巴哈台所属之乌尔图布拉克台，计340里。②

北路台站在进入天山北路以后，或渡乌鲁古河自布伦托海，经乌兰布拉克、鄂博图、布霍图、达兰图根、色德尔莫多等14处台站，计1140里，到达塔尔巴台；或渡额尔齐斯河向南，经察尔齐海、哈尔噶图必拉、塔奇勒罕、乌兰胡吉尔、色德尔莫多等13处台站，计730

---

① 《西域图志》卷31《兵防》，台北：文海出版社，1976年版，第10页。

② （清）和瑛：《三州辑略》卷1。

里，到达塔尔巴台。^①从塔尔巴台到伊犁，路有两条：一是先到库尔喀喇乌苏，与西路汇合，经精河、托里，到达惠远城，共 19 处台站，计1400 里；二是经巴尔鲁克山赴伊犁，从老风口起程，经乌兰克董、乌兰达布逊，到达伊犁所属博尔塔拉，共 6 处台站，计 330 里，^②然后再到伊犁惠远城。自此，历经康熙、雍正、乾隆三代经营，终于形成了东起哈密，西到伊犁，北达阿尔泰，南抵天山北麓的交通网络。其特点主要如下。

第一，驿道星罗棋布，四通八达。清代天山北路台站，除主干道以外，还有干道、支道。如哈密到乌鲁木齐，或越天山先到巴里坤，然后西行，或自会宁驿过天山到肋巴泉，与主干道汇合。还可以先到吐鲁番，经根特克、白杨河、喀喇巴尔噶逊，再到乌鲁木齐。又如从古城到科布多除了除从孚远驿北上到达科布的干道外，还可以经旱沟、芨芨湖、老君庙、北塔山，走草地至蒙古科布多或乌里雅苏台，而且沿途都设有台站。

第二，台、塘、站、卡伦同置。台指军台，"专为各处奏折、文报以及运送官物、应付差员而设"。^③塘指营塘或军塘，亦称墩塘，"所以接差务为不时之需"。^④站指驿站，包括正站、腰站、协站，"府、厅、州、县平移公文，例不便擅交军台递送"，^⑤而由驿站专递。卡伦，为在边地要隘设置的更番候望之所，负有稽查来往行人、传递文书之责。清朝政府统一新疆后，为了保障道路安全、畅通，在各主要交通沿线设置军台、营塘、驿站、卡伦，并派官兵常年守护。如从乌鲁木齐，经昌吉、绥来，晶河，到伊犁惠远城，沿途设有军台 20 座，

---

① 中央民族学院图书馆藏吴丰培整理《塔尔巴哈台志略·军台》，1982 年，第 21-29 页。

② （清）《大清一统志》卷 517《伊犁》，上海古籍出版社，2008 年版。

③ （清）佚名：《乌鲁木齐政略·军台》，王希隆编：《新疆文献四种辑注考述》，甘肃文化出版社，1995 年 12 月，第 39 页。

④ （清）和瑛：《三州辑略》卷 5。

⑤ （清）佚名：《乌鲁木齐政略·驿站》，王希隆编：《新疆文献四种辑注考述》，甘肃文化出版社，1995 年 12 月，第 46 页。

驿站 21 座，营塘 14 座，驿站 5 座，并在红山嘴、洛克伦、玛纳斯山口及沙拉托会等地建有卡伦。当然，并不是在所有交通线上，同时都建有台、塘、站、卡伦。如从乌鲁木齐经巴里坤至哈密，有营塘 23 座、驿站 18 座，而没有设置军台。[①] 从奇台到科布多所属之鄂伦布拉克，仅设有素毕口、噶逊布拉克、苏吉、鄂伦布拉克四座卡伦。显然，台、塘、站、卡伦如何设置，是根据各交通路段事务繁简程度而决定的。但是，这种设置形式，适应了新疆地广人稀的特点，有利于保障交通安全。

第三，制定规章制度，严格管理。天山北路设置台站后，清朝政府不仅规定了驿站人员构成，房屋、马匹配置，以及经费来源和开支标准等，而且制定了严格的管理制度。主要内容有：明确规定，来往新疆各地的军政官员，如使用各台站的交通工具，必须特批，并到兵部取得"勘合"（证件）；限定里程时限，且在传递文件上注明。一般文件日行 300 里或 400 里，重大事件或军事行动日行 500 里或 600 里，最高时限日行 800 里；驿递的各类文件严禁损坏泄密，均需严密包装，贴上印花，保证完好无损的送达目的地，如有违犯，即按军法从事；定期巡查各台站马匹、车辆及台站士兵和服役百姓生活和工作情况等。

可以说，清代前期，天山北路驿站的设置及管理，达到了其驿传史上的顶峰状态。其驻扎人员，基本为八旗官兵。这一点亦与天山南路以及内地驿站交通略有不同。之所以如此，应与清朝政府治疆指导思想有关。

清朝政府统一新疆以后，总统伊犁将军驻惠远城，其地缘政治中心置于天山北路，并在伊犁、乌鲁木齐、巴里坤、奇台、库尔喀喇乌苏等北路各地驻防满洲、蒙古八旗官兵，进而形成了"以北制南"的治疆策略思想。正是在这一策略思想的指导下，加强天山北路驿站交通建设，自然是顺理成章之事。不仅如此，清朝政府还进一步拓展了

① （清）松筠等：《钦定新疆识略》卷 1。

从伊犁到天山南路的交通通道。

清代前期，从伊犁通往天山南路的主要通道有四："一自那喇特卡伦，经珠勒土斯、察罕通格两山以达喀喇沙尔；一自穆素尔达巴罕渡特克斯河，踰冰岭以达阿克苏之札木台；一自伊克哈布哈克卡，越贡古鲁克达巴罕以达乌什；一自鄂尔果珠勒卡伦，踰善塔斯、巴尔珲两山，渡那（纳）林河以达喀什噶尔"①。但上述通道均有高山阻隔，冰岭挡道，行走极为艰难。为了保障通行，清朝政府"辟山通道，择要安设卡伦台站，南北一气贯注"。②清代前期天山深处的驿站交通建设，在以后平定和卓后裔的叛乱中，发挥了重要作用。

四、近代以来天山北路驿站交通的恢复与衰落

近代以来，新疆同全国一样，各种社会矛盾日趋尖锐，西方列强加快了侵略步伐，使我国逐步沦为半殖民地、半封建社会。受此影响，天山北路台站经历了破坏到恢复再到衰落的过程，最终退出了历史舞台。

同治三年（1864），新疆各地爆发反抗清朝统治的武装斗争，使西路台站陷入瘫痪状态，"玉关内外，旧设塘驿全行废弛"。由"伊犁至乌鲁木齐中间库尔喀喇乌苏、乌兰乌素及毗连之绥来、昌吉各县，逆回肆扰，文报不通"。③西路台站丧失后，新疆与清朝政府的联系完全依靠北路台站，故"将古城迤北之北套桥等处戈壁台站，添拨兵役，常川驻守，接递文报"。④并"著乌里雅苏台将军咨行伊犁将军、

① 魏光焘《勘定新疆记》卷6归地篇·分界，中华文史丛书（104）光绪己亥刻本影印，华文书局有限公司印行，第229-230页。

② （清）刘锦棠：《刘襄勤公奏稿》卷4，光绪八年十二月十八日《请按约索还乌什之贡古鲁克地方折》。

③ （清）左宗棠：《左宗棠全集》第6册，光绪二年十一月十一日《会师攻拔玛纳斯南城详细情形请奖楠出力阵亡各员弁折》，上海书店，1986年版。

④ 《清实录新疆资料辑录·同治朝卷》，第75-76页。

塔尔巴哈台、叶尔羌参赞大臣，及所属各城，嗣后奏报，均著暂行改道，由乌里雅苏台、科布多所属蒙古台站，挨台递送至张家口，转递进京。"①

同治四年（1865）初，浩罕军官阿古柏侵入新疆，先后占领喀什、叶尔羌、和阗、阿克苏、库车等地，并建立"哲德沙尔"殖民政权。九年又攻占吐鲁番、乌鲁木齐、玛纳斯等地。十年，沙俄以"代收代管"的名义，霸占伊犁。至此，新疆仅有塔尔巴哈台、哈密、巴里坤在清军手中。西路台站尽失，而北路台站作用更加突出。

同治六年（1867），清朝政府在布伦托海设办事大臣兼理塔尔巴哈台事务。首先安设从科布多经阿勒泰乌梁海七旗到布伦托海的台站，以及向西到土尔扈特北路三旗的台站。十年，署理伊犁将军荣全在额敏建立伊犁将军行营，把两路台站继续向西延伸，终于经过霍博竞赛里（和布克赛尔）同塔尔巴哈台城底台连接起来了。这样自乌里雅苏台—科布多—塔尔巴哈台的台站交通得以恢复，同时派出得力官员驻防把守，以保障这条北疆生命线的信息传递和军饷运输。

在西路，同治十年（1871），乌鲁木齐都统景廉便奏请设立巴里坤以西至木垒河九处军台，次年又添东路奎苏、松树塘二台，在自肋巴泉到盐池南路又添设五处。②西路台站开始恢复。

光绪二年（1876），清军收复古牧地、乌鲁木齐、玛纳斯，帮办新疆军务大臣金顺进驻扎库尔喀喇乌苏，不仅恢复了哈密至乌鲁木齐、至库尔喀喇乌苏的台站，而且将其与塔尔巴哈台台站连接起来了。有效地保障了军事信息的传递和物资的流通，为以后通过谈判，从沙俄手中收复伊犁创造了条件。

光绪四年（1878），清朝政府收复除伊犁以外的大部分领土。巡抚刘锦棠建议积极恢复在战争中被破坏的驿递线路，"首治邮驿亭障，

---

① 《清穆宗实录》卷95，同治三年二月己亥。
② 《镇西县乡土志》，载《中国西北文献丛书·二编》卷7。

以通商路"，主持大规模筑路修桥，增开驿站，添设营塘，充实台站。

光绪十年（1884）新疆建省后，刚刚恢复了的天山北路台站发生了重大变化。一是任务和隶属关系，"旧设之军台、营塘，悉从省制，改为驿站，统隶于守令"。[①] 二是邮政与电报的举办，驿站功能弱化。

首先，建省后，天山南、北路站塘一律改为驿站。以迪化为中心，新开辟了六条驿道，新旧驿站道路加起来共 2 万余里，驿站合计 259 处。省内各城之间道路每隔 90 里设置驿站，向各方向伸展出若干交通干线与支线，形成射线状驿路，使天山南北与内地交通网络得以贯通。"行人往返，得所休宿，商旅载途，从归如市"。[②] 除塔尔巴哈台地方外，其它地方"尽撤军台改为驿递"。[③]

台塘改为驿站后，任务和隶属关系发生变化。"文报归驿，承递前次，军台陆续裁撤，而驿站则重新厘定，均归县厅"[④]。原为军运所需的台站被驿站所取代，其军事职能下降，主要为传递文书，保护行旅为主。驿站隶属于省政府及各厅州县，主要为当地官府服务。

其次，随着西方邮政与电报等新的通讯方式的兴起，驿站功能弱化。尽管新疆驿站交通做了重大变革，但是仍然不能适应现实需要。而此时，西方各国已经使用铁路、电报、邮政等新的交通、通讯方式，较之新疆驿站交通不仅速度快，数量大，而且安全。

光绪十七年（1891），帕米尔争界案起。为适应形势变化，新疆巡抚陶模与北洋大臣李鸿章建议架设电报线路，他们在《会奏请设新疆北路电线折》中说道："新疆远处边陲，蒙、汉、回缠及哈萨克、布鲁特各部落错杂而居，西北紧与俄邻，西南与英所属诸部接境。遇有紧要文报，由省城递至肃州转电，动折需旬日，似此声息迟滞，窃

① 《新疆图志》卷七十九《道路一》。
② （清）钟广生：《西疆备乘（卷 3. 驿站）》. 私印本，1914 年，第 6、7 页。
③ （清）孙希孟《西征续录》，《中国西北文献丛书》第 119 册。兰州古籍书店影印出版，1990 年 10 月。
④ （清）杨存蔚：《绥来县乡土志》，《中国西北文献丛书》二编第 7 卷，线装书局，2006 年版。

恐贻误事机"①。后经清朝政府批准，拨银十万两，动工筑建嘉峪关至迪化电报线路。次年六月，通往新疆的第一条自办电报线竣工，遂在迪化设电报总局，各地设分局，并同时架设天山南北两条线路。二十年三月，由省城迪化向西北经库尔喀喇乌苏分达伊犁和塔城的有线电报竣工。其后塔城、伊犁又与俄国电线连接。至此，新疆北路电报线全线开通。

19世纪末，俄国的铁路延伸至离中国不远的斜米巴拉金斯克、阿拉木图和安集延。俄国在塔城、伊犁、乌鲁木齐等设立领事的城市相继创办邮局，收寄华人信函，借道西伯利亚铁道传达至京津，收入颇丰。为了杜绝俄人攫取利权，新疆按察使荣霈建议在新疆迅速兴办邮政，"凡公文报章均由邮递，其商民书信，略仿邮政售票章程办理，惟钦差大员暨蒙回王公，照例驰驿"。②宣统元年（1909）八月，总税务司便派洋员毕德森来新疆筹办邮政，年底在迪化设立新疆邮政总局，东路、东南路、西北路各分局同时设立。西北路共设立库尔喀喇乌苏、塔城、精河和伊犁四个分局。

至民国元年（1912）八月，除绥来（今玛纳斯）至阿勒泰、奇台至科布多因不通邮递酌留驿站外，新疆境内各属驿站裁撤完毕，铁路、公路也逐步取代了驼队和驼路，驿站交通最终退出历史舞台。

正如《新疆图志》所说：自清朝政府统一新疆以后，"邮传之制由军塘而驿站，由驿站而邮政，至是凡三变矣！他日铁路之兴，又将变"③。后来的事实证明，新的交通、通讯工具的使用，对新疆社会政治、经济、文化的发展起着重要的促进作用。

交通是经济发展的命脉，是国防建设的基础。"驿路通，则国家强；驿路滞，则国家弱"。中国历代统治者在新疆地区不遗余力倾

---

① （清）陶模《陶勤肃公奏议遗稿》卷1，见马大正主编《清代新疆稀见奏牍汇编》中册，新疆人民出版社，1996年版，第943页。

② 《新疆图志》卷86《道路八》。

③ 《新疆图志》卷79《道路一》。

注大量人力、物力、财力尽其所能开辟驿道、整饬驿站，维系大一统王朝的长治久安。尤其是清代，人们已经认识到："古者设边，守在四夷。新疆深沟重垫，天险之国不患其不能守，而患其不能通。通则富，不通则贫；通则强，不通则弱"。所以，有不少有识之士倡导在新疆修铁路，并提出了各种方案。经过百余年的奋斗，特别是新中国成立七十年以来，航班、铁路、高速公路进入新疆，如今新疆地区必将在"一带一路"的建设中，绽放出新的光彩！

百姓与部落：唐代北庭地区的人群管理

武汉大学　梁振涛

唐玄宗开元年间《敕北庭将士百姓等书》云：

敕北庭将士、部落及百姓等：

忠义所感，在臣子而固然；凶恶必诛，虽鬼神而亦尔。逆贼刘涣，不意含气，有此狂愚；忽于夷途，坐生逆节；奸谋虽起，狡数自穷。诱人不从，欺天斯甚。由是忠义奋发，凶丑就擒。虽则奴庸，何足比数；然于荒徼，亦云除恶。皆是卿等，同心尽力，向国输忠。能协人鬼之谋，不贻戎狄之笑。朕每以嘉叹，无忘于心。所云有功，皆已优赏；惩恶劝善，实在于兹。夏中甚热，卿并平安好。遣书指不多及。[①]

敕文所言"逆贼刘涣""坐生逆节"，当指北庭都护刘涣于开元二十二年（734）谋反被诛之事。《旧唐书·玄宗纪》载：（开元二十二年）四月，甲寅，北庭都护刘涣谋反，伏诛。[②]敕文谓"夏中甚热"，知敕书发布之时间，即当在平定刘涣之乱后的开元二十二年夏中某月。

在上引安抚北庭的敕书中，唐廷将安抚对象区分为将士、部落和

---

①　（唐）张九龄撰、熊飞校注：《张九龄集校注》，中华书局，2008 年版，第 533—534 页。

②　《旧唐书》卷八《玄宗》上，中华书局，1975 年版，第 201 页。

百姓三类，并谓凡此人等，"同心尽力，向国输忠"，显然皆系大唐臣民。"将士"指驻屯北庭的唐朝军队。据《通典·边防》"车师高昌附"条载，贞观十四年（640）置立庭州之后，"每岁调内地更发千人镇遏焉。"① 后又设置瀚海军常驻。据《旧唐书·地理志》"北庭都护府"条载，瀚海军，开元中盖嘉运置，在北庭都护府城内，管镇兵万二千人，马四千二百匹。② 瀚海军在北庭都护府所管三军（另两军为天山军、伊吾军）中，兵众和马匹最多。当开元二十二年发布《敕北庭将士百姓等书》时，瀚海等军已置，故敕书所云北庭将士，当即包括瀚海军等所领将吏军士。北庭将士乃唐朝镇抚和管理天山以北地区的主要依靠力量。"百姓"在唐廷发布的敕文中常与"将士"并列出现。如《敕瀚海军使（北庭都护）盖嘉运（及将吏军士百姓已下）书》，敕文末尾谓："初冬渐寒，卿及将吏军士百姓，并平安好"，③ 百姓列于将吏、军士之后。《敕北庭将士（瀚海军使盖嘉运）已下书》称"比秋气已冷，卿及将士百姓，并平安好。"④ 二敕文针对的群体是北庭将士，然亦言及"百姓"。因此，就唐廷敕书一般模式化的表达而言，应当是将"百姓"置于"将士"（将吏军士）之后。"部落"，当指北庭地区归降唐朝的西突厥部落及其所役属的诸蕃部落之众，其在敕书表达中的位置，一般当列于"将士""百姓"之后。而上引开元二十二年敕书，在起首作"将士、部落及百姓等"，将"部落"置于"百姓"之前，盖因为在平定刘涣叛乱的过程中，北庭所属的部落之众作用较大之故。

有关庭州和北庭的研究，主要集中在庭州置废及其属县、人口与营田，庭州在丝绸之路上的地位与作用，以及北庭都护府建置等方

---

① 《通典》卷一九一《边防》七，中华书局，1988 年版，第 5206 页。
② 《旧唐书》卷四十《地理志》三，第 1646 页。
③ （唐）张九龄撰、熊飞校注：《张九龄集校注》，第 540–541 页。
④ （唐）张九龄撰、熊飞校注：《张九龄集校注》，第 531 页。

面。① 这些研究，较充分地揭示了唐王朝在北庭地区的军政建置、经济开发以及庭州（北庭）在唐突关系、丝绸之路中的地位与作用。在此基础上，我们注意到，唐王朝在北庭地区对于不同人群采取了不同的控制方式，创立并实行了不同的人群管理制度。唐朝将北庭地区的人群区分为"将士""百姓""部落"三大类，其亲疏近远之关系则依次递减，并采取不同方式进行控制。其中，"将士"是唐王朝所依靠的军事力量，是借以控制北庭地区的基本武力；而"百姓"与"部落"则属于统治对象。因此，本文主要讨论唐王朝如何管理圈层结构中的"百姓"和"部落"两类群体，进而分析人群身份的差异与行政管理制度之间的关系。

历史研究

一、唐代北庭地区的二元管理体制

《旧唐书·地理志》"北庭都护府"条，载其领瀚海、天山、伊吾三军，辖金满、轮台、蒲类三县，天宝户二千二百二十六，口九千九百六十四。统有盐治州都督府、盐禄州都督府、阴山州都督府、大漠州都督府、轮台州都督府、金满州都督府、玄池州、哥系州、咽面州、金附州、孤舒州、西盐州、东盐州、叱勒州、迦瑟

---

① 关于唐朝对庭州的经营和管理，可参阅鲁才全：《关于唐代庭州的几个问题》，《西北史地》1986 年第 3 期，第 80–87 页；[日] 松田寿男：《论唐朝庭州之领县》，《古代天山历史地理学研究》，陈俊谋译，北京：中央民族学院出版社，1987 年版，第 348–386 页；王永兴：《唐灭高昌及置西州、庭州考论》，北京大学历史系编：《北大史学（2）》，北京大学出版社，1994 年版，第 63–75 页；薛宗正：《庭州、北庭建置新考》，《中国边疆史地研究》1994 年第 1 期，第 1–12 页；荣新江：《丝绸之路上的北庭（公元 7–10 世纪）》，陈春生主编：《海陆交通与世界文明》，北京：商务印书馆，2013 年版，第 64–73 页，收入氏著《丝绸之路与东西文化交流》，北京大学出版社，2015 年版，第 24–33 页；荣新江：《唐代北庭都护府与丝绸之路》，《文史知识》2010 年第 2 期，第 25–31 页；李锦绣：《唐代庭州的人口与营田》，《文史知识》2010 年第 2 期，第 31–37 页；吴震：《唐庭州西海县之置建与相关问题》，《新疆社会科学》1989 年第 2 期，第 95–106 页，收入氏著：《吴震敦煌吐鲁番文书研究论集》，上海古籍出版社，2009 年版，第 320–331 页；王旭送：《唐代庭州西海县考》，《昌吉学院学报》2013 年第 6 期，第 8–12 页；郭声波：《中国行政区划通史·唐代卷》，复旦大学出版社，2017 年第二版，第 1365–1370 页。

州、冯洛州等十六番州。[①]北庭所辖三县有明确的户口统计。又载："十六番州，杂戎胡部落，寄于北庭府界内，无州县户口，随地治畜牧。"[②]十六番州无户口统计，是为无版羁縻府州。北庭都护府自长安二年（702）由庭州改置，至贞元六年（790）陷于吐蕃，近百年的时间里，历经置废，辖县亦有所变动，所统羁縻府州也有变化。[③]但北庭都护府自置立之始，就既统军事又管民政、既领部落又理百姓，是合军事、民政于一体的军政管理机构。就其行政管理体制而言，其行政建制分为属县（正县）与领府州（羁縻府州）两部分，前者管理"百姓"，后者统领"部落"。这样，庭州（北庭）地区实际上就构成了以属县（正县）治百姓、以蕃州（羁縻府州）统领部落的二元管理体制。而这一体制确立，既是唐朝在帝国范围内以正州县治编户齐民（以"华夏"为主）、而以羁縻府州领诸种沿边蕃胡的二元管理制度在北庭地区的实施，又是与该地区的人群来源与分划、与唐王朝的亲疏远近关系，以及不同人群的经济社会与历史文化状况相适应的。

关于庭州设置的年代，《通典·州郡》"庭州"条载：

> 庭州 今理金满县。在流沙之西北，前汉乌孙之旧壤，后汉车师后王之地。历代为胡虏所居。大唐贞观中，征高昌。于时西突厥屯兵于可汗浮图城，与高昌相影响。及高昌既平，惧而来降，以其地为庭

---

① 《旧唐书》卷四〇《地理志》三，第1646页。

② 《旧唐书》卷四〇《地理志》三，第1647页。

③ 《新唐书·地理志》谓宝应元年（762）置西海县；后庭县当亦于此年由金满县更名。松田寿男认为西海县为清海军改置；吴震认为西海县置于上元二年（761），治所在今乌鲁木齐东南盐湖之破城子，新疆盐湖化工厂所在；王旭送认为在今玛纳斯西北的玛纳斯湖一带。参看[日]松田寿男：《论唐朝庭州之领县》，《古代天山历史地理学研究》，陈俊谋译，第369—371页；吴震：《唐庭州西海县之置建与相关问题》，《新疆社会科学》1989年第2期，第95—106页，收入氏著：《吴震敦煌吐鲁番文书研究论集》，上海古籍出版社，2009年版，第320—331页；王旭送：《唐代庭州西海县考》，《昌吉学院学报》2013年第6期，第8—12页。

州，后置北庭都护府。[①]

据此，贞观十四年（640）平高昌，屯兵于可汗浮图城的西突厥惧而来降，以其地为庭州，与西州并置。[②] 然《新唐书·地理志》载：

北庭大都护府，本庭州，贞观十四年平高昌，以西突厥泥伏沙钵罗叶护阿史那贺鲁部落置，并置蒲昌县，寻废，显庆三年复置，长安二年为北庭都护府。[③]

据此，惧而来降的西突厥叶护似是阿史那贺鲁。鲁才全指出，贺鲁归降乃在贞观二十二年（648），唐太宗下诏将其安置于庭州莫贺城，贺鲁归附与庭州之设置无关。屯兵于可汗浮图城而降唐的西突厥叶护极可能是咄陆叶护阿史那步真。[④] 其说颇可从。然其时似并未在庭州下分置相应的军政机构以统领归附的突厥部众。由今见文献所见，直到高宗显庆年间平定阿史那贺鲁、重置庭州后，才在这一地区大规模设置羁縻府州以统领部落之众。《元和郡县图志》卷四十陇右道"庭州"条载：

庭州，因王庭以为名也。后为贼所攻掠，萧条荒废，显庆中重修置，以来济为刺史，理完葺焉。请州所管诸蕃，奉敕皆为置州府，以其大首领为都督、刺史、司马，又置参将一人知表疏等事。其俗帐居，随逐水草。帐门皆向东开门，向慕皇风也。其汉户，皆龙朔已后

---

① 《通典》卷一七四《州郡》四，第 4559 页。
② 庭州设置的年代，史籍记载不一，当以贞观十四年（640）为是。参阅鲁才全：《关于唐代庭州的几个问题》，《西北史地》1986 年第 3 期，第 80 页。
③ 《新唐书》卷四〇《地理志》四，中华书局，1975 年版，第 1047 页。
④ 鲁才全：《关于唐代庭州的几个问题》，《西北史地》1986 年第 3 期，第 80—87 页。

流移人也。[1]

"为贼所攻掠，萧条荒废"乃指太宗崩逝后，阿史那贺鲁一反忠顺姿态，招集离散，谋取西、庭二州，至永徽三年（652）初，攻陷庭州。"显庆中重修置"指唐王朝先后三次发兵征讨，并于显庆中平定叛乱，生擒贺鲁，重置庭州。重建庭州后的首任刺史为来济，[2] 其奉敕置州府，当是指分置羁縻府州，以统领归附庭州的诸蕃"部落"。[3] 凡此诸蕃部落，此前当已在庭州地区活动，并隶属于庭州。换言之，在来济奉敕置立羁縻府州之前，庭州至少在名义上，当直接统领其辖境内的诸蕃。《旧唐书·地理志》"北庭都护府"条载：

贞观十四年，侯君集讨高昌，西突厥屯兵于浮图城，与高昌相响应。及高昌平，二十年四月，西突厥泥伏沙钵罗叶护阿史那贺鲁率众内附，乃置庭州，处叶护部落。[4]

按，此条述及庭州初置之事，时间及人物皆有舛误。当为贞观十四年（640）西突厥咄陆叶护阿史那步真归降，乃置庭州。"处叶护部落"指以庭州安置西突厥归降部落。《资治通鉴》卷一九九"贞观二十二年四月"条载：

初，西突厥乙毗咄陆可汗以阿史那贺鲁为叶护，居多逻斯水，在西州北千五百里，统处月、处密、始苏、歌逻禄、失毕五姓之众。乙

---

① 《元和郡县图志》卷四〇，"庭州"，中华书局，1983年版，第1033页。

② 鲁才全：《关于唐代庭州的几个问题》，《西北史地》1986年第3期，第80—87页。

③ 金山都护府置废情况，可参阅薛宗正：《唐金山都护府钩沉》，《新疆师范大学学报》（社会科学版）1985年第1期，第25—31页；刘子凡：《瀚海天山——唐代伊、西、庭三州军政体制研究》，上海：中西书局，2016年版，第145—157页。

④ 《旧唐书》卷四〇《地理志》三，第1645页。

毗咄陆奔吐火罗，乙毗射匮可汗遣兵迫逐之，部落亡散。乙亥，贺鲁帅其余众数千帐内属，诏处之于庭州莫贺城，拜左骁卫将军。贺鲁闻唐兵讨龟兹，请为乡导，仍从数十骑入朝。上以为昆丘道行军总管，厚宴赐而遣之。①

贞观二十二年（648）咄陆叶护阿史那贺鲁为乙毗射匮可汗迫逐，率众内属，唐廷下诏"处之于庭州莫贺城"，胡注，庭州西延城西六十里有沙钵城守捉，盖即莫贺城也，以贺鲁后立为沙钵罗叶护可汗，故改城名也。贺鲁内属，唐王朝"处之于庭州莫贺城"，与贞观十四年唐廷置庭州以"处叶护部落"当性质相似，皆是对该地区内属诸蕃部落的安置，即以州境作为安置（处）诸蕃的区域，诸蕃在名义上隶属于庭州统领，但实际上仍处于相对独立的状态。因此，在贞观十四年至永徽三年（640—652）间，庭州境内虽然安置有阿史那步真、阿史那贺鲁所领的叶护部落，然并未设置羁縻府州，庭州对于诸蕃"部落"的控制是相当松散的。庭州能够真正控制的，实际上是其属县以及属县统领的"百姓"。

贞观至永徽年间的庭州之属县，史书记载差异较大。《通典·州郡》谓庭州领金满、蒲类、轮台三县，"三县并贞观中平高昌后同置。"②而同书《边防》"车师高昌附"则载：

初西突厥遣其叶护屯兵于可汗浮图城，与高昌为影响，至是惧而来降，以其地为庭州，并置蒲类县，每岁调内地更发千人镇遏焉。③

同书所载，前后不一。可知中唐时人对贞观年间平高昌后，置立

---

① 《资治通鉴》卷一九九，"贞观二十二年四月"，中华书局，2011年版，第6369—6370页。
② 《通典》卷一七四《州郡》四，第4559页。
③ 《通典》卷一九一《边防》七，第5205—5206页。

州县之事已不甚清楚。《元和郡县图志》谓庭州管后庭、蒲类、轮台三县。贞观十四年置蒲昌（后改为金蒲县，又改为后庭县）、蒲类二县，长安二年置轮台县。[①]《旧唐书·地理志》称庭州旧领一县，户两千三百。天宝领金满、轮台、蒲类三县，贞观十四年与庭州同置。[②]《新唐书·地理志》另载有宝应元年所置的西海县，故曰领四县。然称贞观十四年置庭州时，并置蒲昌县。[③]上引诸书所载纷繁，未能一致。松田寿男细致梳理后认为，庭州初置时领县二，金满县和蒲类县；[④]吴震认为庭州初领县应是蒲类一县。[⑤]值得注意的是，《旧唐书·地理志》载"旧领县一"，则庭州初置时所领可能本就一县。《初学记·州郡部》"总叙州郡"引《括地志》曰：

唐贞观十三年大簿，凡州府三百五十八。凡县一千五百五十一，至十四年西克高昌，又置西州都护府及庭州并六县，通前凡三百六十州，依叙之为十道也。[⑥]

魏王李泰于贞观十六年（642）表上《括地志》，其所记平高昌后所置二州、六县，当准确反映当时州县置立的实际状况，而其时西州置五县无疑，故庭州当置一县。刘子凡推测认为一州领一县，州治和县治似应在一处，庭州所治之可汗浮图城应该最先置县。[⑦]屯兵于可汗浮图城的西突厥叶护来降，置庭州以处之，庭州初置一县当为金满。金满县的位置，徐松认定其位于清代保惠城北二十余里的护堡

---

① 《元和郡县图志》卷四〇，"庭州"，第 1033–1034 页。

② 《旧唐书》卷四〇《地理志》三，第 1646 页。

③ 《新唐书》卷四〇《地理志》四，第 1047 页。

④ ［日］松田寿男：《论唐朝庭州之领县》，《古代天山历史地理学研究》，第 382 页。

⑤ 吴震：《唐庭州西海县之置建与相关问题》，《新疆社会科学》1989 年第 2 期，第 96 页，见氏著：《吴震敦煌吐鲁番文书研究论集》，第 321 页。

⑥ 《初学记》卷八《州郡部》，中华书局，1962 年版，第 165–166 页。

⑦ 刘子凡：《瀚海天山——唐代伊、西、庭三州军政体制研究》，中西书局，2016 年版，第 71 页。

子破城，① 即今吉木萨尔县北约 11 公里处的北庭故城遗址。则《旧唐书·地理志》所称"旧领县一，户二千三百"，当是庭州初置时所领金满县的户口数。说明庭州之属县应设有司户佐等吏员对该地区百姓著籍造册，以便管理。

唐朝以西蕃部落置州府之事，在平定贺鲁之乱的过程中已经开始。以后唐王朝又多次在西突厥统辖故地设置羁縻都督府、州等。② 第一次为显庆二年、三年安置西突厥部落及诸姓所降者。显庆中重置庭州后，来济请州所管诸蕃置羁縻府州当在此背景下进行。平定贺鲁、重置庭州后，天山以北地区的军政管理机构当是显庆至垂拱年间于庭州所置的金山都护府。③ 刘安志认为，唐代羁縻州府一般多为边州都督、都护所领，金山都护府在庭州的设置，正是适应了庭州周围诸蕃已建置羁縻州府的新形势而产生。④ 因此，金山都护府当辖有金满、蒲类等县及于诸蕃所置的羁縻府州，构成正州县与羁縻府州相结合的二元行政管理体制。

据上可知，唐王朝针对北庭地区的"百姓"和"部落"两类群体，采取二元行政管理体制。这一行政体制的确立盖经历了三个阶段：第一阶段为贞观十四年至永徽三年（640—652）的庭州时期，以金满等县管理"百姓"，以庭州松散统领"部落"；而平定贺鲁之乱、重置庭州后，唐朝于诸蕃置立羁縻府州，则进入第二阶段，即显庆中至垂拱年间（658—688）的金山都护府时期，确立了以金满、蒲类等县管理著籍"百姓"，以羁縻府州管理诸蕃"部落"的二元行政管理体制；第三阶段为长安二年至贞元六年间（702—790）的北庭都护府时期，如《旧唐书·地理志》"北庭都护府"条所载下辖金满、轮台、

① 徐松著、朱玉麒整理：《西域水道记（外二种）》，中华书局，2005 年版，第 173 页。

② 王小甫：《唐、吐蕃、大食政治关系史》，中国人民大学出版社，2009 年版，第 5—8 页。

③ 金山都护府设立的时间，伊瀬仙太郎、苏北海、薛宗正、刘安志、刘子凡等诸位学者都有讨论。参阅刘子凡：《瀚海天山——唐代伊、西、庭三州军政体制研究》，第 137—157 页。

④ 刘安志：《唐代西域边防研究》，武汉大学博士学位论文，1999 年，第 6 页。

蒲类三县，瀚海、天山、伊吾三军，及十六番州，是军政一体、百姓与部落并治的二元行政管理体制。

二、根民与附户

前引《旧唐书·地理志》"北庭都护府"条载："旧领县一，户二千三百。"旧领县当指庭州初置所领一县，即金满县；户数也当是该县户口数。而前引《元和郡县图志》卷四十陇右道"庭州"条载："其汉户，皆龙朔已后流移人也。"庭州置立之前，天山以北地区乃戎狄所居，汉人极少，到高宗龙朔年间（661—663）以后才渐有汉人迁入。那么贞观中金满县的著籍百姓是由哪些人构成呢？

阿斯塔那二二一号墓所出《唐贞观廿二年庭州人米巡职辞为请给公验事》文书内容相对完整，录文如下：

1. 贞观廿二　　　庭州人米巡职辞：
2. 米巡职年叁拾，奴哥多弥施年拾伍
3. 婢娑匐年拾贰 驼壹头黄铁勤敦捌岁
4. 羊拾伍口。
5. 州司：巡职今将上件奴婢驼等，望于西
6. 州市易。恐所在烽塞，不练来由。请乞
7. 公验。请裁，谨辞。
8. 巡职庭州根民，任往
9. 西州市易，所在烽
10. 塞勘放。怀信白。
11. 廿一日 ①

米巡职应出自昭武九姓米国，即 Maymurgh。荣新江认为，米巡

---

① 唐长孺主编：《吐鲁番出土文书》叁，图文本，文物出版社，1996 年版，第 306 页。

职可能在西突厥时代就已经在这里生活，到贞观十四年（640）变成唐朝庭州的合法居民。[①] 因此，米巡职于庭州著籍，携奴、婢、驼、铁勤敦、羊等望于西州市易，因出州境，需向所属州司开具公验证明。判官怀信判词中的"巡职庭州根民"，当指米巡职在州司的著籍身份，即庭州的原住民。姜伯勤将粟特商胡进行分类，米巡职属于已入籍粟特人，其籍贯属西州、庭州、伊州等州者，持有"公验"者可在著籍本贯以东进行贸易。[②] 然贞观十四年后在庭州著籍应不只是粟特商胡，当包括在庭州地区生活且有别于诸蕃部落民的各类常住人群，米巡职等粟特商胡当只是其中的一部分。唐廷初置庭州，面对这些常住人口，对其管理方式也有别于降唐的西突厥叶护部落，而是置县、著籍进行管理，亦即包括"根民"在内的这些本地常住人群当构成了庭州旧领县所管理的著籍"百姓"。

唐王朝在西域新拓边地设县管理本地常住人口，也见于对伊州地区常住人群"胡人"及"土人"的管理。《元和郡县图志·陇右道》"伊州"条载"隋大业六年（610）得其地，以为伊吾郡。隋乱，又为群胡居焉。贞观四年（630），胡等慕化内附，于其地置伊州。"[③] 当即贞观四年（630）唐平北突厥，伊吾城长石万年举七城以献，置西伊州。八年（634）去"西"字，称"伊州"。[④]伊州领伊吾、柔远、纳职三县，皆于贞观四年置。其中伊吾县为郭下县，柔远县以县东有柔远故镇，故名。据《唐光启元年书写沙州伊州地志残卷》伊州"柔远县"条载：

柔远县，右相传，隋大业十二年，伊吾胡共筑营田。贞观四年胡

---

① 荣新江：《丝绸之路上的北庭（公元 7—10 世纪）》，《丝绸之路与东西文化交流》，北京大学出版社，2015 年版，第 27 页。

② 姜伯勤：《敦煌吐鲁番文书与丝绸之路》，文物出版社，1994 年版，第 187 页。

③ 《元和郡县图志》卷四〇，"伊州"，第 1029 页。

④ 参看吴玉贵：《隋唐伊吾史二题》，中国人民大学国学院主编：《国学的传承与创新——冯其庸先生从事教学与科研六十周年庆贺学术文集》，上海古籍出版社，2013 年版，第 967—971 页。

归国，因此为县，以镇为名……柔远镇。镇东七里，隋大业十二年置伊吾郡，因置此镇。[①]

此伊吾胡当为粟特胡，[②]柔远镇似当与伊吾胡营田同时置。"贞观四年胡归国"当此年伊吾粟特胡归附唐朝，唐置柔远县以安置居于此地的归唐粟特胡人，且以县东柔远镇为名。因此，伊州郭下伊吾县及以隋末柔远古镇为名的柔远县，当是安置归附的伊吾粟特胡人而置。而据《元和郡县图志·陇右道》伊州"纳职县"条载：

纳职县，下。东北至州一百二十里。贞观四年置。其城鄯善人所立，胡谓鄯善为纳职，因名县焉。[③]

"纳职"即"弩支"，是粟特文 nwc 字的对音，意为"新"。[④]粟特胡人谓鄯善为"纳职"，则纳职县之得名当是唐王朝对胡称鄯善的认同。胡三省注称"鄯善，唐为纳缚波地。"[⑤]"纳缚波"也当为胡称鄯善的另一汉译名称。《唐光启元年书写沙州伊州地志》伊州条记纳职县：

纳职县，右唐初有土人鄯伏陁，属东突厥，以征税繁重，率城人入碛，奔鄯善，至，并吐浑居住。历焉耆，又投高昌，不安而归。胡

---

① 唐耕耦、陆宏基编：《敦煌社会经济文献真迹释录》第 1 辑，书目文献出版社，1986 年版，第 41 页。

② 李志敏：《"纳职"名称考述：兼谈粟特人在伊吾活动的有关问题》，《西北史地》1993 年第 4 期；荣新江：《北朝隋唐粟特人之迁徙及其聚落》，《国学研究》第 6 卷，北京大学出版社，1999 年版，第 36—37 页；收入氏著：《中古中国与外来文明》，生活·读书·新知三联书店，2014 年修订版，第 48—50 页。

③ 《元和郡县图志》卷四〇，"伊州"，第 1030 页。

④ 李志敏：《"纳职"名称考述：兼谈粟特人在伊吾活动的有关问题》，《西北史地》1993 年第 4 期。

⑤ 《资治通鉴》卷一百八十，"大业三年十月"，第 5741 页。

人呼鄯善为纳职，既从鄯善而归，遂以为号耳。①

"鄯伏阤"当即《元和郡县图志》所记"鄯善人"之首领。这部分鄯善人盖于后魏及北周即已来居伊吾，突厥兴起后，伊吾脱离西魏—北周版图，属东突厥。② 由于东突厥征税繁重，鄯伏阤等人试图返回故土鄯善。然后奔鄯善、历焉耆、投高昌，终又归于此地。因其本就鄯善后裔及从鄯善来归，因此被称"纳职"。这部分居于伊吾的鄯善后裔于唐初已被称作 "土人"，在奔鄯善前已经筑城，当在此居住已久。伊州纳职县当为贞观四年安置这批常住"土人"鄯善后裔而置。

因此，米巡职所代表的庭州粟特商胡作为"庭州根民"可能只是庭州著籍人口的一部分。庭州地区盖也存在类似"土人"等人群被编户著籍。庭州金满县之置当与伊州三县（伊吾、柔远、纳职）之置目的相似，皆是安置本地的常住人口而设。

上引《元和郡县图志》谓龙朔年间（661—663）以后，颇有汉户流移庭州。阿斯塔纳五〇九号墓所出《唐开元二十一年西州都督府案卷为勘给过所事》录有蒋化明辩辞称：

101. 蒋化明年廿六……

102. 化明辩：被问先是何州县人？得共郭林駄驴？仰答。但化明

103. 先是京兆府云阳县嵯峨乡人，从凉府与 [郭]（敦）元暕驱駄至北庭。括

10. 客，乃即附户为金满县百姓。为饥贫，与郭林驱驴伊州纳和籴。③

括客，当即检括客户。蒋化明附户为金满县百姓，遂得称为"金满县户"。故此件文书下文所录判官户曹参军梁元璟"白"称："蒋

---

① 唐耕耦、陆宏基编：《敦煌社会经济文献真迹释录》第 1 辑，第 41 页。
② 李志敏：《"纳职"名称考述：兼谈粟特人在伊吾活动的有关问题》，《西北史地》1993 年第 4 期。
③ 唐长孺主编：《吐鲁番出土文书》肆，图文本，第 291 页。

化明一人，推逐来由，称是北庭金满县户，责得保识，又非逃避之色，牒知任还北庭。"而虞候状称："其人北庭子将郭琳（当即郭林——引者）作人，先使往伊州纳和籴。"然则，蒋化明显然是受雇于人的客户。流入庭州金满、蒲类诸县的汉户，可能大多如蒋化明一样，多为客户。这些流移之人，当被著籍、附户为金满等县百姓。因此，庭州原住民、商胡著籍及客户的流入等因素使庭州的著籍人群更加复杂。据《唐开元十六年庭州金满县牒》载：

1.金满县　牒上孔目司

2.开十六税钱，支开十七年用。

3.合当县管百姓、行客、兴胡，惣壹阡柒佰陆拾人，应见税钱，惣计当

4.贰佰伍拾玖阡陆佰伍拾文。

5.捌拾伍阡陆佰伍拾文，百姓税。[①]

（后缺）

金满县合县百姓、行客、兴胡皆当纳税，所纳税钱当为户税。沙知认为，开元十六年（728）税钱为每年所征的小税（供军国传驿及邮递之用）或别税（供外官之月料及公廨之用）；且合当县的纳税总计1760人，当为户数，即1760户。[②] 既向官府缴纳户税，当在该县著籍。则庭州金满县著籍人口由百姓、行客、兴胡构成。从全县纳税总额及百姓所纳税额来看，百姓约占三分之一。行客即从内地来的各种流动人口。兴胡，又称兴生胡，即粟特胡人，此两类人群占金满县户数的三分之二。这些著籍之人在唐王朝的人群分类中当皆属有别于诸蕃"部落"的"百姓"群体。

《旧唐书·地理志》谓庭州旧领县一，户二千三百。天宝领县

---

① 池田温：《中国古代籍帐研究》，龚泽铣译，中华书局，2007年版，录文，第210页。

② 沙知：《跋唐开元十六年庭州金满县牒》，《敦煌吐鲁番学研究论文集》，汉语大词典出版社，1991年版，第187-195页。

三，户二千二百二十六，口九千九百六十四。①《元和郡县图志》陇右道"庭州"条载：开元户二千六百七十六。乡五。庭州辖后庭、蒲类、轮台皆下县。②《太平寰宇记》陇右道"庭州"条曰：天宝户二千二百二十六。与《旧唐书》同，并记录各县设乡情况。后庭，二乡；蒲类，三乡；轮台，四乡。③《天宝年间地志残卷》（敦煌县博物馆收藏）载北庭诸县的设乡情况：金满县，中县，二乡；轮台县，中县，三乡；蒲类县，下县，二乡。④庭州地区人口变动较大，属县等级及设乡情况也有不同。前据《唐开元十六年庭州金满县牒》金满县著籍户 1760 户。其中行客、商胡当多从事商业贸易，常住户口仅占三分之一，不足 600 户。金满县置两乡。庭州开元户为 2676 户，则蒲类、轮台两县约合 900 余户，去除行客、商胡之类，一般百姓户数则更少。而蒲类、轮台两县置三至五个乡，每乡分管户数则较少。因此，唐朝初置庭州，当将本地"根民"等常住人口进行编户著籍。龙朔以后，行客流移庭州，也当附户为金满等县百姓。"根民"、兴胡著籍及行客附户，唐朝通过编户著籍的方式将北庭地区的各类人群转变为具有统一政治身份的"百姓"群体，对这些著籍百姓的管理则是以县统乡、以乡管户的县—乡之制。

三、因其种落，置立府州

《唐会要》"安西都护府"条载：

显庆二年十一月，伊丽道行军大总管苏定方大破贺鲁于金牙山，尽收其所据之地，西域悉平。定方悉命诸部，归其所居。开通道路，别置馆驿。埋瘗骸骨，所在问疾苦，分其疆界，复其产业。贺鲁所虏

---

① 《旧唐书》卷四〇《地理志》三，第 1646 页。

② 《元和郡县图志》卷四〇，"庭州"，第 1033–1034 页。

③ 《太平寰宇记》卷一五六，"庭州"，中华书局，2007 年版，第 2997 页。

④ 唐耕耦、陆宏基编：《敦煌社会经济文献真迹释录》第 1 辑，第 57 页。

掠者，悉检还之，西域诸国，安堵如故，擒贺鲁以归。十一月，分其地，置濛池、昆陵二都护府。以阿史那弥射为昆陵都护，阿史那步真为濛池都护。其月十七日，又分其种落，列置州县。以处木昆部为匐[延]（廷）都督府，以突骑施索葛莫贺部为嗢鹿都督府，以突骑施阿利施部为洁山都督府，以胡禄屋阙部为盐泊都督府，以摄舍提暾部为双河都督府，以鼠尼施处半部为鹰娑都督府。其所役属诸胡国，皆置州府，西尽波斯，并隶安西都护府。[①]

此段史料关涉平贺鲁后安置西突厥部众之事，但所记时间多有舛误。据《资治通鉴》及《考异》引《高宗实录》所载分其地置濛池、昆陵二都护当在显庆二年（657）十二月，而任命弥射、步真担任都护在同月乙丑（十一日）；分其种落为六都督府当在显庆三年（658）十一月十七日。[②]此且不论。值得注意的是，上引文述显庆二年十一月置濛池、昆陵二都护府，谓“分其地”；而下文叙分置六都督府，则称“分其种落，列置州县”。分其地以置二都护府，与分其种落以置各府州，显然系平贺鲁之后安置西突厥部落的两个阶段。“分其地”，当即以其所居之地作为各部封疆之所在。“归其所居”“复其产业”均说明诸部所分得的疆界皆为其原来所居，是其旧有的产业。换言之，在这一阶段唐王朝实际上承认（认可）各部所居疆域的既成事实，并未加以调整。“分其种落”，则意味着分划其固有的种群部落，按其部落大小、位望高下，授予其首领以官职。唐王朝试图介入西突厥固有的部落组织结构内部，打破旧的部落格局，以分散部落的传统势力，防止诸部凝聚为新的联合体。“分其种落”乃依据唐王朝所颁布的诏书进行。《旧唐书·突厥传》载此诏曰：

---

① 《唐会要》卷七三，“安西都护府”，上海古籍出版社，2006年版，第1567页。
② “置二都护”与“分置六都督府”两事的时间，参阅吴玉贵：《突厥汗国与隋唐关系史研究》，商务印书馆，2017年版，第354–358页。

贺鲁父子既已擒获，诸头部落须有统领。卿早归阙庭，久参宿卫，深感恩义，甚知法式，所以册立卿等各为一部可汗。但诸姓从贺鲁，非其本情，卿等才至即降，亦是赤心向国。卿宜与卢承庆等准其部落大小，位望高下，节级授刺史以下官。[①]

此诏书颁布当在擒获贺鲁、置立二都护之后的显庆三年（658），为"分其种落"而发布的诏书。庭州周边的羁縻府州之置，也当是在此背景下，于显庆三年来济任庭州刺史后才大规模展开。[②]《元和郡县图志》谓："（来济）请州所管诸蕃，奉敕皆为置州府，以其大首领为都督、刺史、司马，又置参将一人知表疏等事。"来济理莅庭州，所奉之敕也当为唐王朝颁布的此条诏书。其时在庭州周边置有哪些羁縻府州，史书缺载，但据《新唐书·地理志》所载北庭都护府所辖府州有特伽、鸡洛两州，濛池、昆陵二都护府，匐延、噘鹿州、洁山、双河、鹰娑、盐泊州、阴山州、大漠州、玄池州、金附州、轮台州、金满州、咽面州、盐禄州、哥系州、孤舒州、西盐州、东盐州、叱勒州、迦瑟州、冯洛州、沙陀州、答烂州等二十三都督府。[③]这些府州当包含卢承庆等安置西突厥诸姓和来济所请于庭州周边所置之府州，但并非北庭都护府所辖羁縻府州之全部。唐高宗与武则天合葬的乾陵石雕"蕃臣"像的衔名中，还有一些濛池都护属下于五弩失毕诸部设立的都督府州，如千泉都督府、俱兰都督府、颉利都督府、碎叶州等。[④]北庭故城遗址发现有"蒲类州之印"，[⑤]此蒲类州当是于庭州附近所置的羁縻州。又，《新唐书·地理志》所载"呼延都督府"条，跌州下

---

① 《旧唐书》卷一九四下《突厥传》下，第5188—5189页。

② 鲁才全认为，来济任庭州刺史在显庆三年，《旧唐书·来济传》之显庆五年有误。参看鲁才全：《关于唐代庭州的几个问题》，《西北史地》1986年第3期，第86页。

③ 《新唐书》卷四三下《地理志》七下，第1130—1132页。

④ 陈国灿：《唐乾陵石人像及其衔名的研究》，《文物集刊》第2集，文物出版社，1980年版，第189—203页。

⑤ 蒋其祥：《＜蒲类州之印＞小考》，《新疆社会科学》1982年第1期，第79—80页。

注：初为都督府，隶北庭，后为州，来属。[1] 跌州都督府也当属北庭都护府下属的羁縻州府。

《旧唐书·突厥传》谓阿史那步真归国，咄陆可汗以贺鲁为叶护，代步真，居多逻斯川，"统处密、处月、姑苏、歌罗禄、弩失毕五姓之众。"[2] 后咄陆西走吐火罗，贺鲁为乙毗射匮可汗迫逐，部多亡散。于贞观二十二年（648）率其部落内属，唐朝诏处之于庭州莫贺城。贞观二十三年（649）二月置瑶池都督，以贺鲁为都督。据《旧唐书·回纥传》载"诏西突厥可汗阿史那贺鲁统五啜、五俟斤二十余部。"[3] 此二十余部当指归降唐朝的西突厥部落及其所辖诸蕃部落。唐朝以西蕃部落置州府之事，在平定贺鲁之乱的过程中已经开始。据《新唐书·沙陀传》载：

永徽初，贺鲁反，而朱邪孤注亦杀招慰使连和，引兵据牢山。于是射脾俟斤沙陀那速不肯从，高宗以贺鲁所领授之。明年，弓月道总管梁建方、契苾何力引兵斩孤注，俘九千人。又明年，废瑶池都督府，即处月地置金满、沙陀二州，皆领都督。[4]

永徽二年（651）高宗以梁建方、契苾何力为弓月道行军总管，征讨贺鲁，朱邪孤注与贺鲁连和。永徽三年（652）正月斩孤注，据《唐会要》唐朝于永徽四年（653）三月十三日废瑶池都督府。又据《新唐书·地理志》《资治通鉴》，于永徽五年闰五月置金满州。沙陀州之置当在同时。

"朱邪"当为"处月"之声转。岑仲勉说唐书有处月朱邪孤注、

---

① 《新唐书》卷四三下《地理志》七下，第 1120 页。
② 《旧唐书》卷一九四下《突厥传》下，第 5186 页。
③ 《旧唐书》卷一九五《回纥传》，第 5197 页。
④ 《新唐书》卷二一八《沙陀传》，第 6154 页。

处月朱邪阿厥，认为处月、朱邪往往连称，不能以朱邪概处月。① 处月、朱邪应不能完全等同，朱邪当为处月部落中之一部，并作为该部之姓氏。而处月至少包括朱邪、预支两部。② 樊文礼怀疑永徽三年（652）唐大破朱邪孤注后，即将俘虏的朱邪部"渠帅"及"生口"迁往瓜州地区，金满、沙陀二州的都督与朱邪部无缘。③ 而《新唐书·地理志》称金满州都督府"永徽五年以处月部落置为州，隶轮台。龙朔二年（662）为府。"④ 朱邪部"渠帅"或被迁移，但金满、沙陀二州之置当是安置处月部落之众。岑仲勉否定金满州与金满县（属庭州）这种州县名同而知其境地毗接的关联性。⑤ 但上引金满州隶轮台，且据《资治通鉴》胡注称金满州"其地近古轮台，属北庭都护府"。⑥ 胡氏所说古轮台当指唐轮台，而非汉代轮台。唐代轮台县一般认为在今乌鲁木齐市郊。沙陀，盖由《新唐书·沙陀传》"有大碛，名沙陀"而来，努尔兰·肯加哈买提推测沙陀为突厥地名 Qum sāŋir 的音译，Qum 为"沙漠"之意，sāŋir 为"山丘""山冈"之意。并将 Qum sāŋir 比定为元贵由崩地横相乙儿，在别失八里之东。⑦ 沙陀州的具体位置不明，但当与金满州分治处月部众。

《新唐书·回鹘传》"葛逻禄"载：

葛逻禄本突厥诸族，在北庭西北、金山之西，跨仆固振水，包多怛岭，与车鼻部接。有三族：一谋落，或为谋剌；二炽俟，或为婆匐；三踏实力。永徽初，高侃之伐车鼻可汗，三族皆内属。显庆二年，以谋落部为阴山都督府，炽俟部为大漠都督府，踏实力部为玄池

① 岑仲勉：《西突厥史料补阙及考证》，中华书局，1958 年版，第 201 页。
② 樊文礼：《沙陀的族源及其早期历史》，《民族研究》1999 年第 6 期，第 71 页。
③ 樊文礼：《沙陀的族源及其早期历史》，《民族研究》1999 年第 6 期，第 73 页。
④ 《新唐书》卷四三下《地理志》七下，第 1131 页。
⑤ 岑仲勉：《西突厥史料补阙及考证》，第 194–195 页。
⑥ 《资治通鉴》卷一九九，"永徽五年闰五月"，第 6398 页。
⑦ 努尔兰·肯加哈买提：《碎叶》，上海古籍出版社，2017 年版，第 55 页。

都督府，即用其酋长为都督。后分炽俟部置金附州。三族当东、西突厥间，常视其兴衰，附叛不常也。[①]

永徽初高侃伐车鼻可汗后，与车鼻部相接的葛逻禄部众当同时被安置。《新唐书·地理志》"安北都护府"下"浑河州"注曰：永徽元年（650），以车鼻可汗余众葛逻禄之乌德鞬山左厢部落置。"狼山州"注曰：永徽元年以歌逻禄右厢部落置。[②]《唐会要》"安北都护府"条载：（永徽元年）至十月二十日，以新移葛逻禄在乌都鞬山者，左厢部落置狼山州，右厢部落置浑河州。[③] 两者记载虽在以左右厢置何州上存在差异，但唐朝在其左右厢所领部落组织基础上，按厢分置羁縻州以统辖部落之众的做法是清楚的。

贺鲁叛乱西走，葛逻禄部盖随贺鲁西迁。[④] 永徽六年（655）唐朝发动征讨贺鲁的葱山道行军，并于显庆元年（656）八月辛丑击败葛逻禄等部。唐朝于显庆二年（657）以葛逻禄三部分置阴山、大漠、玄池都督府，分别对应谋落、炽俟、踏实力三姓部落。而《新唐书·地理志》"咽面州都督府"条下注称玄池、咽面初为州，长安二年（702）为都督府。则显庆二年所置可能是两府（阴山、大漠）一州（玄池）。又据《隋书·铁勒传》"伊吾以西，焉耆之北，傍白山，则有契弊、薄落、职乙、咥苏、婆那曷、乌讙、纥骨、也咥、于尼讙等，胜兵可二万。"[⑤] 内田吟风认为，中国人在隋代就已经知道构成葛逻禄三姓中 Bulāq 族（葛逻禄之一姓，唐书写作谋落）与 Čigil 族（葛逻禄之一姓，唐书写作炽俟）游牧于哈密以西、焉耆以北的天山北麓了。因为

---

① 《新唐书》卷二一七下《回鹘传》下，第 6143 页。

② 《新唐书》卷四三下《地理志》七下，第 1121 页。

③ 《唐会要》卷七三，"安北都护府"，第 1558 页。

④ 参阅［日］内田吟风著、陈俊谋译：《初期葛逻禄族史之研究》，《民族译丛》1981 年第 6 期，第 34 页。

⑤ 《隋书》卷八四《铁勒传》，中华书局，1973 年版，第 1879 页。

薄落和职乙是 Bulāq、Čigil 的汉字音译名。[①] 唐书中葛逻禄三姓部落应是其部族长期分化的结果，唐朝安置葛逻禄部落当是因其部落构成及部族大小而置立都督府、州。上引《新唐书·葛逻禄传》中"后分炽俟部置金附州"，唐朝当针对较大的部落进行分散管理。陈国灿对唐乾陵"蕃臣"石像背刻衔名的复原中有"右金吾卫大将军兼大漠都督三姓咽面叶护昆职"，[②] 咽面常依附于葛逻禄部，"三姓"指葛逻禄三姓部落。兼任三姓叶护的大漠都督当是三姓中地位最高的都督，与之对应的葛逻禄炽俟部也当是三姓中最重要的部落。炽俟部下亦当含有分支部落单元，如步失达官部落。[③] 唐朝分炽俟部置金附州，或许是将炽俟部下的一分支部落分离出来，新置羁縻州进行管理。据《新唐书·地理志》称"金附州都督府，析大漠州置"，[④] 初分置金附当为州，后升为都督府。这样金附即与阴山、大漠、玄池并为葛逻禄部之都督府、州，金附州都督府治下原炽俟部小部落的地位被大大提升，这很可能是唐朝"分其种落"的结果。

显庆二年（657）闰正月，唐朝以苏定方为伊丽道行军总管，第三次征讨阿史那贺鲁。是年十二月擒贺鲁，分西突厥地置濛池、昆陵二都护府，以阿史那弥射为左卫大将军、昆陵都护、兴昔亡可汗，押五咄陆部落；阿史那步真为右卫大将军、濛池都护、继往绝可汗，押五弩失毕部落。据《新唐书·突厥传》咄陆有五啜，处木昆律啜、胡禄屋阙啜、摄舍提暾啜、突骑施贺逻施啜和鼠尼施处半啜；弩失毕有五俟斤，阿悉结阙俟斤、哥舒阙俟斤、拔塞幹暾沙钵俟斤、阿悉结泥孰

---

① 参阅 [日] 内田吟风著、陈俊谋译：《初期葛逻禄族史之研究》，《民族译丛》1981 年第 6 期，第 31 页。

② 陈国灿：《唐乾陵石人像及其衔名的研究》，《文物集刊》第 2 集，第 194 页。

③ 荣新江认为或许步失达官部落正是炽俟部中的主体部落。参阅荣新江：《新出吐鲁番文书所见唐龙朔年间哥逻禄部落破散问题》，荣新江、李肖、孟宪实主编：《新获吐鲁番出土文献研究论集》，中国人民大学出版社，2010 年版，第 450 页。

④ 《新唐书》卷四三下《地理志》七下，第 1131 页。

俟斤、哥舒处半俟斤。①一个完整的北族名号通常由官号与官称两部分构成，官号具有标志身份的功能。②啜（čor）与俟斤（irkin）为官称，当为一部首领之称。③律、阙、暾、贺逻施、泥孰、处半等当为突厥官号。律，可能是阙律、屈律（küli）的省称，阙律、屈律、阙都是 kül 的不同转写，应是一种美称演变而来的官号。④暾，即 ton，意思是"第一个""头一个"，也是表示美称的官号。⑤泥孰，可能是 nižük 的音译，源于塞语 näjsuka，意为"战士""勇士"。处半，盖突厥语 čopan 的音译，据麻赫默德·喀什噶里，čupan 是乡长的副手。⑥虽然难以通解这些官号的词源及词义，但作为标识身份的美称官号，当有高低差别。岑仲勉注意到这些官号在五部中出现的顺序，他说：西突厥五啜、五俟斤，处木昆、胡禄屋、摄舍提、突骑施、鼠尼施、二阿悉结、二哥舒、一拔塞幹，皆部名；啜、俟斤皆官名；阙也，阙律也，暾也，贺逻施也，沙钵也，暾泥孰也，处半也，皆号也；五啜，阙第一二，五俟斤，阙亦第一二，而处半各居其末，以是知处半近于小，阙近于大，阙，特勤之荣号耳，蕃人不愿以名语汉，汉人又不察而即以官呼之，自汉至明，比比然矣。⑦且据《新唐书·突厥传》称胡禄屋阙啜是贺鲁之婿，阿悉结阙俟斤最盛强。⑧说明部落强盛、首领地位较高者的官称前用"阙"字。因此，作为标识身份意义的官号，当体现身份之尊卑，显示地位之高下。突厥十姓部落使用的官号当体现部落大小及首领地位的高下。

---

① 《新唐书》卷二一五下《突厥传》下，第 6061 页。
② 罗新：《中古北族名号研究》，"前言"，北京大学出版社，2009 年版，第 2 页。
③ 韩儒林：《突厥官号考释》，《穹庐集——元史及西北民族史研究》，上海人民出版社，1982 年版，第 304—326 页；罗新：《柔然官制续考》，《中古北族名号研究》，第 133—154 页。
④ 罗新：《论阙特勤之阙》，《中古北族名号研究》，第 194—212 页。
⑤ 罗新：《再说暾欲谷其人》，《中古北族名号研究》，第 213—224 页。
⑥ 努尔兰·肯加哈买提：《碎叶》，第 44 页。
⑦ 岑仲勉：《突厥集史》，中华书局，1958 年版，第 831 页。
⑧ 《新唐书》卷二一五下《突厥传》下，第 6061 页。

显庆三年（658）十一月十七日，唐朝于昆陵都护府下分置都督府。处木昆部、胡禄屋阙部、摄舍提暾部、鼠尼施处半部分别置匐延、盐泊、双河、鹰娑四都督府，未见以突骑施贺逻施部置立的都督府。[①] 而是以突骑施索葛莫贺部置嗢鹿州都督府，突骑施阿利施部置洁山都督府。即阿史那弥射原领的咄陆五部分置了六都督府。根据陈国灿对唐乾陵"蕃臣"石像背刻衔名的复原，属昆陵都护府属下的诸都督府官员有：故左威卫大将军兼匐延都督处木昆屈律啜阿史那盎路、吐火罗叶护咄伽十姓大首领盐泊都督阿史那忠节、故左武卫将军兼双河都督摄舍提暾护斯、故右威卫将军兼洁山都督突骑施傍靳、左威卫将军鹰娑都督鼠尼施处半毒勤德，[②] 现存石像未见嗢鹿州都督衔名，石像初建时可能有六十四尊，对称排列，而现存衔名仅三十六条，或当有嗢鹿州都督之衔名。据《新唐书·突厥传》"突骑施乌质勒"载：乌质勒死，其子嗢鹿州都督娑葛为左骁卫大将军，袭封爵。[③] 可知，以官号"（阙）律""阙"对应的处木昆部、胡禄屋部都督府分别由正三品的大将军和十姓大首领兼任都督，以官号"暾""处半"对应的摄舍提部、鼠尼施部都督府均由从三品的将军兼任都督。同时，以突骑施索葛莫贺部、阿利施部置嗢鹿州都督府、洁山都督府中，并以大将军兼任嗢鹿州都督。因此，西突厥十箭（Onoq）中的咄陆五啜并立格局，在平定贺鲁之后则转变为六都督并立的局面，置立六都督过程中，唐朝总体上因其部落格局现状而置立都督府，据其首领威望高低确立其在唐代官职中的职阶高低。同时当也"分其种落"而置都督府，提升个别部落地位，突破旧有格局，认可

---

① 王小甫认为突骑施部酋长称贺逻施啜，又分为两部，一为索葛莫贺部，唐置嗢鹿都督府，地在今伊犁河流域；一为阿利施部，唐置洁山都督府，地在嗢鹿府西。吴玉贵认为突骑施索葛莫贺部与突骑施阿利施部也与五咄陆诸部关系密切，索葛莫贺部与阿利施部与贺逻施啜的关系待考。参阅王小甫：《唐、吐蕃、大食政治关系史》，第34页；吴玉贵：《突厥汗国与隋唐关系史研究》，第358页。
② 陈国灿：《唐乾陵石人像及其衔名的研究》，《文物集刊》第2集，第192—194页。
③ 《新唐书》卷二一五下《突厥传》下，第6066页。

或设置新的部落格局。

关于五弩失毕部的情况，一般认为于五咄陆部置立都督府时，并未立即在五弩失毕诸部设立都督府。而最晚当在显庆四年（659）击败真珠叶护之后，唐朝于弩失毕诸部设置了羁縻府州。① 乾陵石雕"蕃臣"像的衔名中，有濛池都护属下五弩失毕诸部设立的都督府州，如右领军将军兼千泉都督泥孰俟斤阿悉吉度悉波②。据《资治通鉴》卷二百"显庆二年十月"条载：

> 右领军郎将薛仁贵上言："泥孰部素不伏贺鲁，为贺鲁所破，虏其妻子。今唐兵有破贺鲁诸部得泥孰妻子者，宜归之，仍加赐赉，使彼明知贺鲁为贼而大唐为之父母，则人致其死，不遗力矣。"上从之。泥孰喜，请从军共击贺鲁。③

此泥孰部当指五弩失毕部中阿悉结泥孰俟斤部，因与贺鲁有隙，为唐王朝所拉拢。泥孰部积极参与平贺鲁的战斗，成为西突厥内部一股亲唐势力。在平定贺鲁之乱后，这部分亲唐势力当是被重点安置的对象。唐朝于阿悉结泥孰俟斤部置千泉都督府当与其在平贺鲁过程中的助唐平乱有关。"蕃臣"像衔名中，另有故右金吾卫将军兼俱兰都督阙俟斤阿悉吉那靳、故右卫将军兼颉利都督拔塞干蓝羡、碎叶州刺史安车鼻施，可知以官号"阙""暾""泥孰"等对应的诸部都督府均由将军兼任都督，这种做法使旧有部落格局中首领地位之差异一定程度上被消弭。而碎叶州之置，当是以一小部落而置羁縻州。因此，唐朝于西突厥十姓部落设立羁縻府州当是"因其种落而置府州"。具体指，根据其部落大小及地位置都督府或羁縻州，根据其部落首领的

---

① 吴玉贵：《突厥汗国与隋唐关系史研究》，第358页。
② 陈国灿：《唐乾陵石人像及其衔名的研究》，《文物集刊》第2集，第189—203页。
③ 《资治通鉴》卷二〇〇，"显庆二年十月"，第6419页。

官号及威望高低确立其在部落新格局中的地位。同时，"分其种落"，析分部落并提高或抑制某一部落之地位，突破旧的部落格局，形成唐朝控制下都督府、州统领部落之众的政治格局。

需要指出的是，唐代羁縻州"贡赋版籍、多不上户部"，但作为管理羁縻地区的都督府或都护府对所统辖的部落大小、首领威望高低当是清楚的。部众多少、首领威望高低当是唐王朝实现裂土分疆、分其种落、府州置废、升降改属的重要依据。据清人徐松记载，发现于护堡子破城的《金满县残碑》，碑石裂为二，一石中第三行有残存"行户曹参军、上柱国赵"几字尤值得注意。① 唐制："凡注官，阶卑而拟高则曰'守'，阶高而拟卑则曰'行'。"② 此针对散官与职事官而言，"行户曹参军"当指以高于户曹参军的散阶之人担任此职。唐代都督府、都护府皆置"户曹参军"之职，品阶由正七品上至从七品下不等。户曹、司户参军之责为：掌户籍、计帐、道路、逆旅、田畴、六畜、过所、蠲符之事，而剖断人之诉竞。③ 王秉诚通过对此残碑研究认为，金满城里有三个军政机构的存在：都护府、折冲都尉府和金满县府。④《金满县残碑》中残存的"户曹参军"当是置于庭州的金山都护府或北庭都护府之属官，以掌知区域内百姓户口之数、部落大小及首领位望之高下。

---

① 徐松著、朱玉麒整理：《西域水道记（外二种）》，第173页。
② 《唐六典》卷二《尚书吏部》，中华书局，1992年版，第28页。
③ 《唐六典》卷三十《三府督护州县官吏》，第749页。
④ 王秉诚：《关于金满县残碑若干问题之管见》，《西北史地》1990年第2期，第19页。

四、结语

唐王朝进军西域之前，天山以北地区乃戎狄所居及部分粟特商胡聚集之地，龙朔以后，当有一定汉户、行客等逐渐流入，民众构成更加复杂。在唐王朝看来，可将他们分为"百姓"和"部落"两大群体。"百姓"是指著籍的根民、附户、粟特商胡之类；"部落"指在北庭地区归降的西突厥部落及所辖诸蕃部落之众。

贞观十四年（640）唐平高昌国，于吐鲁番地区置西州的同时，也于天山以北的可汗浮图城置立庭州，成为进一步管理天山以北地区的重要行政机构。唐王朝在北庭地区对不同民众采取不同的管理方式。对"百姓"群体的管理采用"县—乡之制"。庭州置立之初当领一县，即金满县，著籍百姓主要是本地常住"根民"，汉户极少。龙朔以后，汉户流移庭州，诸如蒋化明附户金满，百姓、行客、商胡构成庭州著籍的主要群体。唐置蒲类、轮台等县，并于县下分乡进行管理。对"部落"之众则实行羁縻之制。诸蕃置府州之前，由庭州管领。平定阿史那贺鲁过程中，唐王朝渐次在西蕃部落设置羁縻府州，来济主持下庭州周边的羁縻府州之置也当是在此背景下进行。唐朝置立府、州的具体做法当是"因其种落，置立府州"，即依据部落大小、首领位望置立羁縻府、州；同时也试图"分其种落"，析分部落、新置府州，确立新的部落格局及部落首领在唐王朝官阶体系中的地位，以实现对部落之众的有效控制。

唐朝对北庭地区民众的管理，是唐朝在帝国范围内以正州县治编户齐民、羁縻府州管领蛮夷蕃胡的控制制度在北庭地区的实施，进而形成以"县—乡之制"管理著籍"百姓"和羁縻之制管理诸蕃"部落"的二元管理体制。这一行政管理制度将北庭地区的根民、附户、商胡等具有各类社会身份的民众通过编户、著籍的方式转变为具有统一政治身份的"百姓"，纳入唐朝州县的控制之下；而将西突厥诸部及其控制下的诸蕃部落之众的族属身份也转变为唐朝话语之下统一政

治身份的 "部落"，置于都督府、州控制之下。这一制度实现了北庭民众政治身份的统一。同时，作为政治身份的"百姓"与"部落"是唐王朝对北庭地区民众身份的建构，它也掩盖了政治身份之下民众社会与族属身份的复杂性和多样性。

吐鲁番文书所见唐代"十驮马"制度再研究

武汉大学　黄　楼

　　唐前期府兵制度下，府兵出征时自备资装，出征所用马匹，战马官给，驮运物资的驮马由府兵自备，十人一火，火备驮马六匹，是为六驮马制度。六驮之制在吐鲁番出土文书中已得到较为充分印证。在吐鲁番出土文书中，除六驮之外，屡此提及十驮。"六驮"史有明文，学界争议较少。十驮之制不见记载，孙继民、王永兴、陈国灿、孟宪实等先生已有不少发覆之论[①]，但学术观点却相去甚远，尚无定论。今不辞浅陋，在前人宏论基础上，略陈己见，以就教各位方家。

一、学术前史及其启示

　　"十驮"一词主要见于吐鲁番出土文书，相关研究也主要在吐鲁番学研究范围之内展开。但是与"十驮"相关的"六驮"，是隋唐府兵制的基本组成部分，早已引起中外学者的关注，相关研究颇为

---

① 孙继民：《吐鲁番文书所见唐代府兵装备》，《敦煌吐鲁番文书初探二编》，武汉大学出版社，1990 年版。王永兴：《吐鲁番出土唐代西州某县事目文书研究五：驮马制度考释》，《唐代前期西北军事研究》，中国社会科学出版社，1994 年版。陈国灿：《唐代行兵中的十驮马制度 — 对吐鲁番所出十驮马文书的探讨》，《魏晋南北朝隋唐史资料》，第 20 辑，2003 年。孟宪实：《论唐代府兵制下的驮马之制》，《敦煌吐鲁番研究》第 16 卷，上海古籍出版社，2016 年版；《论唐代府兵制下的"六驮"问题》，《中国史研究》，2018 年第 3 期。

丰富。

府兵六驮之制，见于杜佑《通典》卷二九《职官典·折冲府》：

> 凡府在赤县为赤府，在畿县为畿府。卫士以三百人为团，团有校尉；五十人为队，队有正；十人为火，火有长。备六驮马驴。（初置八驮，后改为六。）[1]

《唐六典》卷五兵部郎中条亦载"火十人，有六驮马"，下注云"若无马乡，任备驴、骡及牛。"[2] 所记与《通典》略同。据《通典》所记，唐初府兵驮马为八驮马。贞观十九年（645）太宗亲征高丽，"十一月，至幽州。初入辽也，将十万人，各有八驮，两军战马四万匹。及还，死者一千二百人，八驮及战（马）死者十七八。"[3] 当日所行即八驮之制。追溯其源流，八驮并非唐人首创，实则沿袭于隋。《隋书》卷二四《食货志》：

> （炀帝）益遣募人征辽，马少不充八驮，而许为六驮。又不足，听半以驴充。在路逃者相继，执获皆斩之，而莫能止。[4]

隋炀帝后继发遣征辽者主要是强征的兵募，但其自备"八驮"，应是依从当时府兵的标准。唐长孺先生《唐书兵志笺正》总括诸书，云："八驮纯以马者，隋初之制也。六驮杂以驴者，隋末之制也。武德之初复开皇旧制，故加至八驮，然以唐初马匹之少，自不能行，故又减至六，而又杂以驴骡矣。"[5]《六典》《通典》等唐人典制明确记

---

[1] 杜佑：《通典》卷二九《职官典·折冲府》，中华书局，1988年版，第810页。
[2] 李林甫：《唐六典》卷五兵部郎中条，中华书局，1992年版，第156页。
[3] 王溥：《唐会要》卷九五"高句丽"条，上海古籍出版社，2006年版，第2021页。
[4] 魏征：《隋书》卷二四《食货志》，中华书局，2019年版，第763页。
[5] 唐长孺：《唐书兵志笺正》，中华书局，2011年版，第15页。

载六驮的单位为火，六驮即同火十人共备驮马六匹。六驮即"十人六马"，已得到学界的广泛认可，谷霁光、孙继民等先生在自己的论著中均持这一观点。[①]

太宗贞观十四年（640），平定高昌，与其地置西州，作为经略西域的重心。今吐鲁番地区出土大量唐代文书，不少为当时府兵制的原始材料。在吐鲁番文书中，除传世文献中明确记载的六驮马外，府兵征行时还多次提及十驮马。"十驮"一词不见正式记载，引起学者的极大兴趣。

最早对"十驮"进行解释的是孙继民先生。1990 年，孙继民发表《吐鲁番文书所见唐代府兵装备》[②]一文，详细条列吐鲁番阿斯塔那125 号墓所出十驮马文书，并将之与六驮马进行比较，得出以下几点认识：（一）十驮与六驮几乎同时并行。（二）十驮并不是一火共备，来源有购买、租赁和官配等多种。六驮也可能存在购买或租赁，但不会有官配。（三）十驮是府兵的负担，多数府兵无力承担。

孙继民先生指出十驮与六驮之间的显著差异，但态度非常谨慎，没有对其性质等作进一步的阐释。1994 年王永兴先生发表《吐鲁番出土唐西州某县事目文书研究五：驮马制考释》一文，首次讨论了十驮马的内涵[③]。《大唐卫公李靖兵法》有云："诸营除六驮外，火别遣买

---

① 近年孟宪实先生提出新论，认为"六驮马驴的设置单位不是火而是队，而唐朝每队士兵是五十人"，意即五十人共备六匹马驴（孟宪实：《论唐代府兵制下的"六驮"问题》，《中国史研究》，2018 年第 3 期。） 按孟宪实新论核心论据为《通典》"每队驴六头，幕五口"的记载，但《通典》此段材料明确注明所论为"今制"，即开元天宝后之制，非府兵制旧文，孟材料适用时段有误。今以文书验之。吐鲁番出土文书《唐开元三年西州营牒为通当营请马料姓名》云："合当营六驮及押官乘马总二百四十二匹头"，若为一队六驮，则此营有 40 队，计 2000 人，若为一火六驮，则此营有 40 火，计 400 人。营为战时编制，孙继民：《唐代行军制度研究》，行军中的营，除中军营 4000 人外，一般为千人营，人数在千人以下，2000 人为一营，明显与唐制不合。

② 孙继民：《吐鲁番文书所见唐代府兵装备》，《敦煌吐鲁番文书初探二编》，武汉大学出版社，1990 年版。另收氏著《敦煌吐鲁番所出唐代文书初探》，中国社会科学出版社，2000 年版。

③ 王永兴：《吐鲁番出土唐代西州某县事目文书研究五：驮马制度考释》，《唐代前期西北军事研究》，中国社会科学出版社，1994 年版。

驴一头，有病疹，拟用搬运。如病人有偏，并其驴，先均当队驮，如当队不足，均抽比队比营。"王永兴先生据此认为，"火别遣买驴一头，虽未在法令上改变六驮经常制度，但在实际的军事活动中，六驮制已成为七驮制，此又为研究唐驮马制度者以及治唐史者不可不知者也。"意即吐鲁番文书中的"十驮"之制为全国性的制度规定。十驮马就是六驮之外，专门负责驮送伤病士兵的驮马。

陈国灿先生 1999 年撰写《唐代行兵中的十驮马制度——对吐鲁番所出十驮马文书的探讨》①。该文继承了王永兴先生关于十驮马即驮运伤病之马的判断，同时对孙继民先生所论又有所修正，认为十驮仍然是一火共备，所谓官配，实际上只是官府垫付。"十驮马是唐府兵制时代征行兵中的一种固定制度。由于它的设置是专为一火十人在征行中的伤病者服务，故别称之为十驮马，由卫士均摊出资购买，每十人自备一匹。而六驮马是为驮负卫士资装、军器锅幕、糗粮粮服务的，故一火置备六匹，称为六驮马"。

陈国灿先生所论集孙继民、王永兴先生之大成，且考订精审，第一次讨论了十驮、六驮的转化问题，影响颇大。但是，学界对十驮的性质仍然存有不同看法。朱雷先生认为"六驮之用途，就在于为本火驮载资装之用。按规定，由本火自备，到武周时，一度增至到十驮，并由政府支给部分购六驮之钱"②。意即十驮就是六驮的延伸，只是数量上的增加而已。孟宪实先生又进一步发展了朱先生的观点，提出"唐朝的驮马制度是一种弹性制度，每次征行因具体情况而决定是采用六驮马还是十驮马。"③

迄今为止，学界关于"十驮"的讨论都是以府兵制"六驮"为

① 陈国灿：《唐代行兵中的十驮马制度——对吐鲁番所出十驮马文书的探讨》，《魏晋南北朝隋唐史资料》，2003 年版。本文初撰于 1999 年，另载《陈国灿吐鲁番敦煌出土文献史事论集》，上海古籍出版社，2012 年版。
② 朱雷：《开元二年西州府兵——"西州营"赴陇西御吐蕃始末》，《敦煌学辑刊》1985 年第 2 期。
③ 孟宪实：《论唐代府兵制下的驮马之制》，《敦煌吐鲁番研究》第 16 卷，上海古籍出版社，2016 年版。

参照物。孙继民、王永兴、陈国灿等先生认为"十驮"是与"六驮"并存的另外一种性质的驮马制度。朱雷、孟宪实则认为二者本质相同，只是不同历史时期驮马数量稍有增减而已。十驮、六驮性质相同之说，存有四个难解之处。其一，二者命名规则明显不同。"六驮"为十人六马，如二者性质相同，十驮应该是十人十马。而较为公认的看法是"十驮"为十人备一马。可见"十驮"之"十"与"六驮"之"六"，虽然同属数词，但并非出于同一命名规则。其概念内涵自然也不会相同。其二，十驮至六驮，悬殊过大。如果只是共备数量上的增减，中间应有八驮、七驮等称谓。但在吐鲁番文书中并无实例可以印证。其三，若十驮、六驮性质相同，二者不应同时存在。从吐鲁番文书来看，从贞观至开元，二者是长期并存，个别文书中甚至同时出现。孟宪实先生试图用"弹性制度"来弥合这一矛盾，但是说服力很弱①。其四，六驮属于府兵私人马匹，不存在官给问题。而十驮从征集到抽配，都明显带有官府烙印，具有官马的某些特征。

相对而言，王永兴、陈国灿先生所论，在逻辑上更合乎情理。但是，将十驮视为专门驮运病患的医用马匹，也存在诸多疑点。其一，驮送病患只是使用层面的问题。在所有权方面，十驮和六驮，都是一火共备，共同使用，并没有任何区别。那么，为什么不直接说七驮，而是另外存在一个十驮的概念？其二，十驮专驮病患的观点，推衍自《李卫公问对》。《李卫公兵法》原文是"火别遣买驴一头，有病疹，拟用搬运十人"，原作是驴而不是马，二者并不能直接画等号。唐代征用畜力的原则是就高不就低。如果规定的是马，马不足，可以用驴。但本来是驴，那就不可能去征马来抵充驴。其三，从吐鲁番文书的出土情况来看，十驮经常出现，文书中提及的次数略高于六驮。如

---

① 前举隋末炀帝征辽东之例已充分证明，八驮不足，士兵自备驮马可以降为六驮，甚至杂用驴子。十驮如确属府兵自备驮马，不足时应降至八驮，六驮。如果官府介入，强行维持"十驮"，又和所谓"弹性制度"直接抵牾。

果只是驮运病患府兵，不可能有如此高的出现频率。因此，所谓十驮是专门用来驮运病患的马匹，恐怕也仅是一种揣测。

气贺泽保规在《府兵制の研究——府兵士兵とその社会》中，肯定了孙继民先生的研究，认为十驮马不以火为单位，而是与六驮并行的一种马，其标准是十人负责驮马一匹。至于十驮究竟是什么性质的驮马制度，气贺泽先生不置一词①。从中可以看到，关于十驮马问题，虽然学界讨论较多，但共识非常有限，唯一较为公认的结论是，十驮是唐代征行时，与六驮并存的"十人征一马"的一种驮马制度。因此，这一问题虽为老问题，但是仍有很大的探索空间。

陈国灿先生等将十驮视作驮运特殊人员的医疗马，其解释思路颇有启发性。今以情理度之，内地府兵卫士不远千里轮番至长安宿卫，征行时更是长途跋涉，鞍马劳顿，其间水土不服，病患的概率较大，《李卫公兵法》中这一考虑有其合理性。但在边疆地区，府兵主要在周边镇戍，十人专备一驴驮运病员似无必要。又军事征行是一个非常庞杂的系统工程，有各种各样的驮运需求，驮运伤员只是其中的一种。除去府兵自备的资装外，还有大量物资需要驮运，如甲、弩、陌刀等重武器以及粮草、宣慰品、战利品等。这些随军物资如何驮运，学界已有认识其实相当模糊。那么，吐鲁番文书中屡次出现的"十驮"之制，会不会就隐藏其中呢？此外，唐长孺先生早已指出，唐前期行军，除去被检点的府兵外，还有大量州县强征的兵募，这些兵募是否也交纳"十驮"？前贤在解读十驮文书时，过于强调"府兵制"，对此也缺乏足够的重视。有鉴于此，本文拟从府兵和兵募两个方面，分别讨论出土文书中十驮马的交纳情况，并以十驮驮运物资为突破点，以期能有新的发现。

---

① ［日］气贺泽保规：《府兵制の研究——府兵士兵とその社会》，东京：同朋社，1999 年版，第412 页，注释九。

二、府兵与十驮马的征纳

唐前期的军事征行士兵，文书中称为"行兵"。行兵的构成比较复杂，有折冲府的府兵，也有州县征发的普通百姓。但是核心成员应该是经过军事训练的府兵。下面我们首先探讨征行府兵与十驮之制的关系。

府兵制时代，在军事征行中，府兵是行兵最重要的组成部分，也是提供"十驮"的主体。陈国灿先生等前辈学者公认"十驮"主要指行兵十人一马，最有力的证据就是吐鲁番阿斯塔那 125 号墓所出武则天时期文书残卷《武周军府牒为行兵十驮马事》（69TAM125：5（a））。为便于讨论，兹将该件文书转引如下（武周新字转为标准汉字）：[①]

1 牒检案连如前，谨牒。

2 发

3 合当府行兵总七十六人

4 刘住下廿五人，当马二匹五分 三分给

二分给

5 氾尼下行兵一十八人，当马一匹八分 四分给孟

二分给

6 余二分给成团 玄德

7 七人行，当马二匹七分。计送三

三分合于诸团抽付

8 六人行，当马 送

四分 团给付

9 人出十驮马追付

文书中出现的"分"，即"份"，十人一匹，一分相当于 0.1 匹马。该折冲府当行行兵分属四个团，每一团的人数不可能正好为十的

倍数，不够一匹的尾数，由折冲府统筹安排：或者分给其他团，称为"给"，或者从其他团凑足一匹，称为"付"。文书记载行兵76人，最末两团人数残缺，但尾数尚存，我们可以推算出第8行为"六"人。6人当马0.6匹，但至少应送马1匹，所欠缺的0,4匹马，从其他团给付。第7行"七"字前当为"廿"字，27人不仅与四团总数76人吻合，与"当马二匹七分"也完全吻合。因注文称"三分合于诸团抽付"，我们可以推出并不是把多出的七分分给其他团，而是从其他团抽付三分，凑足三匹。"计送"后一字残缺，整理者识读为"二"，显而易见，这里应该是"三"字，唯第三笔横画残缺而已。

由文书第7行"计送"二字，可知"当马某某匹"就是"当送马某某匹"之意，行兵十人送马一匹的意思非常清晰。据文书，行兵严格按份额纳马，如果交纳的马匹多于本团行兵的份额，多出的部分要由其他团"抽付"或者"给付"，以补偿其价值。给付、抽付的区别不明。有可能给付是本折冲府内部的团相互协调，抽付则是与其他折冲府之间的协调。如本件文书第8行的四分很可能来自第5行"四分给孟团"。值得注意的是，文书第9行有"某某人出十驮马追付"，所谓"追付"，应是追征之十驮马。前文条列76位行兵送马情况已毕，这些追付十驮马的人不在行兵范围之内，或即以前没有完成十驮马任务的府兵。

上件文书反映的是折冲府对当府十驮马的统筹安排和整体预算。十驮的基本单位是团，同团的行兵以十人一马的标准共备十驮马。那么，基层府兵又是如何执行十驮马的预算呢。在同墓我们还发现一件《武周军府牒为请处分买十驮马欠钱事》（69TAM125：2）[①]。这件文书正好反映的是士兵交纳十驮的情况。文书略云：

1 □件人

2 送讫

---

① 唐长孺：《吐鲁番出土文书》图录本（叁），第436页。

3 □买奴 氾定海 张小

4 张胡智 张守多 范永

5 已上十人买十驮马一匹送八百行

6 □父师一分付刘校尉团赵

7 右同前上件人发有限。奉处

8 分，令十驮六有换者，孝通

9 临时发日为欠

10 马钱遂马，领得银钱

11 伍拾文讫。今孝通差行，征得者，即请分

12 □不得者，请于后征付保达。数有欠少

13 □即 注

14 处 分 发

孝通为首领，负责十驮马的征收，文书3—4行，应该是某团的行兵，该团行兵十一人，如果套用上件文书，大约是"□买奴以下十一人行，当马一匹一分，一分给刘团"。但是这个团的十驮马并没有完成派送，原因是临近期限的时候，"奉处分，令十驮、六有换"。但是"今孝通差行"，负责人孝通自己也要出征了，所以只能把没有完成的工作统计下来，交给上级应付差事。有欠付的，只能留给后人。

孝通的文书证明府兵已经出发，十驮还未完成派送。府兵出征以后，这一任务也不会减免，而是继续由其家人完成。这一情况在20世纪初黄文弼西域考古时发掘所得文书《安末奴等纳驼状》[1]中也有非常直观的证明。《安末奴等纳驼状》云：

1 载初元年三月廿四日，卫士安末奴、赵阿阇利

2 赵隆行、王勋记、马守海、韩憙有、李隆德、康

3 知毗、张大师、樊孝通等，其中安末奴、韩憙有、

4 赵阿阇利等三人先有十驮，余外柒人无驮。

---

① 黄文弼：《吐鲁番考古记》，中国科学院出版社，1954年版，第35页。

5　广练负康知毗　奴师子

6　口口记一驮练一匹付团。负练人马守海妻　康

7　负练人赵隆行

8　负练人李隆德　妻

过去学者常认为府兵贫穷，无法承担十驮马之费，只能先行欠负。我们注意到，七位"负练人"中，除去赵隆行是本人签名外，其他皆为府兵家人，主要是妻子，个别是家奴。其中康知毗有私奴师子，家境比较殷实，显然并非交不起一匹绢，而是另有原因。盖交纳十驮马时，上件府兵多身在折冲府，买马之事，只能由家人妻子或家奴代为办理。由于这些家人并非户主本人，未必能全权处置相关费用，只能先行欠负，待其夫见到债券后再做偿还。文书第6行"口口记一驮练一匹付团"，应为马守海本人在军中偿还欠负后留下的记注。本件文书很大程度上印证了孝通文书中拖欠十驮绢练的情况具有一定的普遍性。

文书中安末奴等三位府兵"先有十驮"，如何解释这一问题？唐代府兵征行，火备六驮，即十人六马，每位府兵合当马0.6匹。家境殷实的府兵，上番时若备私马一匹，首选是用这匹马充当六驮，那么，他已不可能另有现马充当十驮，故十驮主要通过交纳一份马匹等值的绢布来完成任务。因十驮为十人一马，每位府兵合0.1匹。对于有马的府兵来说，除去"六驮""十驮"后，仍剩0.3匹马的份额。多出的份额可以折冲府内部协调，由无马府兵给付，也可以挂在账上抵充下次的驮马任务。因此，就会出现部分府兵"先有十驮"的情况。

上述三件文书，分别从军府统筹和卫士纳马层面揭示了十驮马的基本情况。简言之，十驮马由出征府兵即行兵共同负担，其额度是十人一马，但基本单位并不是火，也不是征行时编制的团，而是征行前所在折冲府的团。根据团内行兵的总数，计算当送马匹。府兵交纳十驮，自成体系。不够整匹的份额，也在军府内部通过"给付""抽付""追付"等手段调节。府兵家人欠负的份额，最后也是"付团"。

三、州县差兵与十驮马的征纳

唐代前期，每有军事征行，先在折冲府检点府兵。同时，也向相关州县分配征行名额，由州县检点丁壮充行，名为兵募，实为强征。在府兵进行检点的同时，军府所在州县也需点充百姓，与府兵一起出征。州县点充百姓充当行兵，即吐鲁番文书中所谓的"差兵"。"差兵"就是"兵募"。

《唐永隆二年卫士索天住辞为兄被高昌县点充差行事》（73TAM191：104（a））①

1　永隆二年正月　日校尉裴达团卫士索天住辞
2　兄智德
3　府司：天住前件兄今高昌县点充
4　行讫，恐县司不委，请牒县知，谨辞。
5　付司伏生示
6　六日
7　正月六日　毕
8　司马
9　差兵先取军人
10　君柱等，此以差
11　行讫。准状别牒高
12　昌、交河两县，其
13　人等白丁兄弟，请
14　不差行。吴石仁
15　此以差行讫，牒
16　前庭府准状，
17　余准前勘。待

---

① 唐长孺：《吐鲁番出土文书》图录本（叁），第285—286页。

18　举　示

19　六日

下略

本件文书中，索天住是前庭府府兵，所属团校尉为裴达。索天住兄索智德被高昌县点充征行。索天住不服，给折冲府上牒，请求折冲府出面，给县司下牒，告知原由。按照"差兵先取军人"的原则，索智德不和差遣。于是，前庭府别牒高昌、交河两县，府兵"白丁兄弟"不当差行。此件文书证明，行兵并非全部都是府兵，也有州县差派的普通百姓。不过，家中有府兵者，其兄弟有免征行的特权，这在一定程度上体现了府兵"均劳逸"的原则。

从常理来说，府兵优先由多资多丁户充任。剩下百姓经济多较为困顿。府兵有承担十驮的义务，那么同行的州县差兵是否也要承担十驮？从吐鲁番文书来看，州县差兵也需承担十驮，但具体征纳办法，与府兵略有不同。

吐鲁番阿斯塔那 125 号墓所出《武周长安四年牒为请处分抽配十驮马事》（69TAM125：6）：

1　人县司买得十驮马，

2　乘上件马等合于诸县抽配，得

3　未蒙抽配，请处分。

4　□□状如前，谨牒。

5　长安四年六

6　付（张）（参）①

根据上节的分析，文书中涉及的官衙是县司，而非折冲府。我们知道，折冲府只在折冲府体系内部协调马匹，可以"合于诸团抽配"，绝不会出现"合于诸县抽配"的情况。由此，我们可判断出文书中共买十驮的不是府兵，而是州县差兵。也有学者认为本件文书的购马者

---

① 唐长孺：《吐鲁番出土文书》图录本（叁），第 433 页。

为县司，或县司代为垫付①。这种理解忽略了"县司"前的"人"字。第1行的意思应是右件人从县司购买了十驮马。第2行"上件马合于诸县抽配"，即差兵所买的十驮马应该由西州诸县配给。既然已经在县司买了十驮马，下面为什么又说"合于诸县抽配"？显而易见，所谓的"买十驮马"，带有一定的强制性，差兵向县司缴纳钱帛，县司得钱后抽配马匹。这一过程与府兵向团缴纳一分十驮的钱绢，诸团"抽付"马匹的情形极为类似。实际上西州官府所掌马匹并不充裕，收取绢布后，往往不能及时配给驮马。本件文书中县司差兵所买驮马迟迟"未蒙抽配"，影响军队发遣时限。

既然州县差兵也需要"买"十驮马，只是相关份额不是"付团"，而是"付县司"，主持配马的机构不是折冲府而是县司。那么差兵的标准是否也为十人一马？此点在同墓所出文书也有反映。阿斯纳塔125号墓所出文书全拆自纸靴，文书皆有武周新字，除本件外，另有一件也明确出现"长安四年"纪年，且与行兵纳马有关。

《武周长安四年牒为请处分锅马事》（69TAM125：7）

1　驮马四分

2　右当县差兵廿

3　三匹，锅三口来，今

4　于诸县抽得，至今

5　人人请处分。

6　□ 件 状 如 前

7　长安四（年）

8　锅马既

9　共食宜

---

① 陈国灿先生认为是县司垫付。按如是府兵个人支付，因贫穷由县司垫付。从吐鲁番社会来看，吐鲁番社会契约非常发达。个人借贷买马并不困难，甚至比县司出面更为易得。县司垫付，不会使用"抽配"字样。

10　将行。付张

11　处分。　示。①

本件文书第一行"驮"字字形右上角残缺，文书整理者识读为"驭"。"驭马"无意，且不与后面的"四分"搭配。称"四分"者，只有数人共买一马时才会出现。故此残字当为"驮"字的草书。所指六驮马或十驮马。我们注意到，文书第3—4行恰好也是说"于诸县抽得"，至今未能抽配。本件文书与上件文书同墓所出，时代相同，所记很可能为同一事。文书第3行明确提到"右当县差兵廿　"，"当县"二字可进一步佐证此前关于纳马者属于州县"差兵"。差兵人数，文书"廿"字后残缺，唯知有二十余人，需供马三匹，锅三口。比照府兵"六驮""十驮"的标准。若为"六驮"，二十余人，至少当马十二匹，与下文的三匹严重不符。若为"十驮"，十人一马，二十余人，当马三匹，不足的份额（四分）由诸县抽付，州县差兵所纳十驮马的标准与府兵完全吻合。若如此，文书第1行提及的"马四分"即不足的份额，可推知当县差兵总数为二十六人，文书"廿"下所残之字必是"六"字。

从205号墓文书来看，州县差兵承担十驮马和府兵基本相同，只是主掌其事者由折冲府转为县司。遗憾的是，州县差兵文书中没有出现六驮相关的信息。西州地狭人稠，差兵自备资装较为困难，是否自备六驮在文书中尚无直接的证据。需要注意的是，《武周长安四年牒为请处分锅马事》中差兵须一起交纳的还有锅。二十余人需送锅三口，与十驮马数量相同，其标准应为十人送锅一口。行军所用之"锅"，要满足十人吃饭，规制大于普通百姓所用之锅。《新唐书·兵志》《通典》所列府兵自备资装中，没有"锅"，李筌《太白阴经·军装篇》中行军一火有锅一口②。盖与十驮类似，锅也由官给，但需征行者十人提供买锅之资。

---

① 唐长孺：《吐鲁番出土文书》图录本（叁），第434页。

② （唐）李筌：《太白阴经》卷四《军装篇》，影印文渊阁《四库全书》本，第196页。

四、十驮与六驮关系辨析

据前文分析，十驮是府兵和州县差兵在征行之前都必须承担的驮马之制。传世文献中屡见记载的是府兵自备的六驮马，没有出现十驮马。六驮与十驮的关系学界分歧较大。在进一步探讨十驮之制前，非常有必要对二者的关系进行必要的辨析。

十驮与六驮在吐鲁番出土文书中都曾多次出现，时间从太宗贞观年间直至玄宗开元年间。为更直观地展示二者的异同。今在前辈学者基础之上，将相关文书梳理条列如下：

时间	驮马	例句	文书名	出处
太宗贞观十六年	十驮	马及十驮替	《唐诸府卫士陪官马驮马参文书》	《吐鲁番出土文书》（叁），第24页。
高宗	六驮	六驮一匹	《唐西州某府主帅阴海牒为六驮马死事》	《吐鲁番出土文书》（叁），第124页。
高宗咸亨二年	六驮	阚祐洛、田阿波六驮马价练陆匹	《唐咸亨二年四月杨隆海收领阚祐洛等六驮马价练抄》	池田温：《中国古代の租佃契》，《东洋文化研究所纪要》第60号，1973年版，第22–23页。
高宗咸亨五年	六驮	当队六驼驮马	《唐咸亨五年张君君领当队器仗甲弩弓陌刀等抄》	
武周时期	六驮	营六驮及官畜各牒	《武周六驮及官畜残牒》	
武周时期	六驮	右奉处分，前件死驴价钱及六驮驴、马等，并须同来	《武周军府帖为领死驴价钱等事》	

续表

时间	驮马	例句	文书名	出处
武周载初元年	十驮	赵阿阇利等三人先有十驮，余外柒人无驮	《安末奴等纳驼状》	黄文弼《吐鲁番考古记》，录文参陈国灿前揭文。
武周长安四年	十驮	人县司买得十驮马	《武周长安四年牒为请处分抽配十驮马事》	《吐鲁番出土文书》（叁），第433页。
武周时期	十驮	依问赵通得其夏君达等十驮马，当奉折冲处分	《武周军府牒为请处分买十驮马事》	《吐鲁番出土文书》（叁），第435页。
武周	十驮	已上十人买十驮马一匹送八百行	《武周军府牒为请处分买十驮马欠钱事》	《吐鲁番出土文书》（叁），第436页。
武周	十驮六驮	令十驮六有换	同上	同上
武周	十驮	出十驮马追付	《武周军府牒为行兵十驮马事》	《吐鲁番出土文书》（叁），第437页。
武周	十驮六驮	牒司兵为马连绪十驮、六驮事	《武周西州都督府牒为马连绪十驮、六驮事》	柳洪亮《新出吐鲁番文书及其研究》，第96页。
中宗	六驮	火幕、六驮限来月一日到州	《唐西州某县事目》	《吐鲁番出土文书》（叁），第457页。
中宗	六驮	为行兵六驮并捉百姓	同上	同上
玄宗开元三年	六驮	合当营六驮及押官乘马总二百四十二匹头	《唐开元三年西州营牒为通当营请马料姓名》	《吐鲁番出土文书》（肆），第20页。
玄宗开元五年	十驮	官马十驮肥硕	《唐开元五年考课牒草》	《吐鲁番出土文书》（肆），第61页。
玄宗开元十七年	十驮	十驮马一匹 赤草玉面 八口		中央民族大学征集文书

仔细比对表中内容，我们可以观察到，十驮、六驮虽然长期并存，但二者之间确实存在一定的差别：

其一，共买十驮的文书出现数次，没有府兵共买六驮的记载。

其二，征送时间稍有差异。一件文书提及"火幕、六驮限来月一日到州"，即府兵所用的幕和六驮以火为单位交送至州，没有提及十驮。其他文书来看，征行已临近出发，十驮还没有征纳完毕，时间晚于六驮。

其三，征行时，六驮、十驮是分开管理的。有文书提及"合当营六驮及押官乘马总二百四十二匹头"，据此我们可以推算该营规模为四百人。十驮没有计算在驮马数内，要么没有同行，要么存在另外一套管理体制。

其四，二者可以同时并存。至少两件文书同时提及十驮、六驮，且都在征送驮马阶段。

其五，六驮与"官畜"并列，性质属于府兵自备的私马。十驮与"官马"并列，纳入考课范畴，并非私马。

当然，这些都比较主要是文书中直接出现"十驮""六驮"字样的，其他还有一些驮马文书未被列入，还有一些其他的差异。例如六驮可以用驴代替，但是暂未发现用驴充当十驮者。十驮、六驮在马匹来源、征送时间、行军管理等方面的差异，暗示两者极可能是两个不同性质的驮马制度。

孟宪实先生赞同十驮、六驮性质相同，只是驮马数量上有所增减，并认为唐代驮马制度是一种弹性制度，每次征行，根据具体情况决定采用六驮还是十驮。这种假说最直接的挑战就是同一文书中出现有六驮和十驮。孟宪实认为"因为六驮马负担重于十驮马，所以先交纳十驮马，又遇到六驮马就需要补交差额，相反则不需要补交"。确实，如何恰当解释文书中同时出现"十驮""六驮"，是理解二者关系的关键。

府兵制下，卫士自备驮马。但是一次征行，府兵的六驮马份额是

0.6 匹，对有马的府兵来说，备马一匹便有 0.4 匹多余的份额。通常情况下，十驮马的交纳时间比较迟后，在处理六驮多余的 0.4 匹份额的时候，可以没有备马的府兵折绢给付，也可拿出其中的 0.1 匹份额充当十驮马，这在程序上没有任何问题。因此，在行兵出发前会存在一个六驮、十驮换算的问题。

目前十驮、六驮同时出现的文书有两件。第一件即前举《武周军府牒为请处分买十驮马欠钱事》[①]。为便于理解，现将相关文书节引如下：

7　右同前上件发有限奉处

8　分，令十驮六有换者孝通

9　临时发（日）为欠

10　马钱遂马领得银钱

11　伍拾文讫，今孝通差行征得者，即请分

12　□不得者，请于后征付保达数有欠少

13　□即注

14　处分发

文书内容残缺，但"换"字较为清楚。孟宪实先生认为"换"是新旧账之间的换算。府兵前后两次征行，上一次是十驮，这一次是六驮，故需要补交两次的差额。事实上，新旧账之间的抵充一般不用"换"字。府兵连续两次被点充的几率也比较低，这种解释难以信服。陈国灿先生十分同情贫困府兵，认为"换"字是指府兵无力承担六驮，"奉军府处分，令其将原有火中的六驮马变换成十驮马"。"换"成为减轻贫困府兵负担的变通办法。此可聊备一说，但前提是一个府兵不同时承担十驮、六驮，恐也有疑义。据前考，府兵自备一马，六驮相当于 0.6 匹，多出的 0.4 匹马，相当于 0.4 匹绢，本应由无马府兵或诸团偿付，为了便利，也可用他处筹得的十驮马的马价偿付。若作

---

① 唐长孺：《吐鲁番出土文书》图录本（叁），第 436 页。

此理解，十驮、六驮之间的折算，多安排在六驮已确定之后，这是十驮往往临近发遣尚未征纳完毕的重要原因。

阿斯塔那360号墓出土文书《武周西州都督府牒为马连绪十驮、六驮事》[1]：

1　牒司兵为马连绪十驮、六驮事

2　兵马连绪十驮、六驮

3　司兵得柳中县牒称上件人妻翟

4　是前庭府卫士，先纳前件

5　□□　　□

文书第2行兵字前残缺，兵前一字当为"行"字。唐代征收马匹纠纷往往与重复征纳有关。《唐神龙元年高昌县白神感等辞为放免户备马事》文书中，高昌县百姓白神感因寄住高宁县，结果高昌、高宁两县皆向其征马。如前文所述，府兵人在军府，十驮马往往由其妻子等家人处置。马连绪是卫士，作为行兵出征在外，其妻翟氏是当事人。马连绪妻所诉十驮、六驮之事具体内容残缺，但仍存见"先纳"二字。揣测其事，很可能是翟氏先纳十驮马，马连绪身在军府，不知家人已纳十驮。在征行时，被折冲府再次征纳十驮马的分钱。这一官司本质上应是十驮、六驮"换"的过程中出现纠纷所致。

从十驮、六驮的征纳环节，我们可以清楚的判断出，二者不是同一性质的驮马制度。府兵自备的六驮，属于私马性质，十驮马也是由府兵共买，不论是府兵还是州县差兵，摊派、协调的基本单位并非出征后的火，而是以发遣前所在的团或者县。这一征纳方式暗示出，十驮马送官后的使用权便与具体出资买马的十人分离，双方再无直接关系。从此意义上说，十驮马并非私马，略约相当于行兵上交给军队的驮马税或者"助军"马。十驮和六驮这种根本性的差异，决定二者虽

---

[1]　柳洪亮：《新出吐鲁番文书及其研究》，新疆人民出版社，1997年版，第96页。录文参考陈国灿先生文。

然同以十人为计算单位，但不能合并为一种驮马制度。

或许有人会有困惑，府兵出征卖命，自备资装驮马，本是沉重的负担，为什么还要另外承担十驮之征？确实，宋以后士兵是一种职业，"当兵食粮"为常态，军械资装等皆国家提供。从宋以后的募兵制来看，这是难以理解。但是，从隋唐府兵制的内涵来看，恰好合情合理。府兵制的制度下，兵农合一，没有职业士兵，府兵和国家之间，是一种"应募"的关系，即府兵"自愿"应募出征，为国家打仗，战争结束后可以获得相应的勋功和赏赐。自备资装和驮马相当于征行府兵获得勋赏的前期物资投入。官府提供战马和重武器，其他轻武器及各种杂用资装，由应募者自行驮运，在逻辑上也是顺理成章。至于同样由行兵共筹的驮马，为什么区分成六驮、十驮，这一问题恐怕只能从驮马在行军中的具体用途方面来展开探索。

五、十驮马的使用及其性质判断

吐鲁番出土文书中，涉及西州十驮马使用情况的文书最早可追溯至太宗贞观年间的《唐诸府卫士配官马、驮残文书》（72TAM150：32）[①]：

（一）

1　匹　官　马

2　蒙达马　骝　游智方马赤骝

3　郭伏奴马　骝　强胡仁马　许智兴

4　达马　瓜　冯法马　嵒　大池府窦仲方

5　张万福马者（赭）白　文表马赤　三畤

6　□法义马赤骠　马赤　归政府

7　骟骏　苏善愿马骝

---

① 唐长孺：《吐鲁番出土文书》图录本（叁），第22、24页。

8　驮　　　马

（二）

1　马及十驮替

2　携蒙达马 骝　游智方马 赤骟

3　□□府吴弘轨马 骟　□政府赵善行 马□

4　□□□仲方马赤　□城府钳耳文表□　□

5　总　□保达马

6　□智兴

7　马 赤 骠

文书整理者将此两片文书命名为《唐诸府卫士配官马、驮文书》。文书中提及的归政府、秦城府、大池府、三嵎府等关陇、河东的军府，可推知这些府兵是在贞观十四年（640）平高昌之役时由内地行军至此。两片文书部分人名重合，当是两次不同的记录。第一件文书第1行出现"官马"、第8行出现"驮马"，可以推知名籍应该是根据马匹性质进行分类登记。蒙达、游智方等府兵所配马应为官马。第二件文书第1行残存文字为"马及十驮替"，根据第1件文书，此处"马"前一字应为"官"字，"官马及十驮替"，意即其下卫士所配马，因官马不足，杂用十驮马填替。行军中的"官马"一般指战马。府兵自备六驮，但是战马则需官给。上引两件文书表明，十驮并不由府兵个人支配，而是直接由军府掌控，战马不足，不能调用府兵六驮，可用十驮填补。十驮马并不限于驮物，甚至可以用作战马。

吐鲁番军事文书中层多次出现"八百行"字样，若行营以八百人计算，十驮马合八十匹。此数十匹驮马，不仅本身驮有重物，还随时被征作他用，驱使频率高于六驮。这些驮马没有明确的主人，如果驱使者不爱惜畜力，对马匹的过度损耗不可避免。中央民族大学所征集吐鲁番出土文书中有十驮因为连日驱使，最终累死的情况。

《开元十七年牒为检十驮马生死虚事》：①

1　十驮马一匹　赤草　玉面　八□
2　军司：载忠等令将前件马
3　患，比日将息，不食水草
4　马
5　方称见
6　道理
7　亮检患死虚实
8　齿岁毛色同□□
9　言□思示

中央民大征集文书此十余件皆属开元十七年、十八年盐城文书，文书背面有开元十七年年号，可判断牒文年代当在十七年左右。文书提及的十驮马是一匹红色的草马，八岁，正堪驱役的壮岁。此马先有病患，却仍然"比日将息"，最终不食而死。据其他吐鲁番出土文书，开元二十二年西州有录事王亮，疑验看十驮的"亮"即录事王亮。此匹十驮的驱使者韩忠名后有一"令"字，表明韩忠并非十驮的马主，而是军司分配的役使者。

巧合的是，在吐鲁番阿斯塔那 325 号墓出土文书中，有一件官府处分六驮驮马死亡的公文，格式也非常类似。

《唐西州某府主帅阴海牒为六驮马死事》（60TAM325：14/4—1，14/4—2）②：

---

① 2016 年，孟宪实《论唐代府兵制下的驮马之制》（《敦煌吐鲁番研究》第 16 卷，2016 年）文中提到中央民族大学博物馆藏有一件吐鲁番文书《开元十五年为十驮马生死虚实事》，在其提示下，我从互联网上寻得文书图版。图版见于中央民大张铭心教授课件《中央民族大学博物馆藏吐鲁番出土文书》，网址：http：//ishare.iask.sina.com.cn/f/10745452.html。
② 唐长孺：《吐鲁番出土文书》图录本（叁），第 104 页。

1　六驮马一匹

2　营司：进洛前件马比来在 群牧放，被木刺破，近人

3　□后脚觔断，将就此医疗，不损，去五月廿八 日□

4　致 死。既

5　当府主帅 阴

6　进洛六驮先在群放

7　脚将就医疗，缘疮不损，□

8　便致死。本府主阴海亲署知死

9　既回还到府任

10　祯示

11　一日

本件文书大意是进洛的六驮马在群放牧时，被坚木刺伤，后脚筋断，医疗不及，最终死亡。文书中先后提及"进洛前件马""进洛六驮"，明确记载此马的主人是府兵进洛，六驮意外死亡后，先上报给本府折冲都尉阴海，再上报营司。两相比较，我们很容易发现，六驮在征行中，仍属府兵所有，性质上属于私马，而十驮则无明确马主，

征行中完全归官府支配管理，地位与官马相同。这也直接决定了二者不可能合并为"七驮"之类的单一名称。

十驮和六驮都是行兵征行前向官府交纳的马匹，为什么十驮纳官后交纳者就丧失了买主的权力？我们只能从两种驮马在行军中的不同用途上寻找答案。

唐代行军需要驮运的物资主要有三类：军械、粮草和资装。唐代行军已知的驮马制度有六驮和十驮，理想状态下，二者的数量之比为6∶1，这意味着驮运的主力是六驮，十驮只承担很小的一部分。前面又提到战马不足时十驮可以充当战马，可见行军中的机动调拨的马匹由十驮充当。除去六驮的物资，剩下的物资大体都可能为十驮的驮运范围。因此，我们可以用排除法，分别加以考察。

六驮是驮运的主体，其驮运的物资主要是资装，我们首先来分析一下行军的资装驮运问题。[①]吐鲁番阿斯塔那193号墓《武周军事文书武周智通拟判为康随风诈病逃军役等事》73TAM193：38（a）"官赐未期至日，私家借便资装。"[②]不论贫富，凡是征行者必自备资装。征行时，士兵资装统一装入被袋之中。《通典》引《李卫公兵法》："诸兵士被袋上，具注衣服物数，并衣资、弓箭、鞍辔、器仗。"可知资装指自备之物，除了衣资外，还有弓箭等轻武器。《太白阴经·队将篇》记火长的职责为"主厨膳、饭食、养病、守火内衣资"[③]。行军时，资装是以火为基本单位，统一造账簿管理。今吐鲁番出土文书犹有《唐袁大寿等资装簿》72TAM178：8[④]等文书。从理论上说，一火十人，士兵的军械和个人衣资装在被袋里，由六驮驮运。一驮驮两个被袋，需驮马五匹，还空余出一匹六驮。这匹驮马充当机动。但是实际上，行军中除了府兵私人的资装，还有火、队、团等公用的资装。关

---

① 《通典》卷149《兵典》，中华书局，1988年版，第3820页。

② 唐长孺：《吐鲁番出土文书》图录本（肆），第236页。

③ 《太白阴经》卷3《队将篇》，第36页。

④ 唐长孺：《吐鲁番出土文书》图录本（肆），第189页。

于行军资装，孙继民先生《唐代行军制度研究》一书已有非常系统的统计和研究。今移录其以火和以团为单位的资装表格如下[①]：

以火为单位配给的资装：

种类	件数	备注	种类	件数	备注
马布幕	1	竿、梁、钉、镢、锤配套	锯	1	
铁马盂	1		甲床	2	
布槽	1	《太白阴经》作"布行槽"、《通典》作"行布槽"	镰	2	
锸	1	或作锹	锅	1	
钁	1		锤	1	或作鎚
凿	1		切草刀	2	
碓	1		大小胡瓢	2	
筐	1		柳罐	4	
斧	1		栲栳	4	
钳	1		人药	1	

以队为单位配给的资装

种类	件数	备注	种类	件数	备注
火钻	1		足绊	3	
拒马绳	1		皮裘	15	诈为蕃兵用
首羁	1		皮裤	15	诈为蕃兵用

这些还是最基本的资装配置，队以上有团，团以上有营，还有各种旗帜、鼓角军乐等等杂用物资没有统计入表格。驮运这些资装，六

---

① 孙继民：《唐代行军制度研究（增订本）》第十一章《唐代行军的后勤保障》，中国社会科学出版社，2018 年版，第 256 页。

驮显然不能满足需要，需要有专门的马匹驮运。

我们来看下军械。唐代弓、刀等轻武器府兵自备，甲、弩、陌刀等大型武器禁止私人拥有[1]，需要官给。府兵自备武器封存于各地甲仗库，征行前"视其所入而出给之"[2]。弓箭等存于府兵行军袋内，甲弩等仅少数人配备，且属官物，客观上需与使用者建立对应关系，驮运方式与弓、刀等当有不同。从出土文书看，弓、弩等分发至队，随队一同行动。

《唐咸亨五年张君君领当队器仗、甲弩、弓、陌刀等抄》（64TAM35：30）[3]：

1　前付官器丈、甲弩、弓、陌刀□等抄，张君遗

2　失，其物见在。竹武秀队佐史玄政等本队

3　将行，后若得真抄，宜令对面毁破。

4　为人无信，抄画为验。咸亨五（年）三月十八日张君记

5　当队六驮驮马□衫驮

张君将领取兵器的凭据遗失，只得重领，并注明，如果得到真抄，此件需当众毁掉。文书表明，行兵所需甲、弩等武器和官给弓箭由本队将行。文书第6行提及"当队六驮驮马"，似乎驮运的这些军器的是六驮马。但是，如前所述，六驮马以火为基本行动单位，并非队，而且除去本火十人的资装和共用物资后，很难有多余的驮马驮运这些器仗。另外，为应对各种不时需要，除了分发至各队的军器，行军本身还应携带若干备用军械。与六驮同行的，必还驮运官给武器的其它驮马。

最后，我们再来看一下行军粮料的驮运情况。府兵制下，府兵番上，除自备资装外，还需自备口粮。《新唐书·兵志》云"麦饭九斗，

① 《唐律疏议》卷一六"擅兴律·私有禁兵器"条："私有禁兵器，谓甲、弩、矛、枪、具装等，依令私家不合有。若有矛、具者，各徒一年半。"

② 《新唐书》卷五〇《兵志》

③ 唐长孺：《吐鲁番出土文书》图录本（叁），第486页。

米二斗，皆自备"，谷霁光先生《府兵制度考释》认为"可食用五十天左右"[1]，孙继民先生则认为只相当于四十天左右的口粮。这个应该是府兵番上宿卫时需自备的口粮[2]。《太白阴经》说士兵携带口粮是"一人一斗二升"，按每人每天两升米的标准计算，相当于六天的口粮，六天应是行军的标准时间，如果超出六天，多出的口粮应该官给。府兵行袋中有衣资无粮糒，很可能是同火之人军粮统一保管。行军期间，马匹需要草料和盐等，不在自备范畴，应该官给或沿途州县供给。吐鲁番文书中有三份开元二年（714）西州营典李道为逐日领取秣料发付本营诸火六驮时所造的日历。文书中明确提及"右火别六头，头别付壹胜半。给一日料。"[3]但是，粮草是行军的关键，不可能完全依靠沿途供给或行兵自携，六驮之外，行军之中一般仍会有一定数量专门驮运粮料的驮马。

通过对行军驮运物资的分析，我们认为，唐前期行军作战，除去府兵私人资装外，还有缨拂、旗幡，军乐、医药等大量官府提供的其他辎重物资。六驮驮运府兵自备的资装、军械等物资，是驮运的主体。在此之外，行军中仍有不少官给的资装、粮料等需要驮运。这些物资带有共用和官有的性质，由没有私主的十驮马驮运也在情理之中的。如此以来，十驮马就是行军中驮运共用的、官给物资的驮马。

上述推论有没有律令上的依据呢，其实也是有的。《唐六典》卷五"兵部郎中"条：

凡军行器物皆于当州分给之，如不足则自备，贫富必以均焉。凡

---

①　谷霁光：《府兵制度考释》，上海人民出版社，1962 年版，第 195 页。

②　孙继民：《唐代行军制度研究》，第 251 页。

③　《唐开元三年西州营典李道上陇西县牒为通当营请马料姓名事》68TAM108：19（a）（《吐鲁番出土文书》（肆），第 19 页）。文书载每火六头，实际只有五头领取陇西县提供的料，一种可能是六驮中，一驮没有负重，所以不加给料。另一种可能是有一驮"六驮"的加料由行军自供。若是后者，则除府兵自备口粮外，随军还有驮运粮料的驮马。

诸州军府应行兵马之名簿，器物之多少，皆申兵部；军散之日，亦录其存亡多少以申而勘会之。凡诸道回兵粮备之物，衣资之费，皆所在州县分而给之。①

行军中官给之物，如不足则需征行者自备，这是府兵制的一个特点。西州地处边陲，官马数量有限，战争损耗也不能得到及时补充，驮运官给物资的驮马数量不足应为常态。因此，行兵十人分摊一马，驮运官给物资是符合府兵制的相关规定的。而要做到"贫富必以均焉"，唐代西州户口寡少，且多贫下户等，户高丁多者多为府兵，府兵之家是堪于提供驮马的主要目标群体。从征马效率来说，与其兴师动众地向贫困户征调马匹，不如直接分摊给征行的士兵。这种分摊至每个出征士兵身上的驮马，即是吐鲁番文书中提及的"十驮马"。

关于十驮是行兵共买，驮运官给物资的推论，仅有制度上推演是不够的，还需在吐鲁番文书中寻找实际证据。阿斯纳塔125号墓所出武周时期征行军事文书，或许是我们研究的突破口。

该墓所出文书全拆自纸靴，内容前后关联，文书皆有武周新字，有两件出现"长安四年"（704）年号。该墓文书属武周长安四年某次行军前的征马文书，其中一件租十驮马的文书非常值得关注。现完整引录如下：

《武周军府牒为请处分买十驮马事》（69TAM125：3）②

1　□□给公验，并下团知，恐后滂征兵士。

2　□依问赵通得其夏君达等十驮马，当奉

3　折冲处分，陪人范绪

4　隆、张才仁、赵追（？）谢过汉□

---

①　《唐六典》卷五"兵部郎中"，第157页。

②　唐长孺：《吐鲁番出土文书》图录本（叁），第435页。

5　杨调达、范亥再达等并无

6　马可将，遂夏君其价合

7　是绪隆等家人知，请

8　马主。谢过、洛憧夏阿

9　其马见在，仍其（月）

10　其见在马，请问

11　受重罪者，准

"夏"在吐鲁番文书中有"租"的意思。过去学者常据此件文书，认为府兵也可以采用租的方式交送十驮。我们知道，租马费用比买马要少很多。如果租马也可以替代买马，自然没有人愿意买十驮马，这种解释的合理性颇令人生疑。文书第1行出现"给公验，并下团知"，所谓"公验"，即官府颁发的证明文书。这里发给公验的机构是团的上级，应该是折冲府。范绪隆等身份上属于府兵，自陈"奉折冲处分"，租赁君达等人的十驮马，"恐后潊征兵士"，担心团部不了解情况，再次征派，故索要公验，证明此事。据前揭同墓所出《武周军府牒为行兵十驮马事》，行兵出发前，需要在折冲府下各个团之间统一抽配十驮，每团都有确切的名单和人数，不存在团部不知的情况。范绪隆等索要"公验"，证明他们是临时加派，此前不在行兵名籍之内，自然"无马可将"。本件文书只能说明在特殊情况下，存在租马充当十驮的情况，并不意味普通府兵都可以以租马代替买马。范绪隆等没有直接经手租马之事，特意提到租价"绪隆等家人知"，或许是想用租马费用抵充部分应缴的十驮之费，即十驮的"回换"问题。

文书中用十驮马搭配的动词是"将"而不是"乘"，无疑是用来驮运物资的马匹。一般来说，临时加派者，转输的多半是行军所急需的。范绪隆等临时加派，十驮马驮运的不可能仅是私人资装，而应该是官府后期征调的粮草、军械等行军物资。这与此前我们推断十驮驮运官府共用物资的结论基本一致。我们还注意到，范绪隆等是隶属于折冲府的府兵,但是在文书第3行却作"陪人范绪"。吐鲁番军事文书中存在一些生僻的专称,阿斯塔那509号墓所出《武周天山府下张父团为天山合请饭米人》中便有"比出军,合请饭米人"的记载[①]。所谓"陪人",应该与"饭米人"类似,为范绪隆等人在行军中的身份。弄清"陪人"的含义,是理解"十驮"所驮运物资及其性质的关键。

在吐鲁番出土文书中,"陪人"仅见于此件文书,但在其他文书中有"陪番人""队陪"等词,且都属于唐前期军事文书。

阿斯纳那501号墓出土《唐五团通当团番兵姓名牒》(73TAM501:109/11—5(a),109/10(a))[②]

1　团

2　番兵总七十九人

3　牒件检五团应来月一日送

4　合陪番人姓名如前。谨牒。

5　九月廿五日

6　依 前 方

"番兵"指"番上兵",这是一件关于府兵番上的文书。本件文书中,某折冲府五团番上兵79人,来月一日送某地(一般是送州集合),文书将相关"陪番人"名单条列出来,上报给上级机构(折冲府)。所谓"陪番人"不是普通的府兵,而是番兵中身份或职掌特殊的人。

"陪番人"同"陪人"一样,仅出现一次,但"陪番人"之外,又有所谓"队陪"。阿斯纳塔222号墓所出《唐垂拱四年队佐张玄泰牒为通当队队陪事》(73TAM222:1(a))[③]

---

① 唐长孺:《吐鲁番出土文书》图录本(肆),文物出版社,1996年版,第294页。

② 唐长孺:《吐鲁番出土文书》图录本(叁),文物出版社,1996年版,第390页。

③ 唐长孺:《吐鲁番出土文书》图录本(叁),文物出版社,1996年版,第370页。

1　王如意

2　索君感　　左僧伽

3　赵元叔　　左德本　武须履　孙法明

4　右傔旗曲朔信　刘弘基　　高嘉慎　叱雷本

5　队头王神圆　执旗程文才　副执旗王神景　副队头武怀表

6　左傔旗武神登　淳于（屯）师　阳盖　　白福敬

7　赵弘节　　张玄泰　任永仁　王神威

8　赵义搋　　　蔺玄爽

9　卫阿荣

10　牒件通当队队陪如前，谨牒。

11　垂拱四年四月十三日队佐张玄泰牒

12　队头武怀表

13　第　八　队

本件文书性质与《唐五团通当团番兵姓名牒》类似，也是一份府兵名单。《番兵名牒》只保留牒文，本件文书则完整保留了一组名单。据文书第 11—12 行，上牒者为队佐张玄泰，下有副队头武怀表的签名，则名单中的府兵来自同一队。府兵制下 10 人一火，50 人一队，名单上列仅 26 人。文书第 10 行称"牒件通当队队陪如前"，即名单中所列的人名，身份属于"队陪"。我们注意到，这份名单并非随意排列，看起来颇似阵图。文书中出现左傔旗、执旗等执掌，孙继民先生以此为线索，最早在《通典》中发现了类似的记载。

《通典》卷一五七《兵典》"下营斥候并防捍及分布阵"条：

诸每队布立，第一立队头，居前引战；第二立执旗一人以次立，左傔旗在左次立，右傔旗在右次立。其兵分作五行，傔旗后左右均立。第一行战锋七人次立，第二行战锋八人次立，第三行战锋九人次立，第四行战锋十人次立，第五行战锋十一人次立，并横列鼎足，分布为队。队副一人撰兵后立，执陌刀，观兵士不入者便斩。果毅领傔人，又居后立督战，观不入便斩。①

　　《通典》所记战阵阵法与吐鲁番队陪名籍高度吻合。队陪名籍不仅只是一个名单，还准确记录各人的具体位置，此点和行军中"队"的布阵图有共通之处。不过，难以解释的是，文书中士兵为什么不称"卫士"或"行兵"，却写作"队陪"？孙继民先生推测"队陪"为"队部"的误写或通假②。考虑到文书中还有"陪人""陪番人"，"陪"字似难以判断为"部"字之误。今按，"陪"字本有追随、随从之意。《玉篇·阜部》："陪，助也"，又"陪，随也。"《诗经·大雅·荡》："尔德不明，以无陪无卿"，《国语·鲁语》："士有陪乘，告奔走也。"从字面意思来说，"队陪"，就是随同队伍行军，对其他人有帮助的人，驮运公用资装或补给的，不正是这样的人吗？结合文书中出现的"陪人""陪番人"等情况，我们可以大胆推测，"队陪"，是唐前期行军过程中，负责转输辎重公用军资的人。队陪不与战斗兵员混杂，拥有独立的军事建制。

　　上面的推测，我们从"队陪"的布阵上也可以得到一定程度的印证。文书所画阵形与《通典》所记存有很大差别。《通典》为锐三角形，锋线长，攻击性强，吐鲁番文书所列则是平行的纺锤形，而且中央一排无普通士兵，这种阵法不利于冲锋陷阵。但是，如果换一个角度。该队属于驮运物资的辎重部队，这种阵形四面的接触线都比较长，有利于相关物资的发放，而且执旗在中央，便于本队的识别和辨识。

———————————

① 杜佑：《通典》卷一五七《兵典》"下营斥候并防捍及分布阵"条，第 4035 页。

② 孙继民：《唐代行军制度研究（增订本）》，北京：中国社会科学出版社，2018 年版，第 224—225 页。若从孙先生所论，"陪"为"部"之讹，唐时有"部送"一词，如《唐会要》卷六五《太常寺》录景云二年十一月十二日敕："太常寺所须粢盛，今总计料定，每年所司差纲一人，典二人，一时部送，不得更有零叠，亦不得辄差使催。"部送本意为押送官物或官府征索的人、物至京。十驮所驮为官给物资，则"部人""部番人"指押送官物之人，似勉强可通，但此数处皆同，错讹的可能性较低，故仍作"陪"解。

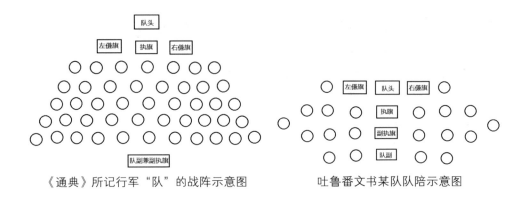

《通典》所记行军"队"的战阵示意图　　　　吐鲁番文书某队队陪示意图

　　如关于"队陪"的讨论如能成立，"陪番人""陪人"含义也可大体确认。"陪番人"应该是负责驮运番兵所需官给物资的府兵。这些辎重兵在行军中单独编队，所驱赶驮运资装的马匹就是十驮马。

　　十驮马由参与征行的士兵共同筹买，征行结束后，又会如何处置？一般来说，行军结束后，各种马驴要归还原主。十驮本无明确的马主，最可能的归宿就是还归原交纳单位。由折冲府诸团统筹的，还归诸团；由诸县统筹，还归诸县。如此一来，折冲府和州县手里都掌控一定数量的十驮。吐鲁番文书中出现差兵至"县司买马"的情节，并不令人惊讶。也正是如此，十驮是否康健，也是当时官吏考课的重要内容之一。

　　吐鲁番出土文书中有一件玄宗开元初年（713）的考课文书《唐开元五年考课牒草》（65TAM341：30/1（b））[1]：

　　界内无□

　　1　并游奕、斥候、探罗、○长○

　　2　处鞍马○○无损判部府

　　3　无稽，兵士无宽（冤），官马、十驮肥硕。

　　4　　去年考□未？（不）诸私

---

[1]　唐长孺：《吐鲁番出土文书》图录本（叁），第61页。

5 亦无负（？）反

此为开元初西州某折冲府的考课文牒，其中特别提到"官马十驮肥硕"。吐鲁番所出开元年间文书也有六驮，六驮属府兵自备的私马，肥瘦与官吏政绩关系不大。这里"官马十驮"连用，不仅表明十驮的官有性质，还暗示二者可能是统一管理。只是受材料的局限，目前还无法进一步展开深入探讨。

六、结论

唐代府兵出征，战马官给，驮马自备，一火十人，共备驮马六匹，是为六驮之制。吐鲁番文书中除了"六驮"外，还多次提及"十驮"。"十驮"之制不见文献记载，前辈学者有的认为"十驮"指十人十马，与"六驮"只是数量上有所不同，有的则认为"十驮"别是一种驮马制度，十人一马，特指一火共备之驮运病患的医疗马。本文在前人基础上，重点考察六驮、十驮在交纳和征行过程中的某些特点，得出一些新的认识。简言之，"六驮"是征行士兵自备，负责驮运私人资装的马匹，"十驮"则是征行士兵共筹的，负责驮运辎重等共用物资的马匹。前者属于府兵私马，后者则带有官有性质。唐代前期二者是西域地区并存的两种驮马制。具体结论如下：

一、唐前期府兵征行时，除去自备六驮外，还要交纳所谓的"十驮"。十驮以出征前所在的团为基本单位，被检点征行的府兵十人买马一匹，交纳军府。所纳马如非整数，不足部分则由诸团之间统筹调配。

二、征行时，由州县临时征发的"差兵"（兵募）也要交纳"十驮"。标准仍是十人一马。差兵与府兵的区别在于主管部门不同。府兵十驮由"诸团抽配"，差兵十驮则"合与诸县抽配"。

三、十驮分摊后过于零碎，多数行兵所纳十驮都非马匹，主要是折算后的绢布。府兵有马一匹，六驮当马六分，剩马还有四分。多出的份额可"换"为十驮。征行时府兵在军，交纳十驮多由家口代劳，账面上常有欠负，待府兵归后偿还。由于十驮交纳情况复杂，经常会产生重复征纳等纠纷。

四、十驮交纳后归于军司统一调配使用，并承担非常繁重的驮运任务。出土文书中十驮驱赶者被称为"陪人"。我们认为，所谓"陪人""陪番人""队陪"，都是指具有独立建制负责驮运辎重的行兵。

五、唐前期行军制度中，府兵和兵募不是职业兵，其参与征行，需自备弓装备、马匹等私人资装，凭借军功获得勋赏，虽有强制性，形式上仍保留"应募"的色彩。六驮和十驮相当于"投募"时的前期投入，或者"助军"马匹。此点与后世职业兵时代完全不同。

六、唐代西域地广人稀，户口寡少，征行时辎重的驮运较为困难。府兵制下，高户多丁的富庶之家，多被点充府兵。将筹集辎重驮马的任务分摊给行兵，虽然加重了行兵的负担，却保障了驮马的供给。目前无法断定内地是否也并行十驮，但此驮马之制较为契合西域的实际情况，故得以长期推行。

近代北庭地区的汉族商帮与
中华传统民俗文化述论

新疆社会科学院历史所　　贾秀慧

历史研究

　　远在新石器时代，古代新疆居民就同我国内地有了交往。汉族到达新疆的时间很早，早在西汉汉武帝时期，汉族就进入新疆了，以后各个历史时期都有汉族人陆续进入新疆。但早期进入新疆的汉族人后裔大部分都融合到当地各民族中去了。现在生活在新疆的汉族人，大多是清代以后陆续由内地迁来的。特别是清乾隆二十四年（1759）清政府统一新疆后，大力开发建设新疆，在新疆进行屯田，屯田者中有部分绿营汉族官兵及被招募的内地汉族贫民。清光绪二年（1876），以湘军为主力的清军驱逐阿古柏入侵者、收复新疆后，大多数清军及随军汉族商贩留居新疆。清光绪十年（1884）新疆建省后，清政府又实行了一系列移民实边、兴办实业、鼓励贸易的政策，许多汉族人来到了新疆，或经商或垦殖。民国年间，有不少汉族人到新疆为官或经商，甘肃、陕西、河南等省灾民也入疆垦殖。

　　在这些汉族人中，商帮是一支重要的力量，在对中华传统民俗文化的广泛传承上，发挥了极其重要作用，而中华传统民俗文化是"百艺进疆"的重要组成部分。

　　史称的"百艺进疆"，是指汉族商帮传入新疆的百余种文化习俗、技艺技术等，具体有：年画、风筝、剪纸、春联、珠算、烹调、社火（包括龙灯、武术、秧歌、音乐会）、水会、花轿、扎彩、建筑（京式楼阁、四合院、庙宇及雕刻、彩绘）、造纸、毛巾、供电、电影、金银工艺、海味、京货、风味小吃、蔬菜花卉种植、骨医、抖空竹、踢毽子等。涉及中华传统民俗文化中的民俗节日文化（社火、春联）、民俗工艺文化（年画、花灯、剪纸、风筝）、民俗饮食文化（蔬菜种植、糕点、酱菜、风味小吃）、民俗游艺文化（抖空竹、踢毽子）等诸多方面。

据载，"诸（商）帮之大聚会，均在省垣。其言语、习俗，亦依其乡土为标准，并不改变其本来面目。"近代汉族商人大多分布在近代北庭地区。

我们知道，人口的流动必然伴随着文化的传播。伴随汉族商帮的脚步及活动，一个重要的后发效应就是中华传统民俗文化、民间文化在北庭地区得到广泛传播，潜移默化地影响和改变着该地区的社会风貌，丰富了该地区多元一体的文化格局。民俗文化是指民间民众的风俗生活文化的统称，也泛指一个国家、民族、地区中集居的民众所创造、共享、传承的风俗生活习惯。民俗文化是在普通人民群众（相对于官方）的生产生活过程中所形成的一系列物质的、精神的文化现象，它具有普遍性、传承性、变异性。

例如元宵节闹花灯、猜灯谜的中华传统节日民俗，早在清乾隆年间就传入北庭地区。乾隆年间的纪晓岚诗云："绛腊荧荧夜未残，游人踏月饶阑干。迷离不解春灯谜，一笑中朝旧讲宫。"至道光年间，新疆迪化"满汉两城元宵灯火最盛，汉城尤胜于满城。店面各有灯棚，大店户悬灯尤多。……（花灯）大率玻璃纱画而已，佐以锣鼓讴歌，店面施放花筒流星之属，亦有过街龙灯，类如内地乡村之制。"随着经济的发展，特别是汉族商帮的活动，在晚清民国时期呈现出愈加繁荣兴旺的景象，尤其是在 20 世纪初至 30 年代的迪化很兴盛。每年的这个时候，迪化城中的大街小巷都张灯结彩。人们穿上节日盛装，观灯、赏灯、猜灯谜。各种社火进行表演，还燃放烟花爆竹，非常热闹。故时人称："新疆之迪化，不仅为政治之中心，亦汉人之大聚会也。举凡饮食起居，语言习俗，俱与内地无别。"同时，一些具有天津地方特点的民间文化，如天津著名的艺术形式——杨柳青木版年画和民间剪纸（如吊钱），伴随着津商的经济活动也相继传入近代北庭地区。它们以其鲜艳的色彩，广泛的题材，浓郁的生活气息，为人们的生活增添了许多欢乐吉祥的成分，也深受人们欢迎。

此处以近代北庭地区的重要城市——奇台、孚远（今吉木萨尔，下同）、省会迪化、哈密、伊犁为例，重点探讨这一时期汉族商帮人士如何通过节庆活动、自身的日常行为及经商活动，广泛移植、传承节日文化、工艺文化、饮食文化、戏曲文化、游艺文化等中华传统民俗文化，促进了北庭地区各民族文化之间的交流交融，巩固了清代北庭地区就形成的中原文化的主体地位，推动了该地区多元一体的中华文化格局发展。

一、近代北庭地区汉族商帮与中华传统节日文化

每年春节来临之前的腊月里，汉族商帮人士都有腊祭、打腊鼓、喝腊八粥、扫尘等腊月风俗；在春节、元宵节及庙会等节庆活动中，汉族商帮人士不但积极组织、参与各种社火表演，还有贴春联、互赠贺年片等习惯，中华传统节日文化在汉族商帮的传承下，在新疆地区得到了发扬光大。

腊月风俗　中国人把农历的十二月俗称"腊月"，腊月里有很多饶有趣味的风俗，被汉族商帮人士带到新疆，并传承下来。

腊祭——家中有家谱的汉族商帮人士，在腊月要把祖辈各代的名字书写在专门印制的"家谱联"上，悬挂于堂屋正中，以示怀念。

腊鼓——迪化大十字周围的汉族商号在腊月的晚上要击鼓，表示迎新年的意思，天津商帮敲太平鼓，陕甘商帮则敲欢乐的鼓点。

腊八粥——腊月初八这天，民间有喝腊八粥之俗，且分赠亲朋好友，互相问安。北庭地区的汉族商帮人士也做腊八粥，除大米、小米、江米、红豆、花豆、绿豆外，还加上新疆特产葡萄干、杏干、瓜

干等，配以莲子、红枣、桂花、白糖等，原料比关内丰富很多。

备"万年粮"——从腊月中旬开始，许多汉族商户要准备够吃十多天的粮食，具体有蒸花卷、馍馍、包子，制作年糕，炸油果，炖肉。意思是保证年年有余粮。

扫尘——"除夕的前八九天，……各（汉族）店铺忙着预备过年，有的在清扫房屋，制备新衣，购办食品。有的在装摆年货，修理门面。"甚至"除夕的清晨，各店铺都在清扫内外。"从腊月二十四开始，一直到年底，汉族商帮人士都要彻底大扫除，准备干干净净过新年。

年夜饭与守岁——岁末大年三十（除夕）这天，汉族商户要吃团圆饭，主要以饺子为主，各种丰盛菜肴。给老人压腰钱，给小孩压岁钱。这天晚上，还要通宵不眠即"守岁"，守岁是汉族商户在年尾岁头履行辞旧迎新的重要礼节，在除夕子夜"送祖宗"和"接财神"，以示尊祖和希望在新的一年里发财致富的愿望。

组织并参与各种社火表演　"社火"是一种古老的风俗，在中国有着数千年的历史。它产生于原始的宗教信仰，是远古时期巫术和图腾崇拜的产物，是古时候人们用来祭祀拜神的宗教活动。"社"为土地之神，"火"能驱邪避难。崇拜社神，歌舞祭祀，意在祈求风调雨顺，五谷丰登，国泰民安，万事如意。社火也称"花会"，是中华大地民间一种庆祝春节的传统庆典活动。包括舞蹈、杂技、杂耍、武术、鼓乐等，是年节庆典、庙会上自娱自乐、表演性强的民间歌舞技艺活动的统称。

在新疆各地县中北庭地区奇台县的社火最为源远流长，有二百多年的历史。自光绪年间兴起后，除因战争和动乱受过一些影响外，几乎没有中断过，一直延绵至今。清末，燕、晋、陕等地的汉族人以"赶大营"的形式来到奇台，从事农业、商业、手工业等行业。他们不但发展了奇台的经济，每逢春节其建立的会馆组织的"社火"活动更是极大繁荣了奇台的文化生活。每逢过节，奇台各大会馆便纷纷组织商民们开展带有地方色彩的民间文化活动，如汾阳大套、秧歌、高跷、高抬、龙灯、舞狮、大头和尚、花灯、旱船、风筝等，逐步形成了享誉新疆的奇台"社火"。奇台各会馆积极组织"社火"活动，一方面为了自娱自乐，另一方面通过"社火"来展示本商帮的经济实力，是经济竞争在文化活动上的一种反映。各会馆负责补贴应需费用不足部分。如大头和尚由山西会馆补贴；舞狮、龙灯由四川会馆补贴；花鼓归两湖会馆补贴；旱船由甘肃会馆补贴；高跷由直隶会馆补贴。近代孚远县每逢年节均有社火活动，如秧歌、高抬、高跷、狮子、龙船、旱船、太平车等；正月十五灯节进行的打花、炮花、盒子花以及各种式样的花灯，五光十色琳琅满目，这些活动，多由各会馆自发举办。孚远县的陕西会馆，每逢正月十五都举办高抬、抬阁等社火表演；天津公所每逢节庆之日便推出高跷、杂耍、单杠轿、太平车、天灯、地花、筒子花等项目，与民同乐。津帮游艺、社火之栋梁，又被称为孚远"四奇人"，分别是杨二能的盒子花、刘捣鬼的筒子花、李五好杂耍、李松耀种菜胜行家。

晚清民国年间的省会迪化，在春节、元宵节等重大节日以及此期间举行的娘娘庙、水磨沟等庙会上，汉族商帮人士通过其地缘组织——各省会馆，纷纷组织社火表演。春节期间从正月初一到十五，连续半个月，各省会馆的社火，涌向街头，为民众表演。当时，陕西会馆的高抬，山西会馆的汾阳花鼓，四川会馆的舞狮，甘肃会馆的旱船，直隶会馆的高跷，总商会的秧歌队等，都各具特色，争奇斗艳。此外，汉族商人还组织表演武术、龙灯、耍中幡等。曾于1932年在迪化过新年的宫碧澄记载了当年的盛况，"高抬、高跷、旱船、狮子、龙灯、花鼓，各种游艺，逐日的排成了行列，沿街沿户的在表演，到了夜间格外的热闹，通衢灯市如画、歌舞喧天、万人空巷，闹个通宵达旦！"

庙会，是汉族商人组织社火表演的另一重要场所。据时人记载，每年气温转暖后，迪化都有娘娘庙（今乌市中山路）与水磨沟之庙会，"士女云集，百货骈集，竞妍争艳，举城若狂，虽途遥数十里，风尘十万斛，亦多扶老携幼而至。"究其实质，"并无何种新奇之事，特假酬神演剧之机会，聊以稍舒生活沉闷而已。"中秋前数日，还要举行赛会游行一次。"盛设卤簿，广陈鼓乐，长逾里许，时恒三日，最为热闹。"接着又有公园庙会，"车马盈门，群来游园。斯时炎暑已退，花草犹存，观剧赏景，称为乐事。"

社火演出期间，迪化大十字东、西、南、北四条大街的汉族商帮店铺前，都摆着桌椅和茶水点心，供表演者们休息和品尝。负责领会的是天津菜商贾万盛，他手拿小铜锣，指挥全局。各汉族商号都欢迎社火在本店前表演，以图吉祥如意、生意兴隆。

汉族商帮组织的社火表演共计10余个，主要有：

高抬——也叫铁芯子社火，由陕西会馆的秦帮商人举办，盛况空前。整个高抬社火，前后有两套锣鼓队，每队8人，专用的锣鼓点，新颖悦耳，前呼后应，给街头盛会增加了热闹氛围。每一台高抬都是一折戏的画面，内容、造型、姿态各异。它的基础是1.5米见方、高约1.2米的四方木台（类似木柜），台内装有铁芯子做基座，从基座伸出一根直径约5厘米、高约5米的铁杆，铁杆两侧根据画面造型，可焊接1人或2人的脚手架，并有保险圈。扮演角色的儿童，站在架子上穿着古装，将脚手架全部掩盖，再用特制的一双假腿假脚把身子连接起来，站在一根树枝上或人的肩头上，既惊险又逼真。秦帮著名的中药店"凝德堂""元泰堂"及秦帮其他商号，都踊跃出资支持高抬表演，为汉民俗文化的传承作出贡献。

1939年3月为庆祝新疆四月革命六周年，汉文总会组织高抬、秧歌、凤阳花鼓等街头表演，秦帮商号"永丰栈""元泰堂""凝德堂"参与举办了高抬表演。

汾阳花鼓——由山西会馆的晋帮商人举办，表演者为迪化汉族商号中的山西籍人员，有经理也有店员，有老有少，均为男扮女装。乐器以腰鼓和小铜锣为主，鼓点节奏明快、激昂。男演员身背腰鼓，"女演员"手持小铜锣，边舞边敲，不停变换队形。同时还有一支乐队助兴。花鼓队员们服饰华丽、形象优美，最具特点的是从服装、化妆方面表现了当时新疆14个少数民族的风俗特色。每当花鼓队一过来，群众们就纷纷寻找自己本民族的代表人物。特别是晋商赵起宏的表演，幽默风趣，引人注目。当时晋商店铺"永盛生百货店""永盛堂中药店"等，每年都积极捐款支持汾阳花鼓表演。

耍狮子——四川会馆的川帮商人举办的耍狮子以惊险取胜，在迪化独一无二。一般三人表演，两人一前一后耍狮头和狮尾，一人扮演童子手拿彩色大绣球。在紧锣密鼓中，用绣球引得狮子翻、滚、窜、跃，非常好看。最精彩的是高空表演，将8张方桌一个个摞起来，高约10米。这时童子拿着绣球登上摞着的桌子，引着狮子边表演边往上爬。令观众替演员们捏着一把汗，但每次表演都圆满成功。

高跷——在20世纪30—40年代的迪化，由津商与河北商人共同出资举办，是社火表演中的佼佼者。表演者可扮成各种人物，手持道具，双脚踩着木跷（高者1米多，低者30—40厘米），按照一定的规矩、套路，或走或行，或演或唱。高跷表演阵容强大，共有30多人，包括踩高跷者、锣鼓手、总领队、服务人员。表演的节目大多以传统戏曲为内容的舞蹈。

秧歌——以汉族商帮人士为主体的新疆总商会组织的秧歌队，得到各商帮人士的支持。秧歌队员均男扮女装，并请维吾尔族民间艺人阿不都古力吹奏唢呐。领头的是一男一"女"，"女演员"身着花旗袍、手拿小花伞。领头的二人是全秧歌队的灵魂，表演的是地道的东北大秧歌歌舞。参演者都是汉族商铺挑选的20岁左右青年店员或掌柜老板。其中一位汉族商帮人士张老板扮演的管账老先生角色，给人印象深刻。他穿着长袍马褂，手拿算盘，腰间挂着眼镜盒，老态龙钟，形象逼真。

1939年3月为庆祝新疆四月革命六周年，汉文总会组织高抬、秧歌、凤阳花鼓等街头表演，汉族商帮人士领导、支持下的新疆总商会参与举办了秧歌表演。

武术表演——燕帮中的河北商人王永冠（新兴饭庄经理）组织的少林会，逢年过节都在街头和广场拉开场子表演，深受群众欢迎。该少林会主要表演者有 10 余人，均为紧身短衣，头扎粉红绸子，刀、枪、剑、斧、钺、锤等俱全。主要武打动作有空手对打、单刀对花枪等，其中王永冠演练的白蜡棍，舞动起来呼呼生风，令人眼花缭乱。

龙灯——有两道会：一道是两湖会馆的湘帮、鄂帮商人联合举办的二龙戏珠，一道是由津商（菜商和鸡鸭小商贩们）组织的天津龙灯。两湖会馆的龙灯一般夜间在街头表演，龙身的每节都点有蜡烛，耍起来五彩缤纷，看似两条火龙飞舞，两侧伴舞者则高举灯笼火把。津商的龙灯，一般白天在街头表演，是一条较大彩龙，龙头始终跟着彩珠球转，时而紧缩一团，时而腾空跃起，变化多端，再配合着紧锣密鼓，非常精彩。

耍中幡——20 世纪 30 年代，河北商人组织表演的"耍中幡"，在迪化社火中独树一帜，以粗犷、豪放、刚劲著称。中幡是一根长 10 余米、粗约 10 厘米的竹竿或木杆，上面装有彩旗和一个大花伞样的华盖及长长的宽条幅，重约 20 公斤。表演分"一人中幡"和"三人中幡"。一人表演时，时而肩抗、时而头顶，或用胳膊肘立，甚至用肚子、脊梁把中幡直立在空中，且上下前后舞动生风。三人表演时，除每人做高难动作外，还要互相传递中幡，然不能用手接，这无形中增加了耍中幡的难度。

贴春联　汉族商帮人士在春节来临时，出于祈福纳祥、盼望财源广茂的心理，都有在自家宅院、特别是店铺门前贴红纸春联的习惯。春联内容一般是抒发过春节的喜悦心情，表达对新年的美好祝福。

早年到新疆赶大营的大营客，多是贫苦人，能通文墨者为数稀少，只有津帮商号"文丰泰"的管账先生乔如三尚可代人写些千篇一律的，如"一夜连双岁，五更分二年""新春大吉"等，为了图个吉利，汉族各商帮商号纷纷效仿之。在汉族商人的带领下，这一习俗在新疆得到了很好的传承。

互赠贺年片 在 20 世纪 40 年代以前，新疆的汉族商帮人士在春节期间都有互赠贺年片的习俗，祝贺对方新的一年生意兴隆，并有加强往来、相互关照的含义。贺年片用红绿纸折成长约 25 厘米、宽约 10 厘米的长方形，上面盖上本字号的印章即可。赠送贺年片的时间，都在正月初五以前。由店员携带贺年片挨家送，当时的商铺都是老式插板门，从门缝里塞进去。迪化的老字号商铺特别重视赠送贺年片这一礼俗，如津帮的"永裕德""同盛和""复泉涌""永盛西""德生堂""广聚合""同泰兴"，陕甘帮的"凝德堂""元泰堂"，晋帮的"集义生""永盛生"，川帮的"鸿春园"等，这些贺年片被一些收藏家保存至今。

二、近代北庭地区汉族商帮与中华传统工艺文化

汉族商帮通过商贸活动，把杨柳青年画、花灯、剪纸作品、风筝等中华传统工艺品运到了北庭地区。同时汉族商帮人士在日常生活中，每逢年节贴年画、制作并悬挂花灯、在门窗上贴剪纸，春天放风筝并组织风筝比赛等，使得这些中华传统工艺文化在新疆得到了较好的移植与传承。

杨柳青年画 年画是中原普遍流行的民间美术品，广泛应用于年节驱邪纳福活动。我国古老的三大木版年画之一——天津杨柳青木版年画，源于明、盛于清，当年赶大营的首倡者——津商安文忠创办的"文丰泰京货店"，把杨柳青年画首次带到新疆，杨柳青年画构思精巧、线条流畅、色彩鲜艳，为春节增添了欢乐的色彩，所以在新疆大受欢迎，销路畅通。民国年间每年都有大批的杨柳青年画，由汉族商贾经办驼运到迪化。

在迪化经销杨柳青年画数量较大的汉族商帮商铺是"务本堂字画店""经昌美书店"。"务本堂字画店"开业于 1910 年，由津商赵振声创设于迪化南大街，有三间砖门楼的门市，这家字画店的主要业务

图 1　天津杨柳青年画的代表作——"连年有余"

是装潢字画，同时批发零售兼营杨柳青年画。"经昌美书店"开业于1917 年，由津商周梦先创设于迪化南大街，主要经销各类书籍、名人字画、笔墨纸砚，经营的字画中包括杨柳青年画，每到春节，十分畅销，供不应求。

晚清民国年间，一进入农历腊月，在迪化城里大十字一带，汉族商帮人士出售年画的铺号、地摊一家挨一家。年画一上市，要过春节的气氛就浓起来了。春节期间，家家户户都忙着在院落、房舍里贴上喜气洋洋的年画。杨柳青木板年画的题材丰富多彩，有历史故事、神话故事、戏曲场面和风景花卉等，如"恭喜发财、四季平安"为内容的财神、门神、福禄寿三星高照图，有"招财进宝""六路生财"及春夏秋冬四季耕作图，有喜鹊栖于梅林中的"双喜登梅"图，还有谷穗、花瓶、鹌鹑组合的"岁岁平安"图。特别是胖娃娃抱鲤鱼的"连年有余"（见图 1），作为杨柳青木板年画的代表作，已成为中国传统文化符号之一。

花灯　每逢元宵佳节，迪化十字街上的汉族商帮店铺继承传统习俗，各商铺家家张灯结彩，有荷花灯、鲤鱼灯、花篮灯、西瓜灯、甜瓜灯、宫灯、走马灯等，热闹非凡。其中以津帮老字号"庆春和百货绸缎店"（今乌鲁木齐大十字自治区中医院一带）制作的灯笼最好看，不但每年都有新的创意，同时还带猜灯谜，猜对有奖品，引得大家前往观赏和竞猜，门前一时竟被挤得水泄不通。

津商刘凤春，绰号"玻璃刘"，他于 20 世纪 20 年代在迪化北大街（今乌鲁木齐大十字邮局对面一带）开设的玻璃灯商店，独具特色，参观和买灯的人络绎不绝。制作玻璃花灯，既有玻璃活，又有白铁活，工艺独特。该店的玻璃灯都是刘凤春自己手工制作的，有六角灯、八角灯、宫灯、四折灯等，光彩夺目，美不胜收。最畅销的是长方形四折玻璃灯，高约 20 厘米，宽约 15 厘米，用时能打开点蜡烛照明，不用时可折起来。

此外，汉族商帮人士还在正月十五晚上 10 点左右，在大十字一带燃放盒子花灯。盒子花灯，是一种最高级的传统花灯，用三根木椽子架起约 80 厘米见方的折叠纸盒子，里面是盒子灯。点燃后，从盒子里掉下一个小戏台，上面有用各色凌子和纸糊的小人，有八仙祝寿、五子登科、天女散花等，是一出戏。到一定时候，底下的燃烧完了，上面又自动掉下来一个戏台，一出戏。约莫一个小时左右，盒子灯才能燃放完毕。每当燃放盒子灯时，大十字一带是人山人海，掌声、喝彩声震耳欲聋。这些盒子灯大多是津帮店铺从天津买来的，也有的是秦帮"凝德堂"中药店从陕西进货而来。

剪纸、吊钱、刺绣花样子　剪纸这种诞生于民间、流传于民间、扎根于民间的文化艺术，有着悠久的历史传统、深厚的民间土壤和广泛的群众基础。剪纸艺术交融于各族人民的社会生活，其传承延续的视觉形象和造型方式，蕴涵了丰富的文化和历史信息，表达了广大民众的社会认识、道德观念、实践经验、生活理想和审美情趣，是中华民族民俗生活中最普遍、最原本、最具文化象征的艺术品之一，是我国非物质文化遗产的瑰宝。

新疆的汉族商帮人士过春节和结婚时，有在门窗上贴大红纸剪成的"福""喜"字及喜庆图案的习俗。这种技艺多由汉族商帮妇女传、帮、带。20 世纪 30—40 年代，迪化藩台巷（今明德路）的天津杨柳青人肖淑章，就是一位著名的剪纸大师。肖淑章的剪纸技艺，来自剪纸之乡天津杨柳青，大部分是圆形喜花，象征团圆美满。剪纸的内容多为吉祥题材，如龙凤呈祥、状元及第、麒麟送子、莲生贵子、福寿双喜、榴开百生等。形式大小不一，最大的直径 30 多厘米，最小的 10 厘米上下。喜花的使用范畴很广，不但可贴在门、窗、墙壁上，还可放在陪嫁的妆奁上，以及放在糕点、寿面、供果上使用。

一些津帮店铺还销售从天津运来的各种剪纸作品。如 1911 年津商姚同善在迪化西大街创办的"同义昌杂货店"，每逢春节，天津杨柳青的剪纸窗花等就摆上了柜台。津商孙宝顺开业于 1920 年的"宝顺成杂货店"，也经销大量的天津杨柳青剪纸作品。

吊钱，又称挂钱，是天津杨柳青民间剪纸工艺品之一，多由津商从天津采购而来，经驼户运到迪化。一进入农历腊月，迪化的汉族商帮杂货铺里就挂满了花样各异、鲜艳夺目的大红吊钱。作为门窗的点缀品，吊钱是用大红锦纸雕镂而成，长约 35 厘米，宽约 20 厘米，多为过年过节时贴用。吊钱中间一般刻有 4 个字的吉祥词语，如"竹报平安""合家欢乐""五谷丰登""人财两旺""富贵双全"等。在文字的两边还刻有连钱、鱼鳞、方胜等图案花纹，也有不刻字而用"寿星""增福财神"等图像的。另有一种大吊钱，长约 60 厘米、宽约 30 厘米，上面不刻字，而是刻上聚宝盆、摇钱树等，另用金色纸刻出吉祥单字，如福、禄、寿、喜等，在每副吊钱中间贴上这样一个字，四副为一组。大吊钱一般都悬挂在室内，映照得室内红红艳艳、喜气洋洋。贴吊钱的习俗，在新疆得到了很好的传承。孩童们一看贴吊钱，就追逐着喊叫：过年了！

津商孙宝顺 1920 年前后在迪化大十字东南角开设的"宝顺成杂货店"，是经营吊钱最有名的商号。该店主要经营京广杂货、剪纸、吊钱、杨柳青年画。该店每年都去天津采购一批吊钱，图案年年更新，春节前夕到这家商店买吊钱的顾客拥挤不堪，一时成了吊钱的专卖店。

刺绣花样子是天津杨柳青有名的民间工艺品之一。一般是女性在自制的衣、鞋、裙、裤、以及钱袋、香囊等物品上，绣上一些图案花样，做装饰用。花样子形状随物形而变，有方形、圆形、三角形、莲瓣形、菱形等，内容有花鸟虫鱼、山水人物、琴棋书画等。20 世纪20—30 年代，家住迪化三角地的天津杨柳青商人郑师傅专门制作刺绣花样子，因技艺精湛、花样繁多，被称为"郑花样子"。当年南关山西巷一带制作维族花帽的维吾尔族师傅，对郑师傅的花样子很欣赏，他们买来郑师傅的牡丹花等花样子，绣在维吾尔族小花帽上，给维吾尔族小花帽增加了新的花色品种，颇受顾客欢迎。

放风筝　春天放风筝的习俗，自清乾隆年间开始，就在近代新疆流行起来。乾隆年间的纪晓岚诗曰："儿童新解中州戏，也趁东风放纸鸢。"进入晚清民国年间，伴随着汉族商帮的活动，放风筝的习俗，在深度与广度上都得到了进一步的发扬光大。

当年迪化大十字卖年画、吊钱的汉族商帮人士地摊上，都有出售风筝，品种既有花蝴蝶、蜻蜓等小风筝，也有"孙悟空""巴巴鹰""片凤凰"等大风筝，质地优良的大风筝都是汉族商帮人士从天津运来。

迪化本地有两家著名的津商店铺，制作并出售风筝。首先是拥有扎彩手艺的津商张墨庄，被誉为"风筝大王"。1920 年前后他在迪化大兴巷内（现小十字食品大楼对面）开设了"张记扎彩铺"，经营各种扎彩成品，图案吉祥、做工精细，如纸灯笼、纸人、纸车、纸牛、纸马等。最引人注目的就是各式各样的风筝，有软翅、硬翅、自由式、微型等高中低档，式样有花蝴蝶、孙悟空、蜻蜓、蜈蚣等。每逢春秋季节，该店的风筝总是供不应求。另一家是位于南关山西巷口（今龙泉街）的津帮商铺"万利成津货铺"。

20 世纪 30—40 年代的迪化，有过两次大型风筝的放飞表演，汉族商帮人士积极参与比赛，他们制作的风筝在比赛中大放异彩，充分展示了风筝的艺术魅力。30 年代的风筝比赛中，津商张墨庄拔得头筹，他制作了一个 20 多米长的五彩飞龙风筝，在南大街津商"永盛西点心铺"的屋顶放飞，龙风筝摇摇摆摆腾空而起，犹如真龙在蓝天中翱翔，观者甚众，赞不绝口。1946 年的风筝比赛，山西巷口的"万利成津货铺"与"万兴隆清真食品店"两家联合制作了一个 5 米多高的绿色孔雀形大风筝，放飞后特别引人注目，大有"孔雀西北飞"的意味，给人留下深刻印象。

三、近代北庭地区汉族商帮与中华传统饮食文化

汉族商帮通过在迪化开设酱园、点心铺、腊味店、豆腐坊、小吃店等食品店的方式，使得酱菜、中式糕点、腊味品、豆腐、中原风味小吃、元宵、粽子、月饼等中华传统食品及制作技术，在北庭地区得到广泛推广。同时，汉族商帮人士身体力行农历正月十五吃元宵、端午节吃粽子、中秋节吃月饼拜月等习俗，使得中华传统民俗饮食文化在北庭地区得到很好的移植与传承。

酱菜　酱菜既是人们日常生活中的佐餐美味，又可作为宴席上的调味佳品，在中华传统饮食文化中扮演了不可或缺的角色。汉族商帮中，尤以津商自制并出售的酱菜最为出名。"复泉涌酱园"是津帮老八大家之一，为著名的经营自制酱菜的商铺。清光绪十二年（1886）天津杨柳青商人杨润棠、杨春华在迪化大十字以南联合创办了"复泉涌"。清宣统二年（1910）该店卖给津商周义臣。周义臣的次子周宝定（字铸卿），继承父业，一直经营到 1956 年的公私合营。"复泉涌酱园"坐落于迪化大十字以南，有五大间门市，一进入该店，就闻到了该店自制的什锦酱菜的香味，货架上摆满了各种海菜和面酱、芝麻酱、豆瓣酱、辣子酱（又称甜味酱）、酱油、醋、小磨香油等调味品。该店自制的酱菜以品种多样、口味地道而闻名，具有"鲜、甜、脆、嫩"四大特点。尤其是该店自制的带皮酱笋子和辣子酱，在市民中享有很高声誉，来购买的顾客络绎不绝。辣子酱色泽红亮，香味浓郁，细腻无渣，经久耐贮。

中式糕点 "糕点"在民间大多叫"点心",是人民日常生活中的一种副食品,还可作为探亲访友、节日馈赠的礼品。中式糕点具体可分为蛋糕类(如云片糕、芙蓉糕)、酥质类(核桃酥、萨其马)、糖陷类(如水晶饼)、油炸类(如萨其马)等。传统中式糕点技术和花样品种,大部分是由汉族商帮中的津商传入新疆,并得到了继承与发扬。

津帮老字号"复泉涌酱园",不但经营酱菜,还聘请名师,在后院加工作坊制作各种津味中式糕点,形成前店出售、后院加工、现做现卖的经营方式。

后来,汉族商帮人士又陆续开设了一些专门的食品糕点铺,驰名的有晋商"集义生食品店"、津商"永盛西点心铺""瑞记号点心铺""玉华香甜食店"等。

"集义生食品店",坐落在迪化南大街(今大十字以南,市蔬菜公司第一中心店蔬菜副食门市部),由晋商苗沛然创办于20世纪初。这是当时迪化唯一的一家南式食品店,制作的糕点造型美观,用料重糖轻油,成品薄皮大馅,口味甜而不腻,具有典型的南方风味。该店的招牌产品有水晶饼、黑仿白月饼、绿豆糕等。

"永盛西点心铺",坐落在迪化南大街(今南门大银行一带),有五大间门市,由津商刘鉴周创办于1920年前后。该店在20世纪30年代以前,除经营中式糕点外,还兼营海味、调料、酱醋、小磨香油等副食品,及京广杂货、绸缎、布匹等。40年代初,重点经营食品加工。该店制作的津味中式糕点,在同行业中技术超群。除"大八件""小八件"等家常点心外,尤以应时糕点闻名。如端午节的什锦绿豆糕、中秋节的套馅月饼、元宵节的什锦元宵等。在冬季,该店制作的"什锦南糖"很有特点,至今已不多见。盅碗糕作为该店的招牌食品,是宴会上的佳点,在当时的迪化独一无二。盅碗糕是用鸡蛋、上等面粉、糖、玫瑰、青红丝等作为原料,再以江西景德镇的蓝花小盅碗蒸熟。金黄色的盅碗糕,摆在绿边的托盘内,像一束盛开的葵花吐蕊，美不胜收。

"瑞记号点心铺"，是著名的津商老字号，由津商郭广瑞最早在玛纳斯开设，1945年迁至迪化三角地。有很大的门市，后院还有作坊。这家点心铺，主营各种中式糕点，有蛋糕类、酥质类、油炸类。最著名的是酥质类的"京八件"点心。特别是该店制作的糕点"萨其马"，受到很多满族民众的欢迎，他们在春节期间，都购买该店的"萨其马"互赠拜年。

"玉华香甜食店"由津商魏锦州于1940年前后在迪化东大街创办，主营各种京津风味甜食小吃，有糖包子、豆沙包子、什锦元宵、枣晶糕、黏糕、八宝饭、山楂糕等。京剧表演艺术家程砚秋来迪化考察和演出时，曾到该店品尝各种甜食，大加赞誉。

由于津味糕点在迪化的风靡，在汉族商帮点心铺制作糕点的大师傅，也逐渐被人们所熟知，被誉为"津门糕点五大名师"。他们都是天津科班出身的名师，分别是"永盛西点心铺"掌案师傅刘文江、"复泉涌酱园"点心掌案师傅高继铭、"瑞记号点心铺"掌案师傅郭广瑞、"冯家点心铺"创办者冯子华，还有一位是远在吉木萨尔县开点心铺的闫锡武。

特别值得一提的是五大名师中的首席名师——"永盛西点心铺"掌案师傅刘文江，还给迪化南关一带几家回民经营的清真点心铺传授津门糕点技术，使得汉族传统糕点技术在少数民族中得到传播，促进了民族间的饮食文化交流。

腊味品　汉族商帮中的一些津商，拥有制作京式香肠或腊味品的手艺，使得这一饮食文化在新疆得到移植、推广、传承。其中以光绪末年津商王永泰（字华甫）在迪化东大街创办的"王记腊味店"，最为驰名。该店制作并销售京式香肠和腊味品，如腊花肉、腊瘦肉、腊猪舌等，特别是京式香肠，常常供不应求。故店主被誉为"肉王二"。

此店内特制的木架上，挂满了半熟的香肠制品，色香味俱全，令人垂涎欲滴。该店的腊味品，因货真价实，深受新疆民众欢迎，除零售外，大批订货者也很多。

豆腐　豆腐以其高蛋白低脂肪的特点，成为最理想的代乳品和老年人的保健食品。清代纪晓岚诗云："菽乳芳腴细细研，截肪切玉满街前。"并自注道："豆腐颇佳，冬春以为常餐，夏秋则无鬻者。"可见乾隆年间，新疆迪化就有卖豆腐的小商贩了。但开设专门的豆腐坊，则始自汉族商帮中的津商。1920年天津杨柳青商人潘兰藻在迪化三角地，开设了最早的一家"潘记豆腐坊"。该店经销豆腐、豆浆、豆腐皮、豆腐干等各种豆制品，批零兼营。种类繁多的豆制品，迅速进入了新疆百姓的餐桌，普惠民众。该店自制的豆腐，含水量低，富有弹力，口感细嫩、醇香，深受顾客欢迎。同时，其自制的豆浆也与众不同，盛上一碗豆浆，里面是半碗豆腐。每天早晨，附近的居民拿上盆盆罐罐去"潘记豆腐坊"买豆浆，成为一大盛景。

中原风味小吃　新疆风味的传统美食有抓饭、烤包子、烤羊肉串、拌面、油塔子等。晚清民国年间伴随着汉族商帮人士的流动，天津风味、山西风味等中原风味面食、小吃传入新疆，并和新疆本地的饮食文化相交融，极大丰富了新疆民众的饮食文化。

近代北庭地区著名的中原风味小吃以天津小吃居多，一般由津帮商贩开办的饭馆经营，主要有天津风味的锅贴、打卤面、煎饼果子、炸糕、狗不理包子、坛子肉、叉子火烧等。别省的风味小吃，主要是山西的烧麦、刀削面等，由晋商开办的大饭店经营。

天津风味小吃中，锅贴很受新疆民众欢迎。清宣统二年（1910）津商薛保有创设了"薛记锅贴铺"，后其子薛连魁于20世纪20—30年代继承父业，"薛记锅贴铺"位于迪化衣铺街辕门前（今人民广场一带），该店在40年代迁到了北门（今民主路鸿春园一带）。该店的锅贴是什锦锅贴，肉馅配上时令蔬菜如白菜或芹菜，形状呈带花边的月牙形面饺，用文火煎到一定程度，再用醋水煎。吃锅贴时，还配有多种佐料，如醋、酱油、辣椒、蒜瓣等。该店给顾客提供的筷子十分讲究，是专门从天津带来的名贵的麻花形"乌木筷子"。种种情形，令食客很喜欢该店的锅贴。

打卤面，是津门名小吃。天津人有一句口头禅："出门的饺子津门的面。"这个面就是指打卤面。20世纪40年代，津商宋凤山在迪化民主路开了一家"打卤面"馆，专卖天津风味的打卤面，是全城的独家生意。该店的面条既薄又筋道，卤的原料有猪肉片、黑木耳、黄花菜、鸡蛋、蘑菇等，因该店的打卤面物美价廉，受到新疆民众的欢迎。打卤面，在津帮商人中很流行。津商逢年过节、红白喜事，要吃四个碟的打卤面。同时，当年津帮的各大商号，每逢初一、十五吃"犒劳"，中午做的都是打卤面。

煎饼果子，是正宗的天津风味小吃。20世纪30—40年代，在迪化三角地一带做煎饼果子生意的天津商人韩大成师傅，很有名。他的煎饼是用黄豆面和绿豆面制做，现摊现卖，摊好的煎饼直径约20厘米，厚约3毫米。然后将事先炸好的果子（即油条）放在煎饼里，再舀上一勺甜面酱，卷成卷儿即可食用。这种营养丰富的大众快餐，给新疆民众提供了方便。

炸糕，作为津门风味小吃之一，在新疆也有一定的市场。1930年前后，津商吴玉和在迪化三角地开设了"吴玉和炸糕铺"，自做自卖，一般在当天下午4点就全部卖完，生意很红火。吴玉和的炸糕嫩而不生，馅甜而不腻，有玫瑰香味，可与天津的"耳朵眼"炸糕相媲美。

狗不理包子与坛子肉，是传统天津风味饮食。在迪化，被誉为新疆"天津狗不理包子"的，是津商彭恩仲1920年在东大街（今人民广场联合办公大楼一带）开办的"恩顺居天津包子铺"，人们习惯称呼为"彭家包子铺"。该店的包子是地道的天津风味，外观褶花匀称，刚出笼时如薄雾中含苞的秋菊，爽眼舒心，吃在嘴里一咬一口油，美味可口。20世纪50年代初，在新疆工作的王震司令员曾慕名前来"彭家包子铺"，赞誉该店的包子是新疆的"狗不理"。津商姜爱棠在迪化北大街大兴巷内（今解放北路小十字食品大楼对面）开设"一品居饭馆"，其制作的天津狗不理包子、天津坛子肉，也很有名气。特别是坛子肉，以五花嫩猪肉为主要原料，肉嫩鲜香、肥而不腻，很受食客欢迎，每天营业到夜里 12 点左右才收市。

叉子火烧，是津门传统面点，是一种长约 8 厘米、宽约 6 厘米、厚约 3 厘米的小饼，外脆内软、略带咸味。津商高祥林于清宣统二年（1910）在迪化北梁小西门附近（今民主路商店对面一带）开办的"高记火烧铺"，制作的火烧最受欢迎。不但零售给附近的一般百姓，还有食品小商贩来批量预定，然后沿街叫卖，都用天津口音吆喝"叉子火烧"，因此这种食品在迪化城家喻户晓。

山西烧麦与刀削面，是山西名小吃。20 世纪初，晋商周茂、周文超父子在迪化创办的"三成园饭庄"（又写作"三成元"）（今乌鲁木齐小十字青年照相馆北隔壁），不但提供高中低档各类酒席，还经营山西风味小吃。早餐有山西烧麦，又名翡翠烧麦，皮薄馅多、肉鲜味美，深受民众青睐，成为许多人的早餐必备。中午则有刀削面。此店的山西小吃味道正宗，在全疆享有盛誉。

正月十五吃元宵　农历正月十五吃元宵的中华传统风俗，通过汉族商帮人士的商业活动及身体力行，在新疆得到很好的传承。元宵也叫圆子、团子，因煮熟后浮在汤面上，故又称"汤圆""浮圆子"，正月十五是农历年第一个月圆的日子，元宵的形状是圆形，又含着一个"圆"字的同音字，象征着团圆、美满、吉祥、和睦的家庭，所以汉族民众取其意，在正月十五这天要吃元宵。在 20 世纪 20—30 年代的迪化，每年农历十五前，汉族商帮各老字号的食品店，都挂出"什锦元宵"上市的招牌，主要有南大街津商创办的"复泉涌酱园"与"永盛西点心铺"、晋商创办的"集义生南式糕点店"，西大街津商创办的"北昌号食品店"（今中山路食品大厦一带），北大街津商创办的"冯家点心铺"（老板名叫冯子华，今小十字食品大楼一带），北梁津商创办的"玉德生点心铺"（今民主路商店对面一带）。这些点心铺都准备了大量元宵供应市民，讲究货真价实。在原料方面，一般都采用玛纳斯乐土驿的上等糯米碾压而成。元宵馅有白糖、香蕉、山楂、芝麻、桂花、果仁、豆沙等，种类繁多，柔软油润，糯而不腻，大受顾客欢迎。

进入 40 年代，又增加了东大街津商创办的"玉华香甜食店"（今人民广场门面一带）与三角地津商创办的"瑞记号食品店"，这两家津商店铺也开始供应元宵，极大方便了顾客。

端午节吃粽子　农历五月初五是端午节，又名端阳节。粽子是端午节的必备美食，具有凉、甜、黏等特点。迪化城里汉族商帮人士经营的食品店，不但每年在端午节前后加工制作一批粽子供应市场，同时端午节吃粽子纪念屈原的中华传统习俗在汉族商帮中也很盛行。

制作粽子比较有名的食品店是三角地津商吴玉和的"炸糕铺"（1930 年前后开业）和藩台巷（今明德路）津商戴文玺的"戴家香油果子铺"（1930 年前后开业），这两家店制作的粽子，都是地道的天津风味，来买粽子的顾客络绎不绝。

每逢端午节来临，吴玉和"炸糕铺"与"戴家香油果子铺"都在店铺前搭起长案，安上锅灶，专门有两三位师傅包粽子。每个粽子里面都有两个大红枣和一小块豆沙馅，四角端正，大小均匀。粽子烹煮的时间有讲究，先用旺火再用文火，这样煮的粽子不失鲜味。这两家店铺包粽子的粽叶都很讲究，用的是新疆地产的芦苇叶子，有种天然的芳香，给边城的粽子增加了鲜明的地方特色。

中秋节吃月饼　中秋节在中华传统习俗中的规模仅次于春节。届时，汉族商帮的店铺前都张灯结彩，家家户户都忙着采购各种鲜货，准备赏月时实用。汉族商帮经营的食品店纷纷挂出中秋月饼上市的大招牌，如津帮的"永盛西点心铺""复泉涌酱园""冯家点心铺""玉德生点心铺""北昌号点心铺"，晋商的"集义生南式点心铺"等，来买月饼的顾客很多。

中秋之夜，"拜月"也称"祭月"的习俗在汉族商帮人士中盛行。

这一天，汉族商户都摆供桌祭月，四合院内的津帮商户还把供桌摆在自家门前，也有的人把供桌摆在房顶上。供品有月饼、葡萄、桃子、苹果等，祭月完毕，全家人围坐一起，一边品尝供品，一边谈笑娱乐。

四、近代北庭地区汉族商帮与中华传统戏曲文化

在近代北庭地区流行的传统戏曲主要有秦腔、河北梆子、花鼓戏、京剧等，这些戏班都是自营，政府从不给予管理。汉族商帮人士远离家乡，"西出阳关无故人"，身居新疆的汉族商帮人士思乡之情时常难于言表，他们需要文化生活，尤其是家乡文化来慰藉这种情感。

地方传统戏曲植根于地方方言，与地方民情风俗水乳交融，在交通还不便利、文化传播手段极为有限的近代新疆，作为简捷的情感载体，拥有痴迷的观众也就成为很自然的事。所以各种传统戏曲一出现，就得到汉族商帮人士的大力支持。汉族商人们集资为艺人们置办戏箱、安排食宿、组织演出。每当有庙会演出，附近的汉族商帮商人（多为京津、晋商、秦商、川商）都来捧场，他们带着载物的大车和伙计、厨师，赶到戏台周围搭起帐房，地上铺着走场用的驼毛毡和狼皮褥子，戏班唱多少天，他们住多少天。看戏的人心满意足，演戏的人收入颇丰。可以说，汉族商帮对这些传统戏曲文化在新疆的传播，发挥了关键性作用。

在汉族商帮及汉族商帮的地缘组织——各省会馆的大力资助与支持下，秦腔、河北梆子、京剧等，在近代北庭地区得以生根、开花。

秦腔　秦腔是中国最古老的戏剧之一，发源于陕西，流行于中国西北的陕西、甘肃、青海、宁夏、新疆等地。

秦腔因其以枣木梆子为击节乐器，所以又叫"梆子腔"，在民间被俗称为"桄桄戏"（因为梆击节时发出"咣咣"声）。在新疆流行历史最久。不仅为汉族所喜爱，也获得了其他少数民族如回族、满

族、锡伯族的喜爱。还在清同治年间新疆大乱之前，就流行于北疆各地。从光绪初年到辛亥革命前后，在秦帮与陇帮商人的资助下，秦腔如雨后春笋般在新疆发展起来。秦腔剧目多根据古典历史小说及神话小说，如《隋唐演义》《杨家将》《封神演义》等编排，民间传说故事及讽刺性喜剧剧目只占一小部分。传统剧目有《张良卖布》等。

秦腔在迪化的发展最为显著。清光绪十六年（1890），由流落迪化的秦腔艺人吴占鳌出面，联络闲散的秦腔艺人，创立了迪化第一个秦腔戏班——"新盛班"。辛亥革命后，在陕西会馆的秦帮商人资助下，联合晋、甘、陕三省流入新疆的秦腔演员，"新盛班"于1917年更名为"三合班"，从西安买来一套完整的大戏箱，演出《黄河阵》等秦腔传统剧目。"三合班"不断得到陕西、甘肃两会馆中的秦帮、陇帮商人的大力支援，发展非常迅速，在迪化和北疆各县演出增多。特别是1925年，甘肃会馆的陇帮商人出资50万两，购买了一套新戏箱，供"三合班"的秦腔演员演出使用，极大地促进了秦腔事业的发展。1939年后，秦腔演员们终于有了固定的演出秦腔的场所"新中剧院"，一直存在至今。

图2　新疆民国年间中华传统戏剧表演

图3　位于当今乌鲁木齐中山路的新中剧院

河北梆子　河北梆子是河北省的地方剧种。早在清光绪初年就传入新疆。清光绪十七年（1891），河北商人王希增把迪化的河北梆子艺人组织起来，以王希增为首在迪化集资成立河北梆子戏班——"吉利班"，在红山庙会上演出。因缺乏服装道具，只能坐台清唱。1917年"吉利班"得到津帮商人的支援，筹办了部分戏服，开始演出《南天门》《青松林》等小折子戏。

20 世纪 20 年代，"吉利班"发展到了鼎盛时期，吸收从关内来的河北梆子、京剧等演员，形成了一个综合性戏班，仍以河北梆子为主，兼演京剧。"吉利班"里一位叫李成海的男演员，男扮女装，专唱花旦和刀马旦，有新疆"梅兰芳"之美称。1933 年"吉利班"利用定湘王庙戏台，开办了"光明戏院"（今东风路天山大厦对面）。

除了"吉利班"，在津帮商人的资助下，还成立了另外一个河北梆子剧团——"天利班"。1919 年，迪化、伊犁、塔城三地的津帮商人支持穆连君、李树春等人，在迪化创办了一个河北梆子剧团"天利班"。"天利班"主演河北梆子，另外加演京剧。1921 年天津杨柳青来的 32 个演员加入了"天利班"，使得"天利班"的实力大为增强，其演员阵容、服装道具、演出剧目，都在迪化独占鳌头。加之津帮商人的捧场，"天利班"一时间在天山南北享有很高声誉。1933 年，"天利班"在中州会馆的前院，开办了"新星舞台"（今小十字食品大楼对面大兴巷）。

1933 年 4 月盛世才上台后，津帮商人受到严重打压。随后 1937 年卢沟桥事变爆发后，新疆通往内地的交通受阻，地方商业凋零，津帮商人元气大伤，直接影响了对河北梆子的支持。加之内地通往新疆的道路上土匪猖獗，到新疆谋生的河北梆子艺人锐减，本地的艺人队伍逐年老化，因此河北梆子在新疆日渐萧条。到解放前夕，新疆的河北梆子艺人所剩无几，无力维持演出。在新疆盛行了半个多世纪的河北梆子，从此销声匿迹。

京剧　京剧在清乾隆年间就流行于新疆。清乾隆翰林院学士纪昀在《乌鲁木齐杂诗》中记述道：当时乌鲁木齐有"酒楼数处，日日演剧，数钱卖座，略似京师。"又"有梨园数部，遣户中能昆曲者，又自集为一部，以杭州程四为冠。"

进入20世纪20年代，关内来的一些京剧演员在津帮商人支持下，两个河北梆子戏班（"吉利班""天利班"）里加演京剧，主要是传统京剧剧目《白马坡》《打金枝》《华容道》等，但未组成独立的京剧班。

民国20—30年代，在迪化以戴文清为首的一些津籍老艺人组织了一个民间的京剧音乐班，称为"戴家班"。开始只是自娱自乐，后得到大家认可，逐步走向职业化。津帮商人给予"戴家班"一些财力上的支持，"戴家班"受邀参加津商的红白喜事及津帮理门公所的"斋日"活动。此后又有肖家班、贾家班、宋家班相继兴起，大都由津籍老艺人组成，可演奏传统京戏。津帮商人不但在财力上支持京剧表演事业，有些场合还自己登台参与表演，如1936年9月18日，奇台县

图4　京剧华侨班演出地——迪化三角地的
"天山会堂"旧址

反帝第四分会举行纪念"九一八"五周年盛会，为演剧卖票、筹集会费举行了一些表演节目，津帮商人参与其中，上台清唱了京剧二黄。

到1939年，新疆迪化才出现了第一个职业京剧团。这个戏班是20世纪30年代中期从苏联回国来到新疆的，所以称为"京剧华侨班"。最初在伊犁落户，受到当地津帮商人的欢迎与支持。后来到迪化发展。该戏班是以京剧、评剧、河北梆子组成的综合戏班，以上演京剧为主。花脸陈宝庆、旦角明月仙都受到观众青睐。40年代初每天在迪化三角地的天山会堂演出。1946年开始，"华侨班"每况愈下，后接受了国民党新疆警备总部政治部（后改称政工处）的领导，纳入其所属政工大队京剧团的建制。

五、近代北庭地区汉族商帮与中华传统游艺文化

民间游艺活动作为民俗文化中的一项内容，在民众生活系统中占有较为重要的地位。游艺一般是指利用各种文化娱乐器具或玩具进行的带有一定技艺的游戏活动。游艺活动集文化娱乐和智力锻炼于一体，以丰富多彩的内容和生动有趣的形式在群众中广受欢迎。

在传承中华传统民俗游艺文化方面，汉族商帮中的津帮贡献最大。

抖空竹　流行于天津、北京等地的民间传统体育活动——"抖空竹"，被津商传入迪化并盛行一时，人们又叫它"抖轱辘"。空竹是用竹片粘接的，犹如两个圆形小车轱辘，直径为12厘米左右，里面是空的，整个圆周密封，留有距离相等的几个哨口。两个轱辘中心用一根长约13厘米、较细的原木棍连接。表演时，双手用拴线的两根竹竿，把线绕在空竹的连接原木棍中间，抖动空竹旋转，发出嗡嗡的声音。抖空竹有"黄瓜架""猴爬竿""回头望月"等技式。

20世纪30年代，抖空竹这项民间健身活动在迪化很流行，空竹都是津帮从天津运来，在一般的津商杂货铺里都可以买到。当时的小学生，差不过人手一副，课余时间在学校操场抖起来，这时几十个空竹

一起发出嗡嗡声，颇有气势，成为一种娱乐性技艺。平时的街头巷尾常有成年人抖空竹，相互比赛。可见，这项传统民间体育活动，经过津商的经济活动及身体力行，已经深深影响了新疆民众的日常娱乐生活。

踢毽子　踢毽子，是我国传统的民间体育活动，有1000多年的历史。晚清民国时期，迪化的汉族商帮人士，特别是津商很喜欢踢毽子。毽子是用鸡毛和铜钱制作的，踢毽子的动作花样很多，一般讲究踢、攀、削、摆、剪等。如："攀"是用双脚轮换踢；"削"是一只脚着地，另一只脚旋空连续踢，然后传给别人。

在迪化最繁华的商业街——十字街周围，如南大街津帮"同泰兴百货店"老板韩宗耀，"津货摊"老板于荫榕等，踢毽子很出色，围观者看到妙处，还报以热烈掌声。

在汉族商帮人士的带动下，迪化许多民众参与到这项健身活动中来。特别是小学生们，还组织了个人踢毽子比赛。

六、近代北庭地区汉族商帮推动多民族间文化的交流交融

北庭地区自古以来就是多民族聚居地区，伴随着各民族之间的社会和经济活动的交往交流，共同形成了多元一体文化发展的格局。各种文化之间不可避免地发生碰撞与冲突，但文化之间的互动和融合却是大势所趋。

中华传统文化的传入是伴随着汉通西域开始的。自两汉起，随着中央政府对西域的经营和丝绸之路的兴起，大量汉人进入，带来了中原地区先进的凿井技术、礼仪制度、汉语言文字等，中华传统文化以其特有的内涵影响着当地文化，并逐渐与当地文化相结合，成为西域文化的重要组成部分。在北庭地区形成了著名的高昌文化圈和鄯善文化圈。

清朝统一新疆以后，内地汉人包括商人大量迁入，他们在从事各

种经济活动的同时，也促进了中华文化，特别是中华传统民俗文化在西域的传播。汉族商帮的活动，对中华传统民俗文化的传承，厥功甚伟。有学者认为，"清代是近代新疆多元文化并存和局的确立阶段，以绿洲维吾尔文化、草原卫拉特文化、满汉文化为主体，包括众多其它民族文化并存的格局最终确立。"

近代汉族商帮生活在北庭地区这块民族杂居之地，语言不同，风俗习惯不同，他们存在着文化适应的问题。汉族商帮人士通过自身的活动，不断移植、传承中华传统民俗文化，不但推动了不同民族之间民俗文化的交流、碰撞，还影响并改变着少数民族的民俗文化。另一方面在新疆独特的人文和地理环境中，汉族商人也在不断吸纳和融合着少数民族的风俗习惯，改变着自身原有的民风民俗。如返回家乡后的津帮大营客们，在生活习俗上常常带有新疆韵味。

这里主要从饮食文化、戏曲文化、语言文化的角度，阐述汉族商帮对推动北庭地区各民族之间民俗文化的交流交融作用。

（一）饮食文化

饮食文化，体现的是一种生存文化，与人们赖以生存的自然环境、气候条件、经济生活、生产力水平、生产技术等，有密切关系。受限于新疆的自然环境与经济模式，新疆少数民族原有的饮食结构中较多地吃牛羊肉与水果，较少地吃蔬菜，经常吃的蔬菜主要有胡萝卜、洋葱、洋芋（土豆）、番茄（西红柿）等几种，绿叶蔬菜很少吃，认为像草一样；在近代汉族商帮人士的影响下，食用各种蔬菜逐渐成为少数民族正餐中不可缺少的部分。

在20世纪30年代北庭地区的重镇哈密，"水果和蔬菜虽由汉人种植，而出售的则是维吾尔人的店铺，他们的的柜台上充满了胡萝卜、茄子和各种各式的豆，还有一种豆荚——足有一尺长而形状是圆形的豆类——出售。而特别多的是南瓜，此外玉葱，大如橘子的多汁的青椒、芹菜、莴苣和胡瓜，也极丰富。"

新疆本地没有的一些蔬菜品种，如白菜、芹菜、韭菜、韭黄、茴香、山药、百合等，由汉族商帮人士，主要是津商输入。津商从家乡带来各种菜籽，在迪化近郊开辟菜园种植。特别是大白菜，还被新疆民众称为"天津白菜"，这些新的蔬菜品种丰富了新疆各族民众的饮食。

中原的一些蔬菜种植方法，也由汉族商帮人士带入北庭地区，并传播扩散开来。据时人记载："初，回人不多食菜。故种类有限。及后汉人出关者众，各播种子，从事园艺，始渐大备。北路一带，菜园事业，几尽被天津人与湖南人所占有。尤以天津人最为讲究，天气虽寒则设暖室，故时在隆冬季节，各种新鲜菜蔬，均能不断。"所谓的暖室，类似于我们今天蔬菜种植业的温室大棚法，即"以艺唐花之法，冬月掘地为窟，播种其中。微火烘之，取苇秆密护四周，上覆芦箔，以御风雪，俟春融冻解，则移植畦间。故春秋之菜，无不应时入市。"

晚清时期，伊犁地区的津商就采用泥碗扣秧苗、苇席搭大棚采暖的技术，在冬季种植新鲜蔬菜。正是以先进的蔬菜种植技术为基础，汉族菜商们才能够做到每年向伊犁将军进献"全菜码"，即夏秋所有成熟的菜，都在农历五月端午这天上市，请伊犁将军过目。

新鲜蔬菜新上市时，价格昂贵，"一小束为银几钱（约三钱合大洋一角），往往一餐需菜数束，则非洋数角不可。"种菜的利润较高，"园圃之利富于农十倍。"因此，经营蔬菜种植业的汉族商人们获利颇丰，经济利益的驱动也使得他们对蔬菜种植更加尽心，促进该行业的良性发展。

在饮食烹调技术相互交流借鉴方面，一些汉族商帮人士虚心学习新疆少数民族的烹调技术，促进了民族间的饮食文化交流。如1913年，天津杨柳青人宋景春在迪化开办的"宋家烤肉铺"，就是"宋景春来到迪化后，向维吾尔族师傅学习烤肉技术，逐渐形成了自己的特色。他的烤肉除按照民族传统方法制作外，特点是选料精细，品种较多。"

同时，把中原烹调技术与新疆特色食品相结合，创造出富有新疆特色的菜肴，丰富了新疆菜肴的品种，也是汉族商帮的一大贡献。津商方师傅，在迪化三角地开设的"方记饭馆"，以制作地道的天津风味"四扒"驰名，即扒海参、扒猪肉、扒鸡代煨鸡蛋、扒面筋。随后他根据新疆羔羊肉质细腻的特点，结合"四扒"的烹调技术，加上羊肉调味品洋葱、辣椒等，创造出了独特的"新疆扒羊肉"，一举成名，供不应求。

当然，受少数民族饮食文化的影响，近代北庭地区汉族商人的饮食结构也有所改变。开始逐渐地、普遍地喜吃牛羊肉，而且是新疆本地产的牛羊；爱吃新疆瓜果；爱喝鲜牛奶及酸奶。饮食口味偏向西北的酸、辣、咸。南方的蜀帮、湘帮、鄂帮等，由吃米为主变为面食为主。他们还普遍喜爱当地维吾尔族、回族、哈萨克族的饮食，如维吾尔族的拉条子、揪片子、抓饭、烤肉、馕（一种在底部有炭火的馕坑里烤制的发面饼），以及回族的粉汤、馓子，哈萨克族的清炖羊肉、奶茶等。汉族商帮中的男性学会抽新疆产的莫合烟，女家眷则学会做拉面、馓子等。

（二）戏曲文化

如前所述，汉族商帮人士对推动中国传统民间艺术——戏曲艺术在近代北庭地区的传播与发展方面，功勋卓著。正是由于有了秦帮、陇帮、津帮商人等汉族商帮人士的大力资助，一些传统戏曲如秦腔、河北梆子、京剧等北方剧种才得到了更好的生存、发展机会，在北庭地区传播开来，为该地区多元一体的文化格局奠定了人文土壤。

当然，秦腔、京剧等普通的汉族戏剧爱好者是其存在的群众基础，同时其艺术魅力吸引了一些少数民族参与到其中来。从这个角度看，应该能够说，汉族商帮促进了民族间的艺术文化交流。

一些少数民族人士发自内心喜欢成为中华传统戏剧票友，如近代伊犁汉人街附近的一些维吾尔老人受周围津商的影响，喜欢上了京戏，经过模仿练习，会唱京剧，成为票友。抑或更上一个层次，通过勤学苦练，掌握了某一汉族戏曲剧种的技巧，主要是秦腔、京剧，成为相关领域的专业表演艺术家。

在秦帮、陇帮商人的资助下，秦腔在近代北庭地区得到了广泛传播，个别维吾尔族演员甚至会唱秦腔。如20世纪30年代的迪化，著名的会演几十折新疆小曲子戏的维吾尔族演员卡帕尔，他以演唱新疆小曲子戏为主，同时他也会唱秦腔。卡帕尔性情活泼，有时和朋友们一起自乐时也唱几段"维汉合璧"的滑稽戏。流传甚广的是他自编自唱的秦腔"乱弹"："头戴缨盔托玛克，身穿战袍阔耐克，足蹬朝靴约提克，手持大刀皮卡克，胯下战骑依夏克……来将报名！吾！蒙古大将喀勒玛克。"在每句唱词中，一半是汉语，一半是维语，唱起来合辙押韵，听起来幽默风趣，这段唱词曾经流行一时。

京剧作为国粹艺术，在津帮商人的资助下，在近代北庭地区也得到一定程度的传播，出现了专业的维吾尔族京剧演员。如：民国时期迪化光明戏院京剧班中，就有一位著名维吾尔族京剧武生演员达吾提，受周围天津人语言的影响，说一口流利的天津杨柳青味的汉语。他的"小翻跟斗""纵跳""跌打""扑跃"等武功演技精湛，受到同行和观众的赞扬。他能单独主演的京剧武生戏有：《白水滩》中的青面虎、《取洛阳》中的马武、《战长沙》中的魏延、《黄鹤楼》中的赵云、《八腊庙》中的费德功、《连环套》中的窦尔敦等，都演得比较成功。

民国年间迪化有名的吹唢呐的维吾尔族民间艺人阿不都古力，是个多面手，不但能吹奏本民族的乐曲，还能吹奏京剧、河北梆子、秦腔等多种汉族传统戏曲曲目。当年以汉族商帮人士为主体的迪化总商会秧歌队有演出机会时，经常请阿不都古力吹奏唢呐。令人叫绝的是他不但能用汉语唱京剧，还能用维语唱京剧，他将戏词翻译成维语，但曲调不变，且边唱边表演。

图 5　1938 年阿不都古力在表演

　　少数民族的歌舞艺术，也受到汉族商人的喜爱。早在清乾隆年间统一新疆后，在迪化南山与山民交易的汉族客商，举行春社活动时，汉族商人就扮演成维吾尔姑娘，演唱民族歌曲。有纪晓岚的诗为证："地近山南估客多，偷来番曲演莺哥。谁将红豆传新拍，记取摩柯兜勒歌。"此诗中"估客"是行商之意，"莺哥"在维语中是妇女之意，"偷来番曲演莺哥"意即汉商扮演维吾尔女郎，唱维吾尔歌曲。"谁将红豆传新拍，记取摩柯兜勒歌"中的"红豆"即相思豆，"谁将红豆传新拍"，是指原有的爱情曲换成新的维吾尔曲调。"摩诃兜勒歌"是西域笛曲名，泛指西域音乐。由此可见，汉族客商不但非常欣赏少数民族音乐，而且自己还演唱少数民族歌曲，并把汉族爱情歌词填进维吾尔曲调中，一片欢乐融融的景象。

　　进入晚清民国年间，维吾尔族歌舞"麦西来普"，以其节奏明快、热情奔放的特点受到北庭地区汉族商帮人士的喜爱。在参与一些少数民族商民的娱乐活动时，汉族商帮人士也会加入其中，翩翩起舞。

（三）语言文化

语言是文化的载体，语言的发展在一定程度上受到文化的制约，同时文化发展演变的情况也一定会在语言中有所体现。通过考察北庭地区汉族商帮人士的语言与少数民族语言的相互吸收、借鉴，反映了中华传统民俗文化与少数民族民俗文化的互动、融合。

汉族商帮人士，一般都讲带有家乡口音的汉语，如津帮商人讲话，是带有天津口音的汉语。但因长期生活在民族杂居的北庭地区，逐步受到少数民族语言语法结构、词汇的影响，在语言方面发生了一些变化。

首先，句法结构上偶尔出现的宾谓倒置，特别是与少数民族民众寒暄问候时，如把"吃饭了"说成"饭吃了"。其次，词汇方面吸收了一些当地少数民族语言中的词汇。所吸收的词汇一般是名词，多为译音，分为两种：一种是汉语词汇中没有的专用名词，如坎土曼、那仁、馕、冬不拉等；另一种是汉语词汇中有，但人们日常生活中已习惯使用的民族语言词汇，如洋葱——皮牙孜、集市——巴扎等。汉族商帮人士在口语中经常夹杂一些民族语言词汇，主要是维吾尔语词汇，如"巴郎"（男孩）、"亚克西"（好）、"巴依"（富户）、"艾买斯"（全部）等，形成一种汉维混合语言。又如新疆的汉族商帮人士普遍喜欢吃维吾尔族人制作的馕，把维吾尔语的"馕"与汉语"馍馍""饼子"混用，称"馕馍馍""馕饼子"等。

由于汉族商帮的活动，少数民族语言也受到国家通用语言的影响。首先，一些少数民族民众逐步会讲带有地方口音的汉语。近代伊犁的津帮商人，他们聚居在一起，基本沿袭着天津老家的生活习俗，导致居住在伊犁汉人街附近的少数民族受到影响，不少维吾尔族老人能讲比较流利的带有杨柳青口音的汉语。其次，由于汉族商帮人士与新疆少数民族商民的通商往来，加之社会生活等多方面的需要，新疆少数民族语言中特别是维吾尔语，大量引进了与商业活动有关的汉语词汇，称为汉语借词。如维吾尔语中的涉及度量衡系统的汉语借词，包括长度、重量单位系统，如 jiŋ（斤）、mo（毛）、sun（寸）、puK（分）；涉及生活用品的汉语借词，如 laza（辣子）、qay（茶）、boluo（菠萝）、yünzibi（圆珠笔）、kojza（筷子）、moji（毛衣）、moza（帽子）。

总之，由"赶大营"而诞生的津帮，带领其他汉族商帮，在多民族聚居的近代北庭地区，不但团结少数民族商民一起，努力振兴和发展边疆的民族商业，重新演绎了古丝路的辉煌；还在四大文明的交汇地，广泛传承了中华传统民俗文化，促进了多民族间文化的交流交融，丰富了该地区多民族多元一体的中华文化发展。

汉族商帮长期与各少数民族的交往中，在民俗文化的一些层面，如饮食、戏曲、语言等，多有相互影响、效仿和沟通，使近代北庭地区的社会文化向多民族、多元一体化方向推进的同时，实现了一定程度上的文化融合。可以说，是该地区的各族人民，共同创造了区域历史，共同构建了多元一体的中华文化精神家园。在此过程中，大家结成了牢不可破的血肉纽带和兄弟情谊，共同捍卫了边疆稳定、国家统一和民族团结，共同推动了国家的建设和社会的进步。近代新疆汉族商帮的活动，作为一个历史片段，也充分印证了这一点。

清代内地商人与新疆区域社会整合初探

——以"北庭"地区为中心

北庭学研究院　吴利刚

　　有清一代，商业贸易是清政府经营新疆的重大策略之一，在清政府的组织与鼓励下，大批内地商人[①]进入新疆，并主要聚集在天山北路的北庭地区。目前，涉及新疆内地商人这一特殊群体的研究领域和成果颇多，与本文相关的主要有以下两个方面：1.对清代新疆治理与商业贸易关系的研究，主要关注"移民实边"政策下内地商人如何在复苏新疆商业贸易发展和促进商业城镇兴起过程中，以及在新疆社会秩序重建中发挥的重要作用，尤以新疆移民史、屯田史、城市史研究领域成果丰硕。[②]2.对内地商人的专门研究，主要梳理和讨论了内地商人在新疆的发展脉络和商贸活动的特点，以及新疆社会变迁和文化流变

---

① 本文中的"内地商人"是指在"中央"与"边疆"关系下，清代官方指前往内外蒙古、新疆等边疆地区从事商业活动的专业商人和从事耕种种又兼具买卖的民人。参见柳岳武：《边疆与内地的融合：清代内地神灵信仰在北部边地的传播》，《社会科学》2022 年第 1 期。
② 代表性论著有米建华著，贾建飞译：《嘉峪关外：1759—1864 新疆的经济、民族和清帝国》，香港中文出版社，2017 年版；潘志平：《清季商业贸易》，《西域研究》1995 年第 3 期；赵海霞：《清代新疆商屯研究》，《西域研究》2011 年第 1 期；黄达远：《清代中期新疆北部城市崛起的动力机制探析》，《西域研究》2006 年第 2 期；阚耀平：《清代天山北路人口迁移与区城开发研究》，复旦大学博士论文，2003 年；阎东凯：《晚清民国时期天山北麓地区汉族移民文化研究（1875—1949）》，陕西师范大学博士论文，2015 年；盛新娣、闫国疆、刘秀珍：《晚清时期新疆改制建省所致的社会文化发展与民族融合》，《民族学刊》2012 年第 6 期等。

之间的关系。① 这些成果为本文研究提供了基础，然而，揆诸学术界对新疆内地商民的研究，主要以新疆的经济发展为主轴，集中于商业贸易领域的描述和考察上，或者侧重于对内地商人某一社会、文化现象的探讨，未能构建起清代新疆内地商人与新疆社会变迁的整体性的内在联系。本文拟从社会整合的视角出发，以内地商人为研究对象，考察内地商人的发展实态，探讨内地商人在新疆区域社会整合中的作用。

一、清代内地商人在北庭地区的发展历程

一般而言，清代北庭地区，指唐代北庭都护府的核心地区，既所属正州金满县、蒲类县、轮台县、西海县的区域范围。② 大体以现在的吉木萨尔县为中心，与昌吉回族自治州所辖地范围大致相同，主要有木垒县、奇台县、吉木萨尔县、阜康市、昌吉市、呼图壁县、玛纳斯县，以及哈密的巴里坤和乌鲁木齐部分地区。从地理区域的划分来看，北庭地区属于天山北麓东段，由于所处区位的特殊性，自古以来就是商业、文化、军事的汇聚交融之地。

清代前期，新疆地区处于准噶尔部的势力范围内，只有哈密、巴里坤尚有清军队驻扎，处于清政府的控制之中。清政府与准噶尔地方政权之间的商业贸易主要沿袭明制，以官方主导下的"茶马互市"

---

① 代表性论著有刘卓：《新疆的内地商人研究——以晚清、民国为中心》，复旦大学博士论文，2006年；樊如森、杨敬敏：《清代民国西北牧区的商业变革与内地商人》，《历史地理》第二十五辑；华立《清代新疆商民路票探析》，《清史研究》2021年第2期；宗彩萍：《清末民国新疆会馆研究——以北疆地区为中心》，新疆大学硕士论文，2017年；刘壮壮、樊志民：《清代内地商人对新疆社会的影响——以晋商为中心的探讨》，《兰台世界》2015年30期；贾秀慧：《近代庭州的商会建设探析》，《北庭学研究》2019年第二辑；李媛：《民间信仰与边疆社会的整合——以迪化为例》，《宗教学研究》2021年第2期等。

② 参见孟凡人：《北庭学初议纲要》，《北庭和高昌研究》，商务印书馆，2020年版；刘子凡：《瀚海天山——唐代伊、西、庭三州军政体制研究》，中西书局，2016年版。

为主，内地商人的经营区域与清军的活动范围大体一致，最远到达哈密—巴里坤一线，大规模的商业贸易活动无从开展，新疆和内地之间的民间贸易因政治上的不统一而式微。

从康熙二十九年（1690）至乾隆二十四年（1759），清政府多次出兵西征，实现了对新疆的统一。清廷对准噶尔部的用兵，不仅是一场军事较量，也是双方财力、物力等的较量，西征时所耗费的军粮巨大，因军队深入漠北、西北作战，沿途无法获取补给，所以用兵所需物资全靠内地转运。为保证前线的军粮供应，清政府通过仓储调拨、屯田、采买等渠道筹集军粮，而军粮的采买和运输，为内地商人大规模进入新疆，提供了有力的条件，"至于随军贸易之人，固不可少。……于一里外驻扎，准其贸易"。① 这种内地商贩跟随西征大军进行随军贸易，则称为"赶大营"，成为内地商人进入新疆从事商业贸易活动的发端。

随着统一战争的结束，如何尽快医治战争创伤、恢复新疆国民经济、加强对新疆社会的治理，是清政府面临的一个亟待解决的重大课题，乾隆帝认识到："新疆驻兵屯田，商贩流通，所关最要。……商贩自必云集，更于新疆有益"，② 使商业贸易成为清政府经营新疆的重大策略之一。

清政府从国家层面确立内地商人出关从事商业贸易活动的政策，为内地商人进入新疆提供了重要的政治保障，"商贸一事，应听商民自便，未便官办勒派……若有愿往者，即办给照票，听其贸易"。③ 而地处天山北麓的北庭地区，因其优越的地理位置成为内地商人进入新疆从事商业贸易活动的首选之地。北庭向东经"伊北路"过伊州可直达河西，西经"碎叶路"可出入中亚；南有"他地

---

① 《清圣宗实录》（二）卷171，中华书局影印，1985年版，第851页。
② 《清高宗实录》（八）卷610，中华书局影印，1986年版，第856页。
③ 《清高宗实录》（九）卷656，中华书局影印，1986年版，第337—338页。

道""乌骨道""赤亭道"等可南下天山至西州；东北有"回鹘路"，可达回鹘牙账乃至坚昆牙帐，[①] 及至清代，北庭地区的巴里坤、古城（奇台）亦是出入新疆的门户，"当西征之始，北出蒙古，至科布多、乌里雅苏台者为北路，西出嘉峪关至哈密、巴里坤者为西路"。[②] 清军入疆征战，屯垦、商务与武力并用，在多种因素的促进下，大量的内地商人沿着军事交通线一路向西进入北庭地区，延伸着他们的商业之旅。

清朝完成对新疆的统一后，为解决驻兵粮食问题，力兴移民屯田，北疆屯田事业得以大规模开展，这又吸引了大批内地商人前往北庭垦区开展商业活动。北庭地区水源充裕，形成了天然绿洲，唐玄宗《敕伊吾军使张楚宾书》云："丰草美水，皆在北庭"，岑参《北庭西郊候封大夫受降回军献上》诗句"胡地苜蓿美，轮台征马肥"，亦农亦牧的自然环境，使北庭成为历代中原王朝在西域的屯垦重地。从乾隆二十二年（1757）起，随着清政府"移民屯田"的实施，大量的内地人口向北庭地区迁移，形成了军屯、犯屯、遣屯、回屯、民屯、商屯等多种形式的屯垦活动。据乾隆六十年（1795）北庭地区粮食产量统计情况，可看出，屯垦的开展，使粮食产量大幅增加，初步实现粮食自给，并有盈余（见表1）。[③]

表1

州县	岁收户粮（石）	岁收屯粮（石）	外运到境	供支需用（石）	备注
昌吉县	12230	18360	—	4200	

---

① 孟凡人：《唐北庭城与外界的交通》，《北庭史地研究》，新疆人民出版社，1985年版，第134—166页。

② 林竞：《新疆纪略》，东京天山学会，1918年版，第22页。

③ 华立：《清代新疆农业开发史》，黑龙江教育出版社，1998年版，第141页。

续表

州县	岁收户粮（石）	岁收屯粮（石）	外运到境	供支需用（石）	备注
绥来县	9050	——	——	3540	
阜康县	5720	2550	——	800	
吉木萨县丞	8590	——		1900	
呼图壁巡检	3670	20280	——	3900	
奇台县	12400	9930	——	21300	
宜禾县	3740	7980	13000—15000	26100—26200	采买

  天山北路农业区的形成，为商业、手工业的发展奠定了良好的基础，"各屯户民当纳稼筑场之时，碾打粮食，草束盈畴，筑保盖房，烟村连络，实在家给人足，另有一种恬熙景象。内地商人因该处米粮平贱，闻风云集，到处开设铺面，货物流通"，[1]到乾隆三十七年（1772），据陕甘总督文绥亲身经历，移民就垦直接促使更多的内地商人进入新疆。

  ……又木垒一带、英格布喇及东中西泉等处，商民种地数千余亩。又奇台、东格根、吉布库，官兵屯田万有余亩，内地商贾、艺业民人，俱前住趁食，聚集不少。……又西行，即吉木萨地方，隶属乌鲁木齐，所属三台、紫泥泉子、特纳格尔，而抵乌鲁木齐，天气和暖，地土肥美，营屯地亩日以开辟。兵民众多，商贾辐辏，比之巴里坤城内，更为殷繁。又西行，即昌吉、瑚（呼）图壁、玛纳斯等处，其地肥水饶，商贾众多，计与乌鲁木齐相似。……臣住来新疆，时遇负担之民出外趁工佣食，询之，据称新疆地广粮贱，佣工一月、可得

---

① 朱批屯垦，乾隆三十五年九月五日明山奏。转引自华立：《清代新疆农业开发史》，黑龙江教育出版社，1998 年版，第 144 页。

银一二两，积蓄稍多，直请移家。诚如圣逾，关外屯政日丰，所在皆成乐上，小民知利之所在，无不争先往赴，久而相安成习，邀朋偕侣，熙攘往来，各自适其谋生之乐"。①

可以说，屯垦经济的发展，农产品有了剩余，使得北庭地区与外界的商业活动有了物质基础。同时，昌盛的屯田农业，又促使大量内地商民移居北庭屯垦开荒，北庭地区人口快速增加，为商业的发展提供了充足的人力资源。

内地商人经过乾嘉时期的发展，成为北庭地区乃至新疆经济生活中一支不可或缺的重要力量，但同治年间的战乱一度使得内地与新疆的商贸联系几乎中断，"同治初元，中更回乱，旧时都会之地，夷为灰烬，商旅裹足"，② 光绪初年，左宗棠率军收复新疆。经过长期的战乱与动荡，新疆社会经济所遭受的损失巨大。新疆底定后，清政府为促进新疆商品经济的恢复，派人劈山凿险，以惠行旅，随着交通运输和城镇的恢复，内地商人不断流入，由"行商"到"坐商"，荟萃迪化、古城等地。清末民初，天山北路的内地商人时称有燕、晋、湘、鄂、豫、蜀、秦、陇八大帮。

二、清代内地商人在北庭地区的商业实态

跟随"赶大营"的脚步，内地商人自清中期在北庭地区经营开拓商贸，及至清末，内地商人的数量尚无确切数字，但成书于宣统三年（1911）的《新疆图志》对清末北庭地区的各县人口有所统计，其中对各县的商人有明确的数量记载（见表2）。③

① 文绶：《陈嘉峪关外情形疏》。转引自：陈锋：《清代财政政策和货币政策研究》，武汉大学出版社，2008 年版，第 342 页。

② （清）王树枏等撰：《新疆图志》卷 29，上海古籍出版社，2017 年版，第 578 页。

③ （清）王树枏等撰：《新疆图志》卷 43，上海古籍出版社，2017 年版，第 793—796 页。

表 2

		总住户	总人口	农业人口	商业人口
镇迪道	昌吉县	1767	9801	2771	506
	呼图壁分县	1461	8220	252	155
	绥来县	3461	8712	4750	97
	阜康县	1070	4634	1576	404
	孚远县	1956	8235	433	423
	奇台县	6692	14590	5035	329

从统计数据上，清末北庭地区的商人数量占同时期人口的比率较小，但已粗具规模，成为城市经济的中坚力量。从内地商人经营情况可窥一斑，各商帮运往新疆的商品主要有茶叶、丝绸、瓷器、烟草、大黄及其他杂货，运回内地的商品以皮毛为大宗以及具有当地特色的商品，如棉花、葡萄干、羚羊角、鹿茸、枸杞、红花、烧酒等。各商帮经营商品带有他们各自的特征，津帮消息灵通，善于钻营，主要经营公文纸张、笔墨、朝靴、朝服、绸缎、布匹及各种日用奢侈品，顾客大多数史满、汉族的达官贵人；[1]晋商利用最早占有新疆市场的优势，在新疆和内地之间从事茶、粮食、皮毛贸易和经营票庄生意；湘帮以湘军势力为后盾，主要从事茶叶贸易；秦陇帮商人以经营粮食、典当业和开行栈为主；[2]豫帮仅贩药材为生，或设典肆致其蓄藏；多分布在迪化、奇台等地，多为经营手工艺产品，也经营百货和药材等；鄂帮多执贱工，专以弹棉、缝纫为生。[3]

经由内地商人转输的内地商品，不仅缓解了当时新疆社会短缺

---

① 蔡家艺：《清代新疆社会经济史纲》，人民出版社，2006 年版，第 323 页。

② 魏丽英：《明清时期西北城市的商帮》，《兰州学刊》，1987 年第 2 期。

③ （清）王树枏等撰：《新疆图志》卷 43，上海古籍出版社，2017 年版，第 579—580 页。

物资的供求平衡问题，而且在商业发展的过程中，贩粱运粮、水磨旱磨、煤炭运销、客店货栈及专门从事翻译的通事等行业繁荣了起来，呈现出百业峥嵘的局面。

从内地商人在北庭地区的发展情况来看，木垒"咸丰间木垒河市廛极盛，民居过万，凡山西、归化货物悉屯积于此，蒙古诸盟亦来贸易，为北疆大聚落"。① 奇台（古城）为天山北路的商业重镇，素有"金奇台"之称，据《新疆图志》记载，"古城商务，于新疆为中枢，南北商货，悉自此转输，廛市之盛，为边塞第一。关内绸缎、茶纸、磁漆、竹木之器，蹦陇阪而至"。② 当时商品贸易额岁在 20 万元左右的商号有文义厚、春义和、义顺成（以上为津商）；大顺玉、义成祥、天元成、永顺和（以上的晋商）；贸易额岁在 10 万元左右的商号有文丰泰、同盛和、义和永、德泰裕、瑞生津（以上为津商）；福顺裕、日兴功（以上为晋商）。③ 绥来（玛纳斯）旧有三城（绥宁、康吉、靖远），于乾隆年间所筑，光绪年间并为一城，是省城迪化西走伊犁，北走阿尔泰的三岔路口，"市井稠密、商贸颇迁"。道光年间有商民 120 余家，光绪初年商铺发展到 330 余家，史载"商务在伊犁、迪化之间称繁盛，菽麦、果瓜、金玉、膏油、皮革、鹿茸之属，皆其产也。东贾秦、陇、晋、蜀，北贾科、塔，殷庶为奇台亚"。④ 孚远（济木萨）、阜康、昌吉、呼图壁等县城都像绥来一样，这些县的商户多者达三四百家，少者也有 20 余家，一般均在 50—80 家之间。例如昌吉县城有商民 200 余户，商业区主要集中在城东关一带，以摊贩居多。呼图壁在 1917 年，1600 余户居民中就有大小商店 70 多家。阜康县城虽说"闾市凋零，商务无多"，但该县的烧酒"西贾迪化，东贾奇台，

---

① 裴景福：《河海昆仑录》，沈云龙主编：《近代中国史料丛刊第三辑》，台湾：文海出版社，1966 年版，第 390 页。

② （清）王树枏等撰：《新疆图志》卷 29，上海古籍出版社，2017 年版，第 578 页。

③ 戴良佐：《新疆昌吉地区清末民初商业概述》，《中国边疆史地研究》，1994 年第 2 期。

④ 谢彬：《新疆游记》，新疆人民出版社，1990 年版，第 68 页。

岁售数万斤"。孚远（济木萨）县城居民 700 余户，商店五六十家，三台为孚远精华，街市整齐，商务之盛，胜于县城。①

综上可知，内地商人转输的商品以满足当地民众的衣食住行为主旨，多与当地民众日常生活息息相关，经济活动主要集中于商品贩运、集散贸易和服务行业。

三、清代内地商人与北庭社会的整合实践

社会整合，亦称"社会一体化"。②社会整合有广义与狭义之分，狭义的社会整合主要指在地方社区层次、行业领域中协调各社会成员利益，使各社会成员具有共同的价值观念，遵守相同的行为规范，建立起和谐的合作关系，广义的整合还包括国家体制内的政治整合等。③

清朝统一西域和 1884 年新疆建省后，清政府因地制宜、因族制宜、因时制宜，在新疆地区通过设置行政管理机构、派官驻兵、开设学校等措施，重建了新疆社会的整合机制和认同基础。北庭地区亦经历了一场社会巨变，总体表现为农耕经济的确立、区域商业中心城市的兴起、府州县等内地行政建置和基层社会组织的推广以及内地文化渗透等一系列具有内地特征的变迁。在此过程中，内地商人作为北庭社会中有经济实力的一个社会群体，他们以商业活动为手段，沟通和加强了边疆地区与内地的经济文化联系，同时参与社会事务的治理和主导社会公共空间的营造，在促进北庭社会的内部整合方面有着不可替代的作用。

---

① 刘卓：《新疆的内地商人研究——以晚清、民国为中心》，复旦大学博士论文，2006 年，第 86—87 页。
② 《辞海》（第七版），上海辞书出版社，2020 年。
③ 陈争平：《中国早期现代化进程中工商社团的社会整合作用》，《第四期中国现代化研究论坛论文集》，2006 年，第 78 页。

（一）区域市场的整合——基于商业网络的考察

入清以来至民国时期，北庭地区经过一百多年的屯垦，形成了一个以主要种植粮食和经济作物的单一的自给自足的自然经济结构的绿洲农业区，造成了对外来商品市场依赖性强的特性。这种各地区商品之间交换的需求，为社会的整合提供了可能，"无论是原始社会还是现代社会都在对不同物品的需求和自然环境的差异所导致的交换中完成了个人、社会之间以'物的流动'为载体构建社会整体的目的性，交换是实现传统中国社会整合的有效方式与必要手段"。[①]

社会产品的增加是商品交换和贸易发展的物质基础。战乱之后，天山北路一带地广人稀，重开屯田成为恢复新疆经济的重要举措。昌盛的屯田农业，人口的大幅增长，形成了北庭地区与外界进行商业贸易的经济基础和一定的消费市场。农业经济的发展，农产品在自给有余的情况下，很大一部分流通于市场，同时，北庭地区因战乱和手工业生产规模小、技术落后的现状，造成对内地茶叶、布匹、瓷器等日用品的需求，因为"交换的深度、广度和方式都是由生产的发展和结构决定的"。[②] 由于古城（奇台）"给谷其口，处四塞之地，其东自嘉峪关趋哈密为一路，秦陇豫蜀商人多出焉；其东北自归化趋蒙古为一路，燕晋商人多出焉；自古城分运西北方向往科布多，为通前后营路，外蒙古人每岁一至，秋籴麦谷，并输毛裘皮革易缯帛以归，又循天山而北为北路，取道绥来以达伊犁、塔城"。[③] 因此，在人口聚集、物资充裕、交通畅通的前提下，内地商人历经艰险，沿着古老的丝绸之路和草原商路而来，开辟以古城（奇台）为中心的多层次、多流向的市场流通体系。

天山北路垦区的发展，形成了一个连绵不断的绿洲农业区，进

---

① 杨亭：《清代盐运古道与社会整合》，《江汉大学学报（社会科学版）》，2018 年第 1 期。

② 马克思、恩格斯：《马克思恩格斯选集》第 2 卷，人民出版社，1972 年版，第 102 页。

③ （清）王树枬等撰：《新疆图志》卷 29，上海古籍出版社，2017 年版，第 578 页。

一步向西推动了农业民族的活动界限，加大了与游牧民族交汇的经济圈层，农业经济和游牧经济迥然不同的经济结构，造成了游牧经济圈对粮食、茶叶、布匹、瓷器等强烈的需求，古城大宗粮食和内地而来的瓷器、茶叶、布匹等可以满足他们的需求，出现了以古城为中心的跨区民族市场经济体系。"在天山以北游牧区经商的外来商人，也改变了东部农耕区那种时空固化的贸易方式，去主动适应牧区的生产和生活节奏。他们把货物运到山里，行至随转场牧民而定，双方间不用货币，而以茶叶等日用品直接交换牲畜和皮毛；也有商贩先把货物赊贷给牧民，然后等在冬夏牧场转场的必经路口，分春秋两次收取本、息"，①内地商人因地制宜地采用商业运营模式，尽可能地拓展当地市场容量，促进了边疆区域市场的发育。

同时，随着清朝对新疆治理的加强，边疆政治日趋稳定，为军事政治服务的台站网络，开始更多地为民间商贸交通服务。这些军台，既是通讯联络站，运输转运站，对于维护新疆社会安全稳定、提高区域内资源配置效率、推进地区商业贸易发展、促进区域市场一体化方面起到了重要的作用。随着商业的发展，作为军台驿站的巴里坤、阜康、呼图壁、绥来附近成了人烟不断聚居之处，军台驿站一线逐渐形成商业贸易网，很大程度上方便了民间商旅。

总之，内地商人通过商业贸易的形式，以商人之力，互通有无，他们的足迹遍布天山南北，突破了不同地区、不同民族原有的地理界限，拉近了彼此之间的经济文化交流，避免了因为地理因素而造成的经济文化单一现象，为区域市场的整合提供了现实条件，使得内地商人与新疆各民族、内地与边疆之间因商贸关系形成了经济共同体。在这种经济共同体下，各族群间的经济往来，地方间的社会联动加强，区域内各民族的生产生活物资的供给有了更好的保障，缓和了社会各阶级和阶层间的矛盾，维持了新疆地区与西北地区乃至整个中国的社

---

① 吴坚主编：《中国西北文献丛书》总第 139 册，兰州古籍书店，1990 年版，第 158 页。

会经济联系，促进了北庭区域社会的整合，使统一的多民族国家在经济上愈加成为一个共同体。

（二）社会关系的整合——基于会馆的考察

清朝中后期，内地商人进疆开拓商贸和大量移民入疆，打破了单一的封建农牧经济下"封建官僚—农牧民"的社会结构，"军户、遣户、经商和屯田的民户、流人、社会底层从业者成为天山北路各城镇的主要社会群体"。[①] 社会结构体系的变化，各社会群体政治、经济、文化实力的差异，促发了新的社会关系的形成。

在乡土观念迷漫整个社会的时代，以及新疆特殊的——多民族聚居、多宗教传播、多元文化交融——生存环境，内地商民在互帮互助的活动中，渐渐认识到会馆力量的强大。会馆作为明清时期外来流动人口在客居地建立一种基层社会自我管理组织，成为内地商民维系共同命运最坚实的纽带和有效整合社会关系的民间组织。

明清会馆的产生是"明清时期商品经济发展、科举制度以及人口流动等多方面因素作用下而出现"。[②] 而新疆会馆产生有其自身的社会基础，是内地商贩迁入、屯垦戍边和徙民实边的结果，带有边疆地区社会发展特有的烙印。入清以来，从实现新疆统一开始至20世纪40年代末之前，从内地向新疆的移民活动续持了近两百年，其中以陕、甘、豫三省移民最多，而商贩则以汉族"八大帮"为主，主要聚集于以北庭地区为中心的天山北路地区，形成了颇具规模的汉族移民社会，他们成为新疆会馆发展广泛的群众基础和直接动力。尤其在商人移民群体中，形成以按地域划分的"八大商帮"，各帮互不相属，只关心自身的利益，"一帮之中自为商联，联有各董，不相关属"，[③] 于

① 黄达远：《清代新疆北部汉人移民社区的民间信仰考察》，《宗教学研究》，2009年第2期。

② 王日根：《明清民间社会的秩序》，岳麓书社，2003年版，第176页。

③ （清）王树枏等撰：《新疆图志》卷29，上海古籍出版社，2017年版，第579页。

是各商帮以联络乡谊为宗旨，汉族商帮中的"势力较厚者，均有会馆之设立"，^①以实现思乡、议事、祭祀等活动；山西会馆更是由商人集资修建，"这些会馆的发生特别是由商人方面发起的"，^②可见内地商人成为清代新疆会馆修建的主导者，商帮和会馆两者之间也构成互为表里的关系，会馆是商帮的外在组织表现形式。甘肃会馆的楹联就非常直白的说明了这一点：会开西域，家国谧安，群策群力兴骏业；馆设北庭，华夷共处，同心同德展鸿犹。

内地商人在新疆各地都建有会馆，尤其在商业中心城市。就北庭地区而言，奇台有山西会馆、陕西会馆、关中会馆、河南会馆、两湖会馆、四川会馆、宁夏会馆、陇右会馆、直隶会馆、高台会馆等；^③吉木萨尔有两湖会馆、山西会馆、陕西会馆、甘州会馆等；^④玛纳斯建有陕西会馆、四川会馆、山西会馆，中州会馆、两湖会馆、天津理门公所等。

新疆会馆作为内地商人在新疆经营商业活动的直接产物，大量的同籍移民是各会馆生存的群众基础，这就决定了会馆主要面向社会和民众，少有参与当地政府事宜。新疆会馆受特有的地理社会环境等因素的影响，类型单一，大多数集同乡性和商业性于一体，其作用主要集中在社会救济、纠纷调解、商业经营、宗教活动和兴办教育等。可见，以内地商人为主导的新疆会馆，为商人和移民提供了一个稳定的、有制度的联系互助平台，内地商民以会馆为阵地，克服了诸多异地经商和生活所产生的困扰，逐渐担当起基层管理者的角色，成为内地商民逐渐本土化和调整各群体社会关系的重要社会组织；出于生存与发展的需要，会馆还借助特有的契约机制与节庆活动，来整合内地

---

① 吴绍璘：《新疆概观》，仁声印书局，1933 年版，第 181 页。

② 全汉胜：《中国行会制度史》，台北：食货出版社有限公司，1986 年版，第 104 页。

③ 奇台县史志编纂委员会：《奇台县志》，新疆大学出版社，1994 年版，第 552—553 页。

④ 薛峰：《孚远县同乡会馆事略》，见中国人民政治协商会议吉木萨尔县委员会文史资料研究委员会编《北庭文史》第 6 辑，1991 年版，第 37—46 页。

商民内部、各移民团体之间的利益关系，构建起了基层社会内部的自我约束，管理秩序；会馆所谋求的成员之间的信息交流、感情联络，一定程度上打破了内地商民原有垂直的以血缘为纽带的宗法关系，尤其在同籍范围内改变了人与人之间原有的家庭和宗族式的社会关系，形成了共同身份的意识和以同乡关系为主体的横向的地缘关系；同时，会馆通过兴办学堂、学校，培养了一批边疆人才，从而实现了价值认同的整合和内地商民在新疆社会的阶层流动。

建立在地缘关系上的地缘共同体——会馆，为内地商民提供了新的共同体归属，它所凝聚的社会资源，如声望、权利、信息、关系网等为内地商人所利用，客观上促进了移民群体的发展壮大，扩充了北庭地区经济开发的人力资源，发挥了加强社会关系，整合社会群体的功能，使得北庭地区的社会整合得以在更大的深度与广度中持续进行。

（三）社会文化的整合——基于坛庙的考察

新疆历来是多元文化的交流融汇之地，深受游牧文化、中原文化、伊斯兰文化等的影响。作为中华文明的传带者，内地商人带着华夏文明的文化沿着商道扩展开来，在他们停留的地方生根发芽。历代以来，中华文化在新疆多元文化的发展格局中处于基础性、主导性的地位，使新疆优秀的地方文化、民族文化坚定不移地成为中华多元一体文化格局的里要组成部分，巩固和发展了中华多元一体文化，在整合边疆民族多元文化中发挥了巨大并且无可替代的作用。

清朝统一新疆后，以汉族为主体的内地商民大量迁移新疆，清政府基于宗教在中国传统政治——伦理建设的重要作用的认知，利用汉族的传统文化资源促进汉族移民社会的稳定与秩序，积极重建官方祀典。"宗教的活动一般是伴随着商品交换的活动而开展。人类社会自从有了商品交换关系以后，人们的活动范围和视野也开始不断扩大，宗教传播和文化交流是其中重要的一个方面"。① 不同地域的流动人口基于共同的宗教信仰，将各社会成员凝结在共同的宗教活动中，塑造了共同的社会行为，从而加强了流动人口的整合，以及对边疆的管控、治理和开发，消弭了因同籍地缘而产生的社会分化。加之内地商民的到来，仍然保持其原有的民间信仰和日常活动，正如俄国人尼·维·鲍戈亚夫连斯基所言："汉族人的秉性，十分难于改变。汉族人虽迁居异地，与异族相处，但他们仍然丝毫无异于居住在中国广大中原地区的汉族人。他们把原有的信仰习俗全部带到异乡"。②

因此，在清政府的鼓励和内地商民的热情参与下，内地诸神和庙宇以及与此相关的传统文化风俗活动进入新疆，以坛庙为代表的内地文化得以在新疆传播，官方和民众围绕坛庙进行的一系列祭祀活动和社会公共活动，对新疆移民社会的稳定和整合具有重大的作用。

据《新疆图志》记载，清代新疆北庭境内坛庙情况统计（见表3）。③

表3

地区	建有庙宇
迪化县	社稷坛、文庙、先农坛、神祇坛、关帝庙、文昌庙、龙王庙、城隍庙、刘猛将军祠、昭忠祠、湘军昭忠祠、平忠襄公祠、左文襄公祠、金忠介公祠、刘襄勤公祠、陶勤肃公祠、金建威将军祠
昌吉县	先农坛、关帝庙、文昌庙、火神庙（商民李福、杨润山募金建）、城隍庙（商民李福等募金建）
绥来县	文庙、关帝庙、文昌庙、龙王庙、昭忠祠
孚远县	关帝庙、文昌庙、龙王庙（士绅募金修建）、城隍庙、刘猛将军祠、昭忠祠

---

① 黄心川：《经济全球化与东西方宗教》，《世界宗教研究》2001年第4期。
② ［俄］尼·维·鲍戈亚夫连斯基：《长城外的中国西部地区》，新疆大学外语系俄语教研室译，商务印书馆，1980年版，第32—33页。
③ （清）王树枏等撰：《新疆图志》卷37，上海古籍出版社，2017年版，第678—681页。

续表

地区	建有庙宇
阜康县	社稷坛、文庙、先农坛、神祇坛、关帝庙（绅民李玉成等建）、文昌庙、龙王庙、城隍庙、三忠祠
奇台县	文庙、关帝庙、文昌庙、龙王庙、火神庙、城隍庙

从表中可以看出，清代北庭地区坛庙的修建直接得益于地方政府的倡导和内地商人以及当地士绅的捐助。各种坛庙的修建虽冠以官方名义，实质上在建造和维修上，内地商民和当地士绅参与其中，体现出以内地商人为主导的特征。米华健以新疆各地关帝庙的修建为例指出，即使是官方所建的坛庙，"其资金亦多为商人（捐助），这就表明，捐助建设的建筑和祭祀行为，目的是为了帝国的建设"。①

清末民国以来，大量的坛庙作为跨地域的仪式活动中心和宗教认同标志，不同的社会阶层均参与其中，成为凝聚各种社会力量的信仰中心，构建起了新疆移民社会整合的精神共同体。在这种共同体中，不同的商民群体因坛庙的修建，强化了群体的内聚和外化。同时，在传统时期里，围绕坛庙及以此为中心而形成的庙会，为人们提供了一个独特的交往空间与公共领域，依托坛庙的敬神、游神以及酬神活动，为社会成员获得了稳定的精神寄托，形成共同的价值认同；依托庙会进行的商业和社会活动，为民众提供货物交换、情感满足和文化交流的机会。民众选择短期内连续、频繁地举办庙会，反映出民众对这种只有集体活动才能带来的共享机会的策略，其结果是每次庙会都将分散的、异质性的群体整合在一起，不断强化集体对社会的认同，对新疆移民社会的整合具有非常重要的促进作用。

---

① 米建华著，贾建飞译：《嘉峪关外：1759—1864新疆的经济、民族和清帝国》，香港中文出版社，2017年版，第169页。

结语

清代新疆社会的开演，是由统一战争拉开的序幕，而内地商人则是这场历史大戏里不可或缺的主角之一，为边疆的政治统一与稳定作出了贡献。在国家体制和边疆政治不断演变的脉络之下，清政府重构了新疆社会的整合机制和价值认同，北庭地区同样经历了社会政治文化的重构和整合过程。

随着新疆的统一和行省制的实行，清政府对新疆社会整合的政治需求和文化重构将北庭社会进行了重新的整理。但是，在国家政治经济运行平稳的情况下，北庭社会中的各社会群体的竞争关系不会因统一战争的结束而消除，正相反，大量的内地移民移居天山北路，北庭地区的社会结构发生了变化，由单一的"封建官僚——农牧民"的社会结构转变为军户、遣户、经商和屯田的民户、流人、社会底层从业者等群体构成的多元的社会结构，社会结构的变化致使社会整合难度的加大。

我们不难理解，在这样的历史脉络下内地商人远涉戈壁，由行商到坐贾，深入村庄、牧区的商业经营活动，一方面解决了广大民众的生计，区域内各民族的生产生活物资的供给有了更好的保障，缓和了社会各阶级和阶层间的矛盾；另一方面，内地商人的商业活动，犹如链环将边疆与内地联系在一起，使统一的多民族国家在经济上愈加成为一个共同体，促进北庭区域社会的整合。同时，内地商人出于"敦乡谊、叙乡梓"和"精神和心灵慰藉"的需求，来主导会馆和大量坛庙的修建和维修事宜，本质是商人们主观能动性上的一种维护自身利益的社会行为。但在此过程中，会馆和坛庙的修建本身是社会成员的集体性事件，各社会成员共同参与建造和围绕它们的一系列社会、宗教活动成为一种社会身份的表达，不自觉地推动了各社会群体及各社群之间基于地缘共同体和精神共同体的社会整合。

"国家与地方之元气，常视本国商业之盛衰"。[①] 我们也应看到，清代新疆内地商人的发展壮大以及衰落的历史进程，始终与国家的独立和社会的稳定息息相关。广泛的贸易活动只有在祖国统一，民族团结的前提下，才能得到有效的保障。时至今日，在"一带一路"的倡议下，新疆的丝绸之路经济带核心区功能日趋完善，我们更应该秉持和平合作、开放包容、互学互鉴、互利共赢的丝绸之路精神，增强内地和新疆的商业互通和商业合作，加强区域协同发展，为共建"一带一路"提供新疆实践。

---

① 曾问吾：《中国经营西域》，新疆人民出版社，2013年版，第506页。

论清政府对吉木萨尔的经营措施

新疆社科院历史研究院　刘国俊

　　吉木萨尔自汉、唐以来就是东天山重要的政治、军事重镇，汉、唐、元等中原王朝都在吉木萨尔设官置守，移民屯垦，作为经营东天山的战略基地。清朝统一天山南北以后，设置伊犁将军，将经营新疆的战略重心放在伊犁河谷，战略重点西移，同时设置乌鲁木齐都统管辖东天山地区，吉木萨尔的战略地位有所下降。但是，作为重要的屯垦基地，吉木萨尔对于以乌鲁木齐为中心的东天山军政体系仍然发挥着重要的战略支撑作用。因此，清政府对于吉木萨尔的经营仍然是比较重视的，采取了设官驻兵、屯田移民、开设马厂、建筑城堡、发展文化教育等诸多措施，极大地强化了清政府对于东天山一带的控制力度。

一、建立行政机构

　　清朝平定新疆以后，在天山南北大兴屯垦，东天山一带民户日渐增加。为了加强行政管理，清政府将内地的州县制度延伸至此。乾隆三十八年（1773），清政府设迪化直隶州，并将巴里坤道移驻迪化，改为镇迪道，同时设立济木萨巡检一员。[①] 乾隆四十一年（1777），

---

① 新疆社科院历史研究所编：《清实录新疆资料辑录》，《乾隆朝卷五》，新疆大学出版社，2009年版，第108、114、124页。

乌鲁木齐都统索诺木车凌奏称，"乌鲁木齐东五站之济木萨设有巡检一员，收支民屯各项粮石，并监放兵饷，弹压地方，且路通巴里坤、乌里雅苏台往来冲区，极为紧要。现驻屯兵六百五十名，户民六百余户，商贾日增，应改县丞，于稽查地方始有裨益。"① 济木萨县丞于是年设。乾隆四十五年（1780），索诺木车凌又奏请添建济木萨县丞衙署。② 据嘉庆《乌鲁木齐事宜》记载，"济木萨县丞一员，驻该城，岁支养廉银四百两、俸银四十两，攒吏二名、各役七名。"③

济木萨县丞的主要职责是征收赋税，管理粮仓，办理民政事务，还兼管当地的驿站。据嘉庆《乌鲁木齐事宜》记载，济木萨县丞每年可收房租银百六十两、牲畜租银四百五十四两，额征种地租银一百八十四两，县丞仓二百五十间，现贮粮二十二万二千余石，岁收户粮八千五百九十余石，一年供支约出粮一千九百余石。④ 又乾隆《乌鲁木齐政略》记载，当时有两处驿站由济木萨县丞管理，"一是三台驿，西至柏杨驿八十里，东至保惠驿七十里。安马四匹、驿书一名、马夫二名半。二是济木萨驿，西至三台驿七十里，东至孚远驿九十里。安马五匹、驿书一名、马夫二名半。"⑤ 道光《三州辑略》记载，济木萨县丞管理的两处驿站改为"三台驿，东至保惠驿九十里，保惠驿，东至孚远驿六十里。"⑥

同治年间，吉木萨尔地区经历了多次战火，济木萨县丞所在城垣也被摧毁。清政府收复新疆以后，着手安定社会秩序，重建城垣。光绪二十五年（1899），新疆巡抚饶应祺奏请重修济木萨城垣。至光绪

① 《三州辑略》，管守新等辑录：《北庭史料汇编》（下），中国文史出版社，2020 年版，第 258 页。
② 新疆社科院历史研究所编：《清实录新疆资料辑录》，《乾隆朝卷五》，新疆大学出版社，2009 年版，第 295 页。
③ 《乌鲁木齐事宜》，管守新等辑录：《北庭史料汇编》（下），中国文史出版社，2020 年版，第 252 页。
④ 《乌鲁木齐事宜》，管守新等辑录：《北庭史料汇编》（下），中国文史出版社，2020 年版，第 253 页。
⑤ 《乌鲁木齐政略》，管守新等辑录：《北庭史料汇编》（下），中国文史出版社，2020 年版，第 249 页。
⑥ 《三州辑略》，管守新等辑录：《北庭史料汇编》（下），中国文史出版社，2020 年版，第 261 页。

二十六年（1900），济木萨县丞城垣完工。[1]光绪二十八年（1902），陕甘总督崧蕃等奏，"新疆幅员辽阔，设官太少，请增改府厅州县，并升三直隶州为府"，并请将"阜康县属之济木萨县丞所辖，升为孚远县"。[2]至此，济木萨县丞升为孚远县，县丞改为知县。光绪三十二年（1906），清政府开始在新疆推行"新政"，其中一项便是建立巡警以维治安，孚远县由此也设立了巡警，至宣统三年（1911），当时孚远县已有巡弁一、巡记一、教习一、巡丁二、巡目四人、巡兵十六人、伙夫一人，同年，新疆又开始推行"地方自治"，孚远县也相继建立了调查处、自治研究所、议事会、董事会等近代议事机构，[3]行政组织日臻完善。

二、派绿营兵屯田驻防

清朝统一新疆以后，除派八旗兵驻防新疆外，还从内地陕甘两省调集绿营兵驻防天山以北，从事军事防卫、屯田、驻守卡伦等任务。乾隆二十八年（1764），清政府将巴里坤提督移驻乌鲁木齐，改为乌鲁木齐提督，[4]负责玛纳斯至吉木萨尔一带的绿营屯田驻防事务。乾隆三十七年（1772），清政府"添设吉营（济木萨营）参将一员、守备一员、千总一员、把总三员、经制外委六员，归乌鲁木齐提督管辖，营制悉照乌鲁木齐提标四营之制……马步战兵一千名。"[5]

---

① 新疆社科院历史研究所编：《清实录新疆资料辑录》，《光绪、宣统朝卷》，新疆大学出版社，2003年版，第405、413页。

② 新疆社科院历史研究所编：《清实录新疆资料辑录》，《光绪、宣统朝卷》，新疆人民出版社，2009年版，第433页。

③ 《新疆图志》，管守新等辑录：《北庭史料汇编》（下），中国文史出版社，2020年版，第286—288页。

④ 新疆社科院历史研究所编：《清实录新疆资料辑录》，《乾隆朝卷四》，新疆人民出版社，2009年版，第224页。

⑤ 《乌鲁木齐政略》，管守新等辑录：《北庭史料汇编》（下），中国文史出版社，2020年版，第247页。

济木萨绿营的主要任务是屯田。屯田兵分携眷与换防两种，前者携带家眷，常驻防地，并不更换，后者不携带家眷，以五年为期，定期由内地换防。据乾隆《乌鲁木齐政略》记载，"三十五年（1770），军机大臣议奏：木垒河以西，直至济木萨一带，泉流足敷灌溉，地亩宽广，应予陕甘各标内，酌拨数营官兵，悉令移驻济木萨等处，请交该督酌筹具奏。经陕甘总督明山决定，于双岔河、柳河沟各安眷兵二百名。三十七年（1772），再派眷兵一百五十名，安驻济木萨。"① 故乾隆三十五年（1770）是清政府在吉木萨尔创设兵屯之始。乾隆三十七年（1772），"（兵部）又议准乌鲁木齐属新设济木萨营参将、守备、千总、把总、外委各员，经理屯务，应予济木萨换携眷兵二百五十，柳树沟、双岔河二处各移驻携眷兵二百，又三台地方现驻兵二百五十，特讷格尔地方现驻兵一百，并归济木萨参将管辖。"② 据此可知，当时济木萨营有屯兵一千名，其中携眷兵为六百五十名，换防兵为三百五十名。

吉木萨尔开办兵屯后，粮食产量逐年增加，乾隆四十一年（1776），乌鲁木齐都统永庆奏报，"乌鲁木齐所属中、左、济木萨营并玛纳斯屯，四十一年，分种地兵丁，每名收获细粮，军在十五石以上"，③ 随着粮食产量超出需求，清政府遂开始逐步缩减屯兵数量。据乾隆《乌鲁木齐政略》记载，济木萨所辖五屯中，"济木萨兵二百三十名，双岔河兵二百三十名，柳树河兵一百五十五名，三台兵二百一十名，特讷格尔差兵五十名，"④ 共八百七十五名，比乾隆三十七年（1772）减少一百五十名。乾隆四十六年（1781），清政府

---

① 《乌鲁木齐政略》，管守新等辑录：《北庭史料汇编》(下)，中国文史出版社，2020年版，第247页。

② 新疆社科院历史研究所编：《清实录新疆资料辑录》，《乾隆朝卷五》，新疆大学出版社，2009年版，第72页。

③ 新疆社科院历史研究所编：《清实录新疆资料辑录》，《乾隆朝卷五》，新疆大学出版社，2009年版，第181页。

④ 《乌鲁木齐政略》，管守新等辑录：《北庭史料汇编》(下)，中国文史出版社，2020年版，第247页。

又将济木萨、玛纳斯营眷兵一百五十四名移往库尔喀喇乌苏、晶河驻防。① 至乾隆五十六年（1791），乌鲁木齐都统尚安请求裁撤济木萨兵屯，军机处认为"此项屯兵，俱系挈眷在彼居住，并不换班，若概行裁撤，又恐不无失所，"同时考虑到"巴里坤镇标古城营有换班之屯兵一百五十名，系由内地肃州镇标各营派拨出口，五年更换一次。济木萨距古城仅七十里，请即于济木萨兵屯内，轮流派拨古城营屯田，一年更换一次……所有肃州之兵，即令回营，此后不必再向内地调拨。"② 据此可知，当时济木萨营均已改为携眷兵，不再派驻换防兵，还承担起了向巴里坤镇下辖的古城（奇台）营派兵换防的任务。此外，乾隆五十九年（1794），清政府又从玛纳斯、济木萨绿营抽调官兵一百十一二名，到巴里坤镇所属穆垒营牧厂协牧。③

清代，军队的驻地被称为"军台"，一般以营为单位进行驻扎，另设有塘、墩等小型驻军点，驻扎少量军队，起到军事哨所的作用。清政府在天山南北设置大量的军台以及墩、塘供，以供驻军之用。乾隆《乌鲁木齐政略》记载，当时济木萨营所驻的军台被称为"保惠城"，同时下辖有大泉塘、三台塘，前者位于济木萨营以东四十里，处在通往古城的通道上，后者位于济木萨营以西七十里，处在通往阜康的通道上。④ 嘉庆《三州辑略》记载，济木萨军台下辖有三台塘、济木萨塘，其中前者驻兵丁十名、马十匹，后者驻兵十名、马十匹。⑤ 墩就是烽火台，是比塘更小的驻军点，通常驻扎士兵数人，起到军事预

---

① 新疆社科院历史研究所编：《清实录新疆资料辑录》，《乾隆朝卷五》，新疆大学出版社，2009年版，第315页。

② 新疆社科院历史研究所编：《清实录新疆资料辑录》，《乾隆朝卷五》，新疆大学出版社，2009年版，第576、577页。

③ 新疆社科院历史研究所编：《清实录新疆资料辑录》，《乾隆朝卷五》，新疆大学出版社，2009年版，第630、631页。

④ 《乌鲁木齐政略》，管守新等辑录：《北庭史料汇编》（下），中国文史出版社，2020年版，第248、249页。

⑤ 《三州辑略》，管守新等辑录：《北庭史料汇编》（下），中国文史出版社，2020年版，第261、262页。

警的作用。

此外，绿营兵还兼有驻守当地卡伦的任务，乾隆《乌鲁木齐政略》记载，济木萨营驻守的三处卡伦为："旧卡，六十八（长官姓名），原任防御，兵七名，马五匹；南卡，游宗义，兵四名，马四匹；北卡，刘智贤，兵四名，马四匹"。[①]嘉庆《三州辑略》记载，济木萨营驻守的三处卡伦为："大泉卡伦，距城四十里，外委一名，兵丁四名，马四匹；沙山口卡伦，距城一百五十里，外委一名，兵丁六名，马六匹；火烧沟卡伦，距城一百五十里，外委一名，兵丁十二名，马十二匹。"[②]

三、移民开垦

清政府在新疆开办兵屯的同时，也开始从内地甘肃等省招徕移民，发展民屯、商屯乃至犯屯。据乾隆《乌鲁木齐政略》记载，乾隆三十八年（1773），乌鲁木齐都统认垦户民有三百七十七户，其中吉木萨尔二百五户，四十年（1775），又招募民户二百二户，吉木萨尔二户，四十一年（1776），招募民户一百五十户户，吉木萨尔十三户，四十二年（1777），招募民户三百七十九户，吉木萨尔八户，四十三年（1778），招募民户二百六十七户，吉木萨尔二十一户，同年，有商户一千一百三十六户搬眷到屯，吉木萨尔二百八十七户，此外，四十一年（1776），吉木萨尔接收种地厂徒[③]（犯屯）七十六户。[④]相比军屯，发展民屯有着明显的优势。乾隆五十六年（1791），乌鲁木

---

① 《乌鲁木齐政略》，管守新等辑录：《北庭史料汇编》(下)，中国文史出版社，2020年版，第249页。

② 《三州辑略》，管守新等辑录：《北庭史料汇编》(下)，中国文史出版社，2020年版，第262页。

③ 乾隆年间流窜于两广地区的安南（今越南）匪徒，因多以佣工谋生而被称为"厂徒"，因厂徒危害当地治安，乾隆四十年（1775），清政府先后将安南厂徒千余名押解至乌鲁木齐等地从事屯垦生产，就地安插，故称为"种地厂徒"。

④ 《乌鲁木齐政略》，管守新等辑录：《北庭史料汇编》（下），中国文史出版社，2020年版，第249、250页。

齐都统尚安奏报"乌鲁木齐地方仓贮充盈，请将济木萨一处暂停兵屯耕作，归营操演……所遗屯地招募商民、户民领种。"为此，军机处批复，"将额设种地屯兵逐渐裁减，招募商民、户民领种输粮，俾仓储不致积多损耗，而屯兵可省官为送往之烦"。① 由此可见，清政府已经意识到兵屯的种种弊端，转而着力发展民屯，吉木萨尔的屯田数量迅速增加，据乾隆《西域图志》记载："济木萨有屯田一万五千一百亩。"② 而据道光《钦定新疆识略》记载，"济木萨种地九百三十二顷一十七亩一分"。③ 如果按照清代 1 公顷相当于 15 亩计算，道光年间，吉木萨尔屯田约为一万四千亩，虽然数量与乾隆年间相比略有下降，但仍然是很可观的。

同时，随着内地移民的到来，带来了先进的生产技术以及劳动力，使得东天山一带粮食产量大为提高。乾隆五十三年（1788），据乌鲁木齐都统尚安汇报，"乌鲁木齐所属迪化、昌吉、阜康、绥来、宜禾、奇台等六州县，济木萨、呼图壁两处，节年征收粮及前捐监存贮粮，共计八十八万八千余石，每年供支，新粮敷应有余，仓贮陈积，恐致霉变，但一时全行粜易，秋后买补较难，请分三年出粜，将每年春季所粜银，即令该州县秋后买还。"④ 可见，由于当时陈粮堆积，地方官员为防止粮食霉变，将多余粮食投入市场，以增加政府收入。嘉庆十年（1805），乌鲁木齐都统奇臣奏报，"迪化州地方繁庶，为乌鲁木齐附郭最要之区，现在存仓额粮仅有十三万余石，为数未免较少。奇臣既查得昌吉、绥来及济木萨县丞、呼图壁巡检四处存仓额粮

---

① 新疆社科院历史研究所编：《清实录新疆资料辑录》，《乾隆朝卷五》，新疆大学出版社，2009 年版，第 576、577 页。

② 《西域图志》，管守新等辑录：《北庭史料汇编》（下），中国文史出版社，2020 年版，第 256 页。

③ 《钦定新疆识略》，管守新等辑录：《北庭史料汇编》（下），中国文史出版社，2020 年版，第 267 页。

④ 新疆社科院历史研究所编：《清实录新疆资料辑录》，《乾隆朝卷五》，新疆大学出版社，2009 年版，第 490 页。

俱极充裕，自应酌量改拨，以资调剂。"①嘉庆十三年（1809），乌鲁木齐都统和宁奏，"古城地方贮粮不敷供支，请于济木萨盈余粮石拨贮古城四万石，以资筹备。允之"。②可见，作为当时的粮食主产区，吉木萨尔不仅可以实现粮食自给，还可以外调粮食供应迪化、奇台等地。

随着屯垦事业的发展，大批内地移民来到东天山一带，这不但促进了当地的开发和经济发展，也使得当地人口数量不断增加。据嘉庆元年（1796）《乌鲁木齐事宜》记载，济木萨县丞属二千六百七十四户，男七千五百二名，女五千三百三十六名。③男女共一万二千八百八十三人。又据嘉庆十一年《三州辑略》的记载，济木萨共男女一万八千二十五口。男大口七千四百八十四口，小口二千六百三十九口。女大口六千一百五十口。女小口一千七百五十一口。④仅仅十年时间，济木萨的人口人口数量增加了5142人，将近40%，增长速度是比较快的。另外，从济木萨人口的性别结构来看，嘉庆元年（1796），男比女多2166人，性别比为140∶100，嘉庆十一年（1805），男比女多2222人，性别比为128∶100，这反映了当时内地移民男性偏多的事实，而随着移民社会的稳定发展，尤其是移民二代、三代的不断出生，这种性别比有下降的趋势。

随着移民屯垦的不断发展，东天山一带逐渐形成了以汉人为主的移民社会，这不但极大地促进了该地区的开发，也使得清政府在维护新疆稳定的过程中拥有了一支可靠的民间力量。据《孚远县乡土志》记载，吉木萨尔有孔氏一族，乾隆年间由山东曲阜迁居吉木萨尔。⑤

---

① 新疆社科院历史研究所编：《清实录新疆资料辑录》，《嘉庆朝卷》，新疆大学出版社，2008年版，第94、95页。

② 新疆社科院历史研究所编：《清实录新疆资料辑录》，《嘉庆朝卷》，新疆大学出版社，2009年版，第159页。

③ 《乌鲁木齐事宜》，管守新等辑录：《北庭史料汇编》（下），中国文史出版社，2020年版，第253页。

④ 《三州辑略》，管守新等辑录：《北庭史料汇编》（下），中国文史出版社，2020年版，第260页。

⑤ 《孚远县乡土志》，管守新等辑录：《北庭史料汇编》（下），中国文史出版社，2020年版，第269页。

同治年间，吉木萨尔、古城多次被叛军攻陷，惨遭屠戮，当地汉人纷纷组织民团自卫，其中以孔氏后人孔才组织的民团最为骁勇。孔才先后效力于哈密办事大臣文麟、乌鲁木齐都统景廉、新疆军务帮办金顺等，配合清军在阜康、吉木萨尔、古城、木垒、哈密等地作战，屡立战功。同治十三年（1874），因率部解围哈密有功，孔才以总兵官简放。①光绪二年（1876），金顺奉命收复玛纳斯，孔才率部参加攻城，作战勇猛，击毙伪元帅马兴及敌军四百余名，立下首功。同年，经金顺保举，孔才以记名提督简放，赏给"健勇巴图鲁"名号，②升任玛纳斯副将。对此，塔尔巴哈台参赞大臣锡伦曾评价到："（孔才）率奇古子弟，与贼相持者十有四年，其战绩夫人而知之，有非笔墨所能罄者"。③

清朝统一新疆后，实行隔离政策，禁止天山以南的维吾尔人移居到天山以北。因此，同治以前，东天山一带的民族构成相对比较单一，主要为汉族以及部分回族人口。1884年新疆建省以后，清政府废除了禁令，允许各族百姓自由迁徙垦荒。因此，来自吐鲁番等地的维吾尔人开始大量拥入自然条件较好、荒地较多的天山北坡，从事农牧业生产以及商业活动，吉木萨尔的民族分布也开始发生变化，出现了一定比例的维吾尔族人口。据清末《孚远县乡土志》记载，当时孚远县（吉木萨尔）汉族人口为男丁四千五百零一名，女丁二千五百九十八名，总计七千零九十九，回族人口为男丁七百七十名，女丁七百三十名，总计一千五百口，缠回（维吾尔族）人口为男丁五百二十五口，女丁四百六十三口，总计九百八十八。④汉族人口占

① 新疆社科院历史研究所编：《清实录新疆资料辑录》，《同治朝卷》，新疆大学出版社，2007年版，第552、553页。
② 新疆社科院历史研究所编：《清实录新疆资料辑录》，《光绪、宣统朝卷》，新疆大学出版社，2003年版，第504页。
③ 《孚远县乡土志》，管守新等辑录：《北庭史料汇编》(下)，中国文史出版社，2020年版，第268页。
④ 《孚远县乡土志》，管守新等辑录：《北庭史料汇编》(下)，中国文史出版社，2020年版，第269页。

74%，回族占 15%，维吾尔族占 10%。这种民族分布的多元化，为吉木萨尔各族人民的交往、交流、交融以及中华民族共同体意识的形成创造了条件。

四、开设马厂

吉木萨尔所处地区的非常适合畜牧业的发展。吉木萨尔绿营兵除开展屯田外，还开设马厂，牧养马匹。由于东天山水草肥美，非常适合养马，马匹的数量增长很快。嘉庆十六年（1812），那彦成等奏请将古城、济木萨二厂马匹挑除变价，以免"迁延日久，马匹益形疲损"，[①] 得到嘉庆帝批准。嘉庆二十年（1815），嘉庆皇帝下令："济木萨马厂，地难播种，亦著无庸裁撤，该厂孳生马匹，以三年出群，三年挑变，除头二等马匹留厂拨营外；三等马每匹定价银五两，交地方官承变；四等马每匹定价银四两，交营厂酌量陪补，分别交贮道库，报拨充饷。"[②] 可见，由于孳生马匹过多，逐渐超出牧场容纳力，清政府不得不允许将部分劣等马匹变价出售，以增加政府的收入，减轻草场的负担。又道光三年（1823），乌鲁木齐都统英惠奏，河州镇总兵张拱辰任巴里坤总兵期间，与游击富克精阿串通一气，营私舞弊，亏空马匹五千七百八十一匹之多，后经济木萨营官兵供出，张拱辰为弥补亏空，曾经私调济木萨马厂马匹解赴巴里坤东厂。[③] 从这个案件可以说明两点，一是当时巴里坤马厂由于管理不善，出现重大舞弊案件，类似案件没有发生在济木

---

① 《新疆社科院历史研究所编：《清实录新疆资料辑录》，《嘉庆朝卷》，新疆大学出版社，2008年版，第 206 页。

② 新疆社科院历史研究所编：《清实录新疆资料辑录》，《嘉庆朝卷》，新疆大学出版社，2008 年版，第 260 页。

③ 新疆社科院历史研究所编：《清实录新疆资料辑录》，《道光朝卷一》，新疆大学出版社，2009 年版，第 63 页。

萨，可见，当时济木萨马厂的管理应该相对比较完善，二是巴里坤马厂出现巨大亏空后，肇事者通过从吉木萨尔马厂私调马匹补漏，可见，当时吉木萨尔应该是有较多存马的。道光十二年（1832），据陕甘总督杨遇春奏，巴里坤、古城、济木萨三处马厂，每厂原牧马二千九百余匹，现已增至四五倍不等，地狭难容，请将三厂共留二万六千六百二十五匹，挑变老残废碎小马一万二百三十四。每厂额设牧兵一百二十名，每兵牧马二十四匹，现虽然不敷照料，应请均匀摊牧，毋庸另添。请变马匹，饬令厂员挑选稍强者，每匹定价银三两，其余二两。[①]杨遇春的提议虽然没有被清廷批准，但所提的挑变马匹数量的大幅度上升以及马价的下调，充分反映了由于马匹繁衍过多，导致东天山牧场不堪重负的情况。

嘉庆以后，随着清政府财政日益紧张，吉木萨尔马厂的发展开始面临困境。嘉庆十九年（1814），伊犁将军松筠曾经奏请废济木萨马厂，改辟屯田，作为节省新疆冗费的措施之一，没有得到批准。[②]为解决军费困难，同治二年（1863），清政府决定将"古城、济木萨、玛纳斯等处孳生马厂，归并巴里坤，厂内腾出地亩，一并开垦升科，以充兵饷，实系经久良图，自应实力经营，以裕经费。"[③]至此，济木萨马厂被裁撤。光绪年间，随着政局的稳定，清政府又重新恢复济木萨马厂。据宣统《新疆图志》记载，光绪十八年（1892），清政府由巴里坤马厂拨来儿骒马五百匹，归吉木萨尔参将经管。当时吉木萨尔有五处马厂，分别在叶家湖、营马台、四厂湖、五厂湖、小拴湖。统共各项马匹一千零三十匹，额设牧长一名，牧副一名，牧兵八名，其牧

---

① 新疆社科院历史研究所编：《清实录新疆资料辑录》，《道光朝卷二》，新疆大学出版社，2009年版，第749页。

② 《新疆社科院历史研究所编：《清实录新疆资料辑录》，《道光朝卷一》，新疆大学出版社，2009年版，第35页。

③ 新疆社科院历史研究所编：《清实录新疆资料辑录》，《同治朝卷》，新疆大学出版社，2007年版，第42页。

长皆由参将委本营哨官兼充。[①] 虽然马厂已经恢复，但规模与乾隆、嘉庆年间已不可同日而语。

五、修建城堡

清朝统一天山南北以后，为了军事驻防、屯田以及维护交通的需要，沿交通要道修建了大量的城池以及堡垒，并驻扎一定数量的军政人员。乾隆年间，清政府在吉木萨尔境内修建了五座城堡：曰三台堡，在济木萨，乾隆四十二年（1779）建；曰育昌堡，在双岔河，曰时河堡，在柳树沟，以上二处皆乾隆三十六年（1771）建；曰恺安城，为济木萨县丞治，乾隆三十七年（1772）建，曰保惠城，为济木萨参将所驻，乾隆四十二年（1779）建。这些城堡的设施都很完善，而且都有东、西、南三座城门，如恺安城分别有丽旭、同凤、覃慧门，保惠城分别有舒景、阜登、萃昌门，时河堡分别有皭平、肃正、丽照门，育昌堡为广生、徕极、兆嘉门。此外，在济木萨县城东北四十里还有一处古城遗址，当地人称为"伯什特勒克"，就是著名的北庭故城。[②]

这些城池修建的时间有早有晚，所具有的功能也不尽相同。如修建最早的育昌堡和时河堡，分别位于双岔河和在柳树沟，应该是作为第一批来到吉木萨尔屯田兵驻地而建。如恺安城是吉木萨尔的行政中心，设有县丞衙署，同时这里设有济木萨塘，驻扎军队，属于军事、行政、屯田三重功能。保惠城是济木萨参将驻地，是吉木萨尔的军事中心，同时设有保惠驿，属于军事、交通双重功能，三台堡同时设有三台塘和三台驿，也设有屯田，也属于多功能城堡。

同治年间，受到动乱的影响，吉木萨尔境内的城堡大都遭到破

---

① 《新疆图志》，管守新等辑录：《北庭史料汇编》（下），中国文史出版社，2020年版，第298页。
② 《西域图志》，管守新等辑录：《北庭史料汇编》（下），中国文史出版社，2020年版，第254页。

坏。据宣统《新疆图志》记载，乾隆年间修筑恺安城，当时为周三里二分，高一尺一丈，后毁于战火，光绪二十年（1894），清政府重修恺安城并改名为"孚远"城，城周长为七百六十七丈，有三座城门：东载阳、南迎熏、西揖爽，又县治北有故保惠城，今名后堡，户二千一十六，口八千二百三十五。[①]

六、发展文化教育

明清两代，在科举制度的影响下，中国社会各个阶层都将科举及第、考取功名作为重要的人生追求。而对于士人而言，获取功名的手段除参加科举外，还可以通过"捐纳"的方式实现。如乾隆年间，清政府在就内地广泛实行"捐监"制度，即普通平民可以通过向国家捐纳钱粮的方式，取得当时国家最高学府国子监的肄业证书，这样一方面扩宽了士人获取功名的渠道，另一方面也增加了政府的财政收入。清代，东天山地区在行政上隶属于甘肃省，也被纳入科举制度的施行范围，但当地由于文化教育比较落后，加之交通不便、信息闭塞（当时新疆考生要长途跋涉去陕西参加乡试），考生中第率极低，"捐监"似乎成为当地士人获取功名的主要手段。乾隆三十七年（1772），陕甘总督文绶疏请，"请照从前内地之例，准令各省商贾士民报捐监粮，乌鲁木齐、巴里坤、哈密三处各额收监粮十万石，济木萨、奇台、穆垒、昌吉等处额收监粮五万石，安西、肃州二属各额收监粮二十万石，"得到批准，[②] 当年，开始在乌鲁木齐、昌吉、特讷格尔、济木萨等处收取监粮，每监生一名，小麦或豌豆四十石。至乾隆四十二年（1777）十二月止，光济木萨就捐监一千五百名，收小麦四万两千

---

① 《新疆图志》，管守新等辑录：《北庭史料汇编》（下），中国文史出版社，2020年版，第271页。
② 新疆社科院历史研究所编：《清实录新疆资料辑录》，《乾隆朝卷五》，新疆大学出版社，2009年版，第67页。

石。①吉木萨尔是当时边陲小县，到嘉庆年间人口才 2674 户，五年内就捐监 1500 名，可见当地人对于功名极度热衷。

嘉庆年间，随着人口的增加以及社会经济的繁荣，东天山一带文化事业已经有所发展。据嘉庆《三州辑略》记载，当时济木萨已有书院一所，膏火地六十亩，岁获银六十两。②同治、光绪年间，在孔才等当地官绅的努力下，吉木萨尔先后建起关帝庙、文昌庙、龙王庙、城隍庙、刘猛将军祠、昭忠祠等文化设施。③光绪二十八年（1902），济木萨改为孚远县。光绪三十年（1904），新疆巡抚潘效苏奏，"请将添改蒲犁、皮山、伽师、洛浦、温宿、轮台、若羌、沙雅、鄯善、孚远十厅县，照例各设文庙、武庙、文昌庙、社稷坛、神祇坛、先农坛、龙神祠一所，列入祀典，春秋致祭"，④得到清政府批准。光绪三十四年（1908），清政府开始在新疆大力推行"新政"，其中兴办学堂成为重要内容。宣统元年（1909），孚远知县王懋勋曾经因兴学不力而遭到新疆巡抚联魁弹劾而被革职，⑤可见当时清政府对于教育事业的重视。在政府的大力推动下，清末吉木萨尔地区的文化教育事业已经得到了很大的发展。据《新疆图志》记载，当时孚远县有学堂五所，教习五员，学生九十九名，包括官立初等小学堂一所，公立半日学堂两所，官立简易识字学塾两所。⑥

总之，清政府对于吉木萨尔经营是卓有成效的，这使得包括吉木萨尔在内的东天山地区成为清朝在新疆统治较为稳固的地区。这是很具有战略意义的。同治年间，包括伊犁、乌鲁木齐、玛纳斯等北疆重镇都沦

① 《乌鲁木齐政略》，管守新等辑录：《北庭史料汇编》（下），中国文史出版社，2020 年版，第 250 页。
② 《三州辑略》，管守新等辑录：《北庭史料汇编》（下），中国文史出版社，2020 年版，第 262 页。
③ 《新疆图志》，管守新等辑录：《北庭史料汇编》（下），中国文史出版社，2020 年版，第 285 页。
④ 新疆社科院历史研究所编：《清实录新疆资料辑录》，《光绪、宣统朝卷》，新疆大学出版社，2003 年版，第 450 页。
⑤ 新疆社科院历史研究所编：《清实录新疆资料辑录》，《光绪、宣统朝卷》，新疆大学出版社，2003 年版，第 504 页。
⑥ 《新疆图志》，管守新等辑录：《北庭史料汇编》（下），中国文史出版社，2020 年版，第 285 页。

入敌手，只有东天山的吉木萨尔、奇台、镇西、哈密等少数地区依然掌握在清朝手中，这为后来清军收复新疆提供了重要的战略基地，其中吉木萨尔发挥了重要作用。同治四年（1865）乌鲁木齐、阜康陷落后，吉木萨尔、古城先后数次遭到叛军攻击，但经当地民团与清军浴血奋战，几经易手，最终得以保全。同治十三年（1874）八月，清政府任命景廉为钦差大臣督办新疆军务，又以金顺为军务帮办，督率关外清军，准备收复新疆。[①] 光绪元年（1875）五月，又改任左宗棠为钦差大臣督办新疆军务，以金顺为乌鲁木齐都统，仍帮办军务。六月，金顺进驻古城，就任乌鲁木齐都统，接掌景廉各营。八月，金顺率部进驻吉木萨尔，吉木萨尔后成为西征军大本营。随后，刘锦棠率湘军主力抵达吉木萨尔，与金顺会合，并制订了收复乌鲁木齐的作战计划。九月，清军从吉木萨尔开拔，发起了古牧地之战，[②] 拉开了收复新疆的大幕。

---

① 《新疆社科院历史研究所编：《清实录新疆资料辑录》，《同治朝卷》，新疆大学出版社，2007年版，第563页。

② 新疆社科院历史研究所编：《清实录新疆资料辑录》，《光绪、宣统朝卷》，新疆大学出版社，2003年版，第14、18、17、22、55、59页。

近代北庭地区城市的警政建设述论

新疆社会科学院历史所　贾秀慧①

　　众所周知，城市（城镇）②是人类物质文明与精神文明的集中体现和主要载体。列宁说："城市是经济、政治和人民精神生活的中心，是前进的主要动力。"③在长期的封建统治中，保甲制占据中国城市管理的主导地位。保甲组织最早出现于宋代，最初专为维护社会治安而设，主要在乡村设置。明代后期因城市社会治安恶化，统治者开始在城市利用保甲维护社会秩序。保甲制成为政府统计户口和推行户籍管理的基础，在城市基层管理中的地位日益重要。

　　传统的保甲制度，军警不分。清光绪二十八年（1902），直隶总

---

①　作者简介：贾秀慧，女，河北定州人，新疆社会科学院历史研究所研究员，从事近代新疆社会经济史、社会史研究。

②　目前，我国在"城市"和"城镇"的使用上比较混乱。城市的有狭义、广义两种理解，狭义意为只含市不含镇；广义意为含市又含建制镇。城镇也有狭义、广义两种理解，狭义意为含市和建制镇；广义意为含市、建制镇且含集镇。由于对城市和城镇概念的混淆，所以出现了"城市化"和"城镇化"两种译法，其实在英文中都是一个词（Urbanization）。"城镇化"一词出现要晚于"城市化"，这是中国学者创造的一个新词汇。城镇化，就是指农村人口不断向城镇转移，第二、三产业不断向城镇聚集，从而使城镇数量增加，城镇规模扩大的一种历史过程。无论"城市化"还是"城镇化"，都是对社会发展中农业人口向非农业人口转移这一现象的描述。这个现象由西方人首先发现和研究，用 urbanization 来描述这个过程，两个中文名词，都是对这一英文名词的翻译。两词同宗，从这点来说他们是一样的，没区别。——作者注

③　中共中央马克思、恩格斯、列宁、斯大林著作编译局编译：《列宁全集》（第19卷），人民出版社，1972年版，第264页。

督袁世凯批评保甲制度防患不足，骚扰有余，建议以现代巡警制度代替保甲制，以维护城市的社会治安。清朝政府接受了这一建议，在北京设立工巡局进行管理。清光绪三十一年（1905），清朝政府在内外交困的情况下宣布实行"新政"，撤销了工巡局，模仿英、法、俄等国的警察制度，建立起巡警制，成立了职责广泛的"内外城巡警总厅"，负责社会治安、人口普查、公共工程、消防、救济贫困、公众健康、公共卫生等，辛亥革命后改称京师警察厅。内外城巡警总厅和后来的京师警察厅都是直接面对普通市民，不再通过保甲办理城市管理事宜，保甲制失去了其存在的必要性，无形中暂时消失了。可以说，从保甲制演变为警察制，是中国城市基层管理体制上的一个重大变化。

伴随着全国城市管理机构的科学、规范化，近代城市管理机构也随之在北庭地区①的城市中出现。北庭地区位于北疆交通要冲的位置，城市众多，主要有奇台、孚远（今吉木萨尔，下同）、阜康、迪化（今乌鲁木齐，下同）、昌吉、呼图壁、绥来（今玛纳斯县，下同）、哈密、吐鲁番②等城市。近代北庭地区的城市管理机构有警政、市政两种机构。警政主要负责司法方面的工作，市政负责行政方面的工作。清光绪二十九年（1903），新疆首先在省城迪化兴办警政，后逐步推广

---

① 本文北庭地区指狭义核心区域，是以吉木萨尔县为中心，与昌吉回族自治州所辖地范围大体相同（孟凡人：《"北庭学"初议纲要》）。主要有木垒县、奇台县、吉木萨尔县、阜康市、乌鲁木齐市、昌吉市、呼图壁县、玛纳斯县、哈密、吐鲁番等地。个别之处涉及广义北庭的一些地方如伊犁、塔城等地。——作者注

② 狭义上近代北庭地区行政区划设置有个逐步完善的过程：奇台县于清乾隆四十一年（1776）置县，包括今天的奇台、木垒两县，后木垒于1930年析出单独设木垒河县。阜康于1776年置县（1992年改为市），包括今天的阜康和吉木萨尔两县，后吉木萨尔于清光绪二十九年（1903）析出置孚远县（该名称使用至1953年，此后称吉木萨尔县）。昌吉于1773年设县（1983年改为市）。呼图壁于1903年置县，1946年改为景化县（1953年恢复原县名）。玛纳斯县于清乾隆四十三年（1778）置县，县名绥来（包括今天的玛纳斯和沙湾，后沙湾于1915年析出置县），1953年改名为玛纳斯县。哈密于清光绪十年（1884）设直隶厅，管辖今天哈密、伊吾两地的范围，1913年改哈密直隶厅为哈密县。吐鲁番于清光绪十二年（1886）设直隶厅，管辖今天吐鲁番、鄯善和托克逊三地的范围，1913年改吐鲁番直隶厅为吐鲁番县。——作者注

到全省。进入民国后，新疆省的警政得到进一步的整顿和改组，形成了较为完整的警察组织系统，警察职能也日渐完善，逐步建立起一套近代化的城市管理制度。北庭地区城市警政的建设发展改善了城市的治安环境、加强了户籍制度管理、推动了城市公共事业（公共卫生）发展、倡导了文明的城市生活方式，是北庭地区城市近代化过程中不可忽视的重要组成部分。

一、近代北庭地区城市警察组织系统发展轨迹

（一）清末北庭地区城市巡警制度——新疆最早的近代警察制度

在北庭地区的城市中，迪化既是北庭地区的重镇，也是新疆省省会[①]，政治、经济、文化地位突出，警政这种城市管理机构首先迪化在兴办，而后逐步推广到全省各地。清光绪二十九年（1903），首府保甲改为巡警[②]，这是新疆最早设立的近代警察制度。警察制度的建立不仅开辟了新疆警察的先河，而且加快了警察制度近代化的进程。迪化先后成立巡警总局、巡警道。为培养骨干，迪化还设立高等巡警学堂，并将新疆督练公所附设的将牟学堂中不够军官条件的毕业生改编为巡警队。据清光绪三十三年（1907）芬兰探险家马达汉记载，迪化"建立警队已有一段时间了。街上执行巡逻任务的警察数量看来也太多了。警察穿黑色制服，胸前有一个红字。每一条巡逻路线上都有一个岗亭。"[③]当差巡警随身携带的执勤物品有"警械、捕绳、呼笛、小本、铅笔、快枪、名片"[④]。

---

① 迪化，1884年成为新疆省省会，1945年设市，1953年后改称乌鲁木齐市。——作者注
② （清）袁大化修、王树楠等纂：《新疆图志》（卷40·民政一·巡警一），东方学会据志局书重校正增补1923年，第4页。
③ ［芬兰］马达汉：《马达汉西域考察日记（穿越亚洲—从里海到北京的旅行1906—1908）》，王家骥译，中国民族摄影艺术出版社，2004年版，第267页。
④ 《各区巡警职务章程》，（清）袁大化修、王树楠等纂：《新疆图志》（卷41·民政二），东方学会据志局书重校正增补，1923年版，第12页。

　　清光绪三十四年（1908）在新疆省城以外的府、厅、州、县共 39 属均举办城治巡警暨教练所，以省城巡警毕业生为巡官兼教习[1]，以招练巡警。北庭地区的吉木萨尔县于 1908 年设立城治巡警教练所，设三等巡官 1 人，巡长兼教习 1 人[2]。玛纳斯县于 1908 年设三等巡官 1 人，三等巡长兼教习 1 人，巡警兵 32 名[3]。阜康县于 1910 年设立巡警局[4]。据统计至辛亥革命前，39 属共有长警 2560 名[5]。

　　清宣统三年（1911）春，迪化成立了警务公所，负责全省的警务事项，分为"司法、行政、总务、卫生"[6]四个科，出现了行政与司法分离的趋势。同时，明确规定了各科科长的职责范围，出现了科长、科员这类公务员性质的职务名称。当时迪化巡警有 504 人[7]。1911 年底，警务公所减为"总务、行政、司法"三个科，"科长、科员虽裁并，而任事不减于昔。"[8]除省城迪化外，北庭地区的其他城市也纷纷成立警务公所，1911 年 3 月吉木萨尔县巡警教训所改为警务公所[9]。可见，警务公所这一机构具有市政管理服务功能的雏形，是北庭地区的城市管理制度上的重大变化。

　　1911 年底，省城迪化分设 4 个区，每个区有区官，1、2、4 区各

① （清）袁大化修、王树楠等纂：《新疆图志》（卷 40·民政一·巡警一），东方学会据志局书重校正增补，1923 年，第 4 页。

② 吉木萨尔县史志编纂委员会编：《吉木萨尔县志》，新疆人民出版社，2002 年版，第 235 页。

③ 玛纳斯县地方志编纂委员会编：《玛纳斯县志》，新疆大学出版社，1993 年版，第 381 页。

④ 阜康市党史地方志编纂委员会编：《阜康县志》，新疆人民出版社，2001 年版，第 495 页。

⑤ （清）袁大化修、王树楠等纂：《新疆图志》（卷 40·民政一），东方学会据志局书重校正增补，1923 年，第 4 页。

⑥ （清）袁大化修、王树楠等纂：《新疆图志》（卷 40 ·民政一），东方学会据志局书重校正增补，1923 年，第 4 页。

⑦ 《新疆通志》编撰委员会：《新疆通志·公安志》，新疆人民出版社，2004 年版，第 25 页。

⑧ （清）袁大化修、王树楠等纂：《新疆图志》（卷 40 ·民政一），东方学会据志局书重校正增补，1923 年，第 5–6 页。

⑨ 吉木萨尔县史志编纂委员会编：《吉木萨尔县志》，新疆人民出版社，2002 年版，第 28 页。

附设派出所 1 处，共 3 处派出所[①]。派出所"设一等巡官，……各区并有二三等巡官襄助。"迪化四个区的区官职责有"侦探、消防、垃圾车、洋号手编订门牌、调查户口、搜获军火。"[②]

清末新疆巡警管理方面，出台了一系列规章制度，具体有《违警律章程》《警务公所暨各区局之配置职务及权限章程》《省城各区派出所勘定岗位数目及地址表》《省城各区巡长警赏罚章程》[③]《巡警规条》《巡长警给假章程》《省城各区巡警教练章程》《警务公所侦探章程》《省城骑巡章程》《各区巡官巡长职务章程》《各区巡警职务章程》[④]《备补巡警职务章程》《巡官长警精勤证书授予章程》《巡警管理戏场及游戏场规则》《新疆全省府厅州县通行巡警章程》[⑤] 等。

（二）民国杨增新、金树仁、盛世才治新时期北庭地区城市警察组织系统

杨增新治新时期（1912—1928），省会迪化设立了警察厅，北庭地区其他城市的警政机构名称则经历了警备队、警察所、警察署的变迁。

民国初年，依据内政部《地方警察官厅组织令》"在各省会和重要商埠设立警察厅"的规定，1913 年 1 月新疆省会迪化设"省会警察厅"，厅长张鸣远。省城巡警按地段划为 4 个警区，将巡警整编为一

[①] （清）袁大化修、王树楠等纂：《新疆图志》（卷40 ·民政一），东方学会据志局书重校正增补，1923 年，第 6、11、12 页。

[②] 同上书，第 5–6 页。

[③] （清）袁大化修、王树楠等纂：《新疆图志》（卷40·民政一），东方学会据志局书重校正增补，1923 年，第 6、8、11、13 页。

[④] （清）袁大化修、王树楠等纂：《新疆图志》（卷41·民政二），东方学会据志局书重校正增补，1923 年，第 1、4、5、6、8、10、11 页。

[⑤] （清）袁大化修、王树楠等纂：《新疆图志》（卷42·民政三），东方学会据志局书重校正增补，1923 年，第 1、2、3、7 页。

队，配有巡警 385 人[①]，主管治安、消防、户籍、卫生诸事物。在北庭地区各县城则设置警备队，由地方官自行选募巡警。各县的警务工作由县知事兼带。阜康县于 1914 年成立县警备队，有三等巡官 1 名，警兵 18 名[②]。

1914 年 8 月，全国又开始推行《县警察所制》，北庭地区的城市纷纷设立警察所。昌吉县于 1914 年设置警察所，由县知事兼任所长[③]。

1916 年 1 月，北洋政府内务部核定批准《新疆省警察厅划分区署，编制警察队的办法》后，新疆开始在原县级警察机构上设立四区（每区辖若干县），每区设 1 个警察署，设署长 1 名，巡长 3 名，巡警 68 名[④]。

图 1　1928 年迪化街头的警察[⑤]

---

① 张大军：《新疆风暴七十年》（第 2 册），台北兰溪出版社，1980 年版，第 569–570 页。

② 阜康市党史地方志编纂委员会编：《阜康县志》，新疆人民出版社，2001 年版，第 18 页。

③ 昌吉市地方志编纂委员会编：《昌吉市志》，新疆人民出版社，2003 年版，第 481 页。

④ 《新疆通志》编撰委员会：《新疆通志·公安志》，新疆人民出版社，2004 年版，第 27 页。

⑤ 照片源自田卫疆、依弟利斯·阿不都热苏勒主编：《中国新疆通史（彩图版）》，新疆美术摄影出版社，2009 年版，第 279 页。

金树仁治新时期（1928 年 7 月 7 日至 1933 年），警政最重要的发展变化就是《各级公安局组织草案》的出台以及警察训练所的设立。南京国民政府于 1928 年颁布了《各级公安局编制大纲》和《省会警察队组织暂行条例》[1]。规定各省、特别市、市县各级行政单位均应设立公安局，隶属于各省民政厅或市县政府；各公安局依自治区划设公安分局，各公安分局依情势繁简设警察分驻所，采取守望并巡逻制；各省会、市县及工商业繁茂之地公安局还应酌情设立警察派出所，辅助公安局或警察分驻所办理警务；公安局因稽查游缉或临时戒备之必要应编练警察队。1929 年 3 月通令全国各省依照执行。

新疆省政府结合本省情况于 1929 年出台了《各级公安局组织草案》，即《省会公安局组织草案》《新疆区公安局组织之草案》《新疆县公安局组织草案》[2]。《省会公安局组织草案》（26 条）规定省会设公安局，下设总务、行政、司法、卫生四科；附设警察训练所，轮番抽训；因维持地方治安和消防需另设警察队。《新疆区公安局组织之草案》（14 条），规定伊犁、塔城地区警察局应改称为区公安局，按辖境的大小酌分警区设公安分局。《新疆县公安局组织草案》（18 条），规定在各县设公安局，县城或附近设守望所，距城过远的区村设公安分局，非事务繁盛的地方不得设局员。由于金树仁治新时期，社会矛盾激化，社会动荡不安，马仲英两次入新，引发全疆大动乱。新疆省政府颁布的《各级公安局组织草案》没有得到全面又有效地实施，但为以后北庭地区城市警政建设奠定了一定的制度基础。

金树仁治新时期，警察的教育与训练得到了开展。1931 年金树仁政府根据内政部颁布的《警察教练所章程草案》设立了新疆警察训练

---

[1] 国民政府内政部：《各级公安局编制大纲》，《内政部公报》1928 年 11 月。

[2] 本省法规：《各级公安局组织草案》，新疆省政府公报委员会主编：《新疆省政府公报》1929 年 11 月第 4 期，省政府秘书处印行，第 36—45 页。

所，分为甲乙两班，甲班负责训练招募学员，乙班负责训练省会公安局原有官警。乙班又分两级，第一级训练警官，第二级训练警士。设正、副所长和教务主任各一人，教员三人。警察训练所开设的课程有党义摘要、警察要方、勤务要则、警察法令、违警罚法、刑法摘要、侦探学摘要、市政学摘要、兵操、武术等12门[①]。

1932年1月，新疆警察训练所第一期警察学员毕业后，"分别令委前往各县局，先行试用，仍由各该县长监督指挥，作为警务员名义以资实习，俟试用3个月期满察核成绩，优良（则）由县呈请照章组织公安局，再行正式委充县公安局长，以符章制。"各实习学员薪水，"系阿、焉、迪、伊各区所属各县者，每员给薪水银八十两"[②]。后来，因新疆爆发"四一二政变"以及财政困难等原因，新疆警察训练所停办。

盛世才治新时期（1933—1943），北庭地区的警政建设获得极大发展。随着城市人口的增多，社会管理的任务越来越重。1934年迪化设立工务局，与省会警察局一起负责迪化的管理工作。工务局主要负责城市的基础设施建设，如道路和沟渠的建造和维修等；省会警察局则主要负责维护社会秩序、人口调查、消防、公共卫生等。可见，警察机构与工务局（代表市政机构）两者并存、各司其职、互相配合，共同参与迪化城的管理和建设工作。

盛世才治新时期，全省各地的公安局得到了更加广泛地设立。1934年设立"新疆保安总局"，省会警察局改称"迪化市公安局"。1935年南北疆一些区、县开始设"保安分局"。1936年5月新疆保安总局改组为"新疆公安管理处"，为全省公安局的主管机关，"迪化市公安局"改为"省会公安局"，原区、县的"保安分局"也改为"公

---

① 内政部年鉴编委会编：《内政年鉴》（二），商务印书馆，1936年版，第291页。

② 指令类：《省府指令民政厅呈为遵令分发警察学员择优摺报由》，新疆省政府公报委员会主编：《新疆省政府公报》1932年6月第16期，省政府秘书处印行，第124—125页。

安局"。公安局拥有较大的权力，可凌驾于当地政府机关。

北庭地区的城市公安局次第成立。1935 年 7 月 15 日，呼图壁县设立县公安局，有官佐、警士、伙夫计 33 人[①]。1936 年阜康县公安局成立，并在滋泥泉设立公安派出所[②]。1938 年吉木萨尔县警察局改称公安局[③]。各县公安局在行政上属县政府领导，业务上属区公安局直接管理。业务范围包括地方治安、卫生、户口、密探督察等，凡属一般刑事案件经公安局检察呈送县政府办理，政治犯由县局自行逮捕解送。

这一时期制订的新疆第二期三年计划（1940—1942）还对公安建设及负责内容做了具体规划，涉及警察的教育培训、户口、市政三大方面内容。公安建设方面的内容有：成立警察学校；省及各区公安局以及各公安队成立警察教育班；各县局成立警察识字班；拟定警察官级；翻译各种公安章程及有关的各条令；编辑各种警训书籍；各县组织经常的消防队及民众消防队，除迪化外各区县消防队经费由公安收入项下办理。户口调查方面的内容有：各区组织调查户籍训练班共九班、翻印调查户籍的各种宣传小册子、实行外籍居民登记，颁发居留证等[④]。北庭地区的城市公安局认真贯彻第二期三年计划中公安建设的内容。如 1942 年吉木萨尔县实行警衔制，设上校局长 1 人，上尉巡官、上尉户籍、上尉文牍各 1 人；上等警士和一等警士 10 人[⑤]。

至 1942 年底，全疆公安机关除了公安管理处外，计有 10 个区公安局，72 个县公安局，9 个守卫所，3 个检查所，120 个派出所[⑥]，有

① 呼图壁县志编纂委员会编：《呼图壁县志》，新疆人民出版社，1992 年版，第 470 页。
② 阜康市党史地方志编纂委员会编：《阜康县志》，新疆人民出版社，2001 年版，第 495 页。
③ 吉木萨尔县史志编纂委员会编：《吉木萨尔县志》，新疆人民出版社，2002 年版，第 235 页。
④ 设计委员会编：《新疆第二期三年计划书》，新疆日报社，1941 年印，第 3—4 页。
⑤ 吉木萨尔县史志编纂委员会编：《吉木萨尔县志》，新疆人民出版社，2002 年版，第 235 页。
⑥ 派出所是公安局的派出机构，以维护所管辖地的治安为己任，管理户籍和一般治安案件。——作者注

警官 1731 人，警士 4074 人①。

盛世才治新时期，北庭地区城市警政事业发展的一大亮点就是积极开展警察教育。1934 年冬，迪化成立宪警学校，盛世才任校长，首期招收 240 名学员，大部分是东北军中参加抗日的青年，40% 是新疆青年。训练期限两年，学员毕业后派往各区、县局担任科员、警察、巡官等职②，随后宪警学校撤销。

1937 年 7 月，省会迪化成立警士训练班。招收的学警不分民族，只要具有粗通汉文或维文者；年龄在二十岁以上、三十岁以下者；体力及听力、视能、语能均健全者；身高在 5 尺以上并无不良嗜好者皆可参加警士训练班的考试或由各级公安局选送③。到 1940 年共举办了三期，训练下级警官 150 余名④。在警士训练班的基础上，1940 年夏将警训班扩编成立新疆警官学校，由盛世才兼任校长，学制两年，招收各区、县局官警受训，每期 160 余名，共举办三期。毕业学员后期陆续分派到各区、县局担任副局长、科长、督察、巡官等职务。除警察学校外，还开办了翻译训练班、各行政区局现职警官短期培训班、基层警员识字班等，大大提高了警察的素质和业务能力。

（三）国民政府治新时期北庭地区城市警察组织系统

国民政府治新时期（1943 年至 1949 年 9 月），废除公安局之名，恢复警察局的名称。1943 年，国民政府将新疆公安管理处该组，成立"新疆警务处"，将省会公安局改称为"省会警察局"，内设行政、总务、司法、卫生 4 科，秘书、督查 2 个室，下辖 4 个警察分局和消

① 《新疆通志》编撰委员会：《新疆通志·公安志》，新疆人民出版社，2004 年版，第 117–118 页。

② 《新疆通志》编撰委员会：《新疆通志·公安志》，新疆人民出版社，2004 年版，第 255 页。

③ 档案材料：《新疆全省公安管理处附设警士训练班组织章程草案》，新疆自治区档案馆、新疆人民出版社编：《民国时期新疆省组织人事制度档案史料选编》，新疆人民出版社，1997 年版，第 6 页。

④ 赵剑锋等：《新疆全省公安管理处的产生发展和没落》，中国人民政治协商会议新疆维吾尔自治区委员会文史资料研究委员会编：《新疆文史资料》（第 7 辑），新疆人民出版社，1981 年版，第 49 页。

防、卫生、清道、保警 4 个队。

各地、县公安局改称为"警察局"。1943 年，吉木萨尔县公安局复改为警察局，下设局长室、统计室、督察室和警察大队。警察扩充到 50 人，在四厂湖增设警察所[1]。同年，阜康县公安局也改成警察局[2]。1943 年，玛纳斯县公安局改名为警察局[3]。据统计截至 1944 年，新疆境内有省会警察局 1 个，区警察局 10 个，县警察局 70 个，警察所及派出所共 196 个[4]。（见表 1）

表 1 1934—1944 年警察机关发展统计表

区分 比较	省会警察局	区警察局	县警察局	地方警察局	警察所及派出所
10 年前数目	1	无	25	无	不详
迄 1944 年发展数目	1	10	70	3	196

1946 年，省会警察局改称迪化市警察局（因 1945 年迪化设市），撤销了区警察局，全疆除三区外县警察局共有 56 个、警察分局有 5 个、警察所（含派出所）共有 134 个，如表 2 所示[5]。据统计 1949 年新疆和平解放前，全疆共有 90 个警察局，176 个派出所，警察共有 8000 人[6]。

---

① 吉木萨尔县史志编纂委员会编：《吉木萨尔县志》，新疆人民出版社，2002 年版，第 235 页。

② 阜康市党史地方志编纂委员会编：《阜康县志》，新疆人民出版社，2001 年版，第 495 页。

③ 玛纳斯县地方志编纂委员会编：《玛纳斯县志》，新疆大学出版社，1993 年，第 381 页。

④ 周东郊：《新疆十年》，见甘肃省古籍文献整理编译中心编：《中国西北文献丛书二编·西北民俗文献（第 8 卷）》，线装书局，2006 年版，第 490 页表格《十年来警察机关发展统计表》。

⑤ 周东郊：《新疆十年》，见甘肃省古籍文献整理编译中心编：《中国西北文献丛书二编·西北民俗文献（第 8 卷）》，线装书局，2006 年版，第 662 页表格《1946 年全疆警察机构表》。

⑥ 《新疆通志》编撰委员会编：《新疆通志·公安志》，新疆人民出版社，2004 年版，第 119 页。

表2　1946年全疆警察机构表（伊、塔、阿三区不计）

区别	市警察局	县警察局	警察分局	警察所				
				警察所	分驻所	派出所	检查所	共计
数目	1	56	5	16	109	7	2	134

　　国民政府治新时期，北庭地区城市警政发展的特点就是卫生警察的出现、警察教育的继续以及人文关怀理念的凸显。二十世纪四十年代中期，北庭地区的城市设立了主要负责公共场所卫生事宜的卫生警察。以省会迪化为例，1945年1月21日迪化市警察局首次举办卫生警察训练班，有11名警察受训后任卫生警察。当年共办3期，训练卫生警察40名，所授科目有环境卫生概论、传染病管理、饮食及公用场所管理、卫生学发展史、传染病概论、预防注射、娼妓管理、卫生法规精神讲话等①。

　　这一时期，警察教育有条不紊地进行。新疆省政府制订了1944年的警察教育计划，主要内容为：新疆警官学校招收第三期学员，共250人。其中200名为新生（维、汉各一半），其余50人由现职警官中调训。1944年1月，在迪化开办警察教练所二期，并于8月1日在各行政区均设警察教练所一期，抽调各县公安局、派出所的长警，加以训练。1944年，在警官学校举办翻译训练班一班，以造就精通维、蒙、汉语言的翻译100名，（通达维、汉语言者90名，通达蒙、汉语言者10名）训练期限为一年。为提高各级警官的写作能力，交换警察知识，编辑出版汉文、维文警察刊物，并译印新疆省警察单行章程十种。为便于各级警官及学员的学术研究及参考，成立图书室，购置各

---

① 《提高警察水平，省警局二期训练交通卫生警》，《新疆日报》1945年1月21日第3版。由于该版报纸印刷较模糊，受训卫生警察的人数看不清楚，具体人数参见张大军：《新疆风暴七十年》（第11册），台北兰溪出版社有限公司，1980年版，第6413页。

种警政书籍，及其他有关参考书籍。为便于警官学校学生对所学课程有实验机会，计划在警官学校设立实验室，提高学习效率。为丰富各级警官业余生活，决定添购各种娱乐设备①。该计划除了官警训练、长警训练及翻译人才培养方面得到落实外，其余部分因新疆政治形势发生变化而没有实施。

1945年7月，新疆警官学校改称为中央警官学校新疆第三分校，简称"警三分校"，校长由蒋介石兼任，教育主任为胡国振。"警三分校"分设高级警官班、初级警官班、翻译班、电讯班。警官班为在职警官培训及盛世才离新后从监狱释放青年，分甲、乙两组，甲组会讲汉语，乙组全部为不通汉语的少数民族。甲组于1946年8月毕业，乙组于1946年7月解散回家。翻译班有100多名学员，电讯班有60多名学员。这两班学生都是第三分校成立前招收的，分别于1946年1月和6月毕业②。

新疆第三分校成立后，还于1945年8月在新疆和兰州两地共招收第一期学员200余人，新疆学员100多名于当年9月入校，兰州学员100名于当年12月入校。毕业后分派至各区、县公安局充任警官。1946年内政部决定将新疆第三分校与兰州第一分校合并。1946年三四月"警三分校"迁往兰州③。至此新疆近代警察教育结束。

民国末期，人文关怀理念在警政建设中慢慢凸显出来。1947年11月，经市政府批准，迪化市警察局设置游民感化所，收容有轻微盗窃行为的游民进行劳动教育。1948年1月22日，新任警察局长刘汉东正式就职，勉励全体官警"坚守岗位，为社会（为）人民服务"④。

① 张大军：《新疆风暴七十年》（第10册），台北：兰溪出版社有限公司，1980年版，第5787—5788页。
② 《新疆通志》编撰委员会：《新疆通志·公安志》，新疆人民出版社，2004年版，第255页。
③ 赵剑锋：《新疆全省公安管理处的产生发展和没落》，中国人民政治协商会议新建维吾尔自治区委员会文史资料研究委员会编：《新疆文史资料选辑》（第7辑），内部资料（1981年），第49页。
④ 《新任警察局长刘汉东昨日就职视事》，《新疆日报》1948年1月23日第3版。

二、近代北庭地区城市警察职能及对社会的影响

近代北庭地区城市警政工作繁忙，警察职能日趋健全，在户籍管理、调解民事纠纷、社会治安、礼俗、公共交通、公共卫生、消防、救灾等方面警察均有积极作为，成为社会治理的重要力量。警政建设的发展，推动了近代北庭地区社会治理模式的近代化，推动了城市文明的发展进步。这里重点探讨实行户籍管理、打击违法犯罪行为、促进城市公共卫生建设、开展城市消防工作等四方面。

（一）实行户籍管理，促进人口管理的近代化

在近代北庭地区警政制度创设之前，人口的调查和登记均由各地保甲负责。警政建立后，清宣统元年（1909）新疆省政府以民政部颁布的《调查户口章程》中之规定"调查户口各省以巡警道为总监督"①为依据，3月设调查户口所，附设于省咨议局筹办处内，并制定《调查户口细则十七条》②，由各地巡警局（所）对辖区人口进行普查，查清了镇迪道、伊塔道、阿克苏道、喀什噶尔道所辖的各府厅州县的户数、人口数、籍贯、职业、宗教信仰等情况。新疆省政府还专门针对省城迪化制定了《省城清理户口规则》③，对迪化的人口进行全面统计。

民国初期，户政管理仍然沿用清末户政制度，其主要措施是户口编查。户口编查区域，在设有警察的地方设警区；未设警察的地方由县知事参照地方情形酌量划分。在编查户口时，首先按区内住户分编

---

① （清）袁大化修、王树楠等纂：《新疆图志》（卷45·民政六），东方学会据志局书重校正增补，1923年，第10页。

② （清）袁大化修、王树楠等纂：《新疆图志》（卷45·民政六），东方学会据志局书重校正增补，1923年，第10页。

③ 《省城清理户口规则》，（清）袁大化修、王树楠等纂：《新疆图志》（卷42·民政三），东方学会据志局书重校正增补，1923年，第6页。

为牌、甲。10 户为 1 牌，10 牌为 1 甲，各设牌、甲长 1 人。甲以上设区，由警官充任编查长。编订牌甲后，各户居民按编列号数订立门牌。寺庙、监狱、公署、学校及其他公共场所不列入牌、甲编号，另行编写统计①。

进入二十世纪三十年代，户籍人口统计工作更加细化起来。凡遇到赈灾等有些情形，甚至需要警察去统计赤贫、次贫户口数。1930 年冬，迪化"天气严寒，……米价昂贵、炭价飞涨，加之由内地逃来难民甚多，以故城关内外之贫民较去岁增数不少。……亟应办理冬赈，以资周济。"但因"贫民零星散处，若不按区确实调查，难保无冒滥遗漏之弊。"为此，新疆省政府"饬省城公安局转饬各分区（局）长帮同调查分别极贫、次贫各户，送由县造具男女大小清册呈报。"②1931年，国民政府颁布《户籍法》，实行户口登记簿，实行出生、认领、收养、结婚、离婚、监护、死亡、继承等 9 项登记和籍贯、户数、人口性别、年龄、职业、职业统计、户籍变更、迁移统计、国籍变更、外侨口数等 12 项统计③。

进入民国后期的 1942 年，省会公安局在迪化实行甲、乙两户口簿册登记户口，居民住户使用甲种，商户及工厂使用乙种④，一些县的公安局还签发了公民证。1943 年 4 月新疆省政府改组后，7 月公布实施了《新疆省编查乡镇保甲户口实施办法》⑤，11 月起进行全省户口总调查，各级公安局多设立户籍室以实施户口编查，于 1945 年底完成全省各乡镇及游牧区的保甲编查。根据《新疆省编查乡镇保甲户口实施办

---

① 《新疆通志》编撰委员会：《新疆通志·公安志》，新疆人民出版社，2004 年版，第 498–499 页。

② 本省政令：《新疆省政府训令省城公安局据迪化县长呈请发款办理冬赈一案仰即转饬各分区调查极贫次贫各户刻日呈覆核办由》，新疆省政府公报委员会主编：《新疆省政府公报》，1930 年 10 月第 8 期，省政府秘书印行，第 82–83 页。

③ 《新疆通志》编撰委员会：《新疆通志·公安志》，新疆人民出版社，2004 年版，第 499 页。

④ 《新疆通志》编撰委员会：《新疆通志·公安志》，新疆人民出版社，2004 年版，第 32 页。

⑤ 张大军：《新疆风暴七十年》（第 9 册），台北：兰溪出版社有限公司，1980 年版，第 5246 页。

法》中之第 26 条，又制定了《新疆省户口异动登记办法》①。北庭地区的木垒县警察局于 1944 年内设户籍室，负责全县人口的婚姻登记、出生、迁出、迁入及人口统计上报工作②。

当时的人口普查主要针对常住人口和现住人口，统计内容除了户口外，还调查市民之卫生及疾病情况③，可以说涵盖了各个方面。通过人口调查，使北庭地区的人口数量有了准确的统计，为人口管理的近代化奠定了基础，有力地推动了从传统的保甲制管理向户籍制管理转化。

为了提高户籍行政效率和训练户籍人员的工作能力，北庭地区还成立了警察局户政人员训练班。如吐鲁番警察局户籍人员训练班于 1946 年 2 月 25 日正式开课，训练科目有国父遗教、户籍行政、警察法规、精神讲话、卫科等④。

（二）维护城市社会治安，调解民事纠纷并严厉打击各类违法犯罪行为

在我国传统的城市管理中，没有专门负责治安的管理部门。城市治安由官府衙门、绿营及基层保甲共同承担。近代北庭地区警政的创设和发展，是城市管理制度的重大变化，促进了城市治安管理的近代化。

自清末巡警创立伊始，就以维护地方治安为首要职责。巡警条例明确规定："巡警须各尽除暴安良，保卫地方之义务。"⑤1903 年，新疆在省会迪化创设巡警，将省城划分为 7 个巡警分局（东北隅、西

① 张大军：《新疆风暴七十年》（第 9 册），台北：兰溪出版社有限公司，1980 年版，第 5274 页。
② 木垒哈萨克自治县地方志编纂委员会编：《木垒哈萨克自治县志》，新疆人民出版社，2003 年版，第 351 页。
③ 张大军：《新疆风暴七十年》（第 11 册），台北：兰溪出版社有限公司，1980 年版，第 6441 页。
④ 张大军：《新疆风暴七十年》（第 11 册），台北：兰溪出版社有限公司，1980 年版，第 6441 页。
⑤《巡警规条》，（清）袁大化修、王树楠等纂：《新疆图志》（卷 41·民政二），东方学会据志局书重校正增补，1923 年，第 1 页。

北隅、东南隅、西南隅、中段、西关、南关）进行分区管理，又在城内设立了 72 处警棚[1]，但未设立站岗警兵。由于 1910 年迪化爆发的王高升纵火案中迪化警察出警、救护均不力，巡警整顿工作提上日程。1910 年在迪化各街"配置岗位巡兵，日夜分班站岗"[2]；1911 年北庭地区的城市先后成立警务公所，巡警在所辖地界进行 24 小时值班巡逻，"分为甲乙丙丁四班每日轮班站岗巡逻"[3]，以维持地方治安，但巡警的工作远远不止巡逻工作。清末新疆省政府还颁布了《巡警管理戏场及游戏场规则》[4]《省城检查客栈规则》[5]《省城管理街道规则》[6]《省城管理疏浚沟渠章程》[7]《省城管理车辆规则》[8] 等一系列规章，明确规定"街道之管理以警务公所为监督机关、以各区局为执行机关"[9]"沟渠疏浚之管理以警务公所为监督机关、以各区局为执行机关"等，说明巡警还从事了戏园、客栈等市场以及街道、沟渠、车辆等城市治安诸多层面的管理，保护了工商业者和普通市民的合法权益。

---

① （清）袁大化修、王树楠等纂：《新疆图志》（卷 40 · 民政一），东方学会据志局书重校正增补，1923 年，第 4 页。
② （清）袁大化修、王树楠等纂：《新疆图志》（卷 40 · 民政一），东方学会据志局书重校正增补，1923 年，第 4 页。
③ 《警务公所暨各区局之配置职务及权限章程》，（清）袁大化修、王树楠等纂：《新疆图志》（卷 40 · 民政一），东方学会据志局书重校正增补，1923 年，第 11 页。
④ 《巡警管理戏场及游戏场规则》，（清）袁大化修、王树楠等纂：《新疆图志》（卷 42 · 民政三），东方学会据志局书重校正增补，1923 年，第 3 页。
⑤ 《省城检查客栈规则》，（清）袁大化修、王树楠等纂：《新疆图志》（卷 42 · 民政三），东方学会据志局书重校正增补，1923 年，第 4 页，
⑥ 《省城管理街道规则》，（清）袁大化修、王树楠等纂：《新疆图志》（卷 41 · 民政二），东方学会据志局书重校正增补，1923 年，第 9 页。
⑦ 《省城管理疏浚沟渠章程》，（清）袁大化修、王树楠等纂：《新疆图志》（卷 42 · 民政三），东方学会据志局书重校正增补，1923 年，第 5 页。
⑧ 《省城管理车辆规则》，（清）袁大化修、王树楠等纂：《新疆图志》（卷 42 · 民政三），东方学会据志局书重校正增补，1923 年，第 3 页。
⑨ 《省城管理街道规则》，（清）袁大化修、王树楠等纂：《新疆图志》（卷 41 · 民政二），东方学会据志局书重校正增补，1923 年，第 9 页。

对民事纠纷进行调解是维护社会治安的必须，也是北庭地区城市警政工作的内容。我们知道，民事纠纷以调解为主，视情节给被告人以训诫、令赔偿损失、双方具结了结、拘留等处理。根据玛纳斯县警察局 1947 年 7—12 月的统计，调解的民事纠纷有：债务案 47 起、遗嘱案 36 起、继承案 33 起、财务案 32 起、土地案 10 起、水利案 1 起[①]。

严厉打击各种违法犯罪行为是北庭地区城市警政建设的重要内容。比如打击诱拐犯罪，清宣统三年（1911）警务公所制定的《省城检查客栈规则》中明确规定凡发现入住者"携带妇女或幼童形近诱拐者，须立刻禀报该管巡警区局"[②]。杀人放火、斗殴、偷盗、赌博、贩毒等属于警察局（所）重点打击的违法犯罪行为。1945 年，省城迪化西河街警察所所长"梁仲杰自到差以来，破获烟案、赌案及偷盗案为数甚多，大小凡不下二十余起。"在最近破获的一起烟案中，烟贩以"金指环一枚及省币六千元行贿"，但梁所长将上述钱物一并送交警察总局[③]。迪化市警察局对营造省会良好的治安环境发挥了重要作用。据迪化市警察局长刘亚哲的报告，自 1946 年 10 月至 1947 年 6 月间，迪化市共破获盗窃案 78 起（人犯 82 名）、烟案 115 起（人犯 622 名）、赌案 36 起（人犯 148 名）[④]。北庭地区其他城市的警察局在打击犯罪方面同样功勋卓著，如 1947 年玛纳斯县警察局共处理刑事人犯 614 人（女 73 人），主要是盗窃罪 120 人、伤害罪 75 人、妨害秩序 43 人、妨害婚姻家庭罪 51 人、欺诈背信 36 人、赌博 154 人[⑤]。赌博、盗窃居多，分别占 25%、19.5%。

---

① 玛纳斯县地方志编纂委员会编：《玛纳斯县志》，新疆大学出版社，1993 年版，第 381 页。
② 《省城检查客栈规则》，（清）袁大化修、王树楠等纂：《新疆图志》（卷 42 ·民政三），东方学会据志局书重校正增补，1923 年，第 4 页。
③ 《西河街警察所长梁仲杰廉隅可嘉，破获烟案拒绝贿赂》，《新疆日报》1945 年 3 月 8 日第 3 版。
④ 《本市半年来治安概况 迪化市警察局长刘亚哲于省府廿七次会议报告》，《新疆日报》1947 年 7 月 6 日第 3 版。
⑤ 玛纳斯县地方志编纂委员会编：《玛纳斯县志》，新疆大学出版社，1993 年版，第 381 页。

近代北庭地区的许多城市中赌博盛行，赌具名目繁多，主要有纸牌、麻将、骨牌、骰子等。不少人因赌博倾家荡产，妻离子散。少数赌头、赌棍与官府勾结，摆场聚赌，大发其财。地方当局曾多次发布禁赌令，但往往因警察与赌头、赌棍合污而不能禁绝。以呼图壁县为例，1942 年呼图壁县警察局派官警到城乡查赌，共查处赌案 27 起，抓获赌犯 225 人，没收赌具 27 付。1943 年又抓获赌犯 110 人，其中男 69 人、女 41 人。奇台同样赌博之风盛行，国民政府治新时期，曾于 1946 年提出根除三害，其中赌博为其中一害，奇台县警察局奉命禁赌抓赌，皆因查拿惩罚不力，成效甚微①。

吸食、种植和贩运鸦片等毒品也是北庭地区的城市一害，本地富豪多以贩毒发家，甚至不少官员也吸食鸦片。如 1936 年木垒县长杨文焕因贪污、吸食鸦片被撤职查办②。该地的奇台、呼图壁、玛纳斯等县警察局曾多次奉命禁烟。如 1935 年奇台县成立戒烟所，警察局大张旗鼓地进行禁烟运动，曾捕获烟犯苏某，处以极刑。1942 年奇台县警察局登记，仅种烟苗者就有 256 户，种植面积百余亩，当即予以全部犁除③。又如呼图壁县，1936 年呼图壁县警察局查获城乡户民烟土（鸦片）183 两、烟枪（吸毒用具）152 支④。1940 年 11 月呼图壁县警察局抓获贩卖鸦片罪犯杨极三、摆德华、赵典福 3 人。到 1945 年，全县有 2254 人吸毒，其中男 1855 人、女 399 人。1946 年农民何成秀等种植鸦片。在呼图壁县政府官员和军警中，也多有吸毒、贩毒、行赌者⑤。玛纳斯县警察局的禁烟任务同样繁重，1942 年沙湾县户民吕有宝、占林

① 孙志斌：《奇台禁赌今昔谈》，奇台县政协文史资料委员会编：《奇台文史》（精编本），新疆新华印刷厂 2006 年（内部资料），第 457 页。

② 木垒哈萨克自治县地方志编纂委员会编：《木垒哈萨克自治县志》，新疆人民出版社，2003 年版，第 14 页。

③ 孙志斌：《奇台烟苗之禁绝》，奇台县政协文史资料委员会编：《奇台文史》（精编本），新疆新华印刷厂 2006 年（内部资料），第 452 页。

④ 呼图壁县志编纂委员会编：《呼图壁县志》，新疆人民出版社，1992 年版，第 472 页。

⑤ 呼图壁县志编纂委员会编：《呼图壁县志》，新疆人民出版社，1992 年版，第 472 页。

子、周积福在玛纳斯县境内偷种罂粟，被玛纳斯县公安局分别判处 6 年和 2 年有期徒刑 [1]。据 1945 年 3 月 29 日《新疆日报》载："绥来县市民近来有偷吸或贩卖鸦片烟土及聚博抽头等现象发生，……该县县政府为贯彻禁政，除再行布告市民周知并通知各机关团体乡镇公所知照外，并令饬警察局严加查禁。"[2]1945 年有玛纳斯县军警捕获由迪化运来烟土者，被玛纳斯县府查办 [3]。

（三）促进城市公共卫生发展，改良旧陋风俗

新疆地区城市的公共卫生从清末至 1944 年 9 月省政府卫生处成立之前，均由警察局监管。1944 年 9 月省政府卫生处成立后 [4]，掌管公卫行政和医疗行政。新疆负责公共卫生的机构才终于实现了由警察局监管到卫生局专管的转变，但警察局（或公安局）一直配合省政府或卫生局开展相应的公共卫生工作。

警察在促进北庭地区城市公共卫生方面发挥了重要作用，是整饬公共卫生的执行与监督者，特别是倡导公共卫生观念、开展各种公共卫生活动、维持公共卫生清洁、改变城市面貌等方面，功不可没。

清末，新疆公共卫生由各地警察局（所）掌管。城镇马路清扫、垃圾清运、积雪清除等环境卫生事项，均由警察督促实施。清光绪三十四年（1908），新疆警察厅内设卫生科，这是新疆最早的公共卫生管理机构。卫生科掌管清道、清理垃圾、居民卫生、疫病隔离、公共场所卫生等项事宜。清宣统三年（1911）四月新疆警务公所成立后下设卫生科，管理城镇清道等事宜。

进入二十世纪三四十年代，由于新疆省政府对于城镇公共卫生非常重视，故此北庭地区城市的公共卫生事业有了明显好转。如 1930 年

---

[1] 玛纳斯县地方志编纂委员会编：《玛纳斯县志》，新疆大学出版社，1993 年版，第 382 页。

[2] 《绥来县严禁烟赌》，《新疆日报》，1945 年 3 月 29 日第 3 版。

[3] 玛纳斯县地方志编纂委员会编：《玛纳斯县志》，新疆大学出版社，1993 年版，第 382 页。

[4] 《新疆通志》编撰委员会：《新疆通志·民政志》，新疆人民出版社，1992 年版，第 8 页。

新疆省政府专门指令省城迪化的公安局会同迪化县拟具清理街道各项规则①。

长期以来，新疆民众普遍缺乏自觉的公共卫生观念，"追根溯源实由于文化的落后，特别是受不良的风俗习惯的传统，生活意识与生活方式之不合理，"②为了营造城市健康的卫生环境，从30年代末期起至40年代，新疆省政府采取了一系列的举措，倡导公共卫生观念，"以整齐、清洁"等为准绳，督促市民讲究卫生、培养城镇居民养成文明的公共卫生意识与卫生习惯，在政府、警察局以及开明人士的共同努力下，近代新疆人们的公共卫生观念逐渐发生了转变。

1939年4月8日早晨9点，省会公安局会同各街长举行卫生大扫除运动游行，要求各机关及全市民众均举行大扫除。游行完毕后，在重要各街巷宣传、解释举行大扫除的意义，并广发公安局制作的传单③。

1939年4月清洁大扫除传单之一④

我们都知道，衣食住都要清洁，不但自己觉得可爱，而且他人也会赞美你的雅观。然而好多的同胞们，身穿的衣服，尘灰蒙蔽；饮食的器具，污秽不洁；经常住居的庭院，堆积着冬季的冰雪、炉灰；厕所间狼藉的便溺；房屋、床、几案，这不独失去整洁，有碍观瞻。尤以在此阳春时节，污秽气味难闻，病菌成群生动，假设不趁此时机，把我们以往不洁的衣食住，彻底地检查一下，普遍扫除，那，我们就

---

① 指令类：《省政府指令省会公安局、迪化县会同拟具清理街道各项规则请鉴核由》，新疆省政府公报委员会主编：《新疆省政府公报》，1930年1月第5期，省政府秘书处印行，第75页。
② 李英奇：《新疆的保健事业》，中国国民党新疆省党部新新疆月刊社编：《新新疆》，第一卷第四期（1943年7月16日出版，新疆日报社印），第35页。
③ 《今日大扫除运动，早九时举行大游行，大家起来热烈参加》，《新疆日报》，1939年4月8日第3版。
④ 《清洁大扫除传单之一》，《新疆日报》，1939年4月8日第3版。

会受病菌散布的疫病，或因此而戕害了性命。所以我们欲求永久健康，保全有用身体，同胞们，起来吧，赶快努力大扫除！

新疆省会公安局制

1943年4月8日，迪化市举行春季大扫除活动，"是日上午十时许，本市全体街长及警察局所属全体官佐二百余人，……出动街头游行，并有全部卫生车参加出动，沿途散传单，高呼口号。散队后，即由警察局官佐会同各街长分别进行挨户宣传。"①

北庭地区城市的警察机关不但向民众普及讲究公共卫生的意义与实现方法，警察局还组建警察卫生队及民众卫生队、装备垃圾车、清除城市垃圾及积雪、整理公共厕所，并积极开展各种有利于公共卫生发展的活动，如夏季卫生运动、卫生运动月、卫生比赛以及卫生检查等，以营造良好的公共卫生环境。

北庭地区重要的城市暨新疆省省会——迪化，于1940年成立警察局卫生队，清扫市中心主要街道。1944年2月1日，新疆省政府颁布《新疆省征收公益捐及组织民众卫生队办法》②，规定各地民众卫生队受当地警察局指导监督。迪化市认真执行该办法，督促城乡居民清扫垃圾，并征收公益捐③，组织迪化市民众卫生队清扫垃圾、打扫街道、整理公共厕所（1943年迪化已有10处公共厕所④）以及其他有关公共卫生事宜。1945年春，由于迪化往年各季积雪任其积存，污秽垃圾累累，影响市容卫生，市警察局下令全体市民清除积雪，如有违者，即

---

① 张大军：《新疆风暴七十年》（第9册），台北：兰溪出版社有限公司，1980年版，第5343页。

② 档案：《新疆省政府为检送内务行政各种表册法规事与内政部有关文书——新疆省征收公益捐及组织民众卫生队办法》（1944年12月5日—1945年4月30日），中国第二历史档案馆编：《民国时期新疆档案汇编（1928—1949）》（第42册），凤凰出版社，2015年版，第437页。

③ 张大军：《新疆风暴七十年》（第9册），台北：兰溪出版社有限公司，1980年版，第5346–5347页。

④ 张大军：《新疆风暴七十年》（第10册），台北：兰溪出版社有限公司，1980年版，第5803页。

拘捕处分，不再科以罚金①。1949 年 4 月，迪化市政府决定，由警察局申报经费，整修垃圾车，开动洒水车上街②。

警察局（公安局）通过举办各种卫生运动如夏季卫生运动、卫生运动月等来大力改善城市公共卫生环境，改良旧陋风俗，塑造良好城市形象。1941 年 7 月北庭地区重要城市——《昌吉县公安局颁布了夏季卫生办法，饬令相关商人执行》，涉及饭馆、澡堂、理发馆、菜摊、粉房、卖牛羊肉商贩、养猪商贩等诸多行业。具体为：（1）各饭馆：必须注重清洁——肉食均不得隔夜，饭桌案板上要铺白布单，以免虫蝇传染。设垃圾箱，挖污水池，或另设水筒。雅座内要备痰筒，跑堂者要备白套衣，厕所要距离食房远些；（2）澡堂：浴池水要随时更换，不得隔夜，使用抹布要随时洗净，特别注意患有花柳病及醉酒者绝对拒绝入池；（3）理发小馆：需要清洁房屋及使用的刀剪器具等件，要修理清洁，房内设污水筒等③。1943 年新疆省政府在全疆推行夏令卫生运动，由各地警察局组成了检查队进行检查。1944 年 7 月，迪化开展夏令卫生运动，内容有"收买苍蝇，清洁检查、娱乐场所清洁比赛等"，市民对此予以积极地支持和响应。同年 7 月间，警察局宣布"收买苍蝇，已超出定额。"④

1949 年迪化市警察局为开展卫生月运动，于 8 月 8 日公布《整理环境卫生注意事项》7 项办法，其中一项是警察局指派督察员、户籍员、卫生巡官共 40 余人，负责督导民众进行垃圾的扫除与清运工作⑤。这 40 多个督导员，协同各保保长，挨户通知市民进行扫除垃圾活动，指定临时垃圾堆百余处，在迪化市民的积极配合下，集中拉运

① 张大军：《新疆风暴七十年》（第 11 册），台北：兰溪出版社有限公司，1980 年版，第 6412 页。
② 《新疆通志》编撰委员会：《新疆通志·城乡建设志》，新疆人民出版社，1995 年版，第 45 页。
③ 《昌吉公安局规定夏季卫生办法，令饬有关卫生商人执行》，《新疆日报》，1941 年 7 月 18 日第 3 版。
④ 张大军：《新疆风暴七十年》（第 9 册），台北：兰溪出版社有限公司，1980 年版，第 5348 页。
⑤ 《推进卫生运动月，市警局订定整理环境卫生应注意事项》，《新疆日报》1949 年 8 月 8 日第 2 版。

垃圾一周期间，共拉运垃圾 4542 车 ①，经此一番扫除，迪化街巷的卫生环境大为改善。

警察局还广泛开展了各种卫生比赛、竞赛等。1943 年 10 月 8 日新疆省警察局发动迪化市进行清洁大扫除，10 月 10 日公布优胜者，除学校奖以优胜牌外，有 53 家均给予清洁奖金以示鼓励，不合格者则予以警告 ②。1943 年新疆各地县公安局会同县政府及其他有关机关法团组织了夏令卫生运动委员会，在新疆全省 28 个县内开展了大规模的夏令卫生运动，并组织清洁检查队进行卫生竞赛评比，按成绩优劣予以奖惩。总计成绩最优者为学校，其次为理发店、澡堂、饮食店、工厂、娱乐场所、旅栈公寓等，成绩较劣者为车马骆驼店 ③。

因公共卫生与市民身体健康有莫大关系，1943 年新疆省政府根据内政部函制定了《业务卫生检查办法十条》④，整饬全疆公共卫生，通令新疆各区县实施，由各地警察局所会同当地街长办事处负责检查。涉及公共场所和餐饮业两大类的卫生检查，第一类公共场所的卫生检查，主要有三种类型，旅馆、客栈、货栈、汽车栈、车马店、驼场、驴驼店等，每两个月检查一次；澡堂、理发店每两个月检查一次；公共娱乐场所（如戏园、电影院及其他游艺场所等）应由"官警随时予以注意"。第二类餐饮业的卫生检查，包括两种类型，其一是坐商如酒菜馆、饭店、小食馆，要求"每月应检查一次"，具体检查事项有 5 项，分别为"客座间、烹调室是否隔有间壁，并有无厕所或不洁净地点相毗连情形；烹调器具及碗、碟、杯、箸、桌椅等是否清洁；有无食品储存之设备，并保持是否合乎卫生；厨夫、雇工、堂倌、摆台等

---

① 《本市环境卫生业已检查完毕，总成绩警局已报市府》，《新疆日报》1949 年 8 月 18 日第 2 版。
② 张大军：《新疆风暴七十年》（第 9 册），台北：兰溪出版社有限公司，1980 年版，第 5346 页。
③ 档案：《新疆省政府为举办夏令卫生竞赛事与社会部及卫生署来往文书》（1944 年 3 月 31 日—8 月 12 日），中国第二历史档案馆编：《民国时期新疆档案汇编（1928—1949）》（第 38 册），凤凰出版社，2015 年版，第 334—338 页。
④ 张大军：《新疆风暴七十年》（第 9 册），台北：兰溪出版社有限公司，1980 年版，第 5344—5345 页。

之衣帽是否清洁，并有无白色套衣；是否有将吃剩或腐坏饭食菜肉等出售予顾客情形。"其二是行商，如"流动性之肉贩、菜贩、露天茶馆、干货摊、瓜果摊、啤酒摊、冰激凌贩以及各种零食摊贩、挑贩等之卫生，应由警察局所经常予以随时随地之督导和检查。"[1] 同年 4 月 9 日，迪化"警察局会同各文化会及街长办公处等进行了卫生检查。"[2]

卫生安全法规的制定从制度层面提供了法律保障，加上警察局与街长的贯彻落实，有利于培养北庭地区城镇人民的公共卫生意识，强化人们的卫生习惯，增进身体健康，提高整个地区的文明程度。

（四）开展消防工作，保护市民生命财产安全

北庭地区的城市人口集中，建筑林立，火灾容易造成严重的损害，所以警察局开展的消防工作对于城市人们的生命、财产安全尤显重要。北庭地区的重要城市——迪化，作为省会，是警察局开展消防建设的重点城市。

清末新政期间，清宣统二年（1911）新疆颁布了《省城消防章程》[3] 共计 20 条，警务公所内设消防队，并对消防夫的责任，消防机械、器具的保存等方面作了具体规定。并要求当差巡警留意潜在的火灾，如"烟气猝腾或重焦气味异常，有起火之处者。"一旦"遇有火灾，立即按段飞报分区及（警务）公所，派消防队驰水龙往救，并详记起火原由及地方、时刻。"先到火灾现场的巡警"应以下手防救、力遏火源，为第一（要）义。"[4]

杨增新治新时期，1914 年设新疆省警察厅后，组建了警察消防队

---

① 张大军：《新疆风暴七十年》（第9册），台北：兰溪出版社有限公司，1980年版，第5343–5345页。

② 张大军：《新疆风暴七十年》（第9册），台北：兰溪出版社有限公司，1980年版，第5343页。

③ （清）袁大化修、王树楠等纂：《新疆图志》（卷40·民政二），东方学会据志局书重校正增补，1923年，第6页。

④ 《各区巡警职务章程》，（清）袁大化修、王树楠等纂：《新疆图志》（卷40·民政二），东方学会据志局书重校正增补，1923年，第17、14页。

负责消防事宜。由于杨增新奉行"无为而治"的施政方针，对警察建设并不热心，所以新疆当时的警察建设很落后，装备陈旧，职业素质低下，官方的消防组织警察消防队未见史料记载。反而是津帮商人主办的民间消防组织"清平水会"，对这一时期迪化的消防工作作出了重要贡献。

金树仁治新时期，1929 年颁布了消防法令即《新疆省会公安局遵拟设立火灾消防组并添设公立火灾消防组暨各级公安局所设置望火亭规则》（13 条）[①]。该规则包括三方面的内容，首先将迪化原有的两处消防组织改名，即（1）原省会公安局警察消防队改为公安局直属火灾消防组；（2）首先，将原民间消防组织——津帮设立的"清平水会"，改为公立火灾消防组。并给上述两处消防组织添置了一些消防器械。其次，劝导当地的慈善团体在迪化城外西南关一带，再设公立火灾消防组一处。最后，在迪化各级公安局所的最高房顶上，均设置望火亭，亭中安置一个很大的铜警锣，每日派瞭望警轮流值班，还制定了《望火亭瞭望警规则》[②]。规定：瞭望警须以视力及远且精干的巡警担任，昼夜轮班站岗；瞭望警在站岗时必须服装整齐、精神振奋，不得在望火亭内稍有懈怠、任意倚靠斜坐等，更不得与人交谈、购买食物、抽烟等，违者重罚。如果瞭望警在一年内恪守职责，却无过犯，可以升任巡长以示鼓励。同时，该时期的迪化公安局还打算购买美国公司生产的消防器材。1930 年迪化公安局收到美国克林登威尔汽车消防机公司寄来的英文广告，云"公司所售消防机器，救火极属便利、速度甚好。无论何路，均可行驶。"而"省垣民舍、商店鳞次栉比，

---

① 本省法规：《新疆省公安局遵拟设立火灾消防组并添设公立火灾消防组暨各级公安局所设置望火亭规则》，新疆省政府公报委员会主编：《新疆省政府公报》1930 年 1 月第 5 期，省政府秘书处印行，第 24—29 页。

② 本省法规：《新疆省公安局遵拟设立火灾消防组并添设公立火灾消防组暨各级公安局所设置望火亭规则》，新疆省政府公报委员会主编：《新疆省政府公报》1930 年 1 月第 5 期，省政府秘书处印行，第 24—29 页。

关于消防事项自应详加研究，以臻完善。"于是迪化公安局杜局长向省政府主席金树仁请示，能否在迪化"推广消防组时，量予购置"①。

盛世才治新时期警察局的消防建设主要涉及消防组织和消防法规两方面。其一，该时期的消防组织分为全省警察消防队、民众消防队两种，官方警察消防队是消防灭火的主力军。如1936年6月12日北门外住户刘永起，因家中洋炉的火星落在屋顶积草上，一时引起了熊熊大火。附近第七派出所巡官黄家骥接到火警报告后，立即率领警士并召集附近商民拿着水桶等物前往救火，用了一个小时终将大火扑灭②。1937年第一期三年计划中明确规定"各区县公安局……，应将消防器具积极筹备，尤其人口稠密，商务繁盛地方，筹备宜急。"③1938年11月26日新疆日报社新建的制版部因"屋内毛炉生火过多，致烟筒窜出火苗，连着木柱及顶棚"，凌晨3点发生火灾后，"当即通知消防队，驰往抢救。"在公安局驻地所及印刷厂工友学生的帮助下，至9点消防队才将大火扑灭④。

其二，1944年3月1日省政府颁布了《新疆关于防止火警办法》12条⑤，特别是遇到刮风天如何预防火灾有多达6条的规定，具体有"在起风最大时，应由公安局传谕各住户停止烟火""如有大风天，在室外及街市均不准吸食纸烟""在起小风时，应由公安局传知街长通知住户注意防范""遇有刮风之时，不准各住户将炉灰倒院内或街市，以免死灰复燃""凡有风之时，不准沿街焚化香纸""凡烧锅炉，院有风之时，不准燃火工作"。对于易燃物的规定三条，"烟筒附近

---

① 要电汇录：《新疆省政府电公安局据美国克林登威尔汽车消防机公司寄来销售消防机广告仰即详加研究以便择宜购用由》，新疆省政府公报委员会主编：《新疆省政府公报》1930年8月第7期，省政府秘书处印行，第129页。

② 《北门外失火，洋炉筒火引着房上积草》，《新疆日报》1936年6月13日第2版。

③ 档案：《设计委员会编新疆第一期三年计划》（1937年），中国第二历史档案馆编：《民国时期新疆档案汇编（1928—1949）》（第24册），凤凰出版社，2015年版，第469页。

④ 《本社新建修之制版部昨夜失火》，《新疆日报》1938年11月27日第3版。

⑤ 新疆自治区档案馆档案：政2-6-314，《新疆关于防止火警办法》（1944年）。

及房上，不准堆积燃料或柴草""院内堆积燃料，应置距离烟筒厨房较远之处""关于烈性的油类，应放置距离烟火较远之处"。因易燃物导致的火灾曾在迪化城发生了多起，如 1936 年 5 月 11 日迪化北门外一家住户，高某因在屋顶靠近烟囱处囤积麦草多捆，从烟囱飞出的火星落在草堆上引发了大火，在附近公安局派出所消防队员及邻居的拼命灌救下，始将火焰扑灭[1]。为避免漏电引起火灾，第 12 条还专门指出"关于安置电灯之家如有电线破裂之处，应由户主迅速通知电灯公司检修，以免发生意外"。

国民政府治新时期的消防举措主要围绕迪化市展开，具体有四项：（1）1945 年 2 月，迪化保安司令部和警察局联合成立防护团，春节期间，防护团发布命令，禁止市区军民燃放鞭炮[2]，防止火灾。（2）1946 年 8 月，迪化市政府为了更好地开展本市消防工作，成立 4 个区团部，附设在各区公所内。并在第一、二两区团下暂设消防队各两队，第三、四区各设消防队一队[3]。通过计算可知，共设立了 6 个消防队。（3）1946 年迪化市警察局颁布《迪化市警察局防止火灾办法》13条[4]，明显比 1944 年制定的《新疆关于防止火警办法》更加精细化、职业化。其中第 2 条明确规定：为摒除发生火灾因素，应取缔下列事项："禁止于房顶堆积木材、草料及容易引火燃烧物；所有机关、住户炉灶铁质烟囱与墙壁靠接处应用泥砖隔离，并对火炉火墙内部构造及烟囱在生火以前详加检查修理，以防意外；各机关住户日用燃料堆置场所，应与火源隔离；禁止于住宅区及房屋附近焚化冥器；禁止儿童玩弄爆竹、火炮或燃烧木材炭火；药房金银、筛铺用强酸药材，应严加封盖，免致遗漏；各机关住户电灯线路有破烂漏电之虞者，应立

---

① 《昨日北门外失火，烧毁麦草一百多捆，原因屋顶屯草靠近烟囱》，《新疆日报》1936 年 5 月 12 日第 2 版。

② 《新疆通志》编撰委员会：《新疆通志·公安志》，新疆人民出版社，2004 年版，第 34 页。

③ 张大军：《新疆风暴七十年》（第 12 册），台北兰溪出版社有限公司，1980 年版，第 7022 页。

④ 新疆自治区档案馆档案：政 2-1-22，《迪化市警察局防止火灾办法》（1946 年）。

即通知电灯公司检查修理。前项各款由本局所属各局所巡官经常派警检查取缔。"该办法第 3、4 条针对公共场所的防火设施,第 3 条为"本市城乡及不易取水区应储备二公斤沙袋,以应不时之需,每商铺二十袋,每住户四袋,公共场所(如电影院、俱乐部等)至少储备四十袋",第 4 条"公共场所应按本局检定客座数目出售门票,并依客座比例数,设置太平门"。 对于发生火灾后,官方消防队的出警时间第 8 条有明确规定, "发生火警,市民报警后,消防队至迟于二十分钟内赶到失火地点扑救"。发生火灾的地段实行交通管制,第 10 条规定"发生火警时,附近交通管制由本局督察处加派员警,酌量当时情况,予以适当控制,但以便利消防人员扑救为度",第 11 条"警戒由管段局所派警员于火场附近制定警戒线,除高级官兵、救火人员外,一律不许进入,其由火场持物进出者,应令堆置安全地点,派警监视,待灾后处置"。(4)1947 年 11 月,迪化市警察局制定了《防火办法》10 条①。其中特别规定:如因防火不周发生火灾,机关有责呈请市政府核办处罚,市民则由警方严办。

　　国民政府治新时期发生的较大火灾有三次,分别是:(1)1946 年 2 月 4 日上午 10 点,迪化新疆女子学院前院大楼着火,化学实验室损失极重②。一直到次日上午才把火扑灭,警察局消防队警士 50 多人受伤③。(2)1947 年 11 月 18 日,迪化水利局局长王鹤亭家(今明德路)因用火不慎发生火灾,警察局消防队出动 2 辆救火车灭火④。同一天,水利局库房还发生了火药爆炸,炸死了 4 人,幸亏有员工及救火队的奋力抢救,"致未起火"⑤。(3)1949 年 1 月 20 日下午 7 点,迪化市参议会(位于中山公园阅微草堂)"因厨房失火,火光蔓延,赤焰万

---

① 《谨防火灾　警察局制定办法》,《新疆日报》1947 年 11 月 18 日第 3 版。
② 《昨日女院大楼失火　因汲水困难烧至黄昏余烟未息》,《新疆日报》1946 年 2 月 5 日第 3 版。
③ 《新疆通志》编撰委员会:《新疆通志·公安志》,新疆人民出版社,2004 年版,第 36 页。
④ 《新疆通志》编撰委员会:《新疆通志·公安志》,新疆人民出版社,2004 年版,第 38 页。
⑤ 《水利局火药爆炸　炸死四人》,《新疆日报》1947 年 11 月 19 日第 3 版。

丈……波及房屋十余间，皆付之一炬"。警察局消防队出动 4 辆救火车前往扑救，直至晚上 10 点才将火扑灭[①]。

1947 年 8 月，国民政府内政部重新制定的《各级消防组织设置办法》中明文规定："各县、市均应设置消防队……直辖于县、市警察局……消防经费，由县、市政府拨款。"[②]北庭地区城市警察局认真贯彻执行此项规定，1948 年玛纳斯县警察局内设立消防队，下设 3 个分队，共有消防队员 160 人[③]。

总之，近代北庭地区城市的警政建设（1903—1949）经历了近半个世纪的发展，建立、发展完善了城市管理机构，维护了近代北庭地区社会的稳定与发展，保护了城市民众生命、财产安全，推动了城市文明发展，是社会治理模式近代化的重要表现形式。但不可否认的是，北庭地区警政建设存在不同城市间警政建设不平衡以及警政措施落实不到位等不足。对此，我们要给予客观评价。

① 《市参议会昨日大火 桥难通消防队难施手脚 房屋十余间尽付之一炬》，《新疆日报》，1949 年 1 月 21 日第 4 版。
② 《新疆通志》编撰委员会：《新疆通志·公安志》，新疆人民出版社，2004 年版，第 653 页。
③ 玛纳斯县地方志编纂委员会编：《玛纳斯县志》，新疆大学出版社，1993 年版，第 383 页。

宗教文化

北庭西大寺研究回顾与展望

吐鲁番学研究院　　陈爱峰

　　1979—1980 年，中国社科院考古研究所对北庭西大寺进行考古发掘，先后发掘了东面下层八个洞龛，上层七个洞龛；南部六座配殿、两座小型配殿、四座库房、五座僧房，以及庭院、平台等遗迹。同时还清理出正殿及其西、北、南三面洞龛的轮廓。随后，考古队刊布了发掘简报《新疆吉木萨尔高昌回鹘佛寺遗址》[①]。经过十余年的整理与研究，考古发掘报告《北庭高昌回鹘佛寺遗址》[②]和图册《北庭高昌回鹘佛寺壁画》[③]出版。西大寺考古发掘成果的刊布，引起了学界的重视，学者们从不同角度展开探讨与研究。

一、研究回顾

　　栾睿先生撰文《北庭西大寺所反映的高昌回鹘佛教特征》[④]，通过对西大寺的建筑特点、塑像形式及壁画题材等的分析，认为西大寺所反映的高昌回鹘佛教具有时代性、地区性和民族性特征，并认为这些

---

① 中国社会科学院考古研究所新疆工作队：《新疆吉木萨尔高昌回鹘佛寺遗址》，《考古》1983 年第 7 期，第 619—623 页。
② 中国社会科学院考古研究所：《北庭高昌回鹘佛寺遗址》，辽宁美术出版社，1991 年版。
③ 中国社会科学院考古研究所：《北庭高昌回鹘佛寺壁画》，辽宁美术出版社，1990 年版。
④ 栾睿：《北庭西大寺所反映的高昌回鹘佛教特征》，《西域研究》2004 年第 1 期，第 54—59 页。

特征又是佛教传播过程中最富生机的文化内涵。

西大寺 S105 殿的"八王争分舍利图"是学者关注的焦点之一。古丽比亚、柴剑虹先生在《北庭高昌回鹘佛寺争分舍利图试析》[①]一文中，认为八王争分舍利图，所依据佛经虽然与克孜尔石窟大致相同，与敦煌石窟也有交融之处，但在具体描绘时，则将佛经内容与回鹘人的现实生活密切联系在一起。王援朝先生的《唐初甲骑具装衰落与轻骑兵兴起之原因》[②]，以壁画中的披甲武士为材料，探讨了甲骑具装衰落与轻骑兵兴起的原因。庞建成先生的《北庭西大寺壁画体育文化与民族体育发展研究》[③]，以壁画中描绘的马、弓箭、佩刀等作为素材，从武术与体育的角度，探讨了新疆古代的民族体育的发展。李树辉先生新作《北庭大佛寺 S105 殿壁画绘制年代和相关史事研究》[④]，独辟蹊径的论述了该壁画的绘制年代，并认为是对唐、回鹘联军与吐蕃、葛逻禄等联军北庭争夺战的反映，出行的武士为唐军，王者头后的圆光及交脚坐于白象之上的构图是画师对唐军首领的美化之作，令人耳目一新。

西大寺 E204 洞龛的弥勒经变也是学者关注的一个重点，新近刘江先生针对该经变画展开细致入微的研究，通过与甘肃文殊山万佛洞西夏时期同类题材壁画作比较，认为文殊山万佛洞的弥勒上生经变图像绘制依据有可能来源于北庭西大寺，西夏与回鹘两者的弥勒信仰存在着继承关系[⑤]。

西大寺的回鹘供养人像，根据回鹘文榜题可知有回鹘王"亦都

① 古丽比亚、柴剑虹：《北庭高昌回鹘佛寺争分舍利图试析》，《段文杰敦煌研究五十年纪念文集》，世界图书出版公司，1996 年版，第 167–171 页。
② 王援朝：《唐初甲骑具装衰落与轻骑兵兴起之原因》，《历史研究》1996 年第 4 期，第 50–58 页。
③ 庞建成：《北庭西大寺壁画体育文化与民族体育发展研究》，《搏击》2013 年第 1 期，第 85–87 页。
④ 李树辉：《北庭大佛寺 S105 殿壁画绘制年代和相关史事研究》，《青海民族研究》2018 年第 2 期，第 128–136 页。
⑤ 刘江：《高昌回鹘弥勒图像研究——以北庭西大寺弥勒上生经变为中心》，新疆艺术学院硕士论文，2019 年 5 月。

护"，以及长史和公主，由此来看该寺规格较高，当为回鹘王家寺院。除此之外，学者多从服饰的角度考察该寺发现的供养人像，如贾应逸先生通过剖析莫高窟 409 窟与高昌回鹘，主要是柏孜克里克和西大寺等佛教遗址壁画，再结合史籍，可以说明高昌回鹘没有统辖到沙州，高昌回鹘与沙州回鹘都是各自独立的政权[①]。李肖冰的《中国西域民族服饰研究》[②]一书，用三节分述了高昌石窟壁画、北庭西大寺壁画及敦煌莫高窟壁画中的回鹘衣冠服饰。沈雁的博士论文《回鹘服饰文化研究》[③]，结合吐鲁番、敦煌石窟中的回鹘供养人像，对服饰进行了分类分析。

宗教文化

回顾学界对西大寺的研究，其成就最著者当首推社科院考古所的发掘报告。报告从不同层面详细探讨了西大寺的年代、形制布局、塑像及壁画内容、绘画风格等。最后得出结论：北庭回鹘佛寺遗址（即西大寺）的壁画艺术与高昌回鹘壁画是一脉相承的，它的发现，弥补了高昌地区回鹘佛寺遗址基本残毁无存的缺环，为研究当时回鹘佛寺的形制及回鹘式佛寺建筑的特点提供了实证，但它决非高昌回鹘佛寺的翻版，而是在其基础上进行了再创作，就其壁画题材、人物形象与基本构图而言，都是自成体系的。

学者对西大寺的个案讨论，将北庭高昌回鹘的研究引向深入。古丽比亚、柴剑虹、王援朝等先生对"八王争分舍利图"探讨，从佛教之表象，揭政治之内涵，这些壁画实际上是回鹘人的现实与宗教生活的外在表现。刘江先生通过对西大寺弥勒经变与甘肃文殊山万佛洞同类经变画的探讨，揭示出当时回鹘与西夏存在较为密切的文化交流。

① 贾应逸：《莫高窟 409 窟高昌回鹘供养人像比较研究》，氏著：《新疆佛教壁画的历史学研究》，中国人民大学出版社，2010 年版，第 434—447 页。
② 李肖冰：《中国西域民族服饰研究》，新疆人民出版社，1995 年版。
③ 沈雁：《回鹘服饰文化研究》，东华大学博士学位论文，2008 年 4 月。

林梅村、杨富学先生对西大寺出土的"日月金光"钱的考释①，将西大寺的宗教内涵从佛教延伸至摩尼教，这一研究提示我们，今后西大寺的进一步发掘，有可能找到摩尼教的洞窟及其他遗物。

当然，学界对西大寺的研究也存在一些不足。A.对塑像和壁画的考释，有个别错讹之处。B.对塑像及壁画的考释没有很好的与周边石窟，特别是吐鲁番石窟做精细比较。C.对壁画特别是经变画的解读只关注了汉文佛经的比对，缺乏与回鹘文的比对。D.大量的回鹘文题记还没有释读出来，桎梏了对壁画的纵深解读。由此来看，西大寺的深入研究有发挥的空间，需要更多学者加入进来。下面，笔者仅就佛像题材、经变画及题材组合为例，与吐鲁番柏孜克里克石窟相比较，对西大寺将来的研究做一展望。

二、研究展望

在讨论经变画与佛像题材及其组合之前，我们需要对西大寺的塑像与壁画题材大致梳理一遍。

表1 北庭西大寺塑像与壁画题材一览表

	四壁	中央佛坛
S101	正壁（北壁）前有塑像：菩萨立像 1 身、罗汉像 3 身，壁面绘观音。 东壁前有塑像：罗汉像 5 身，壁面绘比丘、护法神。 西壁前有塑像：罗汉像 5 身，壁面绘比丘。	无

---

① 林梅村：《日月光金与回鹘摩尼教》，氏著：《汉唐西域文明与中国文明》，文物出版社，1998年版，第 381-392 页；杨富学：《回鹘"日月光金"钱考释》，《西域研究》 1998 年第 1 期，第 59-61 页。

	四壁	中央佛坛
S102	周边佛坛，残存 6 身天王塑像，壁画损毁。	东铺：台座 5 个，塑像残存 4 躯，主尊塑像结跏趺坐，另有 1 身狮子像。西铺 12 身立像，主尊为倚坐像。
S103	正壁（西壁）为千手千眼观音经变；北壁东铺观经变，西铺为金光明经变；南壁为弥勒下生经变；东壁为供养人。	1 个大台座（主尊结跏趺坐像）、6 个小台座，大台座前有壁画，绘菩萨与比丘。
S104	东壁（正壁）2 铺誓愿画，南壁 3 铺誓愿画，北壁 3 铺誓愿画，西壁为护法像。	大台座 1 个，小台座 16 个（结跏趺禅定像），为 16 罗汉；大台座前有壁画，绘供养人。
S105	北壁绘婆罗门与护法；西壁绘八王分舍利。	东佛坛：涅槃塑像，佛坛北面有一结跏趺坐像，南面 3 身塑像；北佛坛：1 身立像。
E101	正壁塑像为交脚坐像；北壁壁画有供养菩萨；南壁壁画有供养菩萨；龛顶壁画为千佛。	
E102	正壁塑像（坐姿不详）；北壁有塑像，壁画有菩萨与护法；南壁壁画有供养菩萨与护法；龛顶壁画已毁。	
E103	正壁塑像为结跏趺坐像；北壁有塑像，壁画已毁；南壁有塑像，壁画已毁；龛顶壁画已毁。	
E104	正壁塑像为结跏趺坐像；北壁壁画已毁；南壁壁画已毁；龛顶壁画已毁。	

宗教文化

续表

	四壁	中央佛坛
E105	正壁塑像为交脚坐像；北壁壁画有供养菩萨；南壁壁画有菩萨；龛顶壁画为千佛。	
E106	正壁塑像（坐姿不清）；北壁有塑像，壁画无；南壁有塑像，壁画无；龛顶壁画已毁。	
E107	正壁塑像为交脚坐像；北壁壁画主尊为菩萨；南壁壁画已毁；龛顶壁画为千佛。	
E108	正壁塑像为立像；北壁壁画已毁；南壁壁画有护法；龛顶壁画为千佛。	
E201	正壁塑像为结跏趺坐像；壁画脱落。	
E202	正壁塑像为结跏趺坐像，并有鹿野苑壁画；北壁壁画有菩萨与供养人；南壁壁画有佛、菩萨等；龛顶壁画已毁。	
E203	正壁塑像为交脚坐像；无壁画。	
E204	正壁塑像为交脚坐像；北壁弥勒下生经变（？）；南壁弥勒上生经变；龛顶壁画已毁。	
E205	正壁塑像为交脚坐像；无壁画。	
E206	正壁塑像为结跏趺坐像，并有鹿野苑壁画；北壁塑像无存，壁画有千手千眼观音；南壁交脚坐像；龛顶壁画已毁。	
E207	正壁结跏趺坐像；无壁画。	

由上表可以看出，西大寺流行的佛像题材主要为佛、菩萨、罗汉、弟子、护法天王这五类。就每个洞窟的主尊而言：（1）有交脚坐的弥勒，位于 E101、E105、E107、E203、E204、E205 的正壁，E102 正壁主尊坐姿不清，但根据两侧壁壁画判断，可能是交脚弥勒。（2）有释迦牟尼佛，位于 E202、E206 正壁，S102、S104 之中央佛坛及 S105 之东佛坛（涅槃像）。（3）观音菩萨，位于 S101、S103 正壁。此外，E108 正壁为立像，可能也是观音。（4）其余洞窟主尊暂无法

判断。

　　除主尊像外，西大寺的经变画也颇值得注意，有涅槃经变、弥勒经变（包括上生和下生经变）、观音经变（包括曼陀罗）、观无量寿经变、金光明经变、誓愿画（即佛本行经变）。此外，罗汉像也值得关注，S101 的 12 罗汉、S104 的 16 罗汉，显然西大寺的罗汉存在两个版本。

　　由于西大寺洞窟普遍较小，多为单一的说法窟，但也有主尊像与经变画、罗汉像的组合窟。每个洞窟的排列组合不尽相同，可以分为如下几类：（1）释迦说法窟；（2）涅槃窟；（2）弥勒说法窟；（3）观音与罗汉组合窟；（4）观音与阿弥陀、弥勒组合窟；（5）释迦与罗汉、誓愿画组合窟；（6）释迦与观音、弥勒组合窟。

　　吐鲁番柏孜克里克石窟的主尊像有释迦、阿弥陀、弥勒、释迦与多宝、观音、大黑天等。经变画有涅槃经变、西方净土经变、弥勒经变、观音经变（包括宝王经变）、法华经变、文殊变、普贤变、金光明经变、誓愿画等。洞窟题材组合有：（1）释迦说法窟；（2）涅槃窟；（3）观音窟；（4）法华窟；（5）帝释问法窟；（6）释迦与罗汉组合窟；（7）阿弥陀、观音与弥勒组合窟；（8）观音与誓愿画组合窟；（9）释迦、观音与弥勒组合窟；（10）阿弥陀与观音组合窟。

　　西大寺与柏孜克里克石窟同为回鹘王家寺院，其塑像与壁画有浓厚的回鹘风格，在佛像题材、经变画及其组合方面有许多相似之处：（1）佛像题材方面，均有释迦牟尼佛、阿弥陀佛、弥勒佛（菩萨）、观音、罗汉；（2）经变画方面，均有涅槃经变、西方净土变、弥勒经变、观音经变、金光明经变；（3）题材组合方面，均有释迦说法窟、涅槃窟、弥勒说法窟、释迦与罗汉组合窟，以及阿弥陀、观音与弥勒组合窟，释迦、观音与弥勒组合窟。当然，西大寺与柏孜克里克石窟壁画内容也有不同之处：（1）总体来上来说，柏孜克里克石窟壁画内容更加丰富，无论是经变画，还是题材组合都要比西大寺多；（2）西大寺弥勒经变、弥勒说法窟与罗汉窟多，而柏孜克里克石窟誓愿画、西方净土经变与观音窟多，这反映了北庭回鹘重弥勒未来净土与罗汉信仰，高昌回鹘重阿弥陀之西方净土与观音信仰。

以上，我们梳理了西大寺与柏孜克里克石窟在佛像题材、经变画与题材组合方面的异同。根据这些异同点，结合回鹘文文献与题记，可以对西大寺壁画开展细致的研究。下面举例说明：

（1）西大寺 S101 殿，正壁中央 1 身塑像，立姿；左侧残存 3 身菩萨像，最上 1 身残存莲花座与腿部，中间 1 身为马头观音，最下 1 身头顶有化佛，可能也是观音；右侧壁画不存，按对称分布来看，应该也有 3 身菩萨。根据这些信息，我们想到柏孜克里克石窟流行的七观音像，如第 17 窟，正壁主尊为观音塑像，两侧壁共有 6 身观音塑像；第 29 窟左侧壁绘观音曼陀罗，主尊为六字观音，两侧为送子观音、十一面观音等六观音 [①]。根据这样的组合特点，我们可以推断西大寺 S101 殿正壁表现的正是七观音像。

（2）西大寺 S103 殿北壁绘一铺金光明经变，残存下部的击鼓和左侧的故事画情节。无独有偶，柏孜克里克石窟第 49 窟也有一铺金光明经变，20 世纪初被俄国探险家盗割，现藏艾尔米塔什博物馆。近年，张惠明先生对其进行了释读，考证出画面右侧的"忏悔灭罪传"情节 [②]。我们可以比对两铺金光明经变，互相补正，复原其完整场景。

（3）西大寺 S101 有 12 罗汉塑像，S104 有 16 罗汉塑像。对于这两个洞窟中罗汉像身份的认定，可以借助回鹘文榜题的释读来解决。罗汉像背后的绘画颇具特点，可以与莫高窟第 97 窟沙州回鹘洞窟（此窟为罗汉窟）壁画比勘。此外，柏孜克里克第 32 窟有 18 罗汉塑像，这就提示我们思考：回鹘的罗汉信仰是一个渐进的过程，内容是丰富的，12、16、18 罗汉关系是怎么样的，他们之间是否存在递进关系，

[①] 参见陈爱峰：《高昌回鹘时期吐鲁番观音图像研究》，武汉大学博士学位论文，2018 年 5 月。

[②] 张惠明：《伯孜克里克石窟〈金光明最胜王经变图〉中的〈忏悔灭罪传〉故事场面研究》，《故宫博物院院刊》2011 年第 3 期，第 55—70 页。

都是很好的研究思路。

（4）深入分析西大寺和柏孜克里克石窟的一些常见的共有的题材组合，如阿弥陀、观音与弥勒的组合，结合回鹘文佛教文献，探讨其背后的信仰习俗。对于西大寺与柏孜克里克石窟不同佛像题材与组合，也需要结合佛教文献分析其成因，如西大寺弥勒题材多，柏孜克里克阿弥陀与观音题材多，这背后究竟蕴含了什么样的宗教与历史背景，值得深思。

小结

西大寺作为高昌回鹘的王家寺院，重要地位自不待言，深入研究其塑像与壁画，可以更好揭示当时回鹘的佛教信仰传统和习俗。如何深层次的对西大寺展开研究，我们认为：一要重视窟内回鹘文与汉文题记的解读，如 S101 殿的罗汉像，旁边有回鹘文榜题，只有弄懂它的意思，才能理解其中的意涵。有些题记，属于游人所写，虽然不是壁画的原始榜题，但也非常重要，往往能揭示出彼时回鹘人最真实的信仰状况。二要与周边地区的回鹘洞窟，特别是吐鲁番的柏孜克里克石窟进行对比。如，通过对西大寺佛像题材的梳理，看得出北庭地区的回鹘重视弥勒信仰与罗汉信仰；对比柏孜克里克石窟的壁画，了解高昌地区的回鹘重视阿弥陀与观音信仰。两地佛教信仰习俗的差异，需要我们下一步深入思考。

当然，以上两点只是针对佛像题材而言，加强对西大寺的研究还需要多层次、多角度的审视。如佛寺的建筑结构、形制布局及其功能、塑像与绘画的风格、装饰图案、供养人像等，都有进一步探讨的必要。

唐代北庭佛教一瞥

吐鲁番学研究院　　武海龙

有史以来北庭地区便为古代丝绸古道北路要冲，为兵家必争之地。历史上无论中原王朝还是我国北方草原游牧民族都在此留下了浓墨重彩的一笔。唐代的北庭都护府作为当时北庭地区的政治、经济、文化中心，往来东西的商人、僧侣都在此驻留，使之成为东西方文化汇聚之地，而佛教作为在丝绸之路上影响最为深远的宗教文化在北庭留下了许多佛教文化遗产。

一、前北庭都护府时期的北庭佛教

可汗浮图城为北庭都护府前身，是当时北方游牧民族突厥人的活动范围。关于前北庭都护府时期的北庭佛教，学界内根据可汗浮图城这一名称普遍存在着这么几种意见：一种认为"浮图城"与佛教的浮图有关，即突厥可汗所建立的佛寺；一种是以徐松为代表的认为可汗浮图是汉代的务涂谷，"浮图即务涂之音转"①，务涂谷在今吉木萨尔附近的千佛洞，嶋崎昌与孟凡人二位先生都持"浮图"来自地名"务

---

① 徐松著，朱玉麒整理：《西域水道记》（外二种），中华书局，2005 年版，第 495 页。

涂”这一个观点 [①]，而薛宗正先生认为“务涂”为突厥语的音转，其意为“柳”，务涂谷当即两《唐书·地理志》所载的“柳谷”，位于连接西、庭二州的山间通道，是汉代连接车师前、后王部的枢纽。认为车师后王治所的务涂谷必在此条通道上无疑，其地当在吉木萨尔县泉子街山口谷口，与可汗浮图城的地望风马牛不相及。[②] 这种观点认为可汗浮图城与佛教“浮图”无关；还有一种认为可汗浮图城修建于柔然伏图可汗在位时期即公元 6 世纪初。[③]

柔然是继匈奴、鲜卑之后的第三个草原霸主，在公元 5 世纪初至 6 世纪中叶活动于大漠南北，整个东北天山是柔然可汗的直接属地。柔然在与周边政权接触的过程中，在文化上兼收并蓄，在第十代可汗受罗部真在位期间，开始大规模的学习北魏，使用汉式年号，建元永康。北庭地区气候较为湿润，雨水丰沛，除了零星碑刻及回鹘时期的寺院的题记，基本没有纸质文书发现，但在吐鲁番出土文书中可以一窥柔然在北庭地区活动的情况。20 世纪初，在新疆吐鲁番出土了“永康五年岁在庚戌七月”的《莲华经》残卷 [④]，经考证永康五年为公元 470 年，是柔然统治高昌时所抄写的。此外在阿斯塔那 90 号墓出土了《永康十七年残文书》，“永康”是当时柔然受罗部真可汗年号，可见当时高昌的统治者都是奉柔然年号，依附于柔然。在吐鲁番出土的有柔然年号反映柔然活动情况的文书极少，同墓所出的其他文书也被视作永康十七年（482）前后书写 [⑤]。这件文书中提到了不少人名，如：若愍提懃、乌胡慎、吴儿折胡真、作都施摩何勃、秃地提冊

① 有关探讨可参看嶋崎昌《可汗浮图城考》，《隋唐时代のトゥルキスタン研究—高昌国史研究を中心として》，东京大学出版社，1977 年版，第 171-252 页。孟凡人：《略论可汗浮图城》，《新疆大学学报》1985 年第 1 期，第 57-61 页。

② 薛宗正：《北庭故城与北庭大都护府》，《新疆大学学报》1979 年第 4 期。后收入吉木萨尔县文物局编《北庭史论集》（上册），新疆大学出版社，2015 年版，第 28-29 页。

③ 薛宗正：《北庭历史文化研究》，上海古籍出版社，2010 年版，第 41 页。

④ 王树枏：《新疆访古录》卷一，上海聚珍仿宋印书局，1919 年版。

⑤ 荣新江：《高昌王国与中西交通》，《欧亚学刊》第二辑，中华书局，2000 年版。

无根、阿祝至火下、处论无根等，这些名字都具有柔然人名的特点，显然多是来自柔然的使者和官员。文书中也出现了柔然官号如：提勤、摩何等，这些官名也被之后的游牧民族如高车、突厥、回鹘等继承和使用。柔然控制高昌地区时间并不长，到公元 489 年时，阚氏高昌开始使用自建年号"建初"，这点从吐鲁番文书《建初二年庚午岁功曹佐谦奏文》中可以得到佐证①，关于柔然何时信奉佛教，史书与出土文献都没有明确记载，但柔然信奉佛教则是毫无疑问的，在控制阚氏高昌的这段时间内，柔然肯定会或多或少接触到佛教。而北庭地区特殊的地理位置，往来东西传法取经的僧人在途经北庭地区时多会在此停留。如南朝僧人法献，在宋元徽三年（475），从金陵，西游巴蜀，路出河南，道经芮芮②。6 世纪中叶，又有北印度僧人那连提耶舍等六人，从西域北上，到达柔然③。北魏永平四年（511）九月，柔然可汗"丑奴遣沙门洪宣奉献珠象"④，甚至还有僧人在柔然政权中担任"国师"⑤。虽然在北庭地区考古调查中并未发现唐代以前的佛教遗迹，姑且也不论可汗浮图城的修建是否佛教有关，亦或是该城是突厥人还是柔然人修建的，上述的事实完全可以证明在 5 世纪中后期开始，活动在东天山南北的柔然人已经开始接触并信仰了佛教。

继柔然之后在北庭地区活动的是突厥人，可汗浮图城曾先后成为突厥小可汗贪汗可汗王庭和西突厥汗国初期铁勒汗国易勿真莫何可汗契苾歌楞的王庭，而后统叶护可汗接管了可汗浮图城，但在随后的东西突厥战争中，西突厥战败，可汗浮图城又成为东突厥阿史那社尔的王庭。⑥至于突厥人最早接受佛教，应该是在陀钵可汗时期（572—

---

① 侯灿：《西晋至北朝前期高昌地区奉行年号探讨》，《考古与文物》，1982 年第 2 期，第 92–102 页。

② （梁）释慧皎撰，汤用彤校注：《高僧传》卷十三，中华书局，1992 年版，第 488 页。

③ （唐）道宣撰，郭邵林点校：《续高僧传》卷二，中华书局，2014 年版，第 34 页。

④ （北齐）魏收：《魏书》卷一〇三《蠕蠕传》，中华书局，1974 年版，第 2297 页。

⑤ （梁）释慧皎撰，汤用彤校注：《高僧传》卷八，第 312 页。

⑥ 薛宗正：《北庭历史文化研究》，第 58 页。

581），"齐有沙门慧琳，被略入突厥中，因谓陀钵曰：'齐国富强者有佛法耳'。……陀钵亦躬自斋戒，绕塔行道，恨不生内地。"① 又有"波罗颇迦罗蜜多罗，中天竺人也。……达西面可汗衙所，以法训勖……生福增敬，日信于前②。突厥内部佛教的信仰也是经过反复的，特别是统叶护可汗死后，似有一段时间对佛法不大信奉。玄奘的《大唐西域记》中曾对这一情况有所反应。"近突厥可汗子肆叶护可汗，倾其部落，率其戎旅，奄袭伽蓝，欲图珍宝……遂告群属所梦咎征，驰请众僧，方伸忏谢③。"虽然有关的具体情况现在还尚不清楚，但北庭地区当时在突厥各大小部落的控制下确是不争的事实，由于统治者的皈依信奉，因此，在其控制的地区有佛教的流行也不足为怪，但关于佛教在这一地区流行范围有多大，信众的多寡…等问题，由于缺乏考古资料与文献资料的支撑，则是无从考证了，这也同佛教在突厥初传和他游牧民族的生产、生活方式及文化水平密切相关。

二、唐代的北庭地区佛教

唐贞观十四年（640），唐出兵平定高昌，同年设立安西大都护府，统辖在高昌、可汗浮图城设立的西、庭二州，北庭地区开始纳入唐王朝的管辖之下，此后，北庭地区经历了安西都护府管辖下的庭州（640—702），北庭大都护府的鼎盛时期（703—733），北庭大都护府的维持时期（733—790）④，虽然初期经过了阿史那贺鲁叛乱，但从640 年始置高昌到790 年北庭大都护府解体，唐朝在此苦心经营了150 年使之成为天山北麓的军政中心。

随着唐朝在北庭地区统治的加深，内地的汉文化也随着迁入该

① （唐）魏征：《隋书》卷八十四《突厥传》，中华书局，1973 年版，第1865 页。
② （唐）道宣撰，郭邵林点校：《续高僧传》卷三，第65—66 页。
③ （唐）玄奘：辨机注，季羡林等校注：《大唐西域记校注》，中华书局，1985 年版，第331 页。
④ 吉木萨尔县文物局编：《北庭史论集》（上册），第30—31 页。

地的军民传播到此。有关唐代北庭佛教文献记载与考古发现都不是很多。从 20 世纪初国外探险队开始造访北庭故城，盗掘出土了一些有关佛教的文物。日本大谷探险队于 1908 年在北庭故城西北角的一处寺庙遗址挖掘出土了 16 块碑刻残块，这些残块多呈不规则形状，上面还残存少量阴刻汉字[1]，虽然残块上的文字已经无法连缀成文，但其中保留下来的关键词"龙兴寺"却极为重要[2]。北庭龙兴寺的出现在北庭佛教史上是一个标志性的事件，说明唐朝内地汉传系统的佛教已经进入北庭地区，龙兴寺可能并不是北庭最早奉敕修建的官寺，在武则天当政时期便利用《大云经疏》为其登基做政治舆论上的宣传，于天授元年（690），敕令"两京及天下各州，各建大云寺一所"[3]，荣新江先生在曾对唐代西域汉传佛教寺院系统进行了考证，唐代安西四镇的龟兹、疏勒、碎叶都建有大云寺[4]，而早于安西四镇归附唐朝的庭州符合修建一座大云寺的要求，但还缺乏考古实证。武则天统治结束之后，唐中宗登基命全国各州修建寺观，名中兴寺、中兴观，不久后又下敕改各州中兴寺、观（道观）为龙兴寺。龙兴寺修建之后往往是当地最大官寺，而由中央政府委任的最高僧官往往都驻锡于龙兴寺。

关于北庭出土的龙兴寺残碑碑文的考释已有学者做过专门的考释[5]。在碑文中出现僧官"都维那"官衔，并在前面加上"检校天官"的世俗官衔，这在唐朝时奉敕修建的官寺中较为常见。随着唐王朝在西域控制力不断的强化，西迁入西域的军民人数的增加，军民在宗教

---

① ［日］上原芳太郎编：《新西域记》，有光社，1937 年版，第 491 页。

② 这些碑刻残块及拓片的图版上世纪先后收录于《西域考古图谱》和《大谷文书集成》中，根据考证为唐代碑刻，其中的 15 块现收藏于大连旅顺博物馆。

③ 《唐会要》卷四八，上海古籍出版社，1991 年版，第 996 页。

④ 荣新江：《唐代西域的汉化佛寺系统》，新疆龟兹学会编：《龟兹文化研究》（第一辑），天马出版有限公司，2005 年版，第 137 页。该文后又收入氏著《丝绸之路与东西文化交流》，北京大学出版社，2015 年版。

⑤ 关于残碑释文考证可参考郭富纯、王振芬：《旅顺博物馆藏西域文书研究》，万卷出版公司，2007 年版，第 247—257 页。彭杰：《唐代北庭龙兴寺营建相关问题新探——以旅顺博物馆藏北庭古城出土残碑为中心》，《西域研究》，2014 年第 4 期，第 65—69 页。

信仰上的需求也不断增强，而政府出于政治上的需要也在西域大力推行汉化佛寺，在西域控制的州府军镇修建官寺，并且由内地的高僧出任寺主。如安西大云寺寺主秀行就是长安七宝台寺的僧人，荣新江先生推测，他应该是武则天敕令全国各州建大云寺时一起被派往安西地区的[①]。此外，于阗龙兴寺寺主是来自河北冀州汉僧，疏勒大云寺的住持是来自岷州的汉僧。由此可见北庭奉敕官修的龙兴寺其僧官应该同安西地区一样是由中央下令任命内地的汉僧出任的。这也说明，安西、北庭这两个级别相同的大都护府在官寺管理上唐王朝采取的政策是一致的。关于北庭龙兴寺的位置，这在大谷探险队与斯坦因的考察报告中都有清晰明确的论述，在北庭故城的西北角的遗迹为唐代北庭龙兴寺遗址[②]。而关于北庭龙兴寺修建的时间以及残碑上"都维那"僧人彭杰在文章中利用敦煌文书进行了考证，认为北庭龙兴寺始建于神龙元年（705），而"都维那僧"则是参与《金光明最胜王经》翻译的法海[③]。

到了北庭后期，由于吐蕃阻断河西，并不断向西蚕食唐朝控制的西域，阻断丝路。而由北庭北至回鹘衙帐的回鹘路的重要性就凸显出来，当时许多往来西域中原的僧人、商人都是途经此道往来东西的。其中最为著名的就是悟空游历北、中天竺后携带梵文佛经回国，他在龟兹停留一年多。此间，请龟兹莲花寺高僧莲花精进将《十力经》翻成汉文。后又到北庭请于阗僧人尸罗达摩将《十地经》和《回向轮经》翻成汉文。

---

① 荣新江：《唐代西域的汉化佛寺系统》，新疆龟兹学会编《龟兹文化研究》（第一辑），天马出版有限公司，2005年版，第134页。

② ［英］奥雷尔·斯坦因著，巫新华等译：《亚洲腹地考古图记》（第二卷），广西师范大学出版社，2004年版，第795页。

③ 彭杰：《唐代北庭龙兴寺营建相关问题新探——以旅顺博物馆藏北庭古城出土残碑为中心》，第72页。

三　结语

8世纪末，吐蕃不断西侵，进攻北庭，回鹘从开始的协助唐军抵抗吐蕃，到最后完全将北庭据为己有，北庭地区进入了回鹘控制时期。在占据北庭后，也为之后漠北回鹘衰落后向西迁徙留下了退路，在公元840年回鹘西迁高昌时，北庭也就成为回鹘的一个前进基地。唐王朝控制北庭的一个半世纪里，北庭的佛教得到了长足的发展，出现了官修佛寺，有内地高僧驻锡传法，往来丝路的高僧也在此弘法译经，北庭佛教几乎与内地无异。9世纪中叶后，回鹘占据高昌，逐步建立起高昌回鹘政权，该民族的宗教信仰也由最开始的摩尼教逐步改宗信仰了佛教，但这一过程应该是在其占据北庭之后就潜移默化开始的，而现在北庭故城保留下来的大量佛教文物大都属于高昌回鹘时期，但不能由此低估唐代北庭佛教在整个北庭佛教历史上的地位，有关唐代北庭佛教更多的资料的发掘只能留给考古工作者去完成了。

高昌回鹘时期吐鲁番观音图像的分类与年代

陈爱峰

19 世纪末 20 世纪初，国外探险家纷纷来到吐鲁番进行考察，大肆掠取古代文物。关于他们的探险活动，大部分都有相应的考察报告出版，可资参考。相比而言，出土文献的刊布与研究成果丰硕，而艺术品则稍显滞后。为此，笔者于 2016 年 7—9 月专门赴德国柏林亚洲艺术博物馆访学，调查了该馆收藏的吐鲁番出土文物，并对其中的观音图像做了详细的编目。至于俄罗斯、英国、日本三国在吐鲁番所获观音图像，笔者没有机会亲自调查，只能根据已有的出版物做粗略的统计。此外，有关现存于吐鲁番石窟中的观音图像与经变画，笔者一一做了实地调查。下面，我们针对目前所掌握的观音图像，挑选其中保存相对较好者进行分类，分析其绘画风格，对比周边同时期该类图像，做出初步的年代推定。

根据手面数目的不同，可以将观音图像分为两类：一为正观音，特征为一面二臂；一为密相观音，特征为多面或多臂。

一、正观音

（一）单尊观音幡画

此类观音像共 9 件，根据绘画风格的不同，细分为 5 类。它们的出土地点、质地、收藏机构、馆藏编号等基本信息如下。

表1 吐鲁番出土单尊观音幡画基本信息

序号	编号	尺寸	质地	出土地点	收藏机构
1	III521＋III6963	纵44厘米、横23.3厘米＋纵18.5厘米、横32厘米	棉	胜金口	德国柏林亚洲艺术博物馆
2	III6304	纵55厘米、横24厘米	棉	交河故城	同上
3	III6306	纵45厘米、横21.5厘米	棉	交河故城	同上
4	III6458	纵40厘米、横29厘米	棉	交河故城	同上
5	III7301	纵61厘米、横36.5厘米	麻	交河故城	同上
6	III9171	纵49.5厘米、横19.3厘米	棉	吐峪沟石窟	同上
7	III9366	纵33厘米、横19.5厘米	棉	吐峪沟石窟	同上
8	III6601	纵31厘米、横18.2厘米	麻	高昌故城	同上
9	III4806	纵41厘米、横20.3厘米	麻	高昌故城	同上

A类：4件，即上表所列第1—4件。此类观音幡画造型大致相同，且同一幡画的两面也大体相同（图1，第1件）。幡头阿弥陀佛具尖桃形头光和圆形背光，结跏趺坐于莲花之上。观音具圆形头光，头戴镶嵌红宝石的冠，束高髻，用于扎结头发的白绢向后飘扬，余发披肩、绕耳，并有几缕鬈发垂至前肩处（另一面的观音无卷发）。面型丰圆，呈女相，神态舒雅娴静。两手于胸前作合十状。上身赤裸，项饰三颗宝珠的大项圈，披帛绕肩顺两臂逶迤垂下。白色腰衣自肚脐下方打结并下垂至脚部，配以红色裙子。此外，观音腰衣上和身体两侧的空白处点缀小巧精致的散花。

图1　胜金口出土单尊观音幡画（a、b两面）[①]

B类：1件，即上表所列第5件（图2）。幡画的两面均绘观音像，造型与A类基本相同，所不同者为观音脸型与眼睛的描绘以及腰衣和裙子的式样。此外，幡画的空白部分没有散花点缀。

C类：2件，即上表所列第6、7件。两件幡画造型相同，第7件保存较为完整（图3），幡头阿弥陀佛绘于圆环内，周身放射光芒，底部有长茎叶衬托。观音具圆形头光，头戴花冠，束高髻，余发披肩、绕耳，并有几缕鬈发垂至前肩处。上身赤裸，项饰连珠项链和缀有三颗宝珠的大项圈，披帛绕肩顺两臂逶迤垂下。右手上举执莲（蕾），

---

① 凡编号带有Ⅲ的图片，如无特别注明，皆由赵莉先生提供，并得到德国柏林亚洲艺术博物馆授权。

图 2　交河故城出土单尊观音幡画（a、b 两面）

图 3　吐峪沟石窟出土单尊观音幡画（a、b 两面）

左手下垂握披帛。下身穿双层长裙，其上一层有菱格圆点装饰纹样。赤脚站立于覆莲之上。

D类：1件，即上表所列第8件（图4）。该幡画保存较差，两面有所差别。a面：幡头阿弥陀佛具圆形头光与背光，结跏趺而坐。观音具圆形头光与背光，正身结跏趺而坐。头戴花冠，束高髻，余发披肩、绕耳，并有几缕鬓发垂至前肩处。b面：幡头与上同。观音具圆形头光，侧身而坐（？）。头戴花冠，束高髻，右手上举执莲花（？）。披帛绕肩。

E类：1件，即上表所列第9件（图5）。幡头残缺。幡身观音头戴宝珠冠，束高髻，白绢扎结，余发绕耳，然后沿肩垂至肘部。项戴三颗宝珠的大项圈。红色披帛绕肩顺两臂逶迤下垂。上身赤裸，下身穿红裙，白色腰带自肚脐下方打结后垂至地面。幡画的另一面大体相同，所不同者为：前额的头发绕耳、披肩，并有几缕卷曲的头发垂至前肩。此外，观音的左下方有一戴黑色尖顶帽的回鹘供养人。

以上9件幡画，承袭了唐、五代及宋初的绘画风格，可以与敦煌

图4　高昌故城出土单尊观音幡画之一（a、b两面）

图5　高昌故城出土单尊观音幡画之二（a、b两面）

石窟壁画和藏经洞发现绢画中的观音像比勘。首先，唐代盛行在幡头绘坐佛、飞鸟和各种花卉，五代宋初不见飞鸟图案，常见的是素雅的缠枝花卉，幡头的这种装饰性花卉图案被吐鲁番幡画继承。其次，9件幡画中观音的发式有两种造型：一为束高髻，余发绕耳，顺肩垂至肘部，并在肩部作樱状打结；另一种为束高髻，余发绕耳、披肩，有几缕卷曲的头发垂至前肩。这两种发式，单就具体细节而言，与唐代观音像有不少相同之处；就其整体而言，却属罕见。特别是第二种发式，鬈发披肩的造型在唐代时有发现，绕耳两圈呈环状发式却未见。现藏日本清凉寺的一幅弥勒菩萨像，其发型为绕耳并鬈发披肩式样。该菩萨像为版画，制作年代为北宋雍熙元年（984）[1]。由此可见，至迟在宋初，绕耳并曲发披肩的发式已经成为一种定型化了的菩萨发

---

[1]　原海外藏中国历代名画编辑委员会编：《海外遗珍·中国佛教绘画》，湖南美术出版社，2001年版，第75页。

式。我们现在看到的高昌回鹘时期的菩萨大多为此种发式。复次，9件幡画中，观音多佩戴三颗宝珠的大项圈，有些观音项部还佩戴小珠项链。这样的项饰出现在唐末，五代至北宋甚为流行。

有鉴于此，笔者倾向将以上三类观音幡画年代推定在唐末、五代至宋初，即9世纪末至10世纪。D、E类幡画中的观音在发式和项饰与前三类相同，但观音敦实而健壮的身躯与柏孜克里克石窟壁画中的回鹘男供养人颇有几分神似。同时，幡画的绘制是在白底之上使用红色来表现观音的披帛和裙子，使用黑色表现头发和腰衣，此种绘画的用色在高昌回鹘时期十分流行。可以说，D、E类幡画逐渐摆脱了敦煌和中原画风的影响，形成了独特的、辨识度很高的回鹘风格。缘此，我们认为这两类幡画年代比前三类幡画要晚一些，在10—11世纪间。

（二）观音曼陀罗幡画

此类观音像共4件，分为两类。它们的出土地点、质地、收藏机构、馆藏编号等基本信息如下。

表2　吐鲁番出土观音曼陀罗幡画基本信息

序号	编号	尺寸	质地	出土地点	收藏机构
1	III7267a，b	纵13.8厘米、横17.8厘米	丝、纸	大桃儿沟石窟	德国柏林亚洲艺术博物馆
2	III7303	纵74.5厘米、横26.5厘米	棉	柏孜克里克石窟	同上
3	III8559	纵95厘米、横59厘米	棉	木头沟	同上
4	Bon4012-1	纵53.5厘米、横40厘米	麻	吐峪沟石窟	韩国国立博物馆

A类：2件，即上表所列第1、2件。这两件幡画保存较差，其中第1件幡画（图6）观音残存胸部以上部分，具圆形头光与背光。头戴

花冠，两侧有缨络垂下，束高髻。头顶绘金身阿弥陀佛，具尖桃形头光与圆形背光，周身放射光芒。脸的轮廓上部为方形，眉间白毫为火焰形，两耳佩戴花形耳坠，唇边留髭。观音头光上方为莲花华盖，左右两侧有向上放射的数道光芒，光芒上方应为残缺的十方佛。观音右侧残存两身菩萨，束高髻，戴花冠，双手合十，披帛绕肩环臂；左侧上部仅残留一身菩萨的右臂和披帛。第2件幡画（图7）观音残存头部的右半部分，具圆形头光与背光。戴宝珠花冠，头顶阿弥陀佛结跏趺而坐。面相庄严，唇边留髭。观音的头光上方为卷云纹华盖，内有汉式建筑。华盖右侧残存四个圆环，内绘结跏趺坐佛。观音右侧一身菩萨，从残存的一只手持绳索来看，可能为不空羂索观音。

B类，2件，即上表所列第3、4件。这两件幡画保存相对较好，其中第3件幡画（图8）幡为长方形，四周有连续的小圆环组成的连珠

图6　大桃儿沟石窟出土观音曼陀罗幡画　　　　图7　柏孜克里克石窟出土观音曼陀罗幡画

纹。正中的观音具圆形头光与背光，边缘绘连珠纹。头戴花冠（？），两侧有缨络垂下。头顶绘结跏趺而坐的阿弥陀佛，具圆形头光与背光。脸型如图1—6中的观音，但稍显瘦小，低眉顺目，唇边留髭，神态安详。红色披帛绕身，右手上举至胸前结印，左手于腹部前托一净瓶。下身穿红黄二色裙子，结跏趺而坐。观音的上方为十方佛，一身残缺；两侧各有三身菩萨，其中右侧中间一身为送子观音。观音的下方有一身回鹘女供养人，举双手撑托观音。该供养人两侧各有一身白衣侍者，下方正中为回鹘文题记。题记的右侧有三身回鹘女供养人，左侧三身男供养人。第4件幡画（图9）上方的十方佛和下方的供养人残缺，正中观音和两侧菩萨造型与A类大致相同。

图8　木头沟出土观音曼陀罗幡画

图9　吐峪沟石窟出土观音曼陀罗幡画①

① 采自引自韩国国立博物馆编：《韩国国立博物馆藏中亚宗教壁画》（日帝强占期资料调查报告第7辑），首尔，2013年版，第136页。

宗教文化

以上 4 件幡画，均为高昌回鹘时期作品，主尊观音有三处突出的相似点。其一，华盖为卷云纹（图 6 例外）。其二，脸部边缘与头发交际处，用红色线勾勒，脸的上部轮廓呈方形。其三，眉间的白毫呈火焰形，图 9 表现最为明显。相比而言，前两件幡画无论在观音的脸型或者色彩的运用上，保存有唐风遗韵，其年代大致在 9 世纪末至 10 世纪。后两件幡画造型工整，遵循了一定的造像法度，达到了较高的艺术水准，其年代大致在 11—12 世纪。

（三）水月观音

此类观音像共 3 件。它们的出土地点、质地、收藏机构、馆藏编号等基本信息如下。

表 3　吐鲁番出土水月观音像基本信息

序号	编号	尺寸	质地	出土地点	收藏机构
1	III529+ III4541, III4536b	纵 47.3 厘米、横 39 厘米 + 纵 23.3 厘米、横 28.8 厘米，纵 12.9 厘米、横 18.9 厘米	丝	高昌故城	德国柏林亚洲艺术博物馆
2	III6709	纵 18 厘米、横 11 厘米	纸	吐鲁番（具体地点不详）	同上
3	III6833	纵 102 厘米、横 51 厘米	棉	高昌故城 K 遗址	同上

A 类，1 件，即上表所列第 1 件（图 10），保存较差。画面左侧边缘残留水月观音的右臂，手臂搭于右膝处自然下垂，橘黄色披帛沿手臂外侧飘扬。观音右前方不规则的几何形台子上放置一净瓶。观音、净瓶与台座被浅绿色的水所环绕，水上绘有水鸟、童子等。观音

的右上方有一佛（或菩萨）^①，胸部以上残缺，双手合十，结跏趺坐于盛开的莲花之上，下方有一胡人呈跪姿的供养人托举，供养人之下有一向左行进的狮子。观音的右下方是八臂观音，手中持莲花、绳索等。

B类，1件，即上表所列第2件（图11），为版刻书页插画。画面中央观音仰面向斜上方而望，两手攀附右腿，披帛环身，呈游戏坐姿坐于方台之上。方台里侧更有一小台，之上放置一净瓶。观音的身后绘圆光和竹子，四周是无边的水域，两只飞鸟在天空自由飞翔。观音下方的水域绘有朵朵莲花，两只水鸟徜徉其间，岸边绘一鹿和两位信徒。信徒双手上举，仰望观音。

图 10　高昌故城出土水月观音像

C类，1件，即上表所列第3件（图12），为棉织品绘画。画面上方中间部位有一圆光，底色为红色。圆光内水月观音头戴宝珠花冠，用于束发的白色缯带向后飘扬，发式是常见的绕耳鬈发披肩式样。脸型丰满圆润，神态安详。观音呈游戏坐姿，身体稍向后倾斜，右臂搭于右腿上，手自然下垂。圆光的右侧有三身菩萨，左侧两身菩萨。圆环的下方有两排比丘，每排五身。比丘的下方正中为回鹘文题记，题记两侧各有三身回鹘供养人。

---

① 查雅先生认为是文殊菩萨，盖因下方有一狮子之故。详见 Chhaya Bhattacharya-Haesner, *Central Asian Temple Banners in the Turfan Collection of the Museum für Indische Kunst, Berlin*, 2003, p.197.

图 11　吐鲁番出土水月观音像　图 12　高昌故城出土水月观音像[1]

　　中唐画家周昉"妙创水月之体"后，意境优美、画面生动的水月观音很快风靡起来，可惜的是，唐代的水月观音像并没有留存下来。五代时期，敦煌石窟中开始出现水月观音像，据王惠民先生统计，五代、宋与西夏共有 27 幅水月观音壁画，另有纸、绢画 5 幅[2]。此外，黑水城也出土有 2 幅属于西夏时期的水月观音绢画。五代、宋初的水月观音画像，观音一般一手执柳枝，另一手托或提净瓶，圆光与竹或绘或不绘。西夏时期，水月观音像出现了变化，观音手中的柳枝与净瓶被放置到一个台子上，被"解放"出的手，或一手搭于膝盖上，一手支撑于台面；或双手攀附膝盖。第 1 件和第 2 件水月观音像符合西夏时期的标准，特别是第 2 件观音像，放置净瓶的台子与俄藏黑水城出土的观音像（X-2439）中的台子极其相似。由此可见，上述两件水

①　请国豪先生线描，并得其承允使用。下文请诸位先生临摹、线描之作品，均得到他们许可使用，不一一注明。

②　王惠民：《敦煌水月观音像》，《敦煌学辑刊》1987 年第 1 期，第 32 页。

月观音像的年代当与西夏同期，可以定在 11—12 世纪间。从观音身姿和回鹘供养人判断，第 3 件观音像与上述两件的年代大体相同。尽管都属于中原画风，但该幅画与前两件相比却有着明显的不同，显然是加入了其他地区的绘画元素。如底色的运用，圆光内热烈的红色，圆光外却是清幽的石青色，冷暖两色形成鲜明的对比，这与西夏榆林窟的水月观音像喜用绿色有明显的区别。此外，观音两侧尊像的配置和下方两排比丘又显示出本地特色。

（四）送子观音

吐鲁番发现的送子观音没有作为单尊像和主尊像存在的实例，均出现于观音经变或曼陀罗中，位居主尊观音的旁侧，常以七观音之一的身份示现。送子观音像保存较好的有以下 5 例。它们的出土地点、质地、收藏机构、馆藏编号（窟号）等基本信息如下。

宗教文化

表 4　吐鲁番发现送子观音像基本信息

序号	编号 （窟号）	质地	出土地点	收藏机构
1	无	丝	高昌故城 α 遗址	德国柏林亚洲艺术博物馆，现遗失
2	Ty-777	丝	高昌故城	俄罗斯艾尔米塔什博物馆
3	Bon4012-1	麻	吐峪沟石窟	韩国国立博物馆
4	III8559	棉	木头沟	德国柏林亚洲艺术博物馆
5	29 窟	壁画	柏孜克里克石窟	

A 类，1 件，即上表所列第 1 件（图 13）。观音呈男相，头戴宝珠花冠，用于束发的缯带向后飘扬，佩大耳环，周身满饰缨络，右手上举，屈食指，左手亦上举，托一未开莲花，莲花内有一双手合十的小儿。

B 类，1 件，即上表所列第 2 件（图 14）。观音呈男相，头戴宝冠，冠后用于束结头发的白色头巾从头顶向后披搭，上身穿白色偏衫袈裟，右手上举托一盛开莲花，莲花上有一小儿，左手伸食指指向小儿。

图 13　高昌故城出土送子观音像之一[①]　图 14　高昌故城出土送子观音像之二[②]

C 类，2 件，即上表所列第 3 件（图 15）与第 4 件（图 16）。观音形象大体相同，呈女相，头戴高宝冠，冠上搭白色披风，上身穿窄袖白衣。左手上举托一莲花，莲花上有一小儿，右手伸食指指向小儿。

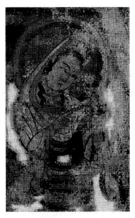 

图 15 吐峪沟石窟出土送子观音像[③]　图 16 木头沟出土送子观音像

① 采自格伦威德尔著，管平译：《高昌故城及其周边地区的考古工作报告（1902–1903 年冬季）》，文物出版社，2015 年版，第 65 页。

② 采自 Государственнй Эрмитаж, Пещеры Тысячи Будд, Санкт-Петербург, 2008，p.225.

③ 采自引自韩国国立博物馆编：《韩国国立博物馆藏中亚宗教壁画》（日帝强占期资料调查报告第 7 辑），首尔，2013 年版，第 136 页。

D类，1件，即上表所列第5件（图17）。观音呈女相，头戴宝冠，冠上搭白色披风，上身穿宽袖白衣，披风与白衣浑然成为一体。左手上举托一莲花，莲花上有一小儿，右手手势不清。

图 17 柏孜克里克第 29 窟送子观音像 [①]

根据姚崇新先生的研究，送子观音像可分为初创、过渡到定型三个阶段。北朝是初创阶段，其构图模式是普通观音形象加化生童子，并与中国传统的"莲（连）生贵子"的观念巧妙的结合起来，所以此时童子被置于莲蕾上。五代宋初是过渡阶段，其造型开始与白衣观音结合起来，已具备定型阶段的基本特征。宋代是定型阶段，体现了送子观音与白衣观音的完美结合，观音头覆白巾，有时额际上方嵌花蔓头饰，身穿白袍，典型的慈母面容，胸前有少量缨络装饰，多呈腿弯曲的舒相坐姿，左臂（偶尔右臂）搂抱一孩童，孩童偶尔立于观音身侧 [②]。姚先生的观点极具启发意义，但亦有值得商榷之处。比如，他将

宗教文化

---

① 请徐东良先生临摹。

② 姚崇新：《白衣观音与送子观音——观音信仰本土化演进的个案观察》，《唐研究》第十八卷，北京大学出版社，2012年版，第266–268页。

观音搂抱孩童，或孩童立于观音身侧作为宋代送子观音定型阶段的特征之一，是基于明代送子观音的实例而得出的结论。但从吐鲁番的送子观音像可以看出，观音手托莲花，莲花之上绘童子的形象从宋代一直持续到元代未发生变化。此外，笔者于 2017 年 8 月开始在敦煌研究院做访问学者期间，曾全面调查了敦煌石窟中的沙州回鹘洞窟。在调查过程中发现多例白衣观音像，如莫高窟 306 窟、308 窟、399 窟、418 窟均有成对的白衣观音出现，且未与送子观音结合，这四个沙州回鹘窟的年代，据刘玉权先生研究在 1019—1070 年间[①]。由此，我们认为送子观音与白衣观音的结合至少应该在 1070 年之后。

基于上述认识，我们试对以上五例送子观音像作大致的年代推测。第 1 件图像，观音呈男相，周身有繁复的璎珞装饰，但未穿白衣，仍然保持着前期送子观音的特征。又，该例图像所属的观音变相中有回鹘供养人的出现。因此，该例观音像年代当在 9 世纪中叶至 11 世纪 70 年代前。第 2 件送子观音像，观音亦呈男相，白色头巾并不十分显眼，身穿白色偏衫袈裟，而非后期常见的白色袍服，这说明该观音像处于前后两期的过渡阶段，其年代当在 11 世纪 70 年代至 12 世纪初。第 3、4 件，观音呈女相，白色头巾与白衣搭配的比较完美，其年代可能在 12 世纪。第 5 幅，观音呈女相，白色头巾与白衣浑然一体。又，该例送子观音像所处的第 29 窟有穿蒙古服饰的供养人。因此，其年代应为 13—14 世纪。

（五）藏式圣观音

该类观音像仅存一例，为版刻书页插画（图 18），现藏德国吐鲁番学研究所，编号为 Tu38（原始编号 T II S）。观音为藏传佛教风格，具圆形头光与背光，头戴三叶冠，项佩串珠，披帛绕身，右手于胸前作说法印，左手前伸作无畏印，下身穿长裙，结跏趺而坐。此外，观

[①] 刘玉权：《关于沙州回鹘洞窟的划分》，载敦煌研究院编：《1987 年敦煌石窟研究国际讨论会文集（石窟考古编）》，辽宁美术出版社，1990 年版，第 24 页。

音右侧还有一长茎莲花。观音的下方残存一穿蒙古服饰的供养人，右侧有藏文和汉文六字真言。该观音像的年代为13—14世纪。

图18　吐鲁番出土藏式圣观音像 ①

二、密相观音

（一）十一面观音

十一面观音像保存较好的有以下4例。它们的出土地点、质地、收藏机构、馆藏编号（窟号）等基本信息如下。

表5　吐鲁番发现十一面观音像基本信息

序号	编号	尺寸	质地	出土地点	收藏机构
1	III8001	纵17厘米、横15.7厘米	丝	交河故城	德国柏林亚洲艺术博物馆
2	46窟	不详	壁画	柏孜克里克石窟（原画已毁）	
3	III8559	纵5.5厘米、横8.8厘米	丝	高昌故城	德国柏林亚洲艺术博物馆
4	29窟	不详	壁画	柏孜克里克石窟	

---

① 采自 Manfred Taube, *Die Tibetica der Berliner Turfansammlung (Berliner Turfantuxte X)*, Berlin, 1980, Tafel XLI, Text 53.

　　A类，3件，即上表所列第1—3件。第1件十一面观音像（图19），观音残存胸部以上部分，具圆形头光，头面自下而上呈三、五、三排列，其中最上一层残存一面。主面呈男相，唇边有胡须，耳佩大耳环，项佩三珠大项圈，几缕鬈发披散于前肩，左手作说法印，右手残缺。第2件（图20）和第3件（图21）造型与第1件大体相同，不同的是前者为正面像，后者为侧面像。

图19　交河故城出土十一面观音像

图20　柏孜克里克第46窟十一面观音像[1]

　　B类，1件，即上表所列第4件（图22）。观音仅绘出胸部以上部分，具圆形头光，头面自下而上呈五、三、二、一排列；五官模糊

────────

① 采自［德］格伦威德尔著，赵崇民、巫新华译：《新疆古佛寺：1905—1907年考察成果》，第525页。

不清，仅可辨识面部轮廓；绿色披帛绕肩；有四臂：二臂上举，手托日月，另二手于胸前作合十状。

图 21　高昌故城出土十一面观音像

图 22　柏孜克里克第 29 窟
十一面观音像[①]

以上 4 件十一面观音像，A 类绘画风格的特点是色彩运用简明而热烈，造型端庄且谨严，显然是遵循了特定的造像法度，具有明显的回鹘风格。其年代当在 11—12 世纪。B 类绘画风格的特点是大胆地运用了冷暖二色，浓烈而又不失清雅。依据该画像所属洞窟中出现穿蒙古服饰的供养人来判断，其年代当在 13—14 世纪。

（二）如意轮观音

如意轮观音像仅存一例，为柏孜克里克第 40 窟右侧壁之主尊（图23）。观音具圆形头光与背光，头戴莲花宝冠，莲花上有一坐佛。头

---

① 徐东良先生临摹。

向右偏，眼睛微闭，神态安详。具六臂，手中持如意宝珠、莲蕾等法器。披帛绕身，半跏趺坐于莲花之上。该观音像绘制的年代为11—12世纪。

图 23　柏孜克里克第 40 窟如意轮观音像①

（三）六字观音

六字观音像仅存一例，为柏孜克里克第 29 窟左侧壁之主尊（图24）。观音具覆钵形头光与背光，束高髻，中间二手合十于胸前，外侧二手上举，拇指与中指相捻，结跏趺坐于莲花宝座上。结合 29 窟中穿蒙古服饰的供养人判断，该观音像绘制的年代为 13—14 世纪。

---

① 徐东良临摹，并请王征先生根据其底稿线描。

图 24　柏孜克里克第 29 窟六字观音像^①

（四）千手千眼观音

千手千眼观音像保存相对较好的有 5 例。它们的出土地点、质地、收藏机构、馆藏编号（窟号）等基本信息如下。

表 6　吐鲁番发现千手千眼观音像基本信息

序号	编号	尺寸	质地	出土地点	收藏机构
1	III4640	纵 49.2 厘米、横 48.2 厘米	丝	胜金口	德国柏林亚洲艺术博物馆
2	Ty-777	纵 215 厘米、横 125 厘米	丝	高昌故城	俄罗斯艾尔米塔什博物馆
3	41 窟	不详	壁画	柏孜克里克石窟	
4	III7307	纵 49.2 厘米、横 32 厘米	棉	吐峪沟石窟	德国柏林亚洲艺术博物馆
5	III7308	纵 58.5 厘米、横 36 厘米	棉	吐峪沟石窟	同上

---

① 徐东良先生临摹。

宗教文化

A类，1件，即上表所列第1件（图25）。观音被绘制于一个大圆环内，残存20余只手，手中有不同的法器，如日（或月）、锡杖、如意珠、宝剑、钵、莲花等。根据画像的构图布局，该观音应为结跏趺坐姿。观音的右侧残存三身菩萨，其中最上面的一身为六臂观音。

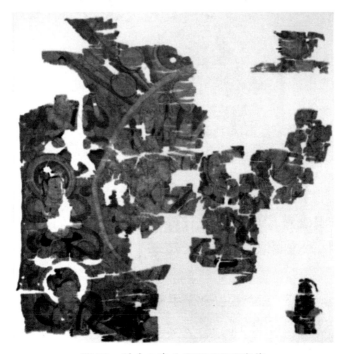

图25　胜金口出土千手千眼观音像

B类，2件，即上表所列第2、3件。第2件为千手千眼观音变相（图26），观音头顶绘结跏趺而坐的阿弥陀佛，头发用黄色绢帛束扎，面相庄严，耳佩大耳环，项佩项圈，肩披披肩，披帛顺肩下垂至小腿处，腰系腰带，下身穿长裙，站立于莲花之上。观音的千手千眼被绘制在一个桃形的环内，胸前有六臂，下二手托钵，中二手合十，上二手分别执莲花；两侧及上方30余只手各执法器。执法器的主手外围，又绘制了几百只手，手中分别有眼睛。第3件千手千眼观音像（图27）的构图与造型与第2例大体相同，所不同者有二：其一，该例只绘出执法器的主手，手中的法器也不尽相同。其二，该例观音像被一个莲瓣形图案所环绕，第二例观音像则被一个尖桃形图案环绕。

图 26　高昌故城出土千手千眼观音像[①]

① 采自 Государственнй Эрмитаж, Пещеры Тысячи Будд, Санкт-Петербург, 2008, p.225.

图 27　柏孜克里克第 41 窟千手千眼观音像①

　　C类，2件，即上表所列第 4、5件。第 4件幡画（图 28）的幡头绘制 20 余只眼睛，代表千手千眼观音，幡身为回鹘文发愿文，幡的另一面亦绘有同样内容。第 5件千眼幡画幡头与幡身均满绘眼睛（图 29）。

　　以上五件千手千眼观音像，根据它们的构图、风格和内容，可以分为三类。A类，观音被一大圆环所环绕，其余图像分列于圆环四周，这种构图布局的观音像在敦煌藏经洞出土的唐代绢画中多有发现。此

---

①　徐东良临摹，并请王征先生根据其底稿线描。

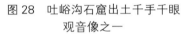

图 28　吐峪沟石窟出土千手千眼　　图 29　吐峪沟石窟出土千手千眼观
　　　　观音像之一　　　　　　　　　　　　音像之二

外，观音右侧菩萨的披帛呈"8"字形环绕，这种造型与敦煌晚唐、五代绢画中亦屡见不鲜。与此同时，该例幡画观音两侧诸尊像的配置（详见后文）与敦煌又有明显的区别。显然，该例幡画的绘制一方面吸收了唐、五代敦煌的绘画传统，另一方面则积极创新。有鉴于此，我们将此画的年代定在 9 世纪中叶至 10 世纪。B 类，第 2 件观音像不同于敦煌唐、五代绘画风格，体现出较高的艺术水准，描绘精细，色彩搭配合理，图像内容丰富，特别是观音主手所执法器的绘制严格遵循了佛经的记载。从画面下方的回鹘供养人所穿服饰来看，应为回鹘王室成员出资所绘，年代在 11—12 世纪。第 3 件观音像沿袭了第 2 件的构图布局，图像内容有所删减。但从其所属洞窟中的穿蒙古服饰的供养人判断，其年代当在 13—14 世纪。C 类，幡画上仅绘出数十只眼睛，以此表现千手千眼观音，这样的幡画在吐鲁番以外的其它地方还没有发现。幡画中的回鹘文发愿文为草体，一般来讲，草体的回鹘文多书写于元代，森安孝夫先生认为其年代在 13—14 世纪间 [①]。

上面我们主要讨论了散藏世界各地的纺织类和纸质类的观音像，兼及石窟壁画中的观音像。对于前者，其功用相对单一一些，主要是功德主出资请人制作，放置于家中，或者供养给寺院，以此祈求观音佑助，或将此功德回向给已故的亲人，希望他们能够来世摆脱轮回之苦，往生佛国净土。对于后者，其功用相对复杂一些，内容也更加丰富，观音像往往以经变画的形式表现出来，这些经变画与洞窟内的其他壁画题材相结合（表 7），呈现出甚深的宗教意涵，因此有必要进行深入的分析探讨。

表 7 吐鲁番石窟观音经变画与其它壁画题材信息 [②]

石窟及窟号	正壁	左侧壁	右侧壁	窟顶
柏孜克里克第 5 窟	观音塑像（已毁）	观音眷属（已毁）	观音眷属（已毁）	塌毁
柏孜克里克第 14 窟	阿弥陀经变	弥勒经变（？）	千手千眼观音经变	金刚界曼陀罗
柏孜克里克第 15 窟	中堂：正壁绘千手千眼观音（？）经变（主尊像已毁），左右侧壁绘观音眷属，窟顶塌毁。前室与甬道绘佛本行经变，窟顶绘宝相花图案。			
柏孜克里克第 17 窟	观音塑像（已毁）	三身观音塑像（已毁）、观音眷属	三身观音塑像（已毁）、观音眷属	大乘庄严宝王经变、观无量寿经变、法华经变

① Takao Moriyasu, Peter Zieme, *Uighur inscriptions on the banners from Turfan housed in the Museum für Indische Kunst, Berlin*, Chhaya Bhattacharya-Haesner, *Central Asian Temple Bannners in the Turfan Collection of the Museum für Indische Kunst, Berlin*, 2003, Berlin, p.466.

② 表中标注"格氏编号"的洞窟为格伦威德尔调查时还存在的洞窟，现已完全塌毁。

石窟及窟号	正壁	左侧壁	右侧壁	窟顶
柏孜克里克第18窟	中心柱正壁绘鹿野苑说法图（释迦塑像已毁），前壁绘佛本行经变，左右后甬道绘炽盛光佛、观音、阿弥陀佛（？）等，窟顶绘平棋图案。			
柏孜克里克第20窟	中堂：正壁绘千手千眼观音（？）经变（主尊像已毁），左右侧壁绘观音眷属，窟顶塌毁。前室与甬道绘佛本行经变。			
柏孜克里克第29窟	弥勒净土（弥勒塑像已毁）	六字观音经变	阿弥陀经变	千佛
柏孜克里克第34窟	观音塑像（已毁）	观音眷属、普贤变（被盗割，不知去处）	观音眷属、文殊变（被盗割，现藏俄罗斯艾尔米塔什博物馆）	千佛
柏孜克里克第35窟	观音像（已毁）	观音眷属（已毁）	观音眷属（已毁）	千佛
柏孜克里克第39窟	观音塑像（已毁）	观音眷属（被盗割）、普贤变、菩萨、天王	观音眷属（被盗割）、文殊变、菩萨、天王	千佛
柏孜克里克第40窟	鹿野苑说法图（已毁）	弥勒经变	如意轮观音经变	千佛
柏孜克里克第41窟	阿弥陀经变（阿弥陀佛塑像已毁）	观无量寿经变	千手千眼观音经变	千佛
柏孜克里克第44窟	观音塑像（已毁，仅剩台座和两侧的功德天、婆娑仙）	观音眷属（已毁）	观音眷属（已毁）	千佛（已毁）
柏孜克里克第32窟（格氏编号，已塌毁）	观音像（可能是如意轮观音）	观音眷属	观音眷属	千佛

宗教文化

357

石窟及窟号	正壁	左侧壁	右侧壁	窟顶
柏孜克里克第 33 窟（格氏编号，已塌毁）	西方净土经变	西方净土经变	观音经变	壁画脱落
柏孜克里克第 46 窟	观音塑像（已毁）	不知名经变、普贤菩萨（已毁）	观音经变、文殊菩萨（已毁）	千佛（已毁）
雅尔湖石窟第 4 窟后室	观音塑像（已毁）	观音眷属	观音眷属	千佛
吐峪沟石窟第 22 窟	前室坍塌下来的壁画中有千手千眼观音像和骑狮文殊像。			
伯西哈尔第 3 窟	中心柱四面开龛，其中正壁为佛陀塑像（已毁），甬道两侧壁画多脱落，窟顶为莲花纹图案。前室绘佛说法图（前壁）、药师经变（前壁）、观音经变（左侧壁）、维摩诘经变（右侧壁），窟顶绘曼陀罗像。			
伯西哈尔第 4 窟	观音像（已毁）	弥勒净土（？）	药师经变	装饰性花纹图案
伯西哈尔第 5 窟	壁画脱落（可能为西方净土经变）	法华经变（？）	千手千眼观音经变	装饰性花纹图案
乌江布拉克石窟（无编号，已塌毁）	有阶梯相连的上下排列的两个小窟，从窟内堆积的壁画残块看有阿弥陀佛像和观音及其眷属像。			
乌江布拉克石窟 E 窟（格氏编号，已塌毁）	观音塑像（已毁）	三身观音塑像、观音眷属（已毁）	三身观音塑像、观音眷属（已毁）	塌毁
大桃儿沟石窟第 5 窟	主尊为观音像，已毁。			

由上表可以看出，吐鲁番石窟中共有 24 个洞窟残存观音（塑）绘像。除了大桃儿沟石窟第 5 窟、柏孜克里克第 18 窟和伯西哈尔石窟第 3 窟外 ①，其余 21 个洞窟的观音像和窟内其他壁画题材构成以下五种组合。

第一种组合的洞窟正壁为观音像，两侧壁绘观音的眷属，窟顶绘千佛或其它图案。这样的洞窟面积较小，窟形为方形穹隆顶窟和长方形纵券顶窟，其中穹隆顶窟有柏孜克里克第 5 窟，长方形纵券顶窟有柏孜克里克第 35 窟、第 44 窟、格氏编号第 32 窟、雅尔湖第 4 窟后室、乌江布拉克石窟 E 窟。

第二种组合的洞窟有柏孜克里克第 15 窟和 20 窟，窟形为方形穹隆顶窟。中心殿堂内正壁绘观音像，两侧壁绘观音眷属，殿堂外的前室和左、右、后甬道绘大型佛本行经变，窟顶绘装饰性的图案。

第三种组合的洞窟唯有柏孜克里克第 40 窟，正壁塑绘佛陀鹿野苑说法，两侧壁绘如意轮观音经变和弥勒经变，窟顶为千佛。

第四种组合的洞窟比较多，共有 8 个：柏孜克里克第 14 窟、第 17 窟、第 29 窟、第 41 窟、格氏编号第 33 窟，伯西哈尔石窟第 4 窟、第 5 窟，乌江布拉克石窟未编号双窟。洞窟内的观音像（或观音经变）与西方净土变、弥勒净土变、药师经变、法华经变形成多样的组合。

第五种组合的洞窟有柏孜克里克第 34 窟、第 39 窟、第 46 窟，正壁塑绘观音像，两侧壁绘观音眷属、文殊菩萨、普贤菩萨及其他内容的壁画。吐峪沟第 22 窟前室坍塌下来的壁画中有千手千眼观音像和骑狮文殊像，推测原来也应该有骑象普贤像，因此亦可归入此组合。

以上五种组合大体上归属两大信仰体系。具体来讲，前四种组合为净土信仰体系，体现的佛教思想为现世救难和来世往生。观音的本

---

① 大桃儿沟石窟第 5 窟壁画脱落殆尽，只能判断出正壁主尊像为观音，无法探讨窟内壁画的组合关系。柏孜克里克第 18 窟和伯西哈尔石窟第 3 窟为中心柱窟，壁画题材较为庞杂，观音像又不占主要地位，故而也不予讨论。

宗教文化

师为阿弥陀佛，信仰观音者的终极归宿是往生西方净土，由于高昌回鹘时期弥勒信仰的繁盛，信奉观音的信徒有时也选择往生弥勒净土。第五种组合为华严信仰体系，观音与文殊、普贤菩萨构成华严三大士，体现了现世救难和大乘菩萨行的佛教思想。

人物春秋

吐鲁番出土文书所见天宝十三载北庭都护封常清在交河郡的行程

新疆大学 王玉平

　　吐鲁番阿斯塔那 506 号墓出土的几件交河郡驿馆马料账中，多次提到了一位"封大夫"，该人在途经交河郡诸驿馆时，往往会有大批的马队迎接和护送，与这批马料账中提到的其他人物形成鲜明的对比，一般认为这个"封大夫"就是时任伊西节度使、北庭都护的封常清。史载天宝十一载（752）封常清出任安西副大都护，知节度事；天宝十三载（754）入朝，摄御史大夫，是年 3 月北庭都护程千里联合葛逻禄擒突厥首领阿布思入朝，封常清随之赴西域权知北庭都护事[①]。到达西域后，封常清经他地道、银山道在北庭和安西之间多次往返，沿途驿馆马料账记录他的到来时间前后接续，因此根据这批马料文卷可勾勒出天宝十三载（754）封常清在交河郡的具体行程。学界对此多有考证，王素先生认为封常清一共 4 次经过交河郡：第一次是四月底从交河郡去安西，第二次是八月底从安西返回北庭，第三次是十一月上旬从北庭出征播仙镇，第四次是十二月上中旬播仙镇得胜后返回交河郡；朱雷先生认为一共 5 次经过交河郡：第一次是四月底从长安西归北庭，第二次是八月底从北庭前往安西，第三次是十一月初由安西返回北庭，第四次十一月十八日从北庭前往安西，第五次是十二月从安

---

① 详见：《旧唐书》卷九《玄宗本纪》、卷一〇四《封常清传》、卷一八七《程千里传》，中华书局，1975 年版，第 228、3208、3209、4903 页。

西返回北庭①。但遗憾的是，二位先生均未考证出几件缺名马料账之驿馆名称和地点，对封常清行程细节的叙述颇不完善，一些行程甚至与实际情况存在很大的偏差。有鉴于此，本文试图重新解读这批马料文卷，以期还原交河郡长行坊的运作过程和封常清的实际行程，不到之处敬请指正。

一、几件缺名马料账之驿馆名称和地点的考察

阿斯塔那 506 号墓出土的这批马料文卷经释读定名为《唐天宝十三—十四载交河郡长行坊支贮马料文卷》，据内容拆分为 22 件，其中有 6 件提到了封常清的经行情况，它们分别是：

1《唐天宝十四载交河郡某馆具上载帖马食蹜历上郡长行坊状》

4《唐天宝十三载礌石馆具七月至闰十一月帖马食历上郡长行坊状》

5《唐天宝十三载礌石馆具迎封大夫马食蹜历上郡长行坊状》

15《唐天宝十四载某馆申十三载三至十二月侵食当馆马料账历状》

16《唐天宝十四载某馆申十三载七至十二月郡坊帖马食蹜历牒》

17《唐天宝十四载某馆申十三载四至六月郡坊帖马食蹜历状》

这 6 件文书中，第 1、15、16、17 件四件文书未载馆名（以下暂定名为馆 1、馆 15、馆 16、馆 17），为进一步说明封常清的经行情况，

---

① 王素：《吐鲁番文书中有关岑参的一些资料》，《文史》第 36 辑，中华书局，1992 年版，第 185–198 页；朱雷：《吐鲁番出土天宝年间马料文卷中所见封常清之北庭行》，《魏晋南北朝隋唐史资料》第 15 辑，武汉大学出版社，1997 年版，第 100–108 页。熊飞：《〈交河郡长行坊支贮马料文卷〉与岑参行年小考》（《敦煌研究》1997 年第 3 期，第 43–48 页）一文提及封常清本年 4 月底 5 月初、8 月、11 月、12 月先后 4 次往于安西北庭之间，但并未细述每次前行的方向和经停驿馆，谢建忠：《吐鲁番出土文书中交河郡腾过人马与岑参诗关系考论》（《兰州学刊》2015 年第 2 期，第 124–130 页）一文对天宝十三载岑参、封常清等人在交河郡的经行情况多有论述，但由于其对吐鲁番附近地理以及唐代的交通状况较少涉及，一些观点都有值得商榷的地方。

需要首先明确这几件马料账之驿馆名称及具体地点。

（一）馆 1 和馆 15 的名称和地点

馆 1 和馆 15 两件马料账部分内容记载封常清的行踪大致相同，朱雷先生认为是同一驿馆，位于郡治高昌城侧近，但其又称："若要从文书学等方面去考察，以证该一馆为何作大致相同的两'状'申上，则又有碍本文大旨"[①]。实际上，两件马料账并非同一驿馆所作，而是同一交通线上两处相邻的驿馆。两件马料账同记天宝十三载（754）四月二十八日封常清队伍的到来情况：

馆 15《唐天宝十四载某馆申十三载三至十二月侵食当馆马料帐历状》

23. 同日（四月二十八日），郡坊帖马七疋，向金娑领（岭）头迎大夫……

30. 四月二十八日，瀚海军征马伍拾贰疋，送　大夫至馆，兼腾过向柳谷……[②]

馆 1《唐天宝十四载交河郡某馆具上载帖马食踏历上郡长行坊状》

53. 同日（四月二廿八日），郡坊石舍回细马伍疋，并石舍送　大夫贴马伍拾伍疋，食麦粟贰硕伍斗。付马子张什仵。[③]

四月二十八日馆 15 派出了帖马 7 疋前往金娑岭迎接封常清，金娑岭为唐代他地道柳谷段的海拔最高处，位于今吐鲁番亚尔乃孜牧场北约 20 公里处的石窟达坂，附近存一大石堆遗址，南北 15 米，东西 11

人物春秋

---

① 朱雷：《吐鲁番出土天宝年间马料文卷中所见封常清之北庭行》，第 102 页。

② 唐长孺主编：《吐鲁番出土文书》肆，文物出版社，1996 年版，第 499—500 页。这批马料账中频繁出现的"贴马"，其实就是"长行贴马"的简称。见黑维强：《〈吐鲁番出土文书〉词语释》，《敦煌学辑刊》2004 年第 1 期，第 65 页。

③ 唐长孺主编：《吐鲁番出土文书》肆，第 424 页。

米，残高 1.2—3 米，顶部有凹坑[①]。该地亦即唐代交河郡与北庭的分界点，封常清从此地入交河郡境，馆 15 派马队前往迎接当是情理之中的事。同时，我们还可进一步推断，馆 15 应当位于金娑岭南部不远处的他地道上。馆 15 马料账还记载，北庭瀚海军征马 50 疋护送封常清南下，于四月二十八日到达馆 15，在此得到补给后，继续向柳谷（馆）方向前进。同日，我们又在馆 1 马料账中见到有大批马队自石舍（馆）到来，两件马料账记载前后吻合，我们断定，馆 15 为石舍馆，而馆 1 为柳谷馆。

唐代交河通北庭的他地道上有柳谷，柳谷馆当在该谷地内。此地驻有军队，称柳谷镇，并有屯田[②]。该地地处交通要道，军事地理位置非常重要，但谷内绝大多数地段自然环境较差，驻屯一定规模的军队绝非易事，考其沿线地理环境，位于今达坂城区东沟乡东 33 公里的大河沿村潘家地，似为唐代柳谷镇所在[③]。该地现存一唐代城堡遗址和一烽火台。城堡位于大河沿村南 700 米的河北岸，平面呈梯形，面积 2432 平方米，东、西、北三面筑墙，南临河，城墙为沙砾土夯筑。烽火台与城堡相距约 500 米，现今已全部坍塌，存长约 6 米，宽约 3 米的黄土包[④]。城堡和烽火台可能就是唐代柳谷镇或附近相关的驿路设施。

石舍馆位置，当在柳谷馆以北，金娑岭以南。金娑岭所在之石窑达坂俗称"上石窑"，在其南部还有一处"下石窑"。下石窑又称"亚尔乃孜牧场石窑"或"石窑子"，位于吐鲁番亚尔乃孜牧场北约 15 公里处的山前洪积平坦开阔处。石窑为窑洞式建筑，坐东北向西南，墙

---

① 新疆维吾尔自治区文物局编：《不可移动的文物·昌吉回族自治州卷 1》，新疆美术摄影出版社，2015 年版，第 591 页。

② 柳谷镇及屯田见于《唐西州都督府上支度营田使牒为具报当州诸镇戍营田顷亩数事》，见唐长孺主编：《吐鲁番出土文书》肆，第 101 页。

③ 严耕望：《唐代交通图考》第 2 卷《河陇碛西区》，（台北）中央研究院历史语言研究所，1985 年版，第 594 页；巫新华：《吐鲁番唐代交通路线的考察与研究》，青岛出版社，1999 年版，第 153 页。

④ 新疆维吾尔自治区文物局编：《不可移动的文物·乌鲁木齐市卷》，第 35-37 页。

体用卵石砌筑，砖砌穹顶，依南东墙用卵石砌筑院落。石窑子特殊的地理位置，决定其初建年代当与他地道相同[①]。这种用卵石砌成的石窑式房屋，与唐代"石舍"一地非常契合，下石窑或为唐代石舍，亦即馆15所在地。

（二）馆16和馆17的名称和地点

馆16应为银山馆，该馆马料账记天宝十三载（754）闰十一月七日至九日条云：

157. 同日（七日），郡坊帖马十疋，送周特进到银山停，食青麦一石……

161. 同日（九日），郡坊帖马十疋，送周特进到停，食青麦一石……[②]

郡坊帖马10疋将这位周特进送到银山停留了三日（七日、八日、九日），10疋马日食青麦一石，其马料自然是由银山馆提供。如此，馆16为银山馆无疑。银山馆的位置，《西域图志》记载托克逊南有"库木什阿克玛塔克"（"库木什"又译作"库米什"），"在苏巴什塔克北谷口西南一百四十里。……回语库木什，银也。阿克玛，积而不散之谓。库木什阿克玛塔克，即《唐书》所谓银山碛也。"[③]这一观点被后人采用，几无异议。银山馆当在银山碛中水源充沛之地，巫新华将其定位在今托克逊县城西南约95公里（公路路程）的库米什镇[④]，比较可信。

馆17应为礌石馆，该馆马料账记天宝十三载（754）六月二十

日条云：

71.同日（廿日），郡坊帖天山馆马两疋，送孙判官到，便腾向银山……①

天山馆的帖马两疋，将孙判官送到馆 17，在此得到补给以后，便向银山（馆）方向离去。如此，馆 17 必在天山馆与银山馆之间。《新唐书·地理志》记银山道："自（西）州西南有南平、安昌两城，百二十里至天山，西南入谷，经礌石碛，二百二十里至银山碛，又四十里至焉耆界吕光馆。"②此处记"天山""礌石""银山"三地相连，如此，馆 17 为礌石馆无疑。

礌石馆的位置，《西域图志》认为在今托克逊南苏巴什沟谷内③，《新疆图志》认为在苏巴什谷中的阿哈尔布拉沟④，清代于其地置驿站，称"阿哈布拉克驿"⑤。今苏巴什沟有地名"阿格布拉克"，当为清代之"阿哈布拉克"，附近有遗址，尚可见 13 间房屋和院落，屋内有炉灶、烟道痕迹等，院落平坦，曾采集到青花瓷片和酱色釉陶片，定为清代遗址⑥。该遗址应该就是清代阿哈布拉克驿，而唐代的礌石馆，可能也在附近。

二、四月底至五月初封常清从北庭前往安西

天宝十三（754）载三月北庭都护程千里擒阿布思入朝，封常清赴西域除了主政安西，还要接替北庭事务。据《赐葛逻禄叶护玺书》记

① 唐长孺主编：《吐鲁番出土文书》肆，第 531 页。
② 《新唐书》卷四〇《地理志》，中华书局，1975 年版，第 1046 页。
③ （清）傅恒等纂、钟兴麒等校注：《西域图志》卷二三《山四》，第 341 页。
④ （清）王树枏等纂、朱玉麒等整理：《新疆图志》卷六一《山脉三》，上海古籍出版社，2015 年版，第 1082 页。严耕望、巫新华亦认同此观点，详见严耕望：《唐代交通图考》第 2 卷《河陇碛西区》，第 465 页；巫新华：《吐鲁番唐代交通路线的考察与研究》，第 107—108 页。
⑤ （清）王树枏等纂、朱玉麒等整理：《新疆图志》卷八〇《道路三》，第 1523 页。
⑥ 新疆维吾尔自治区文物局编：《不可移动的文物·吐鲁番地区卷 5》，第 70 页。

载："又闻（阿布思）数男，今见在彼，种类既恶，留用何为？倘蕴习顽凶，搅扰蕃落，处置不及，追悔无繇。可宜送来，绝其后患。"①可见阿布思虽被擒，其部落子嗣仍在葛逻禄部活动，封常清此次赴西域，首先需要解决的就是阿布思残余势力处置问题，其出使的目的地，自然是北庭。《唐天宝十四载申神泉等馆支供（封）大夫帖马食䴵历请处分牒》记载高昌东部神泉、罗护、赤亭、达匪等驿馆曾为迎送封大夫的长行帖马提供粮料②，据《新唐书·地理志》记载，伊吾至北庭的驿道"自罗护守捉西北上乏驴岭，百二十里至赤谷；又出谷口，经长泉、龙泉，百八十里有独山守捉；又经蒲类，百六十里至北庭都护府。"③罗护守捉在高昌东北部，今鄯善县东北七角井附近，自此北越天山，再折西经木垒、奇台可至吉木萨尔的北庭故城，交河郡长行坊当是从郡治高昌城派遣长行帖马经赤亭、达匪等馆前往罗护馆迎接封大夫并护送其出天山。这件文书为封常清出使北庭的事实提供了一些证据。

封常清到达北庭的具体时间尚难考证，阿布思残余势力的处置情况，也无从知晓。但从馆 1、馆 15 马料账来看，是年四月下旬，封常清已着手南下交河郡，前往安西处理其他事务。以下依据马料账，对这次交河郡长行坊迎送封大夫的细节作进一步说明。馆 1 马料账第 39 列至 58 列记载：

39. 郡坊迎　　封大夫马肆拾捌疋，四月廿四日食麦粟贰硕肆斗。付槽

40. 头张环。　　*****乘

41. 同日，细马伍　　伍斗。付槽头张环。判官杨千乘。

42. 同日，天山军 *　　大夫征马叁拾疋，食粟麦　伍勝。付槽头常

① 《全唐文》卷四一，中华书局，1983 年版，第 444 页。
② 唐长孺主编：《吐鲁番出土文书》肆，第 547 页。
③ 《新唐书》卷四〇《地理志》，第 1046 页。

大郎。

43. 押官＊大宾。

44. 廿五日，郡坊细马伍疋，食粟麦伍斗。付兽医曹驰鸟。

45. 同日，征马叁拾疋，食麦粟玖斗。付槽头常大郎。押＊＊大宾。

（廿六日至廿七日马疋数量无变化，故省去未录）

50. 廿八日，细马伍疋，食麦粟伍斗。付押官尚＊宾。

51. 同日，征马叁拾疋，食麦粟壹硕伍斗。付槽头常大郎　押官尚大宾。

52. 同日，征马叁拾疋，食麦壹硕伍斗。付槽头常大郎　押官尚大宾。

53. 同日，郡坊石舍回细马五疋，并石舍送　大夫贴马伍拾伍疋，食麦

54. 粟贰硕伍斗。付马子张什件。①

　　文书第 39 列之前记录的是柳谷馆三月某些天马匹及侵食情况，一般情况下一天就几匹马，但在四月二十四日这一天，柳谷馆的马匹数骤增，原因是交河郡长行坊得知近期封大夫将从馆 1 沿线地区经过，于是派出了马队在沿线各驿馆进行迎接。从上引文书可知，四月二十四日这天一共有三批马队到来，第一批 48 疋，第二批 5 疋，第三批 30 疋。第一批马 48 疋就是郡长行坊派遣过来的长行帖马；第二批所谓细马，可能是作为仪仗之用，长行马有粗细之分，细马可能更为俊俏，喂养的粮食更加充足（5 疋细马 1 日食麦粟 5 斗，而 30 疋征马 1 日食麦粟才 9 斗，可见细马的待遇要好很多），由兽医看管，作为特殊的用途；第三批 30 疋征马，也就是战马，使用这批马的是天山军军士，因为是迎接西域最高军政长官，这批军士中可能有天山军的高级将领。

　　我们再看四月二十五日柳谷馆的马匹情况。这一天有细马 5 疋、

---

① 唐长孺主编：《吐鲁番出土文书》肆，第 423—424 页。

征马 30 疋，也就是二十四日来到柳谷馆迎接封大夫的第二批、第三批马，而第一批马队 48 疋在前一日就已离开了，所以二十五日该馆不需要提供马料。同样是负责迎送，第一批马队为何要离开呢？看来他们的迎接地点并不在柳谷馆，在此得到补给以后继续前往下一站执行接待任务。如此，从二十五日至二十七日，该馆的马疋数量一直没有变化，看来天山军 30 疋马队以及那 5 疋细马的迎接地点就在柳谷馆。到了四月二十八日，驻留在柳谷馆的 5 疋细马没有什么变化，但 30 疋征马喂了两次粮食，而且每次侵食从 9 斗提升为 1 硕 5 斗，可能是他们接到了封大夫今天就要经过的消息，所以要提高马疋的喂食量，保障马疋体能，执行迎送任务。果不其然，封常清的马队在二十八日到达柳谷馆。

馆 1 马料账明确指出二十八日封常清的马队是从石舍（馆）过来的，我们再看二十八日前后石舍馆的马疋到来情况，馆 15 马料账第 17 列至 31 列记载：

17. 大夫帖马卅四疋，食青麦壹硕柒勝伍合，□壹硕柒勝伍合。付槽头张□、□官杨千乘。

18. 郡坊帖马卅四疋，食青麦壹硕柒勝伍合，□壹硕柒勝伍合。付槽头张环、判官杨 **。

19. 同日，郡坊帖马卅四疋，食青麦伍□，□伍□。付槽头张环、判官杨千乘。

20. 廿七日，郡坊帖马卅四疋，食青麦壹硕壹□，□壹硕壹□。付槽头张环、判官杨千乘。

21. 同日，郡坊帖马卅四疋，食青麦壹硕壹□，□壹硕壹□。付槽头张环、判官杨千乘。

22. 廿八日，郡坊帖马卅四疋，食青麦壹硕壹□，□壹硕壹□。付槽头张环、判官杨千乘。

23. 同日，郡坊帖马七疋，向金娑领（岭）头迎大夫，食青麦贰□伍勝，□贰□伍勝。付槽头张环、判官杨千乘。

（中略）

30. 四月廿八日，瀚海军征马伍拾贰疋，送　大夫至馆，兼腾过向柳谷，来往共食青麦叁硕陆□伍胜，

31. □两硕壹□伍胜。付槽头杨明太、押官乔待贡、总管白庭养。[①]

依据该文书的时间序列，第 17、18 列开头缺损的字补全应分别为"廿五日迎""廿六日"，上引石舍馆的这段马料账虽未记录月份，但可以推断应是四月，因为从二十五日到二十八日负责领受该马队粮食的人张环、杨千乘，曾于四月二十四日出现在柳谷馆，我们有理由相信，这二人是从郡治过来，二十四日途经柳谷馆，二十五日到达石舍馆执行迎送任务。很明显，石舍馆负责迎送的对象仍然是封常清，这个马队一共 44 疋，不同的是，该马队从二十六日开始一天要喂两次粮食（平时可能一天喂 1 次粮食，其余时候喂草料），其原因可能是他们接到了近几天封常清要到来的消息，但不确定是哪一天到来，抑或封常清队伍是分批到来的，所以他们要为马疋提供充足的粮食以保障体能，随时准备接送任务。到了二十八日，石舍馆有马队 7 疋前往金娑岭迎接封常清，同时，瀚海军征马 52 疋将封常清护送至石舍馆，得到补给以后，于当日护送封常清向柳谷馆方向前进。我们回过头来看四月二十八日柳谷馆的情况，馆 1 马料账第 53、54 列确实记录了该日有大量长行帖马从石舍到来，第 54 列后缺损的内容，极大可能就是从北庭一路护送封常清过来的瀚海军马队。

从以上我们得知，封常清于天宝十三（754）载四月二十八日从金娑岭南下，经石舍馆至柳谷馆，其最终的目的地又是哪里呢？所幸的是，我们在馆 17 礌石馆马料账中又见到二十八日后封常清的踪迹。该马料账第 25—38 列记载：

25. 廿九日，郡坊帖银山马廿疋，过　封大夫，并全食，麦粟两石。付健儿郭运、陈金。

---

① 唐长孺主编：《吐鲁番出土文书》肆，第 499–500 页。

27. 卅日，郡坊帖磲石马廿疋过　封大夫，食麦粟两石。付健儿郭运。

29. 同日（卅日），郡坊帖银山马廿七疋过　封大夫，食麦粟两石七斗。付健儿奉起、张环等。

30. 五月一日，郡坊马十三疋帖馆过旌节使，食麦粟一石三斗。付健儿起。

31. 帖马卅三疋过　封大夫，食麦粟三石三斗。付马子张庭俊。

32. 一石。付健儿上官什件。

34. 四日，郡坊马卌六疋，送　封大夫回，并全食，粟四石六斗。付健儿张庭俊。

35. 同日，征马廿二疋，送　封大夫回，食麦粟一石一斗。付押官尚大宾。

36. 同日，刘总管郡坊马两疋，送　封大夫回到，食麦粟二斗。付秦仙。

38. 同日（四日），送　封大夫回之马六疋，食麦粟六斗。付马子阎价奴。①

该文书第 25—31 列多次提到"过封大夫"，这个"过"有"送"的意思②。四月二十九日至五月一日或二日，至少有 5 批护送马队经过磲石馆，第一批 20 疋于二十九日到达三十日离去（第 25 列所记马疋数量与马料领受人与第 27 列相同，应是同一批马队）；第二批 27 疋于三十日经过，负责领受这批队伍马料的三个人，其中一个叫张环，此人于二十四日至二十八日出现在石舍馆和柳谷馆，应该是在金娑岭接到封常清队伍后，一路护送过来的；第三批 13 疋送旌节使于五月一日经过；第四批 43 疋于五月一日或二日经过（因 31 列开头部分缺损，

---

① 唐长孺主编：《吐鲁番出土文书》肆，第 528—529 页。第 26、28、33、37 列内容与迎送封大夫无直接关系，故省去未录。

② 王启涛：《吐鲁番出土文书词语考释》，巴蜀书社，2005 年版，第 170 页。

我们不知道此条记载是五月一日还是二日的情况）。

第34—38列是五月四日交河郡马队护送封常清出境后返回并经过碛石馆的情况，一共返回了四批，尤其值得注意的是，第二批为征马22匹，负责领受马料的人是尚大宾，此人于四月二十四日至二十八日出现在柳谷馆马料账中，是天山军征马队的押官，如此我们知道，瀚海军负责将封常清护送出柳谷，而天山军负责将其护送出银山。护送队的返回也就标志着此次迎送任务的完成，封常清的经行路线也清晰可知，即从北庭出发，经他地道上的金娑岭、石舍馆、柳谷馆等地南入交河县、天山县，再经银山道上的碛石馆、银山馆等地西南入焉耆，其目的地可能是安西都护府所在之龟兹。

三、八月底至九月初封常清从安西返回北庭

前已论述，封常清于天宝十三载（754）五月二日就从交河郡碛石馆、银山馆前往焉耆方向，大概没几日便能到达安西，之后直到八月，其在安西和北庭间是否有来回，我们尚无确凿的证据[1]。到了九月，又有迹象表明封常清在北庭活动。岑参有诗《轮台歌奉送封大夫出师西征》《走马川行奉送出师西征》《北庭西郊候封大夫受降回军献上》记载封常清曾于北庭出师西征，此役具体时间和出征对象，笔者赞同薛宗正先生的观点，即封常清于天宝十三载九月至十月西征葛逻禄[2]，战争起因可能仍是阿布思残余势力处置问题。而在吐鲁番出土文书中，我们的确又见到天宝十三载八月底九月初封常清从安西返回北庭的记录。馆16马料账记银山馆八月二十五日至二十九日条云：

---

① 馆16马料账记银山馆天宝十三（754）载七月二十日前后，"送封大夫旌节到"（唐长孺主编：《吐鲁番出土文书》肆，第515页），封常清似在七月下旬过交河郡银山馆，但是相应在碛石馆、柳谷馆、石舍馆等马料账中，并未发现七月下旬封大夫的过往记录。也许是这批马料账错载、漏载，也许是相关的文书没有保存下来，总之这次经行目前找不到充足的证据，我们暂不作讨论。

② 薛宗正：《安西与北庭：唐代西陲边政研究》，黑龙江教育出版社，1995年版，第246-247页。

81. 同日（廿五日），郡坊迎封大夫，马卅三疋，食麦三石四斗四升。付健儿张庭＊。

82. 廿六日，郡坊帖马五十疋，食麦五石。付健儿张庭俊。

（廿七日至廿八日马疋数量没有变化，故省去未录）

85. 廿九日，郡坊帖马五十疋，食青麦五石。付健儿张庭俊。①

从上引马料账我们得知，交河郡长行坊从八月二十五日就派遣一批马队在银山馆迎候封常清的到来，起初是 43 疋马，二十六日以后增至 50 疋，这批马队一直在银山馆驻留直到二十九日才离去（三十日及之后不见该批马队的食供账，因此推测其二十九日就已离去），其离开是因他们在此日迎接到了封常清，并随即将其向礌石馆方向送去。我们再看八月二十九日以后礌石馆的情况，馆 4 马料账记礌石馆八月三十日条云：

95. 卅日帖马卅五疋，当日便送封大夫向天山，食麦两石八斗。付马子赵璀。

97. 同日（卅日）郡坊帖马五十疋，从银山送封大夫到，食麦四石。付健儿张俊。②

此段记账有些颠倒，97 列应在 95 列之前。97 列所记马队就是此前二十五日至二十九日驻留在银山馆迎候封常清的 50 疋马，他们在二十九日接到封常清，于三十日护送经礌石馆往天山馆方向。95 列所记马队可能是郡长行坊派驻在本馆执行迎送任务的，其最终是同从银山馆到来的马队一起将封常清送往天山馆。

封常清于八月三十日当天便能到达天山馆，之后可能在交河郡某地有短暂停留，随即经柳谷前往北庭。馆 1 马料账记录了八月三十日以后封常清经过柳谷馆的情况：

60. 郡坊迎　封大夫＊马肆拾疋，八月廿七日食麦贰硕。付马子兹

---

① 唐长孺主编：《吐鲁番出土文书》肆，第 518 页。
② 唐长孺主编：《吐鲁番出土文书》肆，第 452 页。

秀*，押官杨俊卿。

61. 廿八日，郡坊帖马*拾疋，食麦贰硕。付健儿兹秀元 押官杨俊卿。

62. 廿九日，郡坊*肆拾疋，食麦贰硕。付健儿兹秀元 押官杨俊卿。

63. 九月一日，郡坊 马肆拾疋，内贰拾陆疋食全料，送旌节；壹拾肆疋食半

64. 料，共食麦叁硕叁斗。付健儿*秀元 押官杨俊卿。

65. 同日酸枣送旌　　疋食壹硕叁斗。付健儿　　官杨卿。

66. 二日郡坊马肆　　贰硕。付健儿兹秀元 押官杨俊。

67. 三日郡坊帖马*拾 疋及腾酸枣帖马拾伍疋，共食麦**伍斗。付健儿

68. 兹秀元*官杨俊卿。

69. 同日酸枣馆送 大夫马叁拾柒疋，食麦壹硕捌斗。付健儿兹充（秀）元

70. 押官杨*卿。

71. 四日酸枣迎**官帖马柒疋，食麦肆斗伍勝。付马子秦仙。

72. 同日郡 坊 帖*贰拾伍疋，食麦壹硕贰斗伍勝。付健儿兹秀元押官杨卿。

73. 五日，郡** 大夫回马肆拾疋，食麦贰硕。付健儿陈景阳 押官杨卿

74. 雍**。

75. 六日，郡坊送 大夫马肆拾疋，停一日，食麦贰硕。付健儿陈景阳 押官雍彦之。[①]

和之前的迎送一样，交河郡长行坊得知封常清要经过的消息，早在八月二十七日就派遣了马队 40 疋在柳谷馆迎候。封常清的队伍是分

---

① 唐长孺主编：《吐鲁番出土文书》肆，第 425—426 页。

批过来的，第一批送旌节于九月一日到达，其来地是酸枣（馆），该馆可能位于交河故城西约 11 公里的二二一团烽火台[①]。第二批于九月三日到达，第 69 列中出现的"大夫"应该就是"封大夫"，这批马队仍然是从酸枣（馆）过来的。九月四日不见护送队伍经行，九月五日始见护送队伍返回至柳谷馆（75 列"大夫"后缺一"回"字），至此这次迎送任务正式结束。

四、十一月中旬封常清从北庭前往安西

封常清于天宝十三载（754）九月初到达北庭，十月西征结束，至十一月塔里木盆地南缘又兴战事，岑参有诗《献封大夫破播仙凯歌六章》记载封常清曾前往播仙镇（今且末附近）征战，此役具体时间，笔者赞同王素先生的观点，即发生在天宝十三载十一月至十二月之间[②]。吐鲁番出土文书也证实封常清的确在十一月从北庭经交河郡前往焉耆方向，馆 1 马料账记柳谷馆十一月马料侵食情况：

118. 十一月一日，帖马柒疋，食麦柒斗。付吕承祖。

119. 二日，帖马柒疋，便迎 封大夫，食麦柒斗。付吕承祖。

（三日至十三日马疋数没有变化，省去不录）

131. 十四日，郡坊后迎 封大夫，粗细马伍拾贰疋，食麦贰硕

132. 头魏秀琳。

133. 十五日，帖马贰拾玖疋，食麦贰硕玖斗。付魏秀琳。

134. 同日，帖马贰拾伍疋，食麦贰硕伍斗。付魏琳。

135. 十六日，帖马贰拾玖疋，食麦贰硕玖斗。付魏秀琳。

136. 十七日，帖马贰拾玖疋，食麦贰斗（硕）玖斗。付魏秀琳。

137. 同日，帖马贰拾壹疋，食麦贰硕壹斗。付魏秀琳。

人物春秋

---

① 王玉平：《唐代东部天山廊道的军城与布防》，上海师范大学博士学位论文，2020 年，第 143 页。

② 王素：《吐鲁番文书中有关岑参的一些资料》，第 197 页。

138.同日，帖马贰拾伍疋，食麦贰硕伍斗。付魏琳。

（中略）

142.北庭送　封大夫征马贰拾疋，送至柳谷回。十一月十八日，食青麦贰硕。

143.付健儿高珍。

144.同日，北庭长行马壹拾贰疋，准前至柳谷回。食麦壹硕贰斗。

145.付马子杨崇光。[①]

自十月底以来，柳谷馆就一直驻留帖马 7 疋，由吕承祖负责，直到十一月二日，这 7 疋马接到了新的任务，所谓"便迎封大夫"，可能是柳谷馆在这一天接到了封常清将在近期经过的消息，因此将这 7 疋马留作备用。到十一月十四日，交河郡长行坊又派了一批马队到柳谷馆，所谓"后迎封大夫"，正与"便迎封大夫"相应，说明这批马是新派过来的。十四日柳谷馆的马疋数量为 52 疋，但到了十五日又减少到 29 疋，说明其中有 23 疋马只是经过。同时，十五日又新到 25 疋，他们仍是经过，因为十六日不见他们的侵食情况。到了十七日，除一直留守在柳谷馆的 29 疋马外，该馆新到两批马疋，一批 21 疋，一批 25 疋，这两批马应是十四日、十五日途经柳谷馆，在十七日接到封常清以后返回之马队。因此我们推断，十一月十七日封常清到达交河郡柳谷馆。

上述部分马队途经柳谷馆前往别处迎接封常清，其迎接地点自然是柳谷馆北部的石舍馆，或者更北的金娑岭，我们且看石舍馆的马疋到来情况。馆 15 马料账记载石舍馆十一月十四日至十六日马队到来情况：

201.同月十四日，郡坊帖马拾疋，共食青麦壹硕。付健儿范老子。

202.十五日，帖马贰拾伍疋，共食青麦两硕伍斗。付健儿范老子。

203.十六日，帖马贰拾伍疋，共食青麦两硕伍斗。付健儿范老子。

204.同月十四日，北庭征马贰拾疋，共食青麦两硕。付健儿韩僧。

---

① 　唐长孺主编：《吐鲁番出土文书》肆，第 429~431 页。

205.十六日，北庭征马肆拾陆疋，共食青＊肆硕陆斗。付健儿韩僧。①

石舍馆自十日以来一直驻留有9疋马备用，至十一月十四日马疋数量开始增加。十四日该馆新到郡坊帖马10疋，此前我们发现十四日可能有23疋马途经柳谷馆前往石舍，但马料账记载到达石舍馆的马队只有10疋，剩余马疋的去向不得而知。十五日石舍馆马疋为25疋，与馆1柳谷馆马料账记载吻合，但十四日到达的10疋马队去向又是一个迷。十六日帖马数量仍是25疋，十七日不见记载，说明十六日他们已经接到了封常清并于当日就离去。另外，十四日、十六日石舍馆各到来了一批北庭征马，应该是北庭翰海军的护送马队，其中十四日征马20疋可能是先头部队，十六日征马46疋护送的应该就是封大夫的队伍。与这年四月底封常清从北庭前往安西的情况类似，北庭翰海军征马的任务是将封常清护送出柳谷，因此我们又在上引馆1马料账中见到这批征马途经柳谷馆的情况，馆1马料账第142列记十八日"北庭送封大夫征马贰拾疋，送至柳谷回"，即是他们将封常清护送出谷并途经柳谷馆的记载。除翰海军征马，北庭长行马也参与了此次护送任务，馆1马料账144列有十八日北庭长行马10疋前往柳谷返回的记载。

封常清出柳谷后马不停蹄，直奔银山，馆4马料账记礌石馆十一月十七日条云：

145.同日（十七日），郡坊帖马卌五疋，送大夫到；本馆帖马廿疋，其日宿；共食麦五石。付槽头秦抱仙。②

封常清十七日从柳谷馆出发，当日就到达了银山道上的礌石馆，两地实际距离在250里左右，如此行军速度，从北庭到播仙镇，几日便可到达，可见此次战事十分紧急，也说明唐代西域长行驿道效率很高。封常清到达礌石馆时可能已经天黑，当日留宿礌石馆，十八日出

---

① 唐长孺主编：《吐鲁番出土文书》肆，第 509 页。
② 唐长孺主编：《吐鲁番出土文书》肆，第 455 页。

发前往银山馆，我们且看银山馆的马匹到来情况。馆 16 马料账记银山馆十一月十八日、十九日条云：

127.同日（十八日），封大夫乘帖马卌二匹，食青麦两石。付健儿钟俊。

128.同日，郡坊帖马卌五匹，送封大夫到吕光回，食麦三石二斗五升。付健儿钟光俊。

130.同日（十九日），郡坊马十五匹送封大夫回，食青麦七斗五升。付健儿陈金。

封常清十八日从碛石馆出发，当日便经过银山馆，在此得到补给以后随即前往焉耆。交河郡长行马队负责将封常清护送出境，至焉耆吕光馆后返回，十八日返回一批 45 匹，十九日返回一批 15 匹。

五、十二月下旬封常清从安西返回北庭

天宝十三载（754）十一月十八日，封常清自银山馆向西，沿着《新唐书·地理志》所记之路线，经吕光馆、盘石、张三城守捉、新城馆，渡淡河至焉耆镇城，出铁门关后，沿着孔雀河或塔里木河东南行，接车尔臣河，再西南至播仙镇所在之且末县。播仙镇一役持续月余，从岑参诗句来看，唐军大获全胜。至十二月下旬，封常清又经交河郡返回北庭。馆 5 马料账记碛石馆十二月一日至十九日条云：

1.碛石馆　　　状上

2.合郡坊帖馆迎封大夫马从十二月一日至十九日食蹋历

3.十二月一日迎封大夫郡坊帖银山、碛石马共卌九匹，食青麦叁硕肆斗叁胜。付健儿钟

4.光俊　陈怀金　坊官果毅杨俊卿。

5.二日郡坊帖马廿二匹，共食麦壹硕伍斗肆胜。蹋子史希俊付健儿钟光俊

6.坊官果毅杨俊卿。

（三日至八日马疋数量没有变化，故省去不录）

13. 九日郡坊马廿三疋，共食青麦壹硕陆斗壹勝。踏子史俊付健儿钟光俊 坊官杨卿。

（十日至十六日马疋数量没有变化，省去不录）

21. 十七日郡坊帖马卅六疋，共食青麦肆硕玖斗贰勝。踏子史俊付健儿钟俊 坊官杨卿。

22. 十八日郡坊帖马廿五疋，食青麦壹硕柒斗伍勝。踏子史俊付健儿钟俊 坊官杨卿。

23. 十九日郡坊马五十疋，共食青麦叁硕肆斗。踏子史俊付健儿钟俊 坊官杨卿。

24. 右郡坊帖马迎封大夫，从 * 二月一日至十九 * 计侵食当馆

25. 东西料青麦卅七石一斗六升。具食历如前，在馆见阙

26. 踏料，望请支填处分。

27. 牒件状如前谨牒。

28. 天宝十三载十二月廿五日踏子史希俊牒 [1]

这是一件礌石馆专门记录迎接封常清的马料账，从中我们可以清楚地了解到交河郡长行坊迎接西域高官的全部过程。得知封常清在近期将从安西返回北庭，交河郡长行坊派遣马队 49 疋前往礌石馆、银山馆负责迎送任务。十二月一日这批马队到达礌石馆，其中 22 疋驻留该馆，余下 27 疋继续前往银山馆。二日至十六日，礌石馆的马疋数量一直为 22 疋、23 疋。十七日可能是封常清的先头部队从银山馆到来，因此马疋数量增至 36 疋，十八日先头部队向天山馆方向离去，因此马疋数量又减少至 25 疋。十九日封常清队伍到来，马疋又增至 50 疋。二十日不记马疋侵食情况，说明十九日礌石馆的迎接任务已完成。此次迎接任务，前后近 20 天，仅礌石馆就耗费粮食 37 石 1 斗 6 升，银山馆这一次的马料账没能保存下来，但其驻留的马疋比礌石馆多，粮

人物春秋

———

① 唐长孺主编：《吐鲁番出土文书》肆，第 459—460 页。

食消耗量应比礌石馆更大。总之，这样的迎送任务的确是一件耗费巨大的行动。

封常清的队伍从礌石馆出发，经天山、酸枣等馆到达柳谷馆。馆1马料账记录了封常清经过柳谷馆的过程，第169—192列载：

169.十二月一日，郡坊迎 大夫帖马贰拾柒疋，食麦粟共壹硕捌斗玖勝。付健儿牛云。

（二日至廿二日马疋数量变化较小，省去不录）

191.廿三日，郡坊帖马贰拾叁疋，食□粟壹硕陆斗壹勝。付健儿牛云。

192.同日，酸枣＊送 大夫帖马肆拾疋，经宿腾过，两料，食捌硕。＊＊儿薛＊。[①]

我们看到，柳谷馆的迎接任务也是从十二月一日就开始了，这一天交河郡长行坊总共派遣了马队27疋在此迎候，从二日至二十三日，这批马队一直在此待命，其间马疋数量有变化，但多数时候基本维持在23疋、25疋、27疋。二十三日封常清的马队40疋从酸枣馆过来，在此经宿一日，于二十四日向石舍、北庭方向离去。

我们看石舍馆的情况，馆15马料账记十二月石舍馆迎封常清马料侵食情况如下：

226.十二月十二日，郡坊帖 大夫马贰拾捌疋，共食□麦壹硕玖斗陆勝。付健儿魏琳。

（十三日至廿二日马疋数量没有变化，省去未录）

237.廿三日，帖马肆拾壹疋，共食□麦两硕捌斗柒勝，各半。付健儿魏林。

238.廿四日，帖马肆拾疋，共食□麦两硕捌斗，各半。付健儿魏林。

239.其月（十二月）十九日，帖柳谷马贰拾捌疋，送旌节到，共

① 唐长孺主编：《吐鲁番出土文书》肆，第433-434页。

食□麦壹硕玖斗陆勝，付健儿魏林。

240. 廿三日，从柳谷来帖马陆拾疋，送 大夫至，共食□麦叁硕。付健儿薛大郎。

241. 十二月一日，郡坊帖 大夫马贰拾叁疋，共食□麦壹硕陆斗壹勝。付健儿魏琳。

（二日至九日马疋数量没有变化，省去不录；十日至十一日内容残，未知）

251. 十二日帖马拾捌疋，共食□麦壹硕贰斗①

石舍馆的这段马料账记录有一些混乱，第241—251列应当在226列之前。此次石舍馆迎接封常清的任务也是从十二月一日就开始的，当日郡长行坊派遣马队23疋来到该馆待命，二日至十一日马疋数量可能都没有什么变动。十二日的马疋数量，251列记为18疋，226列记载为28疋，前者可能是误记，但也有可能是执行相同任务的两批马队，28疋可能为新到。十三日至二十二日，马疋数量一直为28疋，其间十九日柳谷馆帖马28疋护送封常清先头部队送旌节先行至此（239列）。二十三日封常清队伍又分两批到来石舍馆，第一批41疋（237列），第二批60疋（240列），这两批马队在前引馆1柳谷馆马料账中未见记录，可能是自柳谷南部某馆而来，在柳谷馆未作停留，直接到达石舍馆。二十四日封常清最后一批马队40疋到达石舍馆，此当为二十三日柳谷馆马料账中记录的那批经宿腾过之马队。

从二十四日开始，交河郡护送队将封常清送出境后纷纷返回，馆1马料账记柳谷馆二十四日至二十五日条云：

195. 廿四日，郡 *** 大夫回马伍拾叁疋，食麦

196. 廿五日，魏琳下送 大夫汉戌回马叁捌疋，食□粟共贰硕陆斗陆勝。②

① 唐长孺主编：《吐鲁番出土文书》肆，第510—512页。
② 唐长孺主编：《吐鲁番出土文书》肆，第435页。

　　该马料账中"汉戍"一地，可能就是《新唐书·地理志》中记载的"石会汉戍"①，今吉木萨尔南部车师古道出山口有一东大龙口遗址，或为唐代石会汉戍所在地②。其地位于北庭南部，是柳谷馆、石舍馆通北庭的必经之地。马料账中，二十四日回马 53 疋，是二十三日经石舍馆前往北庭方向的护送队伍；二十五日回马 38 疋，是二十四日经石舍馆前往北庭方向的护送队伍。自此，交河郡长行坊的迎送任务告一段落。

天宝十三载封常清交河郡驿馆经停表

方向	时间	经停地	上一站	下一站
北庭—安西	四月二十八日	馆 15（石舍馆）	金娑岭	柳谷馆
	四月二十八日	馆 1（柳谷馆）	石舍馆	
	五月二日	馆 17（礌石馆）		银山馆
安西—北庭	八月二十九日	馆 16（银山馆）		礌石馆
	八月三十日	馆 4（礌石馆）	银山馆	天山馆
	九月三日	馆 1（柳谷馆）	酸枣馆	
北庭—安西	十一月十六日	馆 15（石舍馆）		
	十一月十七日	馆 1（柳谷馆）		
	十一月十七日	馆 4（礌石馆）		
	十一月十八日	馆 16（银山馆）		吕光馆
安西—北庭	十二月十九日	馆 5（礌石馆）		
	十二月二十三日	馆 1（柳谷馆）	酸枣馆	
	十二月二十三日	馆 15（石舍馆）	柳谷馆	汉戍

---

① 《新唐书》卷 40《地理志》，第 1047 页。
② 王玉平：《唐代东部天山廊道的军城与布防》，第 190—191 页。

结语

综上所述，封常清在天宝十三载（754）四月底之前就已抵达北庭，其后经交河郡在北庭和安西之间往返 4 次：第一次是四月底五月初从北庭前往安西，第二次是八月底九月初从安西返回北庭，第三次是十一月中旬从北庭前往安西，第四次是十二月下旬从安西返回北庭。厘清封常清交河郡的真实行程，不仅有助于探讨这批马料文卷中其他人物的动向和天宝十三载（754）西域的政治形势，也有助于进一步认识唐代长行坊的运作机制。

学界对唐代西州长行坊制度多有探讨，其中，孙晓林先生《试探唐代前期西州长行坊制度》一文最为系统全面，诸多观点很有启示意义。如长行马的途程，孙先生总结为 3 种情况：第一，与邻州之间的运行；第二，驿馆之间的运行；第三，以本州府边界为起止点的运行。本文讨论的封常清交河郡行程，就是第三种运行模式一个典型且十分完整的案例。交河郡长行坊迎送封常清，长行马队多是提前数天甚至数十天就在沿途各馆祗候，他地道上的石舍馆、银山道上的银山馆由于处在交河郡边境，承担着迎接的任务，封常清往返北庭和安西，由这两个驿馆进入交河郡境后，沿途各馆马队负责将其送往下一站，直至护送出境。由于一些驿馆的马料账没有完全保存下来，我们并不能确定其是否在每个驿馆都有停留。应当说明的是，这种运行模式能最大限度地提高运送效率，十一月中旬封常清在三日左右便能穿过艰险的他地道和银山道，在极快的时间内到达播仙镇指挥作战，不得不说，唐前期能够有效保障西域的稳定和丝绸之路的安全，与这一健全、高效的驿传制度有密切的关系。

唐代他地道、银山道及沿途驿馆分布图

地图说明：本图用 QGIS 制作，地形图采用 DEM 数字高程生成山体阴影，现代行政中心采用 google 电子地图数据，古遗址定位依据《不可移动的文物》（新疆美术摄影出版社，2015 年版）、《昌吉回族自治州文物普查资料》（《新疆文物》1989 年第 3 期）、《吐鲁番地区文物普查报告》（《新疆文物》1988 年第 3 期）等文物普查资料提供的位置信息。

走马万里佐王事：唐代北庭与长安往来使者研究

陕西师范大学历史文化学院　　陈　玮

地处天山北麓的北庭，既是唐朝控遏西突厥、突骑施、葛逻禄的西域边防重镇，也是唐朝在天山以北的政治、军事中心。河陇陷蕃前，唐廷对于北庭极为重视，北庭的重大政治、军事事务往往由唐廷最终裁决。从长安前往北庭传达唐皇诏旨以及处理边疆民族事务的使者，从北庭前往长安汇报政情、军情的使者，沿途相望、络绎不绝。河陇陷蕃后，唐廷与北庭的交通往来极为困难，唐廷派往北庭的宦官以及北庭派往长安的奏事官，通过回鹘路使唐廷与北庭互通信息，直至北庭失陷于吐蕃。学界关于唐代北庭与长安往来使者的研究，主要集中于考证河陇陷蕃后北庭归朝官孙杲的生平事迹，以及李元忠担任伊西庭节度使时唐廷派往北庭的宦官的使命、出使背景和抵达时间，缺乏对河陇陷蕃前、以及杨袭古担任伊西庭节度使时北庭与长安往来使者的研究。笔者不避揣陋，拟在参考学界既有研究的基础上，较为全面地研究自庭州设立至北庭失陷于吐蕃前，北庭与长安的往来使者，分述如下。

一、唐高宗、武后时期北庭与长安的往来使者

贞观二十二年（648）四月，西突厥汗国泥伏沙钵罗叶护阿史那贺鲁率部众降唐，被安置于庭州莫贺城。唐廷任命阿史那贺鲁为左骁卫

将军、瑶池都督。唐太宗逝世后，阿史那贺鲁图谋自立，欲先攻取西州、庭州。庭州刺史骆弘义"知其谋，表言之"。在庭州使者携奏表抵达长安后，唐高宗"遣通事舍人桥宝明驰往慰抚。""赐以弓矢杂物。"通事舍人为中书省下外交机构四方馆官员，所承担的重要职任之一即为"'承旨宣劳'，即执行传达皇帝旨意进行慰劳的各种外交使命。""除了在朝中承旨宣劳外，也还要出使宣劳。"桥宝明前往北庭安抚阿史那贺鲁即属于出使宣劳，他抵达北庭后，成功说服了阿史那贺鲁派遣己子阿史那咥运入朝宿卫。

光宅元年（684）十月，武后下旨将唐高宗朝中宰相、时任内史的裴炎斩首。载初元年（690）九月武后称帝，裴炎之侄裴伷先在朝堂上谏斥武后，被处以廷杖，流放至岭南瀼州。裴伷先在潜逃回乡被发现后，又被流放至北庭。裴伷先在北庭经商致富，结交河西高官，娶西突厥兴昔亡可汗阿史那献女，笼致大批门客，"自北庭至东京，累道致客，以取东京息耗。朝廷动静，数日伷先必知之。"由于谶言"代武者刘"中的"刘"与"流"谐音，武后派遣使者奔赴十道，以安慰为名屠杀流人。使者来到北庭后，"召流人数百，皆害之"。裴伷先事先逃入西突厥，被北庭都护抓回后囚禁，因未来得及上报而幸免遇难。之后武后又派遣使者来到北庭。《太平广记》引《纪闻》云："天后度流人已死，又使使者安抚流人曰：吾前使十道使安慰流人，何使者不晓吾意，擅加杀害，深为酷暴。其辄杀流人使，并所在锁项，将至害流人处斩之，以快亡魂。诸流人未死，或他事系者，兼家口放还。"因此裴伷先得以返回中原。

二、唐玄宗开元年间北庭与长安的往来使者

开元二年（714）二月，后突厥汗国默啜可汗派遣己子移涅可汗、同俄特勤、女婿火拔颉利发石阿失毕率大军围攻北庭都护府治所庭州。北庭都护郭虔瓘坚守拒敌，又遣部下平乐府别将张守珪突围前

往长安奏报军情。张守珪间道抵达长安后，向朝廷上书论陈军事，提出击退后突厥汗国大军的建议。《旧唐书·张守珪传》云："开元初，突厥又寇北庭，虔瓘令守珪间道入京奏事，守珪因上书陈利害，请引兵自蒲昌、轮台翼而击之。"唐廷急遣监察御史里行褚璆奔赴北庭，监督北庭都护郭虔瓘等将领，大破后突厥汗国大军。《新唐书·褚遂良附褚璆传》云褚璆"字伯玉，擢进士第，累拜监察御史里行。先天中，突厥围北庭，诏璆持节监总督诸将，破之。"赖瑞和先生指出"内供奉和里行其实都在执行和正员一样的'职事'，但他'俸禄'有差，且无职田和庶仆。"监察御史里行是"正规编制外的一种员外官，一种'亚类'，俸禄和地位略逊于正规御史。"褚璆虽然是监察御史里行，但也是御史台官员，他前往北庭体现了御史台监察中外百官的职责。

郭虔瓘长期镇守北庭、安西，功勋卓著。《郭虔瓘墓志》云："皇帝嘉公大勋，前后制使送敕书二百卅八，并赐袍带、金银器物、口马鹰狗等，有倍其数。"在给郭虔瓘传送敕书以及唐玄宗赏赐品的唐廷制使中，应有前往北庭者。《资治通鉴》记开元二年（714）十月"突厥十姓胡禄屋等诸部诣北庭请降，命都护郭虔瓘抚存之。"唐廷使臣携带大量贵重物品前往北庭赏赐与胡禄屋部众。《册府元龟》云："胡禄屋二万帐诣北庭内属，敕郭虔瓘存恤，遣使赍紫袍金银带等二百余事、锦帛二万段以赐之。"

继开元二年（714）十月西突厥胡禄屋部落附唐后，该年十一月又有葛逻禄阴山都督府部落脱离后突厥汗国附唐。唐廷以左散骑常侍解琬摄任御史大夫，出使北庭宣慰。《册府元龟》记开元二年（714）"十一月丙申，诏曰：北戎为患，南牧是膺，叛而伐之，服而舍之，春秋格言，是谓通典。葛逻禄阴山都督部落，……宜令左散骑常侍解琬摄御史大夫，持节往北庭宣慰突厥部落，缘边降户，要在便宜处分。"《资治通鉴》亦云该年十一月"丙申，遣左散骑常侍解琬诣北庭宣慰突厥降者，随便宜区处。"王义康先生指出"御史常态化巡察、临时性出使是御史台对蕃州、蕃部实施监察的基本形式。""安置降户的工作要由北庭都护府官员具体落实，朝廷让解琬前往北庭巡察，除向降户宣示皇恩厚德之外，意在督察北庭都护府安置降户工作的具体实施情况，职在纠察。"解琬前往北庭宣慰，一直待到开元三年（715）五月。《资治通鉴》云该年四月"默啜发兵击葛逻禄、胡禄屋、鼠尼施等，屡破之；敕北庭都护汤嘉惠、左散骑常侍解琬等发兵救之。五月，壬辰，敕嘉惠等与葛逻禄、胡禄屋、鼠尼施及定边道十总管阿史那献互相应援。"可知在北庭唐军援救葛逻禄、胡禄屋、鼠尼施的军事行动中，解琬是最高军事指挥官北庭都护汤嘉惠的副手，但他作为代表唐廷的使者，更多的是监督汤嘉惠出兵应援。

开元二年（714）三月碛西节度使阿史那献平定西突厥都担后，于六月转任北庭大都护。《册府元龟》记"开元二年六月丁卯，北庭大都护、瀚海军使阿史那献枭都担首，献于阙下，并擒其孥及胡禄等部落五万余帐内属。帝降玺书谓献曰"。《新唐书·突厥传下》亦云："未几，擢献碛西节度使。十姓部落都担叛，献击斩之，传首阙下，收碎叶以西帐落三万内属，玺书嘉慰。"将都担首级传往长安的应为北庭使者，将唐玄宗褒扬阿史那献玺书传往北庭的应为唐廷使者。开元二年（714）六月，阿史那献还派遣使者向唐廷奏报北庭出现祥瑞。《资治通鉴考异》引《唐实录》云："开元二年六月，阿史那献奏有龙见于北庭，为镇将妻冯言之，曰突骑施娑葛三年后破散，默啜八年后自灭。"开元十五年（727），还有北庭使者向唐廷进奉祥瑞动物白鹰。S.11459E《唐开元十五年十二月瀚海军兵曹司印历》记有"牒北庭府为轮台界采得白鹰一聪事。""牒轮台为采得白鹰准例给赏事。"孟宪实先生认为文书中的白鹰"应该是珍禽异兽上供的事情。"刘子凡也指出"从文书内容看，关于马料和进奉白鹰祥瑞的事情，都是由北庭都护府负责。"

开元二十二年（734）春，北庭都护刘涣擅杀途经北庭入朝的突骑施使臣阙俟斤。四月，唐玄宗为安抚突骑施可汗苏禄，密旨令人以谋反罪将刘涣斩首，并传首与苏禄。《敕安西副大都护王斛斯书》云："顷者刘涣凶悖，遂起奸谋；朕以偏荒，比加隐忍；而恶迹转露，人神不容。忠义之徒，复知密旨；且闻伏法，自取诛夷；狂愚至深，亦何足道。"将刘涣治罪的是来自长安宫廷，时任内侍的宦官刘元尚。《刘元尚墓志》云："特拜内侍，答公之德也。北庭使刘涣躬行勃逆，委公斩之。又翰海监临，宣慰四镇，兵士畏爱，将帅威摄"。可知刘元尚将刘涣斩首后，又承担了北庭监军的职责，还前往安西四镇宣慰。早在开元二十一年（733）四月，幽州长使薛楚玉征讨契丹时，刘元尚就在薛楚玉军中宣慰。《为幽州长史薛楚玉破契丹露布》记为"宣慰使内谒者监刘元向"。《刘元尚墓志》则云："遂加公谒者监。奚首领屈突于侵扰候亭，搅乱军旅，公密奉纶诰，勒兵讨之。"刘涣被斩首后，刘元尚奏报唐廷，列举立功将士。唐廷又派遣使者携《敕北庭将士（部落及）百姓等书》前往北庭安抚善后，《敕北庭将士（部落及）百姓等书》云："所云有功，皆以优赏；惩恶劝善，实在于兹。"

开元二十二年（734）至开元二十四年（736），唐与突骑施在西域爆发大规模持久战争。唐玄宗多次派遣使臣携敕书至北庭，遥控北庭都护盖嘉运，令其出击突骑施并与安西唐军互相策应。见载张九龄《曲江集》的敕书就有《敕北庭将士（瀚海军使盖嘉运）已下书》《敕瀚海军使（北庭都护）盖嘉运（及将吏军士百姓以下）书》《敕北庭经略使盖嘉运（等）书》《敕北庭经略使盖嘉运书》《敕瀚海（军）使（北庭都护）盖嘉运书》《敕（瀚海军使）北庭都护盖嘉运书》《敕瀚海军使（北庭都护）盖嘉运（及将士已下）书》。在这一时期从长安前往北庭的使臣多为宦官。开元二十三年（735）夏至冬，突骑施大军长围疏勒，唐玄宗即命宦官王尚客携敕书前往北庭，并向北庭都护盖嘉运传达口谕，命其发兵策应安西唐军，以解疏勒之围。《敕瀚海（军）使（北庭都护）盖嘉运书》云："今故令内谒者监王尚客往，一一口具。"与前述刘元尚相同，王尚客也于开元二十一年（733）四月在薛楚玉军中宣慰。《为幽州长史薛楚玉破契丹露布》云王尚客时任"宣慰内供奉奚官局令"。王尚客从北庭返回长安后，迅速向唐玄宗奏报前线军情。《敕瀚海军使（北庭都护）盖嘉运（及将士已下）书》云："比王尚客至，闻已出师，穷冬绝漠，荷戈冒险；又闻有所擒获，张我国威，言念忠诚，良深赏叹。"唐玄宗还命高力士将王尚客奏状展示与群臣。张九龄《贺盖嘉运破贼状并御批》云："右：高力士宣奉敕示臣等王尚客奏状，知盖嘉运至突骑施店密城，逢贼便斗，多有杀获。"

在王尚客之后，又有宦官曹待仙前往北庭。开元二十四年（736）正月，北庭都护盖嘉运率军大破突骑施。曹待仙将前线军情传回长安。《贺贼苏禄遁走状并御批》云："右：高力士宣敕，示臣等曹待仙奏状，知苏禄遁走，入山出界者。"在唐与突骑施战争期间，盖嘉运也经常遣使前往长安汇报军情。《敕瀚海军使（北庭都护）盖嘉运（及将吏军士百姓以下）书》云："近得卿表，知其狼狈。……又卿表所云叶护被杀，事势合尔，殆非妄传。"张九龄《贺北庭解围仍有杀获状并御批》云："右：盖嘉运奏北庭解围，仍有杀获。"唐玄宗还命盖嘉运上报立功将士。《敕瀚海军使（北庭都护）盖嘉运（及将吏军士百姓以下）书》云："近者所有效功，一皆委卿甄录，各据实状，具以命闻。"《敕瀚海军使（北庭都护）盖嘉运（及将士已下）书》云："彼既有效，应合叙劳；兼云擒获，人当优赏；宜具实状，一一以闻。"此外盖嘉运还曾遣使上奏请求返回长安就医。《敕（瀚海军使）北庭都护盖嘉运书》云："近得卿表，知旧疾发动，请入都就医。"唐玄宗不予批准，但特地从长安"今遣医人将药往，可善自将疗。"

三、唐玄宗天宝年间北庭与长安的往来使者

开元后期以降，有许多宦官出使北庭，来往于长安与北庭之间。

《王文幹墓志》记宦官王文幹曾祖父王奉忠为"皇朝中散大夫、内侍省内侍、赐紫金鱼袋、奉诏和蕃使兼安西北庭使"。据《册府元龟》，早在唐中宗景龙二年（708）就有"和蕃使左骁卫大将军杨矩奏言"。王文幹逝于会昌四年（844），享年五十三岁。唐人往往以虚岁计算卒年，则王文幹当生于贞元八年（792）。以二十年为一代，王奉忠年轻时处于天宝年间。黄楼先生指出"王文幹为和蕃使约在玄宗、天宝年间。"王奉忠所任和蕃使兼安西北庭使，表明他出使了吐蕃，并前往安西、北庭执行使命。

新获吐鲁番文书《唐天宝十载交河郡客使文卷》记有"内侍索£□等四人乘马七疋，九月一日西到，至东。""使内侍判官索十月一日从北庭到"。黄楼先生指出使内侍判官索某"抵馆的时间在十月一日。索某使主未有正式出现，前文九月一日曾有某内侍判官索某，若二者为同一人，则索判官九月一日自西方抵达该馆，向东出发，又转抵天山以北的北庭，十月一日再次抵达该馆，其使主可能是常驻北庭的宦官。"但文书明记两个索某一为内侍，一为内侍判官，两人官职不同，仅姓氏相同，应为两人。内侍索某在天宝十载（751）九月一日从西方抵达西州客馆，再向东方出发，应是返回长安。内侍判官索某十月一日自北庭抵达西州客馆，说明他是某内侍的属下，而这位内侍应是从长安出使北庭的宦官。

《唐天宝十载交河郡客使文卷》还记有"奏事使刘元景一人，八月发向东。"[1]《大唐贞元新译十地等经记》记有从天竺返唐，于北庭译经的僧人悟空"洎贞元五年乙巳之岁九月十三日，与本道奏事官、节度押衙牛昕，安西道奏事官程锷等，随使入朝。"[2] 奏事使应是与北庭奏事官、安西奏事官同样的职务，但刘元景究竟是北庭奏事使还是安西奏事使，文书并未记载。《唐天宝十载交河郡客使文卷》

① 荣新江、李肖、孟宪实：《新获吐鲁番出土文献》下册，中华书局，2008年版，第335页。
② 《大正新修大藏经》卷一七《经集部四》，台北：佛陀教育基金会，1990年，第717页。

又记有"使果毅刘元景一人，九月十一□□□□"。① 可知刘元景是于天宝十载（751）八月某日离开西州，最晚于九月十一日已从长安返回西州。据同页文书记载，在刘元景之前有宁远国王子屋磨于八月六日从西抵达西州客馆，又于八月十七日向西出发。在刘元景之后有四镇交计伊西庭使于八月十一日从东抵达西州客馆，又于八月十四日出发。刘元景应在八月六日至十一日之间抵达西州客馆，然后再前往长安，往返时间近一个月。王素先生指出"从轮台到高昌，亦近四百里。以日行四百里计算，从长安到北庭，《通典·州郡四》北庭府条说有'六千一百三十里'，现在计算实际不到五千里，只要十多日时间。"② 严耕望先生指出长安至安西"全线行程皆置驿，驿名可考者尚极多，使骑较急之文书，约一月可达。"③ 从刘元景自西州前往长安，再自长安返回西州仅耗时近一个月时间来看，刘元景或许为北庭奏事使。

吐鲁番文书《唐天宝十四载某馆申十三载四至六月郡坊帖马食豆昔历牒》（73TAM506：4/32-17）记有"五月一日，郡坊马十三疋，帖馆过旌节使，食麦粟一石三斗。付健儿党起。"④《唐天宝十四载某馆申十三载七至十二月郡坊帖马食豆昔历牒》（73TAM506：4/32-16）记有"疋，送封大夫旌节到"。⑤《唐天宝十三载礌石馆具七至闰十一月帖马食历上郡长行坊状（73TAM506：4/32-4）记有八月二十八日"同日，郡坊帖马银山廿二疋，送旌节使到，并全料，食麦一石七斗六升。付杨秘。"⑥《唐天宝十四载交河郡某馆具上载（天

---

① 荣新江、李肖、孟宪实：《新获吐鲁番出土文献》下册，中华书局，2008年版，第337页。
② 王素：《吐鲁番文书中有关岑参的一些资料》，《汉唐历史与出土文献》，故宫出版社，2011年版，第298页。
③ 严耕望：《唐代交通图考》第二卷《河陇碛西区》，上海古籍出版社，2007年版，第488页。
④ 唐长孺主编：《吐鲁番出土文书》（肆），文物出版社，1996年版，第528页。
⑤ 唐长孺主编：《吐鲁番出土文书》（肆），文物出版社，1996年版，第515页。
⑥ 唐长孺主编：《吐鲁番出土文书》（肆），文物出版社，1996年版，第452页。

宝十三载）帖马食豆昔历上郡长行坊状》（73TAM506：4/32-1）记有九月一日"同日酸枣送旌"。①《唐天宝十四载某馆申十三载七至十二月郡坊帖马食豆昔历牒》（73TAM506：4/32-16）记有十一月十七日"同日，旌节乘帖马十七疋，食青麦八斗五升，付健儿陈怀金。"②《唐天宝十四载某馆申十三载三至十二月侵食当馆马料账历帐》（73TAM506：4/32-15）记有十一月十九日"其月十九日，帖柳谷马贰拾疋，送旌节到"。③

黄楼先生认为以上文书中的送旌节使为宦官，指出"封常清此前为安西四镇节度使，北庭节度使是新加使名，故赴任之初，需有旌节随行。"④如此则文书中的送旌节使是从长安前往北庭的宦官，所送旌节为伊西庭节度使旌节。但是《旧唐书·玄宗纪下》云天宝十三载（754）三月"乙丑，左羽林上将军封常清权北庭都护、伊西节度使。"⑤权北庭都护即暂代北庭都护，从《旧唐书·玄宗纪下》行文来看，封常清不仅是权北庭都护，还是权伊西节度使。虽然《旧唐书·封常清传》记封常清于天宝"十三载入朝，摄御史大夫，……俄而北庭都护程千里入为右金吾大将军，仍令封常清权知北庭都护，持节充伊西节度等使。"⑥但从《旧唐书·玄宗纪下》的叙述来看，封常清在长安时只是受命暂代伊西庭节度使，并没有获得伊西庭节度使旌节。《旧唐书·封常清传》所谓封常清"持节充伊西节度等使"，即封常清获得伊西庭节度使旌节，成为正任伊西庭节度使当在其返回西域后。

朱雷先生通过研究《唐天宝十三—十四载交河郡长行坊支贮马料

① 唐长孺主编：《吐鲁番出土文书》（肆），文物出版社，1996年版，第425页。
② 唐长孺主编：《吐鲁番出土文书》（肆），文物出版社，1996年版，第521页。
③ 唐长孺主编：《吐鲁番出土文书》（肆），文物出版社，1996年版，第511页。
④ 黄楼：《吐鲁番出土官府帐簿文书研究》，社会科学文献出版社，2020年版，第221页。
⑤ 《旧唐书》卷九《玄宗本纪下》，中华书局，1975年版，第228页。
⑥ 《旧唐书》卷一〇四《封常清传》，中华书局，1975年版，第3209页。

文卷》，指出"封常清自天宝十三载四月末，由长安西归，到达交河郡治所后，迅即北上，赶赴北庭。在北庭停留至八月末，始南下交河郡治所，再西行返回安西四镇治所。其后，在九月末，曾一度准备由安西东去北庭，但未成行。直到十一月初，又见有北庭之行，至十一月十八日，又西返安西任所。中间经过闰十一月，到十二月又见封常清一行经交河郡治所，复又去北庭任所。"① 从前述文书可知送旌节使在五月一日出现于某馆，在八月二十八日出现于银山馆，从银山西行即至焉耆、安西。送旌节使还于十一月十九日出现于柳谷馆。柳谷馆是北庭南下西州的必经之馆。从西州往西可至焉耆、安西。可见送旌节使的行程时间、地点几乎与封常清的行程时间、地点相同。封长清除了在四月底由西州北上北庭，其他时间都是往返于北庭和安西。送旌节使应是在五月初从安西经西州前往北庭，在八月末从北庭经西州返回安西，此后又随封常清从安西前往北庭，在十一月中旬再从北庭经西州返回安西。

黄楼先生认为"从出土文书看，送旌节使入境后，需随节度使一起巡行境内各个军事重镇，向各地镇兵宣示旌节。"② 但前述文书反映了送旌节使在天宝十三载（754）五月至十一月的安西至北庭交通线上一直比较活跃，很难想象作为宦官的送旌节使在将伊西庭节度使旌节交予封常清完成使命后，没有立即返回长安，而是在西域继续逗留长达七个月，并在此期间多次随封常清往返于北庭和安西。另外虽然从代宗朝开始就有大批宦官成为送旌节使，但唐史史料罕见天宝年间就有宦官担任送旌节使。因此前述文书中的送旌节使应不是从长安来到西域的宦官，而是安西官吏。由于封常清前往北庭时仅为暂代伊西庭节度使，没有伊西庭节度使旌节，而他同时担任安西节度使，所以由

---

① 朱雷：《吐鲁番出土天宝年间马料文卷中所见封常清之碛西北庭行》，《朱雷敦煌吐鲁番文书论丛》，上海古籍出版社，2012年版，第298页。

② 黄楼：《吐鲁番出土官府帐簿文书研究》，社会科学文献出版社，2020年版，第221页。

安西官吏将安西节度使旌节送往北庭，借以树威。在封常清没有正式获得伊西庭节度使旌节前，安西官吏持安西节度使旌节随封常清往返与北庭与安西。岑参于天宝十三载（754）六月或十月所作《北庭西郊候封大夫受降回军献上》诗云："西郊候中军，平沙悬落晖。驿马从西来，双节夹路驰。"[①]唐制节度使双旌双节，岑参在北庭所看到的在封常清中军之前奔驰的先导所持"双节"，正是封常清的节度使旌节，而这一旌节实为安西节度使旌节。

封常清于何时被唐廷任命为正任伊西庭节度使？《贞元新定释教目录》云"至十三载甲午十月，使牒安西追僧利言河西翻译，时四镇伊西庭节度使、安西副大都护、摄御史大夫、知节度事、上柱国封常清，给家乘马两匹，日驰六译。十一月二十二日发安西域。路次乌耆摩贺延碛，转次行过交河、伊吾、进昌、酒泉，届武威郡，即十四载二月十日也。"[②]可知最早在天宝十三载（754）十一月下旬，最晚在天宝十四载（755）二月上旬，封常清已获得伊西庭节度使旌节。

封常清受命执掌北庭军政后，唐廷曾派遣宦官前往西域对其赐衣。张谓《为封大夫谢敕赐衣及绫綵表》云："中使某至。奉宣勅旨。赐臣衣若干事。目觌丝纶。手披篋笥。新衣二称。虹蜺闲出。彩绫五色。鸾凤互飞。臣受钺西门。建旗北府。地僻万里。天违九重。岂忆仁出于圣心。赐出于御府。白日亭午。忽蒙庆云之惠。清秋届节。偏承玉露之恩。负邱山而忘疲。瞻阙庭而莫见。臣无任。"[③]"臣受钺西门，建旗北府"表明封常清同时拥有安西节度使、伊西庭节度使两大旌节。据前考，封常清最早在天宝十三载（754）十一月下旬才拥有伊西庭节度使旌节。"清秋届节，偏承玉露之恩。"表明宦官是在清

---

① （唐）岑参撰；廖立笺注：《岑嘉州诗笺注》卷一，中华书局，2004 年版，第 137 页。

② 《大正新修大藏经》卷五五《目录部全》，台北：佛陀教育基金会，1990 年版，第 881 页。

③ （宋）李昉等编：《文苑英华》卷五九四，中华书局，1956 年版，第 3082 页。

秋节前抵达西域。在唐代文献中，清秋节主要是指九月九日重阳节。从封常清获得伊西庭节度使旌节时间来看，此宦官应于天宝十四载（755）重阳节前抵达西域。岑参《奉陪封大夫九日登高》即作于天宝十四载（755）。从该诗可知封常清当时正在北庭。因此唐廷宦官应是从长安前往北庭对封常清赐衣。

四、李元忠执政时期北庭与长安的往来使者

据《李元忠神道碑》，长泉之变后，河西兼伊西庭节度使杨休明的副将曹令忠（后被唐德宗赐姓名李元忠）以河西军五千为杨休明复仇，诛杀了制造事变的祸首伊西庭留后周逸，继而控制了北庭军政大权。《孙杲墓志》云甘州张掖县县令孙澄江之子孙杲于"永泰中，杖信北庭，献书军府。陈犬戎之利害，叶军旅之机要。本道奏闻，敕授伊州参军。"志文云孙杲在永泰年间献策，而北庭向朝廷奏报孙杲献策，需派遣使者赴京，朝廷任命孙杲的敕书也应由使者带回北庭，可见广德二年（764）吐蕃攻陷凉州后，永泰二年（766）吐蕃攻陷甘州、肃州前后，北庭与长安仍保持了交通往来。杜甫在永泰末大历初所作《近闻》诗云："近闻犬戎远遁逃，牧马不敢侵临洮。渭水逶迤白日净，陇山萧瑟秋云高。崆峒五原亦无事，北庭数有关中使。"[①] 从"北庭数有关中使"亦可知永泰末大历初北庭与长安交通往来频繁。

《李元忠神道碑》云："大历二年，遣中使焦庭玉授伊西庭节度兼卫尉卿、瀚海军蕃落等使。"可知大历二年（767），唐廷派遣宦官焦庭玉从长安前往北庭，授命曹令忠担任伊西庭节度使兼卫尉卿、瀚海军蕃落等使。卫尉卿为从三品文散官。瀚海军蕃落等使简称瀚海军

---

① 杜甫著，谢思炜校注：《杜甫集校注》卷六，上海古籍出版社，2015年版，第816—817页。

使，为伊西庭节度使例兼之职。

《李元忠神道碑》续云："大历五年九月，中使将军刘全璧至，加御史中丞。"大历五年（770）九月，唐廷所遣宦官、将军刘全璧来到北庭，代表唐廷对曹令忠加以宪衔御史中丞。《唐六典》云宦官"若有殊勋懋绩，则有拜大将军者，仍兼内侍焉。"[①]《旧唐书》云："玄宗在位既久，崇重宫禁，中官稍称旨者，即授三品、左右监门将军，得门施棨戟。"[②]唐代宗即位时，就有宦官程元振"以功拜飞龙副使、右监门将军、上柱国，知内侍省事。寻代辅国判元帅行军司马，专制禁兵，加镇军大将军、右监门卫大将军，封保定县侯，充宝应军使。九月，加骠骑大将军"。[③]刘全璧所任将军最少应为左右监门卫将军。

《唐大诏令集》存有常衮所作《喻安西北庭诸将制》，制文谈到："河西节度使周鼎，安西、北庭都护曹令忠、尔朱某等，义烈相感，贯于神明，各受方任，同奖王室。"制文云："子仪移镇于邠郊，抱玉进攻于天水"。[④]《资治通鉴》记大历四年（769）六月"辛酉，郭子仪自河中迁于邠州"。[⑤]又记大历三年（768）九月，"凤翔节度使李抱玉使右军都将临洮李晟将兵五千击吐蕃……乃将千人兼行出大震关；至临洮，屠吐蕃定秦堡，焚其积聚，虏堡帅慕容谷种而还。"[⑥]可见制文应作于大历四年。《李元忠神道碑》云刘全璧于大历五年（770）九月抵达北庭，他应携带了这篇制文，作为宣慰使先后至沙州、安西与北庭。制文高度称赞了周鼎，曹令忠、尔朱某，认为他们为国之干

① 《唐六典》卷一二，中华书局，1992年版，第356页。

② 《旧唐书》卷一八四《宦官传》，中华书局，1975年版，第4754页。

③ 《旧唐书》卷一八四《程元振传》，中华书局，1975年版，第4762页。

④ （宋）宋敏求编：《唐大诏令集》卷一一六《政事·慰抚中·喻安西北庭诸将制》，中华书局，2008年版，第606页。

⑤ 《资治通鉴》卷二二四，唐代宗大历四年六月辛酉条，中华书局，1956年版，第7208页。

⑥ 《资治通鉴》卷二二四，唐代宗大历三年九月壬辰条，中华书局，1956年版，第7203页。

将，团结效忠唐廷的蕃部，在没有朝廷支援的情况下百战不殆，极大地牵制了吐蕃。制文甚至认为"微三臣之力，则度隍踰陇，不复汉有矣！"①制文还谈到"每有使至，说令忠等忧国勤王，诚彻骨髓；朝廷闻之，莫不酸鼻流泪"。②可见曹令忠及北庭将士对唐廷忠贞不渝。这些使者应是前往长安的北庭奏事官以及宣慰北庭后返回长安的宦官。薛宗正先生指出制文放映了曹令忠主政北庭时期，"吐蕃并未急于进攻，而是主要进行政治诱降，……唐朝之所以遣使赍诏，……就是向二府将士表白，绝不以放弃西部领疆为代价，与吐蕃议和，以坚定二府将士抗蕃守土的决心。"③可见刘全璧来到北庭除了代表唐廷对李元忠加官外，还附有传递朝廷对吐蕃军情以及对北庭态度的重要政治使命。

《李元忠神道碑》续云："大历八年四月，中使内寺伯卫朝至，加御史大夫，赐姓改名，赐衣一袭。"大历八年（773）四月，宦官内寺伯卫朝来到北庭，代表唐廷将曹令忠的宪衔升为从三品御史大夫，宣布唐廷对曹令忠赐姓改名李元忠的诏旨，并赐衣于李元忠。卫朝所任内寺伯为正七品下，"掌紏察诸不法之事。岁大傩，则监其出入。"④关于唐廷对曹令忠赐姓名，《旧唐书·代宗纪》云大历七年（772）"八月庚戌，赐北庭都护曹令忠姓名曰李元忠。"⑤《册府元龟》云："曹令忠为北庭节度副大使知节度使，大历七年八月赐姓李，改名元忠。以边将宠之也。"⑥从唐廷下诏时间到卫朝抵达北庭时间，可知卫朝在

---

① （宋）宋敏求编：《唐大诏令集》卷一一六《政事·慰抚中·喻安西北庭诸将制》，中华书局，2008年版，第606页。

② （宋）宋敏求编：《唐大诏令集》卷一一六《政事·慰抚中·喻安西北庭诸将制》，中华书局，2008年版，第606页。

③ 薛宗正：《北庭历史文化研究：伊、西、庭三州及唐属西突厥左厢部落》，上海古籍出版社，2010年版，第383页。

④ 《唐六典》卷一二，中华书局，1992年版，第357页。

⑤ 《旧唐书》卷一一《代宗纪》，中华书局，1975年版，第300页。

⑥ 《册府元龟》（校订本）卷二《总录部·名字第二》，凤凰出版社，2006年版，第9593页。

路上花了近九个月时间。

《大唐贞元新译十地等经记》记有贞元五年（789）四镇北庭宣慰使、宦官段明秀从北庭返回长安时，"当为沙河不通，取回鹘路。"①同样是宦官的焦庭玉、刘全璧、卫朝从长安往返北庭也应走回鹘路。前述北庭派往长安上奏孙杲事迹，又从长安携带敕书返回北庭的使者也应走回鹘路。河西节度使移镇沙州后，也与回鹘联系紧密。吐蕃于大历十一年（771）围攻沙州后，《新唐书·吐蕃传》云："始，沙州刺史周鼎为唐固守。赞普徙帐南山，使尚绮心儿攻之。鼎请救回鹘，逾年不至"。刘全璧在大历五年（770）抵达北庭前宣慰沙州，应是从回鹘抵达沙州。在吐蕃进陷河陇的情况下，唐廷与北庭的政治联系只能通过回鹘路来完成，回鹘路是否畅通在很大程度上依赖于唐廷与回鹘的政治关系。大历十年（775）至大历十三年（778），唐与回鹘政治关系的恶化导致回鹘路阻塞，唐廷与北庭的政治联系出现中断。

唐德宗即位后，唐与回鹘关系趋于和缓，唐廷与北庭重新恢复了政治联系。建中二年（781）七月，李元忠联合四镇留后郭昕共同遣使前往长安，成功抵达唐廷。《旧唐书·德宗纪》云建中二年（781年）"秋七月戊子朔，诏曰：'二庭四镇，统任西夏五十七蕃、十姓部落，国朝以来，相奉率职。自关、陇失守，东西阻绝，忠义之徒，泣血相守，慎固封略，奉遵礼教，皆侯伯守将交修共理之所致也。伊西、北庭节度观察使李元忠可北庭大都护，四镇节度留后郭昕可安西大都护、四镇节度观察使。'自河、陇陷虏，伊西、北庭为蕃戎所隔，间者李嗣业、荔非元礼、孙志直、马璘辈皆遥领其节度使名。初，李元忠、郭昕为伊西北庭留后，隔绝之后，不知存亡，至是遣使历回纥诸蕃入奏，方知音信，上嘉之。其伊西、北庭将士叙官，仍超七资。"②

①　《大正新修大藏经》卷一七《经集部四》，台北：佛陀教育基金会，1990年版，第717页。

②　《旧唐书》卷一二《德宗纪上》，中华书局，1975年版，第329页。

《资治通鉴》云建中二年（781）"北庭、安西自吐蕃陷河、陇，隔绝不通，伊西、北庭节度使李元忠、四镇留后郭昕帅将士闭境拒守，数遣使奉表，皆不达，声问绝者十馀年。至是，遣使间道历诸胡自回纥中来，上嘉之。秋，七月，戊午朔，加元忠北庭大都护，赐爵宁塞郡王；以昕为安西大都护、四镇节度使，赐爵武威郡王；将士皆迁七资。"①

《旧唐书·郭昕传》云建中二年（781）四镇北庭遣使赴朝之前，"自关、陇陷蕃，为虏所隔，其四镇、北庭使额，李嗣业、荔非元礼皆遥领之。昕阻隔十五年"②。《资治通鉴》亦记北庭四镇与唐廷"声问绝者十馀年。"③从建中二年（781）上溯15年即永泰二年（公元766年，本年11月改元大历）。实际上在建中二年（781）之前，北庭于大历八年（773）仍与长安有政治交往，即《李元忠神道碑》所记大历八年（773）四月，宦官内寺伯卫朝来到北庭。从孙栗被敕授伊州刺史和《喻安西北庭诸将制》曹令忠遣使及《李元忠神道碑》所记宦官焦庭玉、刘全璧、卫朝来到北庭可知《旧唐书》所记郭昕被阻隔十五年有误。北庭四镇被阻隔的真正时间应为八年。

在北庭被阻隔的八年中，之前被派往长安的北庭奏事官由于无法返回北庭，大批滞留于长安。《新唐书·王锷传》云："先是，天宝末，西域朝贡酋长及安西、北庭校吏岁集京师者数千人，陇右既陷，不得归，皆仰禀鸿胪礼宾"。④《资治通鉴》亦云："初，河、陇既没于吐蕃，自天宝以来，安西、北庭奏事及西域使人在长安者，归路既绝，人马皆仰给于鸿胪，礼宾委府、县供之，于度支受直。"

① 《资治通鉴》卷二二七，唐德宗建中二年六月，中华书局，1956年版，第7303页。
② 《旧唐书》卷一二〇，中华书局，1975年版，第3474页。
③ 《资治通鉴》卷二二七，唐德宗建中二年六月，中华书局，1956年版，第7303页。
④ 《新唐书》卷一七〇《王锷传》，中华书局，1975年版，第5169页。

　　《李元忠神道碑》又云建中"三年二月廿七日中使（此处阙四百廿九字）年土蕃围凉州，走保□【中阙】否。碑云：建中三年二月廿七日，加刑部尚书、宁塞郡王。"可知建中二年（781）七月，唐廷对李元忠加官进爵后，派遣了宦官前往北庭宣慰。建中三年（782）二月二十七日，该宦官抵达北庭宣布朝廷诏命。李元忠除被封宁塞郡王外，还被授予检校刑部尚书一官，刑部尚书为正三品。《李元忠神道碑》题"大唐故伊西庭节度使开府仪同三司刑部尚书宁塞郡王李公神道碑。"① 开府仪同三司为从一品文散官。从建中三年唐廷授予李元忠的官爵品级来看，开府仪同三司也应在此次被授予。从建中二年（781）七月朝廷颁诏，到建中三年（782）二月底抵达，该宦官在路上花了八个月时间。

　　该宦官返回长安后，北庭大都护府司马孙杲又于建中三年（782）奉李元忠之命踏上入朝之路。《孙杲墓志》云其于"建中三年，奉使入朝，途经獫狁。属□围四合，河北兴师，单车而来，一身归国。冒艰历险，方达镐京。"从志文来看，孙杲是孤身归朝，从回鹘路历尽艰险方抵达长安，而一年之前北庭使者是与四镇使者共同入朝，《旧唐书·郭昕传》云郭昕"与伊西北庭节度使李元忠俱遣使于朝，德宗嘉之。"② 因此孙杲此行困难重重。其时朝廷正用兵河北，对田悦等河朔藩镇实行削藩战争，烽烟四起。孙杲代表忠顺于国的北庭官民入朝，正与悖逆的河朔藩镇形成鲜明对比，因此志文称"德宗朝嘉乃臣节，烈于汉官。实王府有光，司武称当。"③ 孙杲抵达长安后，因孤身入朝之功，被朝廷在其本官的基础上加授试官试太子詹事，赐封爵北海县开国男，食邑三百户。太子詹事为正三品清望官，

---

① （明）胡广：《胡文穆公文集》卷一九，齐鲁书社，《四库全书存目丛书》1997 年影印本，第159 页上栏。

② 《旧唐书》卷一二〇，中华书局，1975 年版，第 3474 页。

③ 陈玮：《唐孙杲墓志所见安史之乱后西域、回鹘史事》，《西域研究》2014 年第 4 期。

试太子詹事为荣誉加官，非实职。开国县男为从五品上。不久孙杲又被授予正四品上文散官正议大夫及宪官从六品下侍御史，从北庭大都护府长史转任伊西庭节度行军司马。行军司马为藩镇使府军事色彩浓厚的文职僚佐，每镇设"一人，申习法令"[1]。孙杲又被赐紫金鱼袋。着紫服，佩金鱼袋为唐代官员章服最高一级，一般为三品及以上官员才能享有。孙杲以北庭归朝官享有此待遇可以说非常荣耀。此后孙杲在长安结姻，又上表请求担任实官，最终留在中原，没有再返回北庭。

朱泚之乱爆发后，唐德宗从长安逃往奉天。李怀光勾结朱泚叛乱后，唐德宗又从奉天逃亡梁州。为了从吐蕃借兵讨击朱泚，唐德宗许诺将四镇、北庭都割让与吐蕃。《资治通鉴》云："初，上发吐蕃以讨朱泚。许成功以伊西、北庭之地与之。及泚诛，吐蕃来求地，上欲召两镇节度使郭昕、李元忠还朝，以其地与之。"[2]唐德宗甚至选派好出使四镇、北庭的使臣。《册府元龟》云兴元元年（784）"四月，帝在梁州，以屯田郎中沈房为太常少卿兼御史中丞、诸蕃计会及安西北庭宣慰使。"[3]陆贽也撰写好通知四镇北庭割地的《慰问四镇北庭将吏敕书》。敕书谈到："北庭去此遥远，信使难通，于西蕃既非便宜，在国家又绝来往。……已共西蕃定议，兼立誓约，应在彼将士、官吏、僧道、耆寿、百姓等，并放归汉界，仍累路置顿，供拟发遣；待卿等进发，然后以土地隶西蕃。今故遣太常少卿兼御史大夫沈房及中使韩朝彩等往彼宣谕，仍便与西蕃交割。"[4]从敕书可知在拟组建的沈房使团中，还有宦官韩朝彩。据《新唐书·田承嗣传》，韩朝彩曾在大历八年（773）朝廷讨伐魏博镇的军事行动中担任宣慰使。唐德宗欲将四

① 《通典》卷三三《职官一四·州郡上》，中华书局，1988 年版，第 895 页。
② 《资治通鉴》卷二三一，唐德宗兴元元年七月，中华书局，1956 年版，第 7442 页。
③ 《册府元龟》（校订本）卷一三六《帝王部·慰劳》，凤凰出版社，2006 年版，第 1513 页。
④ （唐）陆贽：《陆贽集》卷 10，中华书局，2006 年版，第 296 页。

镇、北庭割让与吐蕃的此举遭到了李泌的劝谏，"众议亦以为然，上遂不与。"①拟组建的沈房使团也随之解散。

五、杨袭古执政时期北庭与长安的往来使者

建中三年（782）五月，李元忠逝世。贞元二年（786）五月，唐廷正式任命伊西庭节度留后杨袭古为伊西庭节度使。贞元三年（787）十月，陆贽奉唐德宗旨意给回纥合骨咄禄毗伽可汗修书。唐德宗在《与回纥可汗书》中，要求回纥合骨咄禄毗伽可汗善待经回纥往返长安和北庭的北庭使者。《与回纥可汗书》云："安西、北庭使人入奏，并却归本道，至彼宜差人送过，令人速达。"②

贞元五年（789），宦官段明秀作为四镇、北庭宣慰使抵达北庭。段明秀在公干结束从北庭经回鹘返回长安时，有北庭奏事官牛昕随行。《大唐贞元新译十地等经记》云："时逢圣朝四镇、北庭宣慰使中使段明秀来至北庭，洎贞元五年己巳之岁九月十三日，与本道奏事官、节度押衙牛昕，安西道奏事官程锷等，随使入朝。当为沙河不通，取回鹘路。"③在段明秀、牛昕、程锷一行中，还有一特殊人物，即在天宝十载（751）出使罽宾，但因故滞留进而出家，在北天竺、中天竺巡礼修法的悟空。悟空在建中元年（780）从犍陀罗返唐时，携带了其师赠送的梵本《十地经》《回向轮经》《十力经》以及一枚佛牙舍利。悟空返唐后，先在龟兹请龟兹僧人勿提提犀鱼翻译《十力经》，又在北庭请于阗僧人尸罗达摩主译《十地经》和《回向轮经》。由于回鹘敬信摩尼教，悟空梵本《十地经》《回向轮经》《十力经》梵本留于北庭龙兴寺，携汉译本与佛牙舍利随段明秀、牛昕、程锷一行前

①《资治通鉴》卷二三一，唐德宗兴元元年七月，中华书局，1956年版，第7442页。

②（唐）陆贽撰；王素点校：《陆贽集》卷一〇，中华书局，2006年版，第303页。

③《大正新修大藏经》卷17《经集部四》，台北：佛陀教育基金会，1990年版，第717页。

往长安。《大唐贞元新译十地等经记》云："又为单于不信佛法，所赍梵夹不敢持来，留在北庭龙兴寺藏，所译汉本随使入都。"① 段明秀、牛昕、程锷、悟空等于贞元六年（790）二月抵达长安，悟空被"有勅令于跃龙门使院安置。"②

关于跃龙门使院，仅见于《大唐贞元新译十地等经记》。跃龙门为兴庆宫北门三门的中门，而使院在唐史史料中主要指节度使办公场所及其他使职机构办公场所，尤其是指节度使办公场所。从传世史籍来看，跃龙门附近并无使职机构。《大唐贞元新译十地等经记》云悟空入住跃龙门使院后，被"本道节度奏事官，以俗姓车奉朝名衔奏。"③ 可见悟空被视为北庭之人，那么跃龙门使院是否为伊西庭节度使在长安的办事机构？唐制藩镇节度使在长安的办事机构被称为邸务、进奏院。《旧唐书·代宗本纪》云大历十二年（777）五月"甲寅，诸道邸务在上都名为留后，改为进奏院。"④《唐会要·诸使杂录上》云："大历十二年五月十一日，诸道先置上都邸务，名留后使，宜令并改称为上都进奏院官。"⑤ 早在天宝年间，藩镇在长安的邸务即可称为使院。《安禄山事迹》云天宝九年（750）"是秋，禄山将入朝，乃令于温泉为禄山造宅。……又赐永宁园充使院。"⑥ 在天宝六年（747）前，安禄山在长安道政坊即有宅第。天宝六年（747），唐玄宗又勅命官府为安禄山在长安亲仁坊建宅。被唐玄宗用来赏赐给安禄山作为使院的永宁园，应不是安禄山在长安的宅第。《安禄山事迹》云安禄山"尝令麾下将刘骆谷在京伺察朝廷旨意动静，皆并代为笺表，便随所要而通之。"⑦《旧唐书·安禄山传》则云安禄山"常令刘骆谷奏

---

① 《大正新修大藏经》卷17《经集部四》，台北：佛陀教育基金会，1990年版，第717页。
② 同上。
③ 同上。
④ 《旧唐书》卷一一，中华书局，1975年版，第312页。
⑤ 《唐会要》卷七八，上海古籍出版社，1991年版，第1702页。
⑥ （唐）姚汝能撰；曾贻芬点校：《安禄山事迹》卷上，上海古籍出版社，1983年版，第19页。
⑦ （唐）姚汝能撰；曾贻芬点校：《安禄山事迹》卷上，上海古籍出版社，1983年版，第5页。

事。"① "刘骆谷留居西京为耳目"。② 刘骆谷应长期居于安禄山在长安的邸务，即被唐玄宗用来赏赐给安禄山作为使院的永宁园。

据《长安志》，兴庆宫以西的胜业坊有藩镇进奏院。据《唐两京城坊考》，兴庆宫以南的道政坊亦有藩镇进奏院。悟空在贞元六年（790）二月入住的跃龙门使院应是伊西庭节镇在长安的进奏院，位于兴庆宫以北的永嘉坊。值得注意的是，据《长安志》记载，永嘉坊以北的兴宁坊有安西都护郭虔瓘宅。安禄山邸务所在的永宁坊与安禄山宅第所在的亲仁坊也是彼此紧邻，南北相对。

张国刚先生指出"诸道进京办事或奏事官员，一般寓居于进奏院"。③王静女士亦指出"这些奏事官在京城的落脚点一般为进奏院"。④北庭奏事官牛昕来到长安后也应居于跃龙门使院，他在奏状中将悟空的俗姓名列衔，三个月后与悟空一起被晋升官职。《大唐贞元新译十地等经记》云："至五月十五日，勅授壮武将军、守左金吾卫大将军员外置同正员、兼试太常卿。爰有制日，勅伊西庭节度奏事官、节度押衙、同节度副使、云麾将军、守左金吾卫大将军员外置同正员牛昕等，并越自流沙，涉于阴国，奉三军向化之慕，申万里恋阙之诚，雨雪载霏，行迈无已；方贡善达，复命言旋，举范羌入计之劳，慰班超出远之思，俾升崇袟，以劝使臣，可依前件。"⑤从勅文来看，牛昕的本官为节度押衙、同节度副使，其中押衙为节度使亲从武官，同节度副使亦为节度使属官，《新唐书·百官志》记节度使下有同节度副使十人。云麾将军为从三品武散官。左金吾卫大将军员外置同正员为员外官。勅文高度赞扬了牛昕等人凭借对唐廷的忠诚，万里跋涉，甘冒

---

① 《旧唐书》卷二〇〇上，中华书局，1975年版，第5368页。

② 《旧唐书》卷二〇〇上，中华书局，1975年版，第5369页。

③ 张国刚：《唐代藩镇研究》（增订版），中国人民大学出版社，2010年版，第125页。

④ 王静：《朝廷和方镇的联络枢纽：试谈中晚唐的进奏院》，邓小南主编：《政绩考察与信息渠道：以宋代为中心》，北京大学出版社，2008年版，第254页。

⑤ 《大正新修大藏经》卷一七《经集部四》，台北：佛陀教育基金会，1990年版，第717页。

雨雪而抵达长安，指出牛昕等人在完成使命后又原路返回，将牛昕等人比为范羌、班超，对其晋升官职以示褒奖。由于本年北庭失陷于吐蕃，牛昕是否顺利返回北庭以及之后事迹都湮没于历史长河中。

六、结语

综上所述，有唐一代，前往长安的北庭使者多为武职军将，如北庭都护郭虔瓘麾下平乐府别将张守珪、天宝十年（751）奏事使果毅刘元景、伊西庭节度使杨袭古麾下节度押衙、同节度副使牛昕，这与北庭身为唐朝西域边防重镇密切相关。在这些使者中，也不乏文官，如北庭大都护府司马孙杲。大部分使者是到长安呈送庭州刺史、北庭都护、伊西庭节度使的奏表，汇报北庭军情、政情，也有个别使者是到长安呈送祥瑞动物。河陇陷蕃以后，伊西庭节度使的使者抵达长安的落脚点，主要是跃龙门使院，即伊西庭进奏院。这些使者在长安期间与唐廷存在互动，如张守珪上书纵论北庭军事，牛昕依托伊西庭进奏院向唐廷呈递奏状。河陇陷蕃后，北庭与长安的政治联系时断时续，使者往来均需经过回鹘，单次行程均在半年以上，极为艰辛。在建中二年（781）后抵达长安的北庭使者，因出使之功往往被唐廷加官晋爵，甚至被留任长安。

唐高宗至唐玄宗开元前期，前往北庭的唐廷使者以四方馆、御史台官员居多。这些使者的使命主要是宣慰在北庭的突厥部落，以及监督北庭军政长官。有的使者甚至被唐廷敕令直接参与了北庭对突厥的军事行动。开元以降，宦官逐渐成为唐廷出使北庭的主要使者。唐玄宗通过出使北庭的宦官诛杀北庭都护刘涣，遥控北庭都护盖嘉运对突骑施作战，并通过宦官的奏状先于外廷了解一线军情。天宝年间，更有大批宦官由于各种使命出现于北庭，如唐玄宗通过宦官将节度使旌节、衣服赐与伊西庭节度使封常清。河陇陷蕃后，宦官通过回鹘路来到北庭，承担了对伊西庭节度使李元忠赐予旌节、加官晋爵、赐名、赐衣等使命，作为宫廷代表笼络边将，以巩固北庭上层对唐代宗、唐德宗的政治忠诚。在北庭失陷的前一年，仍然有宦官来到北庭宣慰，在返回长安时携悟空及其翻译佛经同行，促进了西域与长安的文化交流。

人物春秋

岑参边塞诗大旗：振起天山"唐诗之路"雄风

新疆师范大学　薛天纬

新疆医科大学　史国强

　　"唐诗之路"的概念，是 20 世纪 90 年代初浙江新昌民间研究者竺岳兵先生提出的，特指浙东以剡溪、天姥山为中心的一条山水旅游之路，这条道路由中国古代山水诗鼻祖、南朝诗人谢灵运开辟，至唐代，李白、杜甫、白居易等 400 余位诗人曾游历盘桓于此，创作了大量脍炙人口的诗篇，从地域与文学的角度来考察，确实形成了一条"唐诗之路"。浙东"唐诗之路"的提出，是唐诗研究史上的创举，因而得到中国唐代文学学会的认定。 1994 年，在时任中国唐代文学学会会长傅璇琮先生主持下，继南京大学与厦门大学举办的两次华丽年会之后，竺岳兵先生的"新昌唐诗之路研究开发社"作为一个民间学术机构，居然成功承办了中国唐代文学学会的一次年会，这对于确立浙东"唐诗之路"的学术地位具有关键意义。1999 年，在时任中国李白研究会会长郁贤皓先生支持下，竺岳兵先生又成功举办了一次"李白与天姥山"国际学术研讨会，到会的外籍学者来自十多个国家，且多学界名流，盛况空前。进入 21 世纪，浙东"唐诗之路"的社会影响日益扩大，中央媒体对"浙东唐诗之路"做了广泛宣传。时至今日，对"唐诗之路"的开发与利用已成为浙江省经济、社会与文化发展"大花园"建设的一项重大战略。2018 年 11 月，由浙江省委宣传部主持，在新昌召开了一次全国性的"唐诗之路"研讨会，中国唐代文学学会会长陈尚君带领全体副会长出席。这次会议的重要创新之处，是把"唐诗之路"由浙东推向了全国，来自敦煌与西安的代表发言指出，在唐都长安，在河西走廊，都有"唐诗之路"。于是，人们眼界大开，"唐诗之路"的研究与开发由此进入一个新阶段。今年6月，竺岳兵先生辞世，他的遗愿是成立"中国'唐诗之路'研究会"。近两个月来，在中国唐代文学学会支持下，"中国'唐诗之路'研究会"的筹备工作如火如荼地展开，已确定11月1日在新昌召开成立大会，据我所知，新疆大学和谈教授将受邀赴会。7月中旬，兰州大学主办了"陇右唐诗之路研讨会"，是"唐诗之路"走向全国的首次学术会议。（唐代，"陇右"其实包括了新疆。）

说到"唐诗之路"，铺展在天山南北的"丝绸之路"，尤其是"丝绸之路"北道与新北道，无疑是一条重要的道路，北庭、即岑参诗中的轮台更是"丝绸之路"，也是"唐诗之路"上的重镇。当此"唐诗之路"的研究与开发在全国范围内蓬勃兴起之际，新疆的唐诗研究者义不容辞地应该担负起"天山'唐诗之路'"（这是我临时拟就的一个新名词）研究与开发的责任。众所周知，盛唐时代产生的"边塞诗派"，是唐诗发展黄金时期的重要一翼，岑参是盛唐边塞诗派首屈一指的代表作家，而岑参的边塞诗基本都是在北庭写成。今天，我们在这里召开"第四届北庭学研讨会"，不能不关注岑参、关注岑参的边塞诗。

大家知道，"北庭学"是一个涵盖了历史、地理、考古、民族、民俗、经济、宗教、文学、艺术、语言等多学科的综合性研究领域，这些学科的研究互相牵连、互相支持、互相交叉，缺一不可。但是，不同学科的研究又是各具特点的。我在去年举办的"第三届北庭学研讨会"上发言时，曾经说过：大体来说，关于北庭的历史及考古，在其成果转化为旅游资源之前，基本是专家的事情，与大众的文化消费没有直接关连。宗教，比如"西大寺"，在北庭属于保护范围，不可能如国内其他佛家圣地一样成为香火缭绕、诵经之声盈耳、并且收入可观的旅游热点。只有文学，只有岑参的北庭诗歌，广为人知。"忽如一夜春风来，千树万树梨花开"，这是中学生、甚至小学生都熟悉的唐诗名句。从某种意义上说，这两句诗已脱离原诗母体而获得了独立代表西域风光的资格。因此，从大众文化接受与需求的角度来说，岑参当之无愧是北庭唯一的名片。

我愿再次重申以前说过的话：在北庭，要通过各种渠道、各种有效手段，把岑参这张名片打出去。特别要纠正视听，消解 20 世纪 80 年代以来流行的岑参诗中的"轮台"是乌鲁木齐南郊的"乌拉泊古城"的错误说法，从而为"天山唐诗之路"研究与开发扫除迷雾，廓清障碍。"乌拉泊古城"或可列为唐轮台县的选项之一，但是，即使"乌拉泊古城"是唐轮台县，也绝非岑参诗中的"轮台"。这里有个例子可以参考：人们都知道，唐朝的首都是长安，但人们却忽略了一个事实，即：唐代的都城，在不同时期有京城、西京、中京、上都各种叫法，大多数时间是称西京（《新唐书·地理志》："上都，初曰京城，天宝元年曰西京，至德二载曰中京，上元二年复曰西京，肃宗元年曰上都。"），而不是叫长安。唐代的长安，只是一个县名，是京兆府的二十个属县之一。但唐人称"长安"，绝不是指长安县，而是指首都。长安是西汉王朝的首都，人们把唐都叫长安，其实是用了西汉的名称，是"以汉代唐"。同样道理，唐人以轮台指称北庭，也体现了"以汉代唐"的意思。

开展"天山唐诗之路"研究的一项基础工作，是重做岑参诗注。我此前也介绍过，国内 20 世纪 80 年代以来，出版过三种岑参诗注本，即：

1. 陈铁民、侯忠义：《岑参集校注》，上海古籍出版社 1981 年出版，列入"中国古典文学丛书"。2004 年出修订版。《岑参集校注》1981 年版共收岑诗 381 题、403 首（另有赋、文各 1 篇，铭二首）。岑参传世诗文总体面目即如此。

2. 刘开扬：《岑参诗集编年笺注》，巴蜀书社，1995 年出版。

3. 廖立：《岑嘉州集笺注》，中华书局，2004 年出版，列入"中国古典文学基本丛书"。

陈注与廖注，影响甚大。陈注在无法正确解释岑参诗中北庭与轮台关系的情况下，含糊其辞地说："岑诗中常将轮台与北庭同用，……故把居北庭与居轮台截然分开，似无必要。"廖注明确表述了自己的看法："公诗所言轮台，乃借用汉轮台名，谓唐北庭府也。而公在北庭三年中，也自应居北庭府城，非居轮台县也。"但是，廖注没有进行必要的考证。笔者不避"王婆卖瓜"之嫌，关于岑参诗中北庭与轮台的关系，是在发表于《文学遗产》2005 年第 5 期的拙作《岑参诗与唐轮台》一文中得到正确解决的。鄙人的考证与结论，已成为唐诗学界普遍接受的共识。

正因为"轮台"问题在陈注与廖注中没有得到彻底解决，所以，岑参诗注本实有重做的必要。所谓"重做"，我的理解不同于一般意义上的古籍整理，而是着力做好岑参的西域诗，尤其是"轮台诗"的注释。"轮台"之外，还有一些地名如走马川、剑河、沙口、瀚海等未得善解，都需要做进一步探讨。这里所说的"探讨"不仅是文献方面的考索，还应包括地理环境的实地考察，这无疑是具有相当难度的事情。前些天，新疆大学青年教师秦帮兴博士在微信中发了一张照片，是他在南疆考察时拍下的"刺蜜"，是一种颗粒如玉米粒大的果实。岑参《与独孤渐道别长句兼呈严八侍御》诗有句："武城刺蜜未可餐。""刺蜜"一词，诸家注释恐怕都没有讲明白。类似待解决的问题，在岑参西域诗中还有许多。逐一解决，实在不是一件容易的事。为此，我们拟申报一项国家社科基金课题，今年年底着手课题的申报工作。我注意到，吉木萨尔县发布的《2019 年"北庭学"研究方向及研究课题》中，有"岑参诗注"一项，我愿意认领这个课题，并与国家社科基金的课题申报结合起来，如果申报成功，从 2020 年起，用大约 3 年时间，努力完成这项工作。我当年受西安的三秦出版社之约，做过一本《高适岑参诗选评》（列入"名家注评古典文学丛书"），于 2010 年 9 月出版。书中选了岑参诗 127 题，约为岑诗总数的三分之

人物春秋

一，西域诗作大都入选其中。与我合作的，是我当年的老学生、新疆医科大学语言文化学院教授史国强，他曾独立完成教育部课题一项，国家社科基金项目一项，发表过多篇西域文史研究的论文。申报时他将是课题负责人。希望我们的申报工作顺利、如愿。我也曾与人民文学出版社负责古代文学业务的副总编辑当面商谈过《岑参诗注》的出版问题，他表示全力支持。圈内同人都知道，国内出版古代文学研究成果最重要的三家，是中华书局、上海古籍出版社及人民文学出版社。前两家已经分别出版了陈注及廖注岑参诗，未来我们的成果交由人民文学出版社出版，希望能够后来居上。事还没有做，却把话说在前面，也是为了自加压力，自我鞭策，深切期望北庭学研究同人的支持和帮助。

遗址保护

文化润疆背景下北庭故城国家考古遗址公园的建设、开发与利用

吉木萨尔县北庭学研究院　　胡　涛

　　十九大报告中，习近平总书记指出，一个国家和民族只有坚持文化强国、兴国的思想才能实现国家的长治久安，才能让我们的民族得以繁荣昌盛，只有坚持以强烈的文化自信为前提，才能实现民族复兴的美丽中国梦。在第三次中央新疆工作座谈会上，习近平总书记更是强调，要以铸牢中华民族共同体意识为主线，不断巩固各民族大团结，要加强中华民族共同体历史、中华民族多元一体格局的研究，将中华民族共同体意识教育纳入新疆干部教育、青少年教育、社会教育，教育引导各族干部群众树立正确的国家观、历史观、民族观、文化观、宗教观①，让中华民族共同体意识根植心灵深处，要求深入做好意识形态领域工作，深入开展文化润疆工程。

　　考古遗址公园作为考古类文化遗产资源保护的一种重要方式，是历史发展和民族文化的实物体现，既是大遗址保护工作的创新，同时也是对公园这一城市功能元素内涵的拓展②。国家考古遗址公园的建设、开发和利用，既是对文物遗址本体保护的重要手段，也是揭示文化内涵，展现文化价值的重要场所。北庭故城遗址在 2013 年 12 月被

① 习近平在第三次中央新疆工作座谈会上发表重要讲话 [EB/OL] .http//www.gov.cn/xinwen/2020–09/26/con-tent_5547383.htm.

② 单霁翔：《大型考古遗址公园的探索与实践》，《中国文物科学研究》2010 年第 1 期，第 2–12 页。

国家文物局列入《国家考古遗址公园名录》，是目前新疆唯一的一处国家考古遗址公园，在 2014 年 6 月作为"丝绸之路起始段和天山廊道"文物遗址点被列入《世界遗产名录》，成为新疆首批世界文化遗产，昌吉州境内唯一一处世界文化遗产。在第三次中央新疆工作座谈会上习近平总书记强调："要深入做好意识形态领域工作，深入开展文化润疆工程"，作为新疆唯一一处国家考古遗址公园，在建设、开发和利用中，怎样在实现考古遗址整体保护的背景下，以北庭故城历史资源为依托，践行文化润疆工程，加强以文化人、以文育人，开展铸牢中华民族共同体意识教育，是我们研究的一个重大课题。

一、北庭故城国家考古遗址公园展现的文化价值

北庭故城国家考古遗址公园位于吉木萨尔县城北 12 公里处，自汉代起，北庭就成为天山北麓重要的行政、军事中心，是丝绸之路北道上的重要节点。汉代时，北庭故城所在地为车师后部牧区，并建有侯城金满城，公元 74 年，戊校尉耿恭领兵数百人驻扎金满城，屯田戍边，抗击匈奴，保卫疆土。随着历史的变迁，金满城后发展为可汗浮图城，为西突厥在天山北麓的重要城镇。公元 640 年，侯君集平定高昌后，在可汗浮图城的西突厥叶护阿史那步真也随即投降，唐王朝在可汗浮图城的基础上建立了庭州。公元 662 年，唐王朝为进一步加强对天山北麓的管辖，在庭州设立金山都护府，下辖蒙池、昆陵二个都护府和庭州。随着北庭发展与政治、军事地位的提升，公元 702 年，武则天在金山都护的基础上改庭州为北庭都护府，下辖金满、轮台、蒲类三县，统领瀚海、天山、伊吾三军，以及盐治州、盐禄州、阴山州、冯洛州和孤舒州等十六个羁縻州 [1]。公元 711 年，北庭都护府升

---

① 王恩春：《从安西、北庭都护府的设置看唐朝对西域的治理》，《昌吉学院学报》2008 年第 4 期，第 72—75 页。

格为北庭大都护府，与安西都护府以天山为界分疆而治，管辖东起伊吾，西至咸海一带，北抵额尔齐斯河到巴尔喀什湖一线，南至天山的广大区域。公元 840 年，生存在漠北的回鹘因战乱西迁，其中一支迁入北庭、高昌一带，建立高昌回鹘王国，把北庭作为他的夏都；元代，北庭地区被称为别失八里，公元 1251 年，蒙哥继汗位后，为加强对中亚的控制，设立别失八里行尚书省，管辖天山南北地区的军政事务；后又于公元 1285 年，设别失八里宣慰司、都元帅府，管辖北疆区域；明代则成为瓦剌人的游牧区域，臣属于明朝。

北庭故城国家考古遗址公园主要包括北庭城址、北庭高昌回鹘佛寺遗址及在北庭城内残留的建筑基址、文化遗存等，经社科院考古研究所对北庭故城遗址的考古发掘，主要出土文物有壁画、陶制佛像、莲花联珠纹地砖、钱币、瓦当残片、动物骨角器等。从整体布局看，北庭故城内外两重城，建设规模宏大，内城为庭州城及之前所建，外城则是在北庭发展过程中，随着人口、军队、马匹等不断增长，同时为进一步加强对北庭的管理，适应金山都护府、北庭都护府、北庭大都护府的发展需求后不断完善扩建的，从而可以看出当时中央政权对西域管辖的不断调整和完善，见证了历代中央王朝对西域的有效管辖，见证了新疆地区自秦、汉以来，多民族大统一格局的形成[①]。

二、北庭故城国家考古遗址公园阐释文化润疆的有利条件

文化润疆，文化是基础，而北庭故城国家考古遗址公园作为国家、民族的重要历史载体，是任何文物所不能比拟的，其丰富的文化属性，包含着西域各民族的交流、交往、交融和国家行使主权见证的

遗址保护

---

① 盛春寿：《北庭故城国家考古遗址公园建设的思考》，《新疆大学学报（哲学·人文社会科学版）》2011 年第 1 期，第 81-83 页。

历史信息，是阐述中华民族多元一体和"五个认同"的重要实物教材，是了解中国历史、新疆地方史、民族发展史、宗教演变史的重要场所。正是在这种丰厚文化积淀下，北庭故城国家考古遗址公园在开展文化润疆和铸牢中华民族共同体意识教育中有了深厚的文化底蕴。

（一）考古遗址本体为阐释文化润疆提供内容保障

北庭故城遗址的附属建筑北庭高昌回鹘佛寺是高昌回鹘时期兴建的王家佛寺遗址，是迄今发现的唯一一座较完整保存下来的集佛寺、窟寺、塔殿为一体的塔寺形制的遗址，也是最能代表高昌回鹘的佛教信仰、佛教艺术的遗址。佛寺遗址建筑形制主要为前殿后塔式，南部配殿以踏道为中轴线左右对称，北部主殿东、北、西面各有两层佛龛，佛龛中残存有大量的塑像、壁画、回鹘文、汉文题记等，真实地记录了回鹘人（即维吾尔人的先祖）曾信仰佛教的史实，从壁画、塑像、题记的内容看，充分反映了东西文化在此地融合发展的历史，为研究回鹘的文化以及回鹘的文字、书法、服饰、风俗具有重要价值。北庭故城国家考古遗址公园内残存的考古遗址本体，如城墙、角楼、马面、敌台、羊马城、护城壕等，其夯筑手法和建筑工艺，与中原地区相似，对故城遗址内城西门的考古发掘，发现其门柱设置方式及建筑规模与与唐长安城城门相似，出土的滴水、瓦当、莲花砖等建筑构件与长安城完全相同，充分体现了唐代中原地区传统的筑城手法和建筑技术已经在此地发展成熟，被当地的居民掌握并广泛的使用，为研究文化的交流和融合提供了有利的实证。在遗址中出土的文物如"蒲类州印"、铜狮、开元通宝、手印砖、滴水、瓦当、陶制下水管等，充分印证中原文化对西域文化的影响和发展，进一步说明北庭在"丝绸之路"上的重要性。而从2012年由中国社科院考古研究所开始的考古发掘项目，更是为北庭研究提供了新的材料。这些丰富多样的历史文物，为文化润疆提供了源源不断的素材，展现的文化印记更是说明在历史的长河中，西域各民族在北庭融合发展的历史文化记忆。

（二）考古遗址公园建设为阐释文化润疆提供教育场所

从考古遗址公园的定义看，考古遗址公园既是对考古遗址本体的保护与展示，又具备公园的属性，是为受众提供游览、休闲等多项功能的公共文化空间。北庭故城考古遗址公园占地332500平方米，分为内外两城，其中高昌回鹘佛寺遗址占地面积3013平方米，建有遗址博物馆一座，占地面积12000平方米，并有配套的游客中心、游览栈道、电瓶车辆等设施，为进入考古遗址公园的游客提供了便利，故城遗址内绿茵遍地，繁花似锦，天然的生态环境满足了游客参观、休闲的愿望，独特的考古遗址及其展现的历史文化信息，使北庭故城考古遗址公园集历史性、地域性、文化性于一体。通过丰富多彩的宣讲内容，开展与自身文化特色相适应的历史教育，加强研学课程的研发，积极开展基地共建活动，通过走进来、送出去的方式开展研学宣讲活动，在全疆各族群众筑牢中华民族共同体意识、接受爱国主义教育，增强民族自尊心、自豪感、责任心和凝聚力方面有很好的教育效果。北庭古城考古遗址公园是凸显祖国主权的见证，弘扬丝路文明的地标，保护世界遗产的典范，是推动"文化润疆"工程的点睛之笔。

（三）考古遗址公园开发利于整合文化遗产资源

保护好大遗址，就是保护好历史文化信息实物资料库[1]。而考古工作的开展，则进一步揭示遗址所蕴含的文化内涵，这样，保护规划内容才能丰富、扎实，在宣传教育过程中更具有科学性和说服力。随着北庭故城国家考古遗址公园建设和开发，加强了在西域历史研究、经济发展、军事、建筑技艺、遗址管理和考古公园规划等诸多领域的研究，其职能也转逐渐转变为综合性的保护管理机构。北庭高昌回鹘佛寺遗址博物馆在发挥出土文物的保管、研究、展示等基本功能的同

遗址保护

---

[1] 姚浪，丁华：《基于文化自信的城市遗址公园保护和旅游发展研究：以西安大明宫遗址公园为例》，《城市建筑》2021年第3期，第38—40页。

时，也兼顾考古工作站、文物研究站点和小型游客中心的功能，对文化遗产资源进行整合，多种功能综合利用。依托北庭故城遗址，召开北庭学术研究，拓展、延伸和宣传北庭故城国家考古遗址公园的历史价值，实现文化遗产对公众的社会教育作用；加强与新疆大学、新疆师范大学、石河子大学、西北大学等高校合作交流，设立研学基地，转化科研成果，使北庭故城国家考古遗址公园在文化润疆中发挥其最合适的作用。

三、北庭故城国家考古遗址公园开展文化润疆的策略思考

"文化润疆"离不开历史，北庭故城遗址丰富的历史文化背景与内涵和作为考古遗址公园的便利，在开展文化润疆过程中，具有先天的优势。由此可见，对北庭故城遗址公园的科学合理的建设和规划既是对当下实施文化润疆工程的回应，也有实现新疆社会稳定和长治久安总目标的现实意义。北庭故城国家考古遗址公园在落实"文化润疆"工程的实践中，要以现有的实际为基础，通过科学合理的规划与设计，让遗址受到保护的同时让更多的受众参与和体验文化遗产的魅力。

第一，提升考古遗址公园功能，活化遗产资源。我国对大遗址的保护，主要采用以围栏为主的"限制型"隔离式的静态保护模式。由于文化遗产资源的特殊性，北庭故城遗址由于年代久远，保存状况较差，现在只有满地的大坑、小坑以及残留的矮小的城墙呈现在公众面前。在这种情况下，除部分专业的考古等领域的专家及文化层次相对较高的人群之外，其他大部分普通公众难以从所看到的断壁颓垣等历史遗存中感受到历史文化信息，获得应有的启迪和收获。而通过进行有效的遗产资源活化，让原本孤立、静态的遗产资源变得形象生动、可观可感，从而可以促进遗产资源价值为普通公众所理解和利用。在2021年北庭故城遗址博物馆策划的"佛光赫奕——塑像艺术展""壁

上菩提——壁画艺术展"两个主题展陈，采用声光电的模式，复原了千年之前北庭高昌回鹘佛寺的宏大规模，通过现代创意技术，综合视觉、听觉来重现回鹘佛教庄严虔诚，让公众身临其境的体验，这种做法成功地提升了公众对于千年历史场景的体验感，让原本晦涩、观赏性不强的文化遗址变成了公众"看得懂""觉得好看"的独特历史文化区域，提升了公众对于文化遗址价值的认可程度。

第二，树立遗产文化特色，提升品牌建设。北庭故城遗址成为新疆唯一、全国少有的集世界文化遗产、考古遗址公园、爱国主义教育基地、民族团结教育基地、研学旅游示范基地于一身的全国重点文物保护单位，但是在其建设和发展过程中并没有清晰的展示定位和显著的文化特色，而遗址的单调性让到此地旅游的群众不能够感受其历史的厚重和西域历史发展过程中的重要作用。北庭故城遗址并非没有特有的文化特色，如驻扎在北庭的"瀚海雄狮"瀚海军组织严密，肩负野战军与镇守军的双重性质，攻守兼备，而北庭的恶劣环境又将他们打造成了"全能战士"，在担任戍边任务的同时，自力更生，开展屯垦营田。在这样的条件下，他们仍旧有"将军纵博场场胜，赌得单于貂鼠袍"的豪情。千百年来，这种精神依旧在传承，也铸就了不朽的军人精神。打造以瀚海军为主题的文化特色，让公众感受千百年来中华各民族团结一心戍边卫国的精神，让来到遗址公园的参观者感受无惧无畏、誓死坚守的"军人之魂"。再如，北庭高昌回鹘佛寺遗址与天山南部地区的佛寺、石窟等佛教建筑在建筑特征与佛教艺术方面，具有一定的承继关系，在融合东西文化交流的过程中又形成了自己独特的文化艺术。这些都是北庭故城国家考古遗址公园在文化润疆背景下能够打造的品牌特色。

第三，创新宣传服务方式，扩展宣传广度。在信息化时代，受众需求呈现多样化、个性化，以往遗址公园的讲解、展示已经远远不能满足大众对知识的探求，这就需要采取多样化的传播方式、个性化的宣传形式，以适应不同的受众。例如，组织开展大众考古公开日等活动，让受众实际体验考古的魅力，揭开考古神秘的面纱，了解遗址、以及背后的故事，感受千百年前各民族团结奋进的场景。也可以打造演艺文化旅游品牌，引进文化企业就以北庭及北庭故城这个品牌，开发主题演艺类产品，用一台好的文化宣传剧目，让沉睡的文化遗产更加立体、生动和形象，满足游客高品质精神文化需求，也更容易让游客接受历史文化教育，文化宣传更能深入人心。如2021年西安知行格云裳汉服社在端午期间就唐代名画《捣练图》进行演绎，对唐朝服饰文化的复原，就在全国引起轰动，让更多人了解了唐代服饰文化。作为考古大遗址公园的北庭故城，也可在这方面发展，开发自己的文化宣传剧目，结合历史上各民族在北庭的奋进与发展，演绎具有自己特色的剧目，提升北庭文化宣传的广度与深度。

第四，塑造整体文化景观，打造特色旅游。对于公众而言，获得的独特经历和身心感受是公众置身于遗址公园最难忘的经历，因此要尽力让公众能够感知、体验到遗址公园所包含的文化内涵和历史传承。实现行为体验化，首先需要以公众体验为导向，结合大遗址区文化资源的保护状况和利用实际，设计融合教育、参与、娱乐、移情、考古探索等方式的综合性体验活动。以北庭故城遗址为例，在遗址博物馆设计了专门的考古体验区，以北庭故城遗址现存考古为基础，既展示了真实考古发掘工作的流程及操作，又能提供一系列模拟考古发掘的现场探秘活动，让公众能够通过亲身体验，感受考古发掘工作的乐趣。同时，还设计了文物修复体验区和参观区，将真实的文物修复工作区，对外开放，借助于电子模拟、科普教育等影像视频和现场操作等实际体验，增强了公众的体验感与参与度，让考古、文物修复工作揭开神秘的面纱。公众的参与，一方面可以让公众学习到更多的遗址保护知识，使文物保护的观念深入人心；另一方面也是对遗址公园的进一步宣传与资源的活化。这种文化特色的宣传，不仅仅在考古这一个点开展，还应该考虑纵向和横向的文化体验项目，如遗址修复、回鹘建筑工艺再现、仿古贸易场景等，同时也可联合其他文化遗产地或者文物古迹场馆，再现千百年前在丝绸之路上各民族的生活，和他们在各地所遗留的文化特征，形成独具丝路特色的展示路线。

四、结语

"文化润疆"工程，文化是基础，而"润"是方式。北庭故城国家考古遗址公园有千年沉淀的历史文化基础，各民族团结奋进的历史壮举，为文化润疆奠定了基础，而通过富有特色、灵活多样的陈列展示、品牌打造，在受众主动接受、追寻北庭历史文化发展印记，感受千年来西域各民族之间的多样性、交融性和中华民族作为整个国家的一体性、共同性，增强国家认同、中华民族认同、中华文化认同具有很重要的价值和意义，这也就发挥文化润疆背景下北庭故城遗址公园资政育人的作用和作为文化润疆工程破题的重要载体和平台。

遗址保护